Die Bonus-Seite

Ihr Vorteil als Käufer dieses Buches

Auf der Bonus-Webseite zu diesem Buch finden Sie zusätzliche Informationen und Services. Dazu gehört auch ein kostenloser **Testzugang** zur Online-Fassung Ihres Buches. Und der besondere Vorteil: Wenn Sie Ihr **Online-Buch** auch weiterhin nutzen wollen, erhalten Sie den vollen Zugang zum **Vorzugspreis**.

So nutzen Sie Ihren Vorteil

Halten Sie den unten abgedruckten Zugangscode bereit und gehen Sie auf **www.galileodesign.de**. Dort finden Sie den Kasten **Die Bonus-Seite für Buchkäufer**. Klicken Sie auf **Zur Bonus-Seite / Buch registrieren**, und geben Sie Ihren **Zugangscode** ein. Schon stehen Ihnen die Bonus-Angebote zur Verfügung.

Ihr persönlicher Zugangscode: tfvp-9jdw-35ec-m6ua

Heike Jasper

Nikon D90
Das Kamerahandbuch

Liebe Leserin, lieber Leser,

ich freue mich, dass Sie sich für dieses Handbuch zu Ihrer Nikon D90 entschieden haben, denn die Autorin ist eine echte Expertin: Heike Jasper kennt die Nikon D90 bis ins Detail und gibt Ihnen viele hilfreiche Einstellungstipps, um Ihre Kamera individuell anzupassen. Sie erklärt zudem in vielen Schritt-für-Schritt-Anleitungen, wie Sie bestimmte Funktionen einrichten und sich so im komplexen Funktionsumfang der leistungsstarken Kamera zurechtfinden. Schlagen Sie beispielsweise auf Seite 61 nach, wenn Sie wissen möchten, wie Sie die D-Movie-Funktion der Nikon D90 starten und verwenden.

Nachdem Sie in Kapitel 3 und 4 alles über das Fokussieren und das richtige Belichten mit der Nikon D90 erfahren haben, lässt Sie Heike Jasper auch mit der Frage nach den passenden Objektiven und sinnvollem Zubehör nicht allein – lesen Sie dafür Kapitel 6. Und wenn es Sie nach der Theorie in die Fotopraxis zieht, liefert Kapitel 8 viele wertvolle Tipps für die verschiedenen Aufnahmesituationen.

Dieses Buch wurde mit größter Sorgfalt hergestellt. Sollten Sie Fragen oder Anmerkungen dazu haben, oder wenn Sie finden, dass dem Buch noch etwas fehlt, so wenden Sie sich bitte an mich. Ich freue mich stets über Lob sowie konstruktive Kritik, die hilft, dieses Buch noch weiter zu verbessern. Jetzt wünsche ich Ihnen zunächst viel Spaß beim Lesen und vor allem beim Fotografieren mit Ihrer Nikon D90!

Ihre Christine Fritzsche
Lektorat Galileo Design

christine.fritzsche@galileo-press.de
www.galileodesign.de

Galileo Press • Rheinwerkallee 4 • 53227 Bonn

[Inhalt]

	Vorwort	8
1	**Schnelleinstieg in die Nikon D90**	11
1.1	Die Nikon D90 einrichten	12
1.2	Die Menüs der Nikon D90	13
	Erste Einstellungen im Menü »System«	13
	Erste Einstellungen im Menü »Aufnahme«	18
	Einstellungen im Menü »Individualfunktionen«	25
	Einstellungen im Menü »Wiedergabe«	27
2	**Die Kamerafunktionen auf einen Blick**	31
2.1	Die Nikon D90 rundum erklärt	32
2.2	Die Menüs der Nikon D90	36
2.3	Bedienung und Anzeigen der Nikon D90	42
	Sucher	42
	Display und Monitor	45
	Schnellzugriff	46
	Einstellräder	47
	Bildkontrolle	47
	Bildwiedergabe	48
	Akkudiagnose	55
	Sensorreinigung	55
	Drucken aus der Kamera	56
	GPS-Funktion	57
2.4	Die Bildansicht im Live-View-Modus	58
2.5	Die D-Movie-Funktion	60
3	**Die richtige Belichtung**	67
3.1	Grundlagen der Beleuchtungstechnik	68
	Das Licht	69
	Der Sensor	70
3.2	Belichtung bei Spiegelreflexkameras	71
3.3	Belichtung, Blende und ISO-Wert	75
3.4	Die vollautomatischen Belichtungssteuerungen	82
3.5	Die halbautomatischen Belichtungssteuerungen	85
	Programmautomatik P	85

4

	Zeitautomatik A	88
	Blendenautomatik S	91
	Manuelle Belichtungskorrektur	94
3.6	Die manuelle Belichtungssteuerung M	95
3.7	Die Belichtungsmessmethoden	97
	Matrixmessung	100
	Mittenbetonte Integralmessung	101
	Spotmessung	102
	Belichtungsmessmethode einstellen	103
	Belichtungsreihen	107
4	**Sicheres Scharfstellen**	**113**
4.1	Die Schärfe	114
	Die optische Schärfe	114
	Wahrgenommene Schärfe	115
4.2	Das Autofokussystem der Nikon D90	116
	Die Voreinstellungen	119
	Betriebsarten des Autofokus	120
	Mögliche Fehlerquellen von Unschärfe	122
	Die Messfeldsteuerung	125
4.3	Der Autofokus im Live-View-Modus	134
4.4	Manuelles Scharfstellen	137
4.5	Schärfewirkung in der Bildverarbeitung	138
5	**Farb- und Bildoptimierungen**	**141**
5.1	Farbe und Farbwahrnehmung	142
	Kleines Farbmanagement	143
	Farbraum der Kamera	144
5.2	Der Weißabgleich	146
	Weißabgleich einstellen	147
	Manueller Weißabgleich	151
5.3	Aktives D-Lighting	154
5.4	Bildoptimierungen	156
	Vergleichsansicht/Gitter	159
	Bildoptimierung »Standard«	159
	Bildoptimierung »Neutral«	161
	Bildoptimierung »Brillant«	161

[Inhalt]

		Bildoptimierung »Monochrom«	162
		Bildoptimierungen »Porträt« und »Landschaft«	164
		Individuelle Konfigurationen	165
	5.5	Bildbearbeitung in der Kamera	166
6		**Zubehör zur Nikon D90**	**175**
	6.1	Objektive für die Nikon D90	177
	6.2	DX-Objektive	179
		Brennweitenverlängerung (Cropfaktor)	179
		Verschiedene DX-Objektive	181
	6.3	Kleinbildobjektive	188
		Festbrennweiten	189
		Weitwinkel- und Allround-Zooms	198
	6.4	Stative	201
	6.5	Fernauslösezubehör	204
	6.6	Sucherzubehör	206
	6.7	Sonstiges Zubehör	208
		Stromversorgung	208
		Filter	210
		GPS-Adapter	215
7		**Blitzfotografie mit der Nikon D90**	**219**
	7.1	Blitzen mit dem internen Blitz	220
		Blitzgrundlagen	220
		Ablauf der Blitzbelichtung	222
		i-TTL Blitzsteuerung	223
		Blitzen in den Modi P, S, A und M	224
		Belichtungsmessmethode	226
		Blitzbelichtungskorrektur	226
		Speicherung der Blitzbelichtungszeit	227
		Zusätzliche Blitzsteuerungen	229
	7.2	Blitzen mit einem externen Blitz	240
		Indirektes Blitzen	240

		FP-Kurzzeitsynchronisation	242
		Entfesseltes Blitzen	244
7.3		Nikon Creative Lighting System (CLS)	244
7.4		Zubehör: Externe Blitzgeräte	248

8	Fotopraxis mit der Nikon D90		257
8.1	Planung und Vorbereitung		258
		Thema finden	259
		Zeitplanung	261
		Ausrüstung	261
8.2	People- und Porträtfotografie		262
		Einzelaufnahmen	262
		Gruppenaufnahmen	270
8.3	Reportage- und Reisefotografie		276
8.4	Natur- und Landschaftsfotografie		282
8.5	Makrofotografie		290
8.6	Architekturfotografie		297
8.7	Sportfotografie		304

9	Einführung in die Bildbearbeitung		313
9.1	Allgemeiner Arbeitsablauf		314
9.2	Übertragung auf den Rechner		315
		Nikon Transfer	317
		Sichten und sortieren mit Nikon View NX	321
9.3	Nikon View NX im Einsatz		326
9.4	Bildbearbeitung mit Nikon Capture NX2		332
		Workflow 1: Kontrast und Farbton optimieren	335
		Workflow 2: Weißabgleich, D-Lighting und Hochpassfilter	341
		Workflow 3: Schwarzweißkonvertierung	347
		Workflow 4: Filter anwenden	350

Index 352

Vorwort

Ich gratuliere Ihnen zu Ihrer neuen Spiegelreflexkamera! Sie haben sich für eine Kamera entschieden, die sich durch eine hervorragende Bildqualität und durch eine durchdachte, einfache Handhabung auszeichnet. Außerdem können Sie – was bei ihrer Ankündigung zunächst viele überrascht hat – sogar Videos mit der Nikon D90 aufzeichnen.

Ein Teil von Ihnen hatte vielleicht schon die Vorgängerkamera, die Nikon D80, in seinem Besitz. Auch für Sie lohnt sich dieses Buch, denn einige Neuerungen sind bei der D90 hinzugekommen. Lesen Sie dazu Kapitel 2, »Die Kamerafunktionen auf einen Blick«, ab Seite 31. Diejenigen unter Ihnen, die schnell Ihre Kamera optimal einsatzbereit haben möchten, blättern am besten gleich zu Kapitel 1, »Schnelleinstieg in die Nikon D90«.

Um Ihnen ein leichteres Nacharbeiten zu ermöglichen, sind auch die weiteren Kapitel in diesem Buch thematisch gegliedert. Schwerpunkte sind die Themen Belichtung, die Schärfe, die Farben und das Blitzen, die im digitalen Fotoalltag zwar nicht neu sind, teilweise aber etwas anders umgesetzt werden als in der analogen Fotografie. Sollten Sie Neueinsteiger in die Digitalfotografie sein, wird Ihnen außerdem das Kapitel zur Bildbearbeitung ab Seite 313 Anregungen bieten, wie Sie Ihre Daten weiterverarbeiten können. Zubehör und Objektive, die im Buch erwähnt werden, können Sie in Kapitel 6 nachschlagen.

Abseits der Technik und Funktionen darf das Kreative nicht fehlen: Im Kapitel »Fotopraxis mit der Nikon D90« ab Seite 257 gebe ich Ihnen für die gängigsten Genres Anregungen und Anwendungsbeispiele im direkten Zusammenhang mit Ihrer neuen Kamera.

Doch bevor Sie sich intensiv mit der Nikon D90 befassen, erfahren Sie, wem dieses Buch auch zu verdanken ist: Dazu gehört Alexandra Rauhut von Galileo Press. Sie war es, die mich angesprochen und mir den Floh ins Ohr gesetzt hat, ein Buch zu schreiben. Ohne ihren Zuspruch läge dieses Buch nun nicht in Ihren Händen. Auch mein Mann hat Zeit und Geduld investiert und war stets mit guten Tipps aber auch mit technischem Wissen an meiner Seite. Vielen Dank euch beiden!

Natürlich waren dies nicht die einzigen, deren Unterstützung ich erhielt. Bei Christine Fritzsche (Galileo Press) bedanke ich mich für ihr kompetentes Lektorat. Mein Freund, Kollege und Fotograf Benedikt Frings-Neß (*www.benfn.de*) war immer bereit, meine Bilder zu optimieren und hat mir auch eigene zur Verfügung gestellt. Nicola Best widmete mir ihre Zeit für Fragen und Antworten. Und einen ganz lieben Dank auch an Familie Guhl und Stephan Lorenz.

Björn Thiele (Nikon GmbH), Lukas Pavlovec (Tamron Europe GmbH), Christian Grosse (Nik Software GmbH), Jürgen Kuschewski (Wacom Europe GmbH) und Stefan Schubert (Metz GmbH & Co. KG) spreche ich einen besonderen Dank aus. Ihre Leihgaben und ihr persönlicher Support ermöglichten mir die praxisnahen Beschreibungen, die Sie in diesem Buch finden.

Die vielen anderen Befürworter habe ich nicht vergessen, sondern kann sie nur nicht alle persönlich erwähnen und möchte Sie, liebe Leserinnen und Leser, nun nicht länger aufhalten. Ich hoffe Sie haben so viel Freude beim Lesen wie ich bei der Entstehung dieses Buches! Ich wünsche Ihnen vor allem aber viel Spaß am Experimentieren und viele schöne festgehaltene Momente mit der Nikon D90.

Ihre Heike Jasper

Nach dem Neuerwerb der Kamera steht die Nikon D90 auf der Werkseinstellung. Diese erweist sich für einige Menüpunkte aber nicht immer als die optimale Einstellung. Für einige Funktionen schlage ich Ihnen in diesem Kapitel Änderungen vor, die sich als praktischer herausgestellt haben. Nutzen Sie diese ersten Vorschläge, um schnell zu optimalen Ergebnissen zu kommen. Als Umsteiger von anderen Nikon-Modellen werden Ihnen einige Voreinstellungen bekannt sein. Ein paar Funktionen sind jedoch bei der Nikon D90 neu hinzugekommen.

Kapitel 1
Schnelleinstieg in die Nikon D90
Erste Einstellungen an Ihrer neuen Kamera

Inhalt

› Die Nikon D90 einrichten   12

› Die Menüs der Nikon D90   13

1 [Schnelleinstieg in die Nikon D90]

1.1 Die Nikon D90 einrichten

Die sogenannte Werks- oder auch Grundeinstellung der Nikon D90 beinhaltet einige Menüpunkte, die für Sie als Fotograf durchaus optimiert werden können. Wenn Sie die Kamera gerade erst erworben haben, sind zu Beginn ohnehin einige Grundmodifikationen nötig. Sollten Sie die Nikon D90 gerade erst aus dem Karton genommen haben, legen Sie den Akku (EN-EL3e) ein. Schalten Sie danach Ihre Kamera an (ON).

Die nun notwendigen Änderungen müssen im Menü vorgenommen werden. Dieses erscheint im Display, sobald Sie die MENU-Taste ❶ einmal drücken. Mit Hilfe des Multifunktionswählers ❸, der sich auf der rechten Seite neben dem Monitor befindet, navigieren Sie durch die jeweiligen Registerkarten des Menüs.

Stellen Sie den Schalter auf ON, um die Kamera einzuschalten.

» *Die Nikon D90 mit dem Kit-Objektiv AF-S DX 18–105 mm/ 3,5–5,6 G ED VR und dem internem Blitz (Bild: Nikon).*

HINWEIS

In diesem Kapitel werden die Menüs sowie viele Begriffe erwähnt, die Ihnen vielleicht nicht alle geläufig sind. Nähere Erklärungen zu den einzelnen Menüpunkten finden Sie in Kapitel 2, »Die Kamerafunktionen auf einen Blick«, ab Seite 31.

Drücken Sie die MENU-Taste ❶. Mit dem Multifunktionswähler ❸, der auch »Vier-Wege-Neiger« genannt wird, navigieren Sie durch das Menü mit dessen einzelnen Unterpunkten.

1.2 Die Menüs der Nikon D90

Das Menü der Nikon D90 besteht aus sechs Registerkarten beziehungsweise Basismenüs:
> WIEDERGABE-Menü
> AUFNAHME-Menü
> INDIVIDUALFUNKTIONEN
> SYSTEM-Menü
> Menü BILDBEARBEITUNG
> Letzte Einstellung/Benutzerdefiniertes Menü

Jedes der sechs Basismenüs hat ein eigenes Symbol. Mit Hilfe des Multifunktionswählers können Sie durch die einzelnen Punkte des Menüs navigieren. Wenn Sie den Pfeil nach rechts drücken, öffnen Sie den angewählten Menüpunkt. Durch einen erneuten Druck auf die rechte Pfeiltaste gelangen Sie in die Option des Menüpunktes. Mit der OK-Taste bestätigen Sie die Einstellung. Alternativ können Sie bei vielen Menüpunkten die Einstellung auch bestätigen, indem Sie statt der OK-Taste den Multifunktionswähler erneut nach rechts drücken. Durch einen erneuten Druck auf die Menütaste oder betätigen der PLAY-, Lv- oder INFO-Taste verlassen Sie das Menü wieder. Dasselbe gilt, wenn Sie den Auslöser bis zum ersten Druckpunkt antippen oder die Kamera ausschalten.

⌃
Das ist der Multifunktionswähler mit Pfeilen nach links, rechts, oben und unten. Mit dem Drücken der Pfeile navigieren Sie durch die einzelnen Registerkarten und Funktionen des Menüs. In der Mitte befindet sich die OK-Taste, mit der die Funktionen und Menüpunkte bestätigt werden. Außerdem lässt sich damit die Videofunktion (D-Movie) starten, wenn Sie zuvor den Live-View-Modus aktiviert haben (Lv-Taste drücken ❷).

Erste Einstellungen im Menü »System«

Im Menü SYSTEM empfehle ich Ihnen bei den folgenden Menüpunkten Einstellungen beziehungsweise Veränderungen durchzuführen:
> WELTZEIT
> SPRACHE (LANGUAGE)
> BILDKOMMENTAR
> BILDSENSOR-REINIGUNG

Erste Einstellungen im Menü SYSTEM

1 [Schnelleinstieg in die Nikon D90]

> **TIPP: HILFETASTE**
>
> Wenn ein »?« im Register erscheint, können Sie sich eine Erläuterung des Menüpunktes direkt am Monitor anzeigen lassen. Halten Sie dazu die ⊘-Taste gedrückt. Die Hilfetexte enthalten grundlegende Informationen, so dass Sie meist auch ohne das Handbuch weiterarbeiten können.

Einstellen der Weltzeit | Wenn Sie die Nikon D90 gerade erst aus dem Karton genommen und den Akku eingelegt haben, blinkt im Display nach dem Einschalten die Anzeige Clock. Das Datum und die Uhrzeit werden in Ihren Bilddaten (Metadaten) gespeichert, daher ist es ratsam, diese beiden Menüpunkte als Erstes zu aktualisieren. Drücken Sie dazu die Menu-Taste. Der Menüpunkt Weltzeit wird bei neuen Kameras automatisch geöffnet. Sollte sich eine andere Registerkarte öffnen, nutzen Sie den Multifunktionswähler und navigieren Sie zum Schlüsselsymbol (System) 🔧. Der Menüpunkt Weltzeit befindet sich an der siebten Stelle.

Datum & Uhrzeit | Das Datum und die Uhrzeit werden direkt in die Metadaten Ihrer Bilder hineingeschrieben. Diese lassen sich – wenn überhaupt – nur durch besondere Verfahren wieder entfernen beziehungsweise anpassen. Stellen Sie die aktuelle Uhrzeit und das Datum ein, und bestätigen Sie Ihre Eingabe mit der Ok-Taste. Anhand der Menübilder können Sie Ihre Einstellungen überprüfen.

SCHRITT FÜR SCHRITT: DATUM & UHRZEIT

Schritt 1 | Im Menü Weltzeit können Sie sowohl die Zeitzone als auch Datum & Uhrzeit ändern. Die Reihenfolge ist nicht relevant. Bei einer neuen Kamera wird zunächst der Dialog Datum & Uhrzeit automatisch angezeigt, sobald Sie das Menü aufrufen. Daher richten Sie ihn auch im nächsten Schritt ein.

Schritt 2 | Die Zahlenwerte verändern Sie, indem Sie mit dem Multifunktionswähler nach oben beziehungsweise nach unten drücken. Zum nächsten Zahlenfeld gelangen Sie, wenn Sie auf die rechte Pfeiltaste drücken. Bestätigen Sie die Eingaben mit der Ok-Taste.

Die Zeitzone | Nach der Datumsänderung überprüfen Sie die ZEITZONE. Diese befindet sich im selben Menüpunkt WELTZEIT. Die zentraleuropäische Zeitzone ist UTC +1 mit den Städten MADRID, PARIS, BERLIN. Auch diese Einstellung bestätigen Sie mit der OK-Taste.

»
Wenn Sie in Zentraleuropa leben, stellen Sie die Zeitzone UTC+1 ein.

Das Datumsformat | Beim DATUMSFORMAT ist die Standardeinstellung Y/M/D: Das steht für *Year* (Jahr), *Month* (Monat) und *Day* (Tag). Ich habe mir angewöhnt, in diesem internationalen Standardformat zu arbeiten. Viele meiner Kunden arbeiten aber lieber mit dem Format D/M/Y TAG/MONAT/JAHR, das ihnen bekannter ist. Dieses Format finden Sie als letzten Eintrag in der Liste. Die Änderungen beziehen sich auf alle Ordner und Bilddaten. Wählen Sie Ihr bevorzugtes Datumsformat, und bestätigen Sie Ihre Auswahl mit OK.

«
Im Menü WELTZEIT ändern Sie das DATUMSFORMAT. Dieses ist standardmäßig auf (Y/M/D) JAHR/MONAT/TAG eingestellt. Entscheiden Sie, ob Sie lieber D/M/Y TAG/MONAT/JAHR einstellen möchten.

Die Sommerzeit | Wenn Sie das Datumsformat geändert und mit OK bestätigt haben, kommen Sie automatisch wieder in das Obermenü WELTZEIT. Von dort aus gelangen Sie in die nächste Einstellung, die Sie noch vornehmen sollten: die SOMMERZEIT. Die SOMMERZEIT ist standardmäßig auf AUS eingestellt. Sie stellt sich in der entsprechenden Zeit *nicht* automatisch um. Das heißt, Sie müssen beim Wechsel auf die Sommerzeit diesen Menüpunkt auf EIN stellen, beim Wechsel auf die Winterzeit wieder auf AUS.

«
Stellen Sie je nach Jahreszeit die Sommerzeit auf EIN oder AUS, und bestätigen Sie mit OK. Wenn Sie die Sommerzeit eingestellt haben, wird die Kamerauhr eine Stunde vorgestellt.

1 [Schnelleinstieg in die Nikon D90]

Einstellen der Sprache | Die Nikon D90 hat 17 Sprachvorgaben zur Auswahl. Falls Ihre Kamera nicht auf DEUTSCH eingestellt sein sollte oder Sie eine andere SPRACHE (LANGUAGE) wählen möchten, ändern Sie diesen Punkt im Menü SYSTEM unter SPRACHE (LANGUAGE).

» *Die SPRACHE (LANGUAGE) wählen Sie aus dem Obermenü SYSTEM aus. Wenn Ihre Auswahl gelb markiert ist, bestätigen Sie die Sprache mit der OK-Taste.*

Einstellen des Bildkommentars | Im digitalen Bildzeitalter möchten Sie Ihre eigenen Bilddaten sicherlich gerne vor Missbrauch schützen. Das ist jedoch nicht so einfach möglich. Was Sie aber auf jeden Fall tun sollten, ist, Ihre Bilder mit einem Urhebervermerk (also Ihrem Namen) versehen. Ein solcher BILDKOMMENTAR wird innerhalb der sogenannten Metadaten oder EXIF-Daten eingetragen. Änderungen können darin nur entfernt werden, wenn alle EXIF-Daten gelöscht werden. Einziger Wermutstropfen ist, dass dieser Eintrag in Ihren Bilddateien nicht in Adobe-Programmen wie Photoshop oder Lightroom ausgelesen wird, da das entsprechende Bildkommentar-Textfeld nicht vorhanden ist. Bei der Nikon-Software wird es hingegen erkannt.

» *In der allgemeinen Ansicht in den Bildinformationen erkennen Sie durch den Vermerk COMMENT ❶, dass ein Bildkommentar eingegeben wurde. Diesen können Sie dann zum Beispiel in der Metadatenanzeige BILDKOMMENTAR ❷ in Nikon View NX auslesen.*

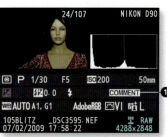
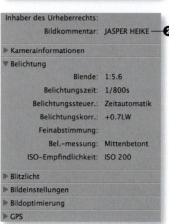

SCHRITT FÜR SCHRITT: BILDKOMMENTAR EINRICHTEN

Schritt 1 | Den Menüpunkt BILDKOMMENTAR erreichen Sie über das Obermenü SYSTEM. Die Standardeinstellung steht auf OFF.

Schritt 2 | Über den Menüpunkt KOMMENTAR EINGEBEN gelangen Sie in die Textfelder. Geben Sie bei BILDKOMMENTAR beispielsweise Ihren Namen als versteckten Copyright-Hinweis an. Das Anwählen eines Buchstabens erfolgt mit Hilfe des Multifunktionswählers (in manchen Bildschirmanzeigen auch CURSOR ❸ genannt). Die Eingabe des Buchstabens wird in diesem Fall mit der Pluslupe-Taste 🔍 bestätigt, *nicht* mit der OK-Taste. Um ein Feld weiter zu gehen, drücken Sie den Multifunktionswähler nach rechts. Erst wenn der gesamte Text eingetragen ist, können Sie mit der OK-Taste bestätigen.

Schritt 3 | Nachdem Sie den Eintrag mit OK bestätigt haben, müssen Sie noch den Menüpunkt KOMMENTAR HINZUFÜGEN mit einem Druck auf die OK-Taste aktivieren. Alle diese Änderungen müssen mit einem weiteren Druck auf die OK-Taste bei FERTIG gespeichert werden, ansonsten werden die Änderungen nicht übernommen. Der BILDKOMMENTAR steht dann auf ON.

1 [Schnelleinstieg in die Nikon D90]

Einstellen der Bildsensorreinigung | Die Nikon D90 verfügt über eine eingebaute Sensorreinigung. Auch bei diesem Menüpunkt können Sie zwischen unterschiedlichen Einstellungen wählen. Eine generelle Empfehlung auszusprechen ist schwierig, da das Thema schnell die Gemüter erhitzt. Bei Werkseinstellung reinigt die Kamera sowohl beim Ein- als auch beim Ausschalten. Das halte ich jedoch für wenig sinnvoll, weil die Kamera nach dem Ausschalten in der Regel erst einmal nicht zum Fotografieren genutzt wird. In der Standzeit kann sich wieder Staub auf dem Sensor absetzen. Daher macht eine Reinigung zu Beginn des Fotografierens meiner Meinung nach wesentlich mehr Sinn. Ich rate daher zu der Einstellung BEIM EINSCHALTEN REINIGEN. Um die Werkseinstellung zu verändern, wählen Sie im Menü SYSTEM die BILDSENSOR-REINIGUNG.

Die Sensorreinigung verbraucht natürlich auch Strom, da der Tiefpassfilter, der direkt vor dem Sensor sitzt, dabei zu hochfrequenten Schwingungen angeregt werden muss. Aus diesem Grund können Sie den Sensor auch erst dann manuell reinigen, wenn Sie den Staub bereits in Ihren Bildern erkennen können. Das geht mit der Funktion JETZT REINIGEN.

Erste Einstellungen im Menü »Aufnahme«

Im Menü AUFNAHME variiert die Anzahl der auswählbaren Menüpunkte abhängig von der eingestellten Aufnahmebetriebsart. Wenn Sie zunächst in der Betriebsart VOLLAUTOMATIK oder in den Motivprogrammen fotografieren, müssen Sie keine speziellen Einstellungen im AUFNAHME-Menü vornehmen. In der VOLLAUTOMATIK steuert die Kamera das meiste automatisch. Für Anfänger empfehle ich diese Einstellung, damit sie die Arbeitsweise der Kamera einfacher kennenlernen können.

≫
Stellen Sie die Kamera um auf BEIM EINSCHALTEN REINIGEN. Nachdem Sie die OK-Taste gedrückt haben, wird der Sensor jedes Mal nach dem Einschalten der Kamera gereinigt.

Betriebsarten

Die Programme für die Belichtungssteuerung werden Betriebsarten genannt. Sie sind am oberen Einstellrad auswählbar. Dabei unterscheidet man zwischen den Vollautomatiken mit und OHNE BLITZ, den Motivprogrammen (PORTRÄT, LANDSCHAFT, NAHAUFNAHME, SPORT und NACHTPORTRÄT) und den Betriebsarten P, S, A und M. In Kapitel 3, »Die richtige Belichtung«, ab Seite 82, finden Sie nähere Erläuterungen zu den einzelnen Betriebsarten. Je nach Vorwahl auf dem Einstellrad variiert auch das AUFNAHME-Menü.

[Schnelleinstieg in die Nikon D90]   1

«
Das linke Bild zeigt das Aufnahme-menü bei der VOLLAUTOMATIK, das rechte Bild zeigt die Menüpunkte in der Betriebsart PROGRAMMAUTOMATIK (P). Hellgrau hinterlegte Funktionen lassen sich nicht verändern.

Als fortgeschrittener Fotograf werden Sie bestimmt auch die Betriebsarten P, S, A oder M einstellen. Für diese empfehle ich die folgenden Einstellungen im Menü AUFNAHME individuell anzupassen:
> WEISSABGLEICH
> BILDQUALITÄT
> FARBRAUM
> AKTIVES D-LIGHTING
> RAUSCHREDUZIERUNG BEI ISO+.

Feineinstellung Weißabgleich | Der WEISSABGLEICH ist bei der Nikon D90 in der Werkseinstellung auf AUTOMATISCH eingestellt. Diese Automatik arbeitet in der Praxis schon sehr gut und dient daher als Universaleinstellung. Für meine Farbwahrnehmung jedoch ist der automatische Weißabgleich oft etwas zu kalt (blau). Daher verstelle ich den Wert mit Hilfe der Feineinstellung leicht in einen wärmen Bereich (gelb/orange).

WEISSABGLEICH

Unser Umgebungslicht hinterlässt einen bestimmten Farbeindruck. Diese »Farbe« wird in Kelvin angegeben. Der Weißabgleich der Kamera stellt den Farbwert fur den Sensor so ein, dass die Bilddaten in dem Farbeindruck wiedergegeben werden, wie sie das menschliche Auge wahrgenommen hat. Glühlampenlicht wird orange und als warmer Ton wahrgenommen, ein Tag bei strahlendem Sonnenschein und klarem Himmel eher als blau und kühl (siehe Seite 146).

»
Das linke Bild hat einen etwas kühleren Bildeindruck. Hierbei wurde der Weißabgleich auf AUTOMATIK belassen. Die Einstellung A1/G1 lässt das zweite Bild wärmer erscheinen.

Viele Fotografen, die ich kenne, mögen es eher noch eine Spur kälter. So etwas liegt immer im Auge des Betrachters, und natürlich ist dies eine Geschmacksfrage. Vielleicht probieren Sie zunächst ein paar Aufnahmen mit dem automatischen Weißabgleich aus. Dann können Sie entscheiden, ob Sie die Farbwirkung Ihrer Bilder etwas in den kühleren oder wärmeren Bereich verschieben möchten – oder auch nicht.

SCHRITT FÜR SCHRITT: WEISSABGLEICH FEIN ANPASSEN

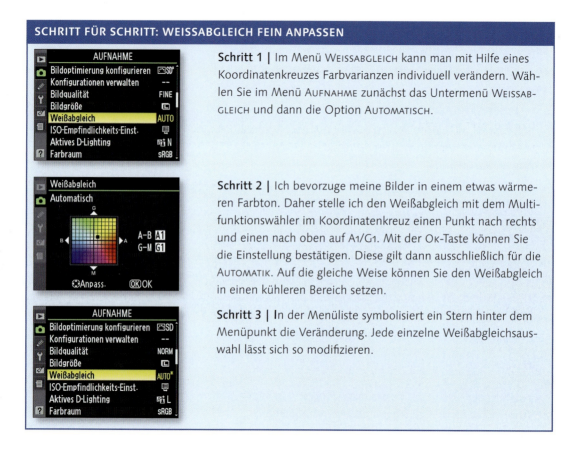

Schritt 1 | Im Menü WEISSABGLEICH kann man mit Hilfe eines Koordinatenkreuzes Farbvarianzen individuell verändern. Wählen Sie im Menü AUFNAHME zunächst das Untermenü WEISSABGLEICH und dann die Option AUTOMATISCH.

Schritt 2 | Ich bevorzuge meine Bilder in einem etwas wärmeren Farbton. Daher stelle ich den Weißabgleich mit dem Multifunktionswähler im Koordinatenkreuz einen Punkt nach rechts und einen nach oben auf A1/G1. Mit der OK-Taste können Sie die Einstellung bestätigen. Diese gilt dann ausschließlich für die AUTOMATIK. Auf die gleiche Weise können Sie den Weißabgleich in einen kühleren Bereich setzen.

Schritt 3 | In der Menüliste symbolisiert ein Stern hinter dem Menüpunkt die Veränderung. Jede einzelne Weißabgleichsauswahl lässt sich so modifizieren.

Der Weißabgleich wirkt sich immer auf alle Dateiformate gleichermaßen aus. Allerdings lässt sich nur im RAW-Format (NEF = *Nikon Electronic Format*) der Weißabgleich in der Software nachträglich und ohne Qualitätsverlust wieder verändern. Bei einem JPEG-Bild funktioniert das nicht, da hier der Weißabgleich fest in das Bild gerechnet ist. Da sich auch die weiteren

[Schnelleinstieg in die Nikon D90]   1

Einstellungen abhängig vom Dateiformat unterschiedlich auswirken, unterscheide ich bei den folgenden Veränderungen auch zwischen einem JPEG- oder RAW-Format.

Wahl der Bildqualität | Unter dem Menüpunkt BILDQUALITÄT ist eigentlich das Dateiformat gemeint, das wiederum mit der Bildqualität einhergeht. Die Bildqualität ist abhängig von der Komprimierungsstufe der Datei. Für das JPEG sind drei Qualitätsstufen möglich: BASIC, NORMAL und FINE. Das Standarddateiformat bei der Nikon D90 ist ein JPEG NORMAL. Wenn Sie im JPEG fotografieren möchten, sollten Sie die Kamera jedoch besser auf JPEG FINE umstellen. Sie erreichen damit ein geringeres Komprimierungsverhältnis. Die Dateigröße steigt zwar an, doch durch die geringere Komprimierung besteht weniger die Gefahr von unerwünschten Artefakten beziehungsweise Störungen im Bild.

Unterschiedliche Qualitäten im Vergleich: höchste Qualität (FINE, links), mittlere Qualität (NORMAL, Mitte), höchste Komprimierung (BASIC, rechts). Die starke Auszugsvergrößerung macht es deutlich: Während die Unterschiede von hoher und mittlerer Qualität kaum zu unterscheiden sind, erkennt man die Artekfakte (Tonwertabrisse) im letzten Bild sehr deutlich.

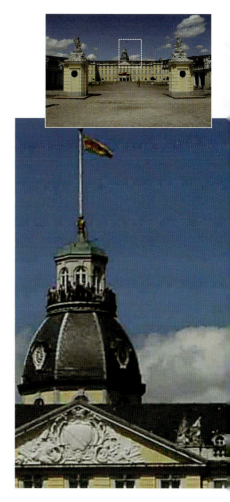

⍆
Ein Bildausschnitt – unterschiedliche Auflösungen: 300 dpi (oben), 150 dpi (Mitte) und 72 dpi (unten). Da es sich hierbei um einen kleinen Bildausschnitt handelt, sind bei der Auflösung von 72 dpi bereits deutlich die Pixel zu erkennen.

Die Auswirkungen der Komprimierung sind allerdings auch abhängig von der eingestellten Bildgröße. Es gibt drei einzustellende Bildgrößen L, M und S. Unter Ihnen hat L mit 12,3 Megapixeln die größte Anzahl von Bildpunkten. Die Bildgröße steht in der Werkseinstellung auf L (Large). Diese Einstellung sollten Sie so belassen. Die Auswirkungen können Sie an dem nebenstehenden Bildbeispiel erkennen.

RAW-Format: NEF | Den fortgeschrittenen Fotografen unter Ihnen rate ich, die Bildqualität – zumindest in schwierigen Lichtsituationen – auf RAW umzustellen. RAW ist die größtmögliche Dateigröße bei der Nikon D90, die Bildgröße kann nicht separat angepasst werden. Das bedeutet aber auch, dass mehr Speicherplatz benötigt wird: etwa 10,8 MB pro Bild. Ein großer Vorteil von RAW ist, dass Sie den größtmöglichen Spielraum für die nachträgliche Bildbearbeitung in punkto Weißabgleich, Belichtungskorrektur etc. erhalten. Sie müssen die RAW-Dateien regelrecht am Rechner entwickeln. Vergleichen können Sie diesen Prozess mit der Negativ-Filmentwicklung. Die Filme müssen auch erst entwickelt werden, bevor Sie ein Papierbild in den Händen halten können. Ein JPEG ist schon »fertig« und damit schneller in seiner Handhabung. Für einige unter Ihnen macht es vielleicht auch Sinn, JPEG und NEF gleichzeitig aufzunehmen. Dann haben Sie sofort ein »entwickeltes« JPEG griffbereit. Auch hier sollten Sie JPEG Fine wählen.

[Schnelleinstieg in die Nikon D90]   1

»
Einsteigern empfehle ich, in JPEG zu fotografieren – aus Qualitätsgründen am besten in JEPG FINE. Ganz ohne Qualitätsverluste fotografieren Sie im NEF-Format. Die Bildentwicklung erfolgt dann allerdings erst am Rechner.

Wahl des Farbraums | Der Farbraum sollte sich sinnvollerweise auch am Dateiformat orientieren. Es stehen Ihnen zwei Farbräume zur Auswahl: sRGB und ADOBE RGB. Der sRGB-Farbraum ist der kleinere Farbraum. Er ist der Standard für den Amateurbereich. Großlabore und die meisten günstigeren Monitore arbeiten in der Regel auf Basis des sRGB-Farbraums. Arbeiten Sie hauptsächlich im JPEG-Format, lassen Sie die Kamera auf sRGB eingestellt. Arbeiten Sie hingegen des Öfteren im RAW-Format, stellen Sie den Farbraum auf ADOBE RGB um. In Kapitel 5, »Farb- und Bildoptimierungen«, ab Seite 141, können Sie nachlesen, welcher Farbraum für welche Zwecke geeignet ist.

»
Wählen Sie zwischen sRGB oder ADOBE RGB. Der sRGB-Farbraum ist am weitesten verbreitet und bringt die wenigsten Komplikationen bei der Ausgabe im Druck mit sich.

Einstellung »Aktives D-Lighting« | Die Bildoptimierung D-LIGHTING ist bei der Nachbearbeitung in der Nikon-Software nicht neu. Sie funktioniert ähnlich wie beispielsweise TIEFEN/LICHTER in Photoshop. Wenn ein Bild mit der D-LIGHTING-Funktion bearbeitet wird, erreicht man eine feinere Zeichnung (mehr Tonwerte) sowohl in den Lichtern als auch in den Tiefen. Das führt zu einer Erhöhung des Kontrastumfangs des Bildes. AKTIVES D-LIGHTING hingegen sorgt schon während der Aufnahme für eine Erweiterung der Tonwerte. Bitte beachten

⌃
Das Aktive D-Lighting führt zu einer detaillierteren Schattenzeichnung. Beim linken Bild ist das Aktive D-Lighting ausgeschaltet. Das mittlere Bild wurde mit der Stärke Normal aufgenommen. Das rechte zeigt die Einstellung Extrastark.

»
Das Aktive D-Lighting befindet sich im Menü Aufnahme. Je nachdem in welcher Einstellung Sie arbeiten, fallen die Ergebnisse unterschiedlich aus. Bei der Einstellung Verstärkt kann es gerade bei JPEG-Daten schneller zu ausgefressenen Lichtern (Lichterwarnung beachten) kommen. Die Einstellung Moderat bewirkt nur eine leichte, oft ausreichende Veränderung der Lichter und der Schatten.

Sie, dass diese Einstellung nur in den Betriebsarten P, S, A und M möglich ist. Die Standardwerkseinstellung ist Automatisch – sie führt nicht immer zu optimalen oder planbaren Ergebnissen. Besser finde ich hier die Einstellung Moderat. Im RAW-Format und in Verbindung mit dem Bildbearbeitungsprogramm Nikon Capture NX2 können die Ergebnisse des Aktiven D-Lightings nachträglich angepasst werden. Das gilt allerdings nicht, wenn es auf Off gestellt wurde. Sie können es also nicht rückwirkend auf das Bild übertragen. Im JPEG-Format ist es sowieso fest in die Bilddatei hineingerechnet.

Rauschreduzierung bei hohen ISO-Werten | In der Standardwerkseinstellung wird ab ISO 800 automatisch eine mittlere Rauschreduzierung hinzugeschaltet (Einstellung: Normal).

[Schnelleinstieg in die Nikon D90] 1

Je stärker die zusätzliche Rauschreduzierung eingestellt wird, desto weicher – also weniger scharf – wird das korrigierte Bild. Bei der Aufnahme mit aktivierter Rauschreduzierung können weniger Bilder in Folge aufgenommen werden. Ein Grund dafür ist der erhöhte Rechenprozess. Das zieht auch einen längeren Speichervorgang nach sich. Daher schalte ich die Rauschreduzierung AUS. Nur in Ausnahmefällen, wenn ich im JPEG-Format arbeite und die Bilder kaum nachbearbeiten möchte, benutze ich eine schwache Reduzierung. Im JPEG-Format bringt jede nachträgliche Bildbearbeitung einen weiteren Qualitätsverlust mit sich.

«
Meist stelle ich die RAUSCHREDU-ZIERUNG BEI ISO+ auf AUS. Wenn es die Aufnahmesituation verlangt, stelle ich sie von NORMAL auf SCHWACH ein.

Einstellungen im Menü »Individualfunktionen«

Für das Menü INDIVIDUALFUNKTIONEN ✎ empfehle ich, bei den folgenden Menüpunkten Änderungen vorzunehmen:
> A3: AF-HILFSLICHT: OFF
> D1: TONSIGNAL: OFF
> D2: GITTERLINIEN: ON
> D7: NUMMERNSPEICHER: ON
> F3: FUNKTIONSTASTE: SPOTMESSUNG ODER MESSFELDSTEUERUNG.

Die Nikon D90 hat insgesamt 41 Individualfunktionen. Sie sollten erwägen, die fünf zuvor genannten Einstellungen sofort und dauerhaft zu ändern.

Autofokus-Hilfslicht | Das AF-Hilfslicht ❶ schaltet sich automatisch zu, sobald der nötige Kontrast zur Schärfebestimmung fehlt. Das Hilfslicht können Sie mit der INDIVIDUALFUNKTION A3 AF-HILFSLICHT deaktivieren. Es funktioniert sowieso nur dann,

25

1 [Schnelleinstieg in die Nikon D90]

↑
Das Autofokus-Hilfslicht funktioniert nur, wenn auf das mittlere AF-Feld scharf gestellt wird.

»
Um zu verhindern, dass bei jedem Scharfstellen ein Tonsignal erzeugt wird, stellen Sie die INDIVIDUALFUNKTION D1 aus.

Gitterlinien & Live-View
Um sich die Gitterlinien in der Live-View anzeigen zu lassen, aktivieren Sie Live-View über die Lv-Taste, und drücken Sie im Anschluss zweimal die INFO-Taste.

↑
Gitterlinien helfen beim Ausrichten der Kamera. Blenden Sie sie unter D2 elektronisch ein.

wenn das mittlere der elf Autofokusmessfelder angewählt ist. Weitere Punkte, die gegen diese Funktion sprechen, sind:
› Bei Porträt- und Tieraufnahmen blendet der starke Lichtschein die Motive.
› Das AF-Hilfslicht funktioniert nur ohne Gegenlichtblende.
› Das AF-Hilfslicht reicht nur etwa 2 Meter weit.

Signalton ausschalten | Sobald der Autofokus die Schärfeebene gefunden hat, sendet die Kamera ein Tonsignal aus. Ich stelle den Ton immer über die INDIVIDUALFUNKTION D1: TONSIGNAL aus. Stattdessen

nutze ich den im Sucher unten links angezeigten grünen Punkt. Diese visuelle Kontrolle leuchtet nach ermittelter Schärfe auf, ohne dabei die Umgebung zu stören. In Kirchen oder bei vielen Versammlungen ist das piepsende Geräusch zudem untersagt. Bei Tieraufnahmen kann der eingestellte Ton manchmal dazu führen, dass das Tier in die Kamera schaut. Das ist zwar wünschenswert, doch meine Erfahrung ist eher, dass die Tiere dadurch weglaufen.

Gitterlinien helfen Ihnen beim Ausrichten und Positionieren des Bildmotivs. Die Gitterlinien können Sie über die INDIVIDUALFUNKTION D2: GITTERLINIEN im Sucher einblenden. Diese Einstellung hat allerdings keine Auswirkung auf den Live-View-Modus.

Dateinummerierung | Wenn Sie mehrere Bilddaten hintereinander belichten, werden diese durchlaufend nummeriert. Wenn Sie eine neue Speicherkarte einlegen, formatieren oder einen neuen Ordner anlegen, wird der NUMMERNSPEICHER automatisch wieder auf den Wert »1« zurückgesetzt. Das kann zu Doppelnummerierungen führen. Wenn Sie die INDIVIDUALFUNKTION D7: NUMMERNSPEICHER auf EIN stellen, zählt die Kamera kontinuierlich bis 9999 durch. Folgt ein weiteres Bild, legt die Kamera automatisch einen neuen Ordner an und beginnt wieder mit 0001. Sie können die Nummerierung auch zwischendurch manuell ZURÜCKSETZEN, wenn Sie das wünschen.

Funktionstaste | An Ihrer Kamera befindet sich zwischen Objektiv und Griff eine kleine Taste. Das ist die FN- beziehungsweise Funktionstaste. Diese Taste können Sie mit verschiedenen Funktionen belegen. Durch Gedrückthalten der FN-Taste aktivieren Sie die gewählte Funktion. Dies hat den Vorteil, dass Sie diese Einstellung nicht mehr umständlich im Kameramenü aktivieren müssen. Sie sollten kein Motiv verpassen, und so können Sie wesentlich schneller reagieren! Zwei Funktionen halte ich für die Belegung für sehr sinnvoll: zum einen SPOTMESSUNG, zum anderen MESSFELDSTEUERUNG. Da die Messfeldsteuerung durch keine der anderen Tasten am Kameragehäuse schnell ausgewählt werden kann, belege ich damit die Funktionstaste. Sie können so schnell zwischen verschiedenen Autofokuseinstellungen wie EINZELFELD und DYNAMISCH wechseln (siehe Kapitel 4, »Sicheres Scharfstellen«, ab Seite 125). Die Belegung mit SPOTMESSUNG benutze ich beispielsweise für Makroaufnahmen. Sie hilft mir schnell und temporär die Belichtungsmethode zu ändern.

EINSTELLUNG FN-TASTE

Wenn Sie viel mit dem Blitz fotografieren, sollten Sie die Funktionstaste ❶ mit der Funktion BLITZ AUS belegen. Durch Gedrückthalten der Taste wird der Blitz für die folgende Aufnahme nicht hinzugeschaltet.

Einstellungen im Menü »Wiedergabe«

Im Menü WIEDERGABE ▶ sollten Sie für den Anfang die folgenden Menüpunkte verändern:
> INFOS BEI WIEDERGABE
> ANZEIGE IM HOCHFORMAT

Infos bei der Wiedergabe | Wenn Sie die Play-Taste ▶ betätigen, werden die aufgenommenen Bilddaten am Monitor angezeigt. Neben den DATEIINFORMATIONEN werden auch die ÜBERSICHTSDATEN per Werkseinstellung bei Einzelbildwiedergabe dargestellt.

Zusätzlich sollten Sie eine Warnung über die LICHTER einstellen. Damit erhalten Sie visuelle Kontrolle über die Bereiche

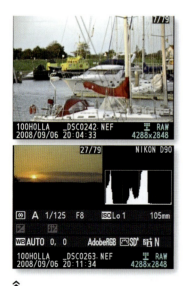

Das obere Bild zeigt die Dateiinformationen, das untere die sogenannten Übersichtsdaten.

im Bild, die keine Zeichnung mehr aufweisen. Man nennt diese Bereiche auch Spitzlichter oder »ausgefressene« Bereiche. Die Lichteranzeige wird im Menüpunkt INFOS BEI WIEDERGABE zugeschaltet. Um eine Auswahl unter DETAILLIERTE BILDINFORMATIONEN zu speichern, müssen Sie die Veränderungen zunächst mit FERTIG bestätigen.

Anzeige im Hochformat | Wenn Sie sich eine Hochformat-Aufnahme auf dem Display ansehen, haben Sie zwei verschiedene Möglichkeiten der Darstellung. Standardmäßig wird das aufgenommene Bild im Hochformat angezeigt, also bei der Wiedergabe am Monitor um 90 Grad gedreht. Bei dem kleinen Bild gelingt jedoch selten eine gute Bildanalyse. Sie können daher die ANZEIGE IM HOCHFORMAT in den Optionen auf AUS stellen. Damit wird das Hochformat quer über den gesamten Monitor dargestellt – zum Betrachten drehen Sie einfach die Kamera.

Das waren meine bevorzugten Einstellungstipps für einzelne Menüpunkte Ihrer neuen Kamera. Vielleicht präferieren Sie andere Einstellungen oder machen im Laufe der Zeit andere Erfahrungen – Ihre Nikon D90 lässt sich auf vielfältige

SPITZLICHTERDARSTELLUNG

Bitte löschen Sie das Bild nicht sofort, wenn es in der Anzeige blinkt. Die Ansicht auf dem Monitor zeigt Ihnen ein JPEG-Vorschaubild an (8 Bit). Wenn Sie in RAW fotografieren, weist die Datei womöglich mehr Informationen auf, als der Monitor es darstellt. Als Orientierung für eine ausgewogene Belichtung ist die Lichterwarnung dennoch ein gutes Hilfsmittel.

Die Lichterwarnung aktivieren Sie im Menü INFOS BEI WIEDERGABE. Diese Spitzlichter werden als schwarz blinkende Bereiche angezeigt. Nicht immer lassen sich Spitzlichter vermeiden. Sind sie in bildrelevanten Teilen zu sehen, sollten Sie die Aufnahme lieber mit einer Belichtungskorrektur in den Minusbereich wiederholen.

Art und Weise individuell anpassen. Machen Sie von dieser Möglichkeit Gebrauch! Wenn Sie noch die folgenden allgemeinen Tipps berücksichtigen, sind Sie gut für den schnellen Start gerüstet. Viel Erfolg und Spaß beim Fotografieren mit Ihrer Nikon D90!

Einstellungen überprüfen | Um Fehlbelichtungen zu vermeiden, kontrollieren Sie, bevor Sie fotografieren, ob sich Ihre Grundeinstellungen nicht geändert haben. Zu den wichtigsten Einstellungen gehören:

> Belichtungsmodus (Automatik, P, S, A oder M, Motivprogramm)
> Belichtungsmessung (Spot-, mittenbetonte Integral- oder Matrixmessung)
> ISO-Empfindlichkeit
> Autofokus an oder aus (Kamera und Objektiv)
> geladener Akku (Akkudiagnose)
> Auslösemodus (Spiegelvorauslösung, Live-View, Demomodus oder Selbstauslöser)

⩔

Entfernen Sie nicht die Speicherkarte während das Lämpchen ❶ leuchtet. Das kann zu Datenverlust führen.

Nun müssen Sie nur noch das Objektiv ansetzen und eine Speicherkarte in den Kartenslot stecken. Bei beiden Aktionen rate ich Ihnen immer die Kamera vorher auszuschalten. Die Kontakte an den Objektiven übertragen elektronische Daten zwischen Kamera und Autofokus beziehungsweise (wenn vorhanden) dem optischen Bildstabilisator. Es kann zu technischen Defekten kommen. Eine Speicherkarte sollte in regelmäßigen Abständen formatiert werden. Und entfernen Sie die Speicherkarten nicht aus dem Kartenfach solange das grüne Lämpchen leuchtet.

SCHRITT FÜR SCHRITT: DIOPTRIENAUSGLEICH

⩔

An dem kleinen Rädchen ❷ ändern Sie die Dioptrieneinstellung für den Sucher. Ziel ist es, die Autofokusmessfelder scharf abgebildet zu sehen.

Bevor Sie nun loslegen, führen Sie vorsichtshalber einen Dioptrienausgleich durch:

Schritt 1 | Nehmen Sie den Kameradeckel beziehungsweise das Objektiv ab.

Schritt 2 | Schalten Sie die Kamera ein.

Schritt 3 | Schauen Sie durch den Sucher auf ein helles Objekt.

Schritt 4 | Stellen Sie mit Hilfe des Rädchens zur Dioptrienkorrektur das Sucherbild und die Fokusmessfelder scharf, falls Sie sie nur verschwommen erkennen.

Dieses Kapitel bietet Ihnen eine Übersicht der Kamerabauteile, der Menüstruktur und der Ansichtsoptionen Ihrer Nikon D90. Sie lernen hier alle Tasten und Bedienteile kennen. Dabei stehen insbesondere die unterschiedlichen Ansichtsmodi und die Verwaltung der Aufnahmen im Mittelpunkt. Zusätzlich werden Sie mit der Handhabung des Live-View-Modus, der D-Movie-Funktion und der Wiedergabe Ihrer Bilder auf einem Fernsehgerät vertraut gemacht.

Kapitel 2
Die Kamerafunktionen auf einen Blick
Bedienung und Kameramenüs kompakt

Inhalt

› Die Nikon D90 rundum erklärt   32

› Die Menüs der Nikon D90   36

› Bedienung und Anzeigen der Nikon D90   42

› Die Bildansicht im Live-View-Modus   58

› Die D-Movie-Funktion   60

2.1 Die Nikon D90 rundum erklärt

Die Bauteile und Tasten Ihrer neuen Nikon D90 sind anwenderfreundlich angeordnet. Doch gerade wenn Sie die Kamera zum ersten Mal in der Hand halten, sind Ihnen vielleicht noch nicht alle Bedeutungen beziehungsweise Funktionalitäten bekannt. Zum leichteren Einstieg in die Kamerahandhabung hilft Ihnen der folgende Überblick mit Abbildungen der Nikon D90 von allen Seiten mit einer Kurzerklärung der Tasten- und Bauteilbezeichnungen.

« *Die Nikon D90 mit dem Kit-Objektiv AF-S DX 18–105 mm 3,5–5,6 G ED VR und internem Blitz (Bild: Nikon)*

	Bauteil
❶	Objektiv
❷	vorderes Einstellrad
❸	Ein-/Aus-Schalter, Auslöser und Schalter für die Displaybeleuchtung
❹	Taste zur Belichtungskorrektur; in Kombination mit einem gleichzeitigen Druck auf die AF-Taste (❼) stellen Sie die Kamera auf die Werkseinstellung zurück.
❺	Taste zur Auswahl der Belichtungsmessmethode (Matrix-, mittenbetonte und Spotmessung); in Kombination mit einem gleichzeitigen Druck auf die Papierkorb-Taste (siehe Seite 35) bewirken Sie eine Schnellformatierung (Format) der Speicherkarte (siehe Seite 51).
❻	Taste für die Auswahl der Serienbelichtung (Lowspeed-Bildrate, Highspeed-Bildrate, Selbstauslöser und Fernauslöser).

	Bauteil
❼	Taste zur Auswahl des Autofokusmodus (AF-A, AF-S und AF-C); in Kombination mit einem gleichzeitigen Druck auf die Taste zur Belichtungskorrektur (❹) stellen Sie die Kamera auf die Werkseinstellung zurück.
❽ ⓫	Öse für Trageriemen
❾	hinteres Einstellrad
❿	Display
⓫	Zubehör-/Blitzschuh
⓬	interner Blitz
⓭	Betriebs-/Motivrad
⓮	Seite mit den Anschlüssen für externe Geräte

[Die Kamerafunktionen auf einen Blick] 2

> **HINWEIS**
> Tasten, Funktionen und Menüpunkte sowie deren Auswirkungen werden in den nachfolgenden Kapiteln themenspezifisch und detailliert beschrieben.

«
Die Nikon D90 mit dem Kit-Objektiv AF-S DX 16–85mm 3,5–5,6 G ED VR (Bild: Nikon)

˅
Externe Anschlüsse

	Bauteil
❶	Taste zur Blitzsteuerung und Blitzbelichtungskorrektur
❷	Mikrofon
❸	Infrarotempfänger
❹	BKT-Taste zum Einstellen einer Belichtungsreihe
❺	Bajonett (Objektivgewinde) und Ansetzpunkt für die Verriegelung
❻	Verriegelung für das Objektiv
❼	Autofokusschalter (AF und M)
❽	Verschluss für externe Anschlüsse (siehe Abbildung auf der rechten Seite)
❾	Objektiv: AF-Schalter (M/A und M) oder (M/A)
❿	Objektiv: VR-Schalter Normal und Active
⓫	Objektiv: VR-Schalter On/Ein oder Off/Aus (Vibrationsreduzierung)
⓬	Objektiv: Entfernungseinstellung (manueller Autofokus)
⓭	Objektiv: Brennweiteneinstellung
⓮	Objektiv: Frontlinse und Filtergewinde

	Bauteil
⓯	Stromanschluss/Anschluss für die Netzteile EH-5a und EH-5 AC
⓰	USB-Anschluss
⓱	HDMI mit C-Minipin-Anschluss (volldigitale Schnittstelle zur Übertragung von Video-/Audiodaten)
⓲	Videoanschluss AV/Out
⓳	GPS-Anschluss

33

2 [Die Kamerafunktionen auf einen Blick]

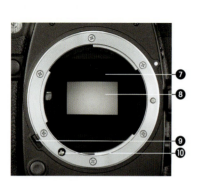

	Bauteil
❶	Lampe (AF-Hilfslicht, Anzeige des Selbstauslösers und Vorblitz für die Rote-Augen-Korrektur)
❷	Fn-Taste
❸	Abblendtaste
❹	Speicherkartenslot für SD-Karten
❺	Lautsprecher
❻	das typische rote Nikon-Dreieck
❼	Spiegelkasten mit der Prozessoreinheit (CPU)
❽	Spiegel mit den AF-Feldern
❾	Blendensteuerungshebel (Schlepphebel, der die Blende nach der Offenblendenmessung für die Belichtung auf den eingestellten Blendenwert schließt)
❿	AF-Ultraschall-Motor der Kamera, Nockenwelle
⓫	Akkufach für den EN-EL3e, Klappe kann abgenommen werden, um den Batteriegriff MB-D80 anzubauen (siehe Seite 208)
⓬	Stativgewinde

《 ⌃
Die Nikon D90 von vorne (oben), von der Seite (Mitte) und von vorne ohne Objektiv

《
Die Nikon D90 von unten

[Die Kamerafunktionen auf einen Blick] 2

« *Die Nikon D90 von hinten*

Bauteil		Bauteil	
❶	Sucher	⓫	Papierkorb-Taste; in Kombination mit einem gleichzeitigen Druck auf die Taste zur Belichtungsmessung (siehe Seite 32) bewirken Sie eine Schnellformatierung (Format) der Speicherkarte.
❷	Dioptrienrad und Okularabdeckung DK-21		
❸	AE-L/AF-L-Taste		
❹	Lv-Taste (Live-View)	⓬	Play- beziehungsweise Wiedergabe-Taste
❺	Ok-Taste	⓭	Menu-Taste
❻	Multifunktionswähler beziehungsweise Vier-Wege-Neiger	⓮	WB-Taste (Weißabgleich), ruft auch die Hilfe-Funktion auf beziehungsweise dient zum Schützen einer Aufnahme in der Bildansicht
❼	Sperrschalter (L = Lock)		
❽	Kontrollleuchte		
❾	Info-Taste	⓯	ISO-Taste, Minuslupe- oder Bildindex-Taste zum Auszoomen in der Bildansicht
❿	Monitor		
		⓰	Qual-Taste (Qualität) und Pluslupe-Taste zum Einzoomen in der Bildansicht

35

2.2 Die Menüs der Nikon D90

Im Menü sind alle Funktionen zusammengefasst, die dazu dienen, die Nikon D90 zu Ihrem individuellen Werkzeug zu machen. Durch einen Druck auf die MENU-Taste lässt sich das Menüfenster mit seinen einzelnen Punkten am Monitor anzeigen. Mit Hilfe des Multifunktionswählers navigieren Sie durch die jeweiligen Registerkarten beziehungsweise Basismenüs.

Das Menü der Nikon D90 besteht aus sechs Registerkarten. Diese Basismenüs sind nach Themen sortiert, die wiederum in mehrere Menüpunkte unterteilt sind. Bei den Basismenüs handelt es sich um:

› WIEDERGABE (9 Menüpunkte)
› AUFNAHME (13 Menüpunkte)
› INDIVIDUALFUNKTIONEN (42 Menüpunkte)
› SYSTEM (14 Menüpunkte)
› BILDBEARBEITUNG (12 Menüpunkte)
› LETZTE EINSTELLUNGEN/Benutzerdefiniertes Menü (2 Menüpunkte)

⌃
Drücken Sie die MENU-Taste ❶*, öffnet sich das Menüfenster. Mit dem Multifunktionswähler* ❷ *(siehe Seite 13) navigieren Sie durch das Menü.*

«
Jede Registerkarte hat ihre eigene Farbgebung. Die Basismenüs beinhalten jeweils eine Liste mit weiteren Menüpunkten. Ist das Registerkartensymbol in der linken Reihe ❹ *gelb unterlegt, können Sie zwischen den Registerkarten nach oben beziehungsweise nach unten wechseln. Ist ein Menüpunkt ausgewählt, wird dieser gelb unterlegt* ❺*. Um eine Funktion beziehungsweise einen Menüpunkt zu verändern, drücken Sie entweder die OK-Taste* ❸ *oder den Multifunktionswähler* ❷ *einmal nach rechts.*

FIRMWARE-VERSION

Die hier dargestellten Menüpunkte und Funktionen basieren auf der derzeit aktuellen Firmware-Version. Zum Zeitpunkt der Drucklegung gab es noch kein Update. Sollte eine neue Firmware-Version zur Verfügung stehen, laden Sie diese von der Nikon-Homepage herunter (*www.nikon.de/support/de_DE/local/broad/index.html*). Laden Sie erst Teil A auf die Speicherkarte und anschließend die Kamera, dann Teil B (A vorher entfernen). Aktualisieren Sie über den Pfad SYSTEM • FIRMWARE-VERSION die Kamera.

Wiedergabe | Das Menü WIEDERGABE ist die erste Registerkarte in der Menüstruktur. Es dient zur Verwaltung und zur Anpassung der bereits aufgenommenen und sich auf der Speicherkarte befindlichen Bilddaten. Mit den darin enthaltenen Menüpunkten definieren Sie Ihre individuelle Darstellungsweise. Die Bildwiedergabe auf dem Monitor starten Sie mit einem Druck auf die PLAY-Taste. Im Menü WIEDERGABE gibt es neun Untermenüpunkte:

> LÖSCHEN
> WIEDERGABEORDNER
> AUSBLENDEN
> INFOS BEI WIEDERGABE
> BILDKONTROLLE
> ANZEIGE IM HOCHFORMAT
> PICTMOTION
> DIASHOW
> DRUCKAUFTRAG (DPOF)

Das Menü WIEDERGABE: Um den Eintrag DRUCKAUFTRAG (DPOF) lesen zu können, navigieren Sie ganz nach unten oder springen von LÖSCHEN nach oben. Registerkarten sind umlaufend ansteuerbar.

Aufnahme | Alle Menüpunkte aus dem AUFNAHME-Menü sind unmittelbar für die Bildwirkung bei der Aufnahme verantwortlich. In diesem Basismenü können Sie sowohl Farb- und Helligkeitskonfigurationen als auch die Qualität und den Tonwertumfang voreinstellen. Je nach Dateiformat lassen sich einige dieser Voreinstellungen nicht oder nur schwer rückgängig machen und entscheiden daher über wichtige Bildcharakteristiken. Im Menü AUFNAHME gibt es 13 Untermenüpunkte:

> BILDOPTIMIERUNG KONFIGURIEREN
> KONFIGURATIONEN VERWALTEN
> BILDQUALITÄT
> BILDGRÖSSE
> WEISSABGLEICH
> ISO-EMPFINDLICHKEITS-EINST.
> AKTIVES D-LIGHTING
> FARBRAUM
> RAUSCHRED. BEI LANGZEITBEL.
> RAUSCHREDUZIERUNG BEI ISO+
> ORDNER

Das Menü AUFNAHME: Die Anzeige ist abhängig vom Betriebsprogramm. Wenn die Funktionen grau hinterlegt sind, können sie nicht modifiziert werden.

2 [Die Kamerafunktionen auf einen Blick]

> HINWEIS
>
>
>
> Möchten Sie Veränderungen im Menü Aufnahme rückgängig machen, können Sie die Kamera durch eine Tastenkombination schnell wieder in die Werkseinstellung zurücksetzen. Drücken Sie dazu gleichzeitig die Korrektur-Taste ❶ und die AF-Taste ❷ etwa 3 Sekunden lang. Die Anzeige im Display blinkt kurz auf. Danach sind alle Punkte im Aufnahme-Menü zurückgesetzt. Die anderen Registerkarten sind davon nicht betroffen.

› Mehrfachbelichtung
› Videoeinstellungen

Individualfunktionen | Jeder Fotograf hat seine individuellen Arbeitsweisen und Vorlieben. Mit Hilfe der Individualfunktionen können Sie viele Funktionen nach Ihren Wünschen einstellen, um so einen reibungsfreien und benutzerfreundlichen Arbeitsablauf zu ermöglichen. Dazu stehen Ihnen – ohne den Eintrag Zurücksetzen – insgesamt 41 Individualfunktionen zur Verfügung. Die Vorgängerkamera Nikon D80 hatte nur 32, der Umfang der Möglichkeiten zur individuellen Anpassung Ihrer Kamera hat sich also enorm erhöht. Das Menü Individualfunktionen ist zunächst in sieben Themen unterteilt:

› Zurücksetzen
› a Autofokus
› b Belichtung
› c Timer & Tastenbelegungen
› d Aufnahme & Anzeigen
› e Belichtungsreihen & Blitz
› f Bedienelemente

Diese sind wiederum in einzelne Menüpunkte aufgeteilt:

Die erste Seite des Menüs Individualfunktionen zeigt eine Übersicht der Themen.

Individualfunktionen zum Thema Autofokus: a1 bis a7

Individualfunktionen zum Thema Belichtung: b1 bis b4

Individualfunktionen zum Thema Timer & Tastenbelegungen: c1 bis c5

[Die Kamerafunktionen auf einen Blick] 2

≈
Individualfunktionen zum Thema Aufnahme & Anzeigen: D1 bis D12

≈
Individualfunktionen zum Thema Belichtungsreihen & Blitz: E1 bis E6

≈
Individualfunktionen zum Thema Bedienelemente: F1 bis F7

System | Das Menü System ist symbolisiert durch den Werkzeug-Schlüssel. Die in diesem Menü vorgenommen Änderungen sind Basisvoreinstellungen, die zwar selten angepasst werden, die aber dafür für eine Abstimmung zu Beginn umso wichtiger sind. In Kapitel 1, »Schnelleinstieg in die Nikon D90«, ab Seite 11, finden Sie einige Hinweise, welche Änderungen ratsam sind.

Im Menü System gibt es insgesamt 14 Untermenüpunkte:
> Formatieren
> Monitorhelligkeit
> Bildsensor-Reinigung
> Inspektion/Reinigung
> Videonorm
> HDMI
> Weltzeit
> Sprache (Language)
> Bildkommentar
> Bildorientierung
> Referenzbild (Staub)
> Akkudiagnose
> GPS
> Firmware-Version

≈
Das Menü System beinhaltet Funktionen, die zu Beginn eingestellt und dann eher selten geändert werden müssen.

39

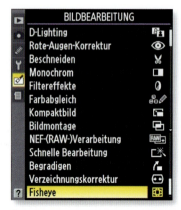

Es befinden sich 13 beziehungsweise 14 Funktionen im Menü BILDBEARBEITUNG, mit denen Sie Bilder schnell anpassen können. Nicht jede Bildbearbeitung lässt sich auf alle Bilder anwenden.

Sie können über BENUTZERDEFINIERTES MENÜ eine eigene Menüstruktur anlegen.

Bildbearbeitung | Schon die Nikon D80 hat Ihren Nutzern die Möglichkeit geboten, Aufnahmen direkt in der Kamera zu bearbeiten ohne an den Rechner gehen zu müssen. Hatte die Vorgängerkamera dazu nur sieben Bildbearbeitungsfunktionen, so bietet die Nikon D90 schon doppelt so viele. Detaillierte Beschreibungen zu den einzelnen Menüpunkten finden Sie in Kapitel 5, »Farb- und Bildoptimierungen«, ab Seite 166. Für die BILDBEARBEITUNG stehen Ihnen insgesamt 14 Funktionen zur Verfügung:

> D-LIGHTING
> ROTE-AUGEN-KORREKTUR
> BESCHNEIDEN
> MONOCHROM
> FILTEREFFEKTE
> FARBABGLEICH
> KOMPAKTBILD
> BILDMONTAGE
> NEF-(RAW-)VERARBEITUNG
> SCHNELLE BEARBEITUNG
> BEGRADIGEN
> VERZEICHNUNGSKORREKTUR
> FISHEYE
> BILDER VERGLEICHEN (allerdings nicht über dieses Menü zu erreichen, sondern nur über den Wiedergabemodus)

Letzte Einstellungen | Im Menü LETZTE EINSTELLUNGEN werden die letzten 20 Einträge, an denen Sie Änderungen vorgenommen haben, als Liste protokolliert. Das gesamte Menü ist wie eine »Baumstruktur« verzweigt. Um nicht immer den gesamten Pfad durchwandern zu müssen, gelangen Sie über das Menü LETZTE EINSTELLUNGEN schneller ans Ziel. Alternativ lässt sich hier auch eine eigene Menüstruktur erstellen (REGISTER WÄHLEN). Im Menü LETZTE EINSTELLUNGEN gibt es zwei Untermenüpunkte:

> LETZTE EINSTELLUNGEN
> REGISTER WÄHLEN • BENUTZERDEFINIERTES MENÜ

Das Menü LETZTE EINSTELLUNGEN listet Ihre letzten zwanzig durchgeführten Änderungen auf. Das verhilft Ihnen zum einen zu einer Übersicht der letzten Menüveränderungen, und zum anderen können Sie von hier aus direkt zum entsprechenden Menüpunkt springen.

Wie bei so vielen technischen Geräten braucht man selten immer alle Menüfunktionen. Möchten Sie lieber einen anderen Menüaufbau beziehungsweise eine andere Menüstruktur, lässt sich diese über REGISTER WÄHLEN festlegen. Dort legen Sie Ihr eigenes Menü an. Die Reihenfolge und Inhalte dieses Menüs können Sie frei wählen.

MONITORHELLIGKEIT

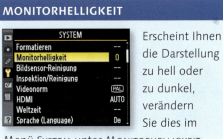

Erscheint Ihnen die Darstellung zu hell oder zu dunkel, verändern Sie dies im Menü SYSTEM unter MONITORHELLIGKEIT. Sie können in Stufen zwischen –3 und +3 einstellen. Sie sollten jede Abstufung des Graukeils deutlich unterscheiden können. Ich empfehle, bei der Standardeinstellung »0« zu bleiben.

SCHRITT FÜR SCHRITT: BENUTZERDEFINIERTES MENÜ EINRICHTEN

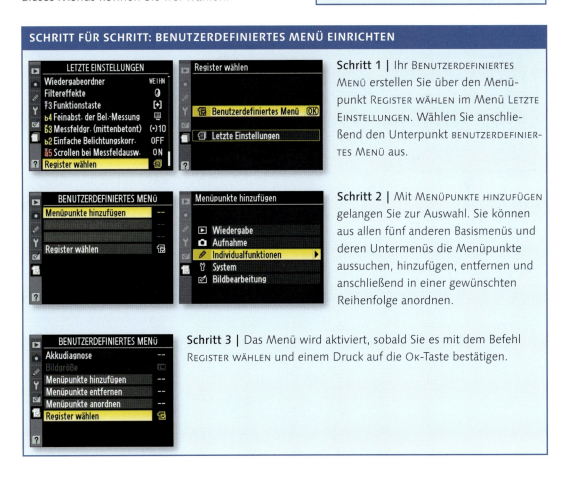

Schritt 1 | Ihr BENUTZERDEFINIERTES MENÜ erstellen Sie über den Menüpunkt REGISTER WÄHLEN im Menü LETZTE EINSTELLUNGEN. Wählen Sie anschließend den Unterpunkt BENUTZERDEFINIERTES MENÜ aus.

Schritt 2 | Mit MENÜPUNKTE HINZUFÜGEN gelangen Sie zur Auswahl. Sie können aus allen fünf anderen Basismenüs und deren Untermenüs die Menüpunkte aussuchen, hinzufügen, entfernen und anschließend in einer gewünschten Reihenfolge anordnen.

Schritt 3 | Das Menü wird aktiviert, sobald Sie es mit dem Befehl REGISTER WÄHLEN und einem Druck auf die OK-Taste bestätigen.

2 [Die Kamerafunktionen auf einen Blick]

2.3 Bedienung und Anzeigen der Nikon D90

⌃
Um die Kamera einzuschalten, stellen Sie den Schalter auf ON.

Bevor Sie die ersten Bilder aufnehmen können, müssen Sie einen geladenen Akku einsetzen und die Kamera einschalten. Dazu drehen Sie den oberen Schalter ❶ nach rechts, der weiße Strich zeigt auf ON. Nach 0,15 Sekunden ist die Nikon D90 aufnahmebereit. Am Ein-/Aus-Schalter befindet sich sowohl der silberfarbene Auslöser ❷ als auch der Schalter zur Displaybeleuchtung ❸. Wenn Sie den Schalter noch ein Stück weiter nach rechts zum Lampensymbol drehen, leuchtet das obere Display auf. Die Beleuchtung schaltet sich nach einer bestimmten Zeit automatisch wieder aus.

Das Display leuchtet bei einer Aktivierung über den Schalter solange, bis die eingestellte Belichtungsmesszeit abgelaufen ist (C2 BELICHTUNGSMESSER). Danach muss man bei dieser Werkseinstellung erneut den Schalter betätigen.

Alternativ können Sie in der INDIVIDUAL FUNKTION D9 die DISPLAYBELEUCHTUNG auf EIN stellen. Damit erhellt sich das Display automatisch immer dann, wenn die Belichtungsmessung durch ein leichtes Andrücken des Auslösers gestartet wird. Diese Einstellung ist jedoch nicht wirklich ratsam, da sie unnötig Strom verbraucht.

Zusätzlich können Sie neben der Beleuchtung des Displays auch die INFO-Anzeige aktivieren beziehungsweise beleuchten. Dazu stellen Sie die INDIVIDUALFUNKTION F1 EIN-/AUSSCHALTER auf BEIDE.

Sucher

Schauen Sie durch den optischen Sucher der Nikon D90, sehen Sie zunächst ein Sucherbild, das etwa 96 % des eigentlichen Bildfeldes abdeckt und in dem elf Fokusfelder ❻ symmetrisch angeordnet sind. Der Kreis, der um mehrere Messfelder gezogen ist, bezieht sich auf den Wirkungskreis der mittenbetonten Integralmessung (siehe Seite 101).

Je nach Messfeldsteuerung (siehe Seite 125) ist ein oder sind mehrere dieser Messfelder aktiv. Sobald Sie den Auslöser halb durchdrücken, fokussiert die Kamera an diesen aktiven Autofokusmessfeldern. Wenn die Fokuseinstellung gemessen wurde, blinkt es kurz rot beziehungsweise schwarz auf

(A4 MESSFELD-LED). Außerdem erhalten die kleinen viereckigen Kästchen eine Umklammerung. Eine besondere Einstellung kann man dem mittleren AF-Feld ❼ zuweisen. Dies ist der einzige Kreuzsensor und kann auf einen größeren Messbereich eingestellt werden (INDIVIDUALFUNKTION A2 AF-MESSFELDGRÖSSE).

Bauteil	
❹	Anzeige für Schwarzweiß, Akkustand und Auslösesperre (Demomodus)
❺	Statusleiste (siehe unten)
❻	Das Sucherbild mit elf Fokusfeldern. Die aktiven Messfelder leuchten je nach Einstellung rot oder schwarz auf. Gitterlinien können über das Menü eingeblendet werden.
❼	Das mittlere AF-Feld ist ein Kreuzsensor, alle anderen sind Linearsensoren. Der Kreis zeigt die Referenzmarkierung für die mittenbetonte Messung. Die breiten Klammern um das AF-Feld zeigen die große Messfeldgröße.

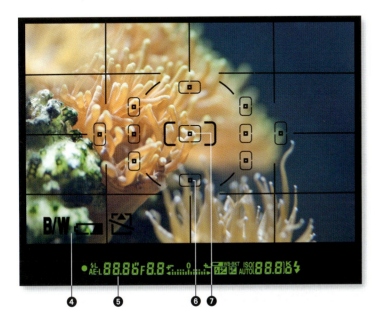

In den Individualfunktionen kann man sich zusätzlich Gitterlinien einblenden lassen (INDIVIDUALFUNKTION D2 GITTERLINIEN) oder die Warnsymbole im Sucher ❹ deaktivieren (INDIVIDUALFUNKTION D4 WARNSYMBOLE IM SUCHER). Letzteres ist allerdings nicht ratsam.

Das Symbol B/W steht für Schwarzweißaufnahmen, die Batterie zeigt einen leeren Akkustand und die durchgestrichene Speicherkarte weist auf den Demomodus hin. Sollte die Sucheranzeige dunkler als normal sein, liegt das an einem fast leeren Akku. Bei vollständig geladenem Akku wird das Sucherbild wieder hell.

Unterhalb der Mattscheibe befindet sich die Statusleiste ❺, in der man Belichtungs- und Aufnahmeparameter in grüner Schrift ablesen kann.

2 [Die Kamerafunktionen auf einen Blick]

»
Die Sucheranzeige der Nikon D90 mit der Statusanzeige

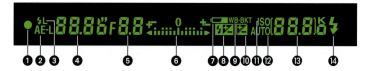

Der grüne Punkt ganz links außen ❶ ist der Schärfeindikator. Er leuchtet auf, sobald das Motiv scharf gestellt wurde. Ganz rechts außen leuchtet je nach Belichtungssituation ein kleines Blitzsymbol ⓮ auf, das Ihnen damit den Hinweis gibt, dass durch Zuschalten des internen Blitzgeräts eine Unterbelichtung vermieden werden kann. Die Anzeigen, die immer aktiv sind, sind Zeit- ❹ und Blendenwerte ❺. In der Standardeinstellung der Nikon D90 wird zusätzlich auch der Bildzähler ⓭ mit den noch möglichen Restaufnahmen angezeigt. Weitere Anzeigen sind möglich und variieren je nach Aufnahmeeinstellungen. Diese können Sie der folgenden Tabelle entnehmen.

	Bauteil
❶	Schärfeindikator
❷	Anzeige für den Belichtungsmesswertspeicher
❸	Anzeige für den Blitzbelichtungsmesswertspeicher
❹	Belichtungszeit
❺	Blende
❻	Belichtungsskala oder Belichtungskorrektur
❼	Akkustandsanzeige
❽	Symbol für Blitzbelichtungskorrektur
❾	Anzeige für Weißabgleich-Belichtungsreihen und BKT für normale Belichtungsreihen
❿	Symbol für Belichtungskorrektur
⓫	Symbol für ISO-Empfindlichkeit
⓬	Anzeige für Empfindlichkeitsautomatik
⓭	Anzahl der verbleibender Aufnahmen erscheint, ein »K« bedeutet Platz für mehr als 1 000 Aufnahmen; Kapazität des Pufferspeichers, zum Beispiel »r = 19«
⓮	Blitzbereitschaftsanzeige

Display und Monitor

Am Display, das sich oben rechts auf der Kamera befindet, liest man die in der Kamera eingestellten Aufnahmeparameter ab. Die Displaybeleuchtung ist vor allem dann hilfreich, wenn das Umgebungslicht sehr dunkel ist.

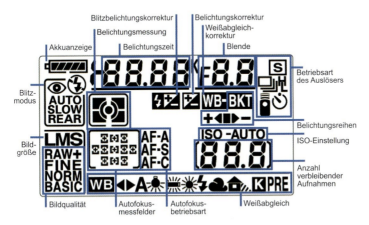

Ist Ihnen das Display zu klein, um die Belichtungsparameter abzulesen, können Sie stattdessen auch die Infotextanzeige auf dem Monitor benutzen. Dazu drücken Sie die INFO-Taste einmal.

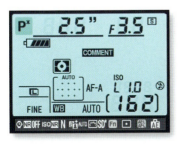

«
Je nach Umgebungslicht wird die Schriftfarbe automatisch schwarz oder weiß angezeigt. Zur individuellen dauerhaften Einstellung verändern Sie die INDIVIDUALFUNKTION D8 auf MANUELL und im Anschluss auf B oder W. B (DUNKEL AUF HELL) steht für schwarze Schrift auf türkisem Hintergrund, bei W wird der Hintergrund dunkel und die Schrift weiß beziehungsweise grau.

2 [Die Kamerafunktionen auf einen Blick]

Auf dem Monitor ist die Darstellung um einiges größer und deutlicher. In der Standardeinstellung leuchtet der Monitor in einem hellen Türkis, und der Text wird mit schwarzer Schrift dargestellt. Diese Darstellung ist abhängig von dem Umgebungslicht. Ist nur wenig Umgebungslicht vorhanden, schaltet sich die Darstellung bei Standardeinstellung automatisch auf einen dunklen Hintergrund mit weißer Schrift um. In der Individualfunktion d8 Aufnahmeinformationen lässt sich dies anpassen.

Schnellzugriff

Hinter der Informationsdarstellung auf dem Monitor verbirgt sich noch eine weitere Funktion. Wenn Sie erneut die Info-Taste drücken, gelangen Sie in den Schnellzugriff. Über ihn gelangen Sie sofort zu bestimmten Menüpunkten, ohne durch die Menüliste navigieren zu müssen. Mit Hilfe des Multifunktionswählers navigieren Sie zwischen den Schnellauswahlen hin und her. Mit der Ok-Taste bestätigen Sie die Auswahl, und die entsprechende Funktion wird geöffnet.

Zur Vereinfachung im Schnellzugriff bei AE-L/AF-L-Taste und Fn-Taste werden ein Kamerasymbol und die jeweilige Position der Belegungstasten mit einem roten Punkt angezeigt. Möchten Sie diese Darstellungsart deaktivieren, stellen Sie die Individualfunktion d5 Schnellübersichtshilfe auf Aus. Dann wird nur der Text dargestellt, nicht die Grafik.

Eine weitere Möglichkeit zum Schnellzugriff auf gewisse Funktionen wird über äußere Tasten der Kamera in Kombination mit den Einstellrädern umgesetzt. Die Veränderungen lassen sich sowohl am Monitor als auch auf dem Display verfolgen. Dazu wenden Sie die Kombination aus der gedrückten Taste und dem gleichzeitigen Drehen des hinteren Einstellrades an. Das kann mit der WB-, ISO- oder Qual-Taste durchgeführt werden, um die Einstellungen zum Weißabgleich, der ISO-Empfindlichkeit und der Bildqualität fix anzupassen. Mit dem vorderen Einstellrad verän-

Durch zweifaches Drücken der Info-Taste gelangen Sie in den Schnellzugriff.

dert Sie bei gedrückter WB-Taste außerdem die Feinabstimmung (siehe auch Seite 20) und mit der Qual-Taste die Bildgrösse (L, M oder S).

Einstellräder

Mit den Einstellrädern verändern Sie durch Drehen Werte und Menüpositionen. Wenn das vordere und das hintere Einstellrad genau andersherum arbeiten als im vorangegangenen Abschnitt beschrieben, überprüfen Sie die Einstellung unter der Individualfunktion f5 Einstellräder. Damit kann die Auswahlrichtung und die Funktionsbelegung der Einstellräder umgekehrt beziehungsweise vertauscht werden. Des Weiteren können Sie bestimmen mit Ein bei Menüs und Wiedergabe, ob die Einstellräder für das Bilder-Scrollen genutzt oder deaktiviert werden.

Alternativ nutzen Sie die Funktion Ein (ausser bei Bildkontrolle), wenn Sie bei der Bildkontrolle kein Blättern durch die Bilder ermöglichen möchten. Mit »Bildkontrolle« bezeichnet man die Bilder, die unmittelbar nach der Aufnahme am Monitor angezeigt werden (siehe nächster Abschnitt). Mit Hilfe des Multifunktionswählers können Sie übrigens immer durch die Bilder navigieren, auch wenn bei Menüs und Wiedergabe auf Aus gestellt wurde.

In der Individualfunktion f5 Einstellräder verändern Sie die Funktionen des vorderen und hinteren Einstellrades.

Bildkontrolle

Mit Bildkontrolle ist das Bild beziehungsweise sind die Bilder gemeint, die direkt nach der Aufnahme am Monitor angezeigt werden. Um ein Motiv zu belichten, drücken Sie den Auslöser einmal ganz durch. Unmittelbar danach wird das Bild am Monitor im Querformat angezeigt. Wird kein Bild angezeigt, ist die Funktion Bildkontrolle im Menü Wiedergabe auf aus gestellt.

In der Regel bleibt ein Bild vier Sekunden lang angezeigt. Diese Dauer lässt sich in der Individualfunktion c4 Timer & Tastenbelegungen modifizieren.

Um ein Bild nach der Aufnahme auf dem Monitor zu sehen, muss die Bildkontrolle im Menü Wiedergabe eingeschaltet sein.

⌃
Über drei Seiten verteilt sich die Auflistung der Metadaten (hier zwei als Beispiel). Sie dienen als Hilfe für die Analyse der Aufnahmedaten.

»
Der linke Screenshot zeigt die Dateiinformationen an. Das rechte Bild veranschaulicht die Übersichtsdaten.

Bildwiedergabe

Schaltet sich der Monitor nach der eingestellten Zeit wieder aus, können Sie sich Ihre Bilder durch ein Drücken der Play-Taste ▶ erneut anzeigen lassen. Den Multifunktionswähler drücken Sie nach links oder nach rechts, um zwischen den Bilder zu blättern. Pro Bild gibt es unterschiedliche Anzeigeoptionen, die Sie durch einen Druck des Multifunktionswählers nach oben oder nach unten auswählen. Die Standardansichten sind die Dateiinformation- und die Übersichtsdatenansicht.

Für weitere Ansichtsoptionen nutzen Sie im Wiedergabe-Menü die Funktion Infos bei Wiedergabe und aktivieren darin alle Kästchen mit der Ok-Taste. Nur wenn Sie die Einstellungen mit Fertig bestätigt haben, werden Ihnen die weiteren Ansichten in der Wiedergabe, die Sie durch den Druck auf die Play-Taste erreichen, angezeigt. Bei den weiteren Ansichten handelt es sich um drei Seiten Metadaten, ein RGB-Histogramm und eine Spitzlichterwarnung sowie eine GPS-Seite, wenn entsprechende Daten aufgenommen wurden (siehe Seite 215). Die Bedeutung der Lichterwarnung und des Histogramms werden in Kapitel 3, »Die richtige Belichtung«, ab Seite 98, näher erläutert.

Anzeige im Hochformat | Im unteren Bildbeispiel erkennen Sie, dass das Bild im Hochformat dargestellt wird. Ich schalte diese Funktion normalerweise aus, da man so weniger Bildfläche zur Betrachtung hat. Wenn Sie die Anzeige im Hochformat im Menü Wiedergabe auf Aus stellen, wird das im Hochformat aufgenommene Bild quer über den gesamten

Monitor dargestellt, und Sie können die Kamera dann zur Betrachtung hochkant stellen (siehe auch Seite 28).

Bildansicht vergrößern und verkleinern | Um das Bild detaillierter betrachten zu können, drücken Sie die PLUSLUPE-Taste. Damit erreichen Sie durch das Einzoomen im Bild eine Ausschnittsvergrößerung. Mit Hilfe der MINUSLUPE-Taste zoomen Sie wieder heraus. Wenn Sie weiter die MINUSLUPE-Taste drücken, gelangen Sie in die Mehrbildansichten (Indexbilder) bis hin zur Sortierung nach Aufnahmedatum.

≷
Nutzen Sie die PLUSLUPE ❷, um in das Bild hineinzuzoomen. Mit der MINUSLUPE ❶ zoomen Sie wieder zurück. Die maximale Vergrößerung ist eine 27-fache Ausschnittsansicht. Mit Hilfe des Multifunktionswählers ❸ können Sie das gelbe Viereck ❹ an die Stelle bewegen, die Sie näher betrachten möchten.

≷
Unterschiedliche Verkleinerungen: Je öfter Sie die MINUSLUPE drücken, desto mehr Bilder werden angezeigt. Maximal können 72 Bilder pro Seite dargestellt werden.

Bilder löschen | Möchten Sie Bilder in der Bildwiedergabe von der Speicherkarte löschen, weil Sie beispielsweise unterbelichtet oder unscharf sind, drücken Sie bei der Wiedergabe einfach die PAPIERKORB-Taste 🗑. Bestätigen Sie anschließend den Löschvorgang durch ein erneutes Drücken dieser Taste.

Sie können Bilder auch über das Menü WIEDERGABE löschen. Dort können Sie einzelne Bilder, alle Bilder sowie nach dem Datum sortierte Bildpakete entfernen. Beim Löschen werden die Bilder von der Speicherkarte entfernt, die Struktur

der Speicherkarte bleibt jedoch erhalten. Es ist daher nicht zu verwechseln mit der Funktion FORMATIEREN, die Sie im Menü SYSTEM finden.

SCHRITT FÜR SCHRITT: BILDER LÖSCHEN

Möglichkeit 1 | Im Unterpunkt LÖSCHEN des WIEDERGABE-Menüs stehen Ihnen verschiedene Optionen zum Löschen von Aufnahmen zur Verfügung. Um ein oder mehrere AUSGEWÄHLTE BILDER zu löschen, markieren Sie die Bilder mit der MINUSLUPE-Taste ❶. Um sich ein Bild größer anzeigen zu lassen, drücken Sie die PLUSLUPE-Taste ❷.

Möglichkeit 2 | Möchten Sie ganze Bildpakete löschen, wählen Sie den Unterpunkt DATUM AUSWÄHLEN, und löschen Sie so alle Bilder, die an einem Tag aufgenommen wurden.

Möglichkeit 3 | Die schnellste Methode ist natürlich die Anwahl des Unterpunktes ALLE. So können Sie direkt alle Bilder auf der Speicherkarte löschen. Auch dieser Vorgang muss zunächst mit einem Druck auf die OK-Taste bei JA bestätigt werden.

Möglichkeit 4 | Beim FORMATIEREN der Speicherkarte im SYSTEM-Menü werden alle Bilder dauerhaft von der Karte gelöscht. Achten Sie darauf, dass Sie Ihre Bilder vorher gesichert haben.

Formatieren | Beim Formatieren werden alle Bilder unwiderruflich von der Speicherkarte entfernt. Während beim Löschen Lücken auf der Speicherkarte zurückbleiben können, und die Karte dadurch langsamer werden kann, findet beim Formatieren eine »Neuordnung« der Speicherkarte statt.

Sie sollten daher in regelmäßigen Abständen die Karte formatieren. Die Nikon D90 verfügt zudem über eine Möglichkeit der Schnellformatierung. Dazu müssen Sie die PAPIERKORB-Taste (siehe Seite 35) und die Taste zur Belichtungsmessung (siehe Seite 32) gleichzeitig etwa 3 Sekunden lang drücken. Dann erscheint im Display und im Sucher ein blickendes »FOR«. Durch ein erneutes Drücken der beiden Tasten bestätigen Sie die Schnellformatierung. Achten Sie darauf, dass Ihre Bilder vorher gesichert wurden. Auch wenn es Software gibt, die Daten nach einer Formatierung retten kann, funktioniert das oft leider nicht ganz problemlos, vor allem nicht beim NEF-Format.

Die Nikon D90 arbeitet mit SD-Karten (*SD Memory Card = Secure Digital Memory Card*). Eine Weiterentwicklung sind die SD-HC*(High Capacitiy)*-Karten. Die D90 unterstützt das SD-HC-Format bis zu einer Kartengröße von 32 GB (Bilder: Hama).

Bilder schützen | Um Bilder vor einem ungewollten Löschen zu schützen, lassen Sie sich über die PLAY-Taste die Bilder in der Wiedergabe anzeigen. Navigieren Sie mit dem Multifunktionswähler nach links beziehungsweise nach rechts, und drücken Sie bei den zu schützenden Bildern einmal die WB-Taste, die auch den Schlüssel als Symbol zeigt ❸. Die auf diese Weise markierten Bilder werden durch ein Schlüsselsymbol gekennzeichnet. Sie sind so lange vor Überschreibungen geschützt, bis Sie die Taste bei der BIldwiedergabe erneut drücken oder in der Software den Schutz entfernen.

Das Schlüsselsymbol ❸ zeigt an, dass das Bild geschützt ist.

Wiedergabeordner | Beim Sichten der Bilder werden alle Daten angezeigt, die in Ihrem aktuellen Ordner automatisch abgelegt wurden. Über den Punkt WIEDERGABEORDNER im Menü WIEDERGABE haben Sie bei der Nikon D90 die Möglichkeit, sich entweder nur die Bilder des aktuellen Ordners oder von allen Ordnern anzeigen zu lassen. Die zweite Option ist natürlich nur möglich, wenn Sie bereits einen neuen Ordner angelegt haben.

2 [Die Kamerafunktionen auf einen Blick]

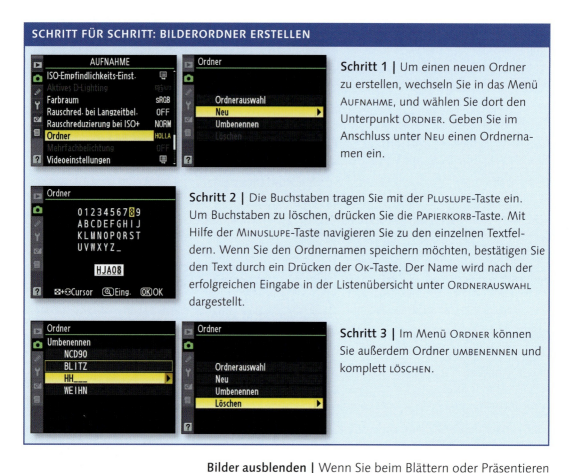

SCHRITT FÜR SCHRITT: BILDERORDNER ERSTELLEN

Schritt 1 | Um einen neuen Ordner zu erstellen, wechseln Sie in das Menü AUFNAHME, und wählen Sie dort den Unterpunkt ORDNER. Geben Sie im Anschluss unter NEU einen Ordnernamen ein.

Schritt 2 | Die Buchstaben tragen Sie mit der PLUSLUPE-Taste ein. Um Buchstaben zu löschen, drücken Sie die PAPIERKORB-Taste. Mit Hilfe der MINUSLUPE-Taste navigieren Sie zu den einzelnen Textfeldern. Wenn Sie den Ordnernamen speichern möchten, bestätigen Sie den Text durch ein Drücken der OK-Taste. Der Name wird nach der erfolgreichen Eingabe in der Listenübersicht unter ORDNERAUSWAHL dargestellt.

Schritt 3 | Im Menü ORDNER können Sie außerdem Ordner UMBENENNEN und komplett LÖSCHEN.

Bilder ausblenden | Wenn Sie beim Blättern oder Präsentieren einige der Bilder nicht angezeigt bekommen möchten, können Sie diese Bilder zuvor ausblenden. Im Menü WIEDERGABE unter dem Punkt AUSBLENDEN bestimmen Sie, ob einzelne Bilder, mehrere Bilder oder ganze Bildpakete ausblendet werden sollen. Unter BILDER AUSWÄHLEN markieren Sie die gewünschten Bilder mit der MINUSLUPE-Taste. Mit der OK-Taste sichern Sie Ihre Auswahl. Die Einstellung DATUM AUSWÄHLEN sorgt für die Ausblendung aller Bilder, die an einem Tag aufgenommen wurden. Mit der Option AUSWAHL FÜR ALLE AUFHEBEN? heben Sie alle Markierungen auf. Die markierten Bilder werden bei Wiedergabe, Diashow, beim Drucken oder bei Pictmotion nicht angezeigt. Neu aufgenommene Bilder werden anschlie-

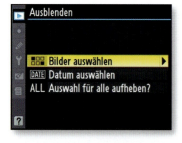

ßend nicht automatisch ausgeblendet, auch wenn bereits alle Bilder eines Ordners ausgeblendet sein sollten.

Bildgröße und -qualität | Jedes neu belichtete Bild wird einem Ordner zugewiesen. Der Name des aktuellen Ordners wird im Menü AUFNAHME angezeigt. Sie können so viele Bilder belichten, wie Sie noch Platz auf der Speicherkarte haben. Die Nikon D90 unterstützt Speicherkartengrößen bis 32 GB. Wie viele Bilder auf einer Karte gespeichert werden können, hängt unmittelbar von der eingestellten Bildqualität und -größe ab.

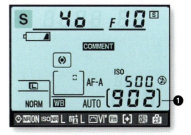

Es können noch 902 Bilder ❶ aufgenommen werden bei der vollen 12,2-Megapixel-Auflösung im JPEG-Format (Normal/Standard).

Um die Bildqualität schnell zu verändern, drücken Sie die QUAL-Taste, und drehen Sie das hintere Einstellrad. Mit dem vorderen Einstellrad verändern Sie die Bildgröße (L, M, S). Diese Einstellungen lassen sich auch durch eine Eingabe im Menü durchführen. Dazu navigieren Sie im Menü AUFNAHME zu BILDGRÖSSE beziehungsweise BILDQUALITÄT. Sie können zwischen acht Variationen wählen. Entscheiden Sie sich für die Einstellung NEF + JEPG erhalten Sie pro Belichtung zwei Bilder. Dementsprechend benötigen Sie natürlich mehr Platz auf der Speicherkarte.

Ob man nur im JPEG-Format, nur im NEF-Format oder immer in beiden parallel aufnimmt, hängt stark von der weiteren Verwendung der Bilddaten ab (siehe Seite 21). Je nach Voreinstellung benötigen Sie unterschiedlichen Speicherbedarf, da die Dateigrößen variieren:

Die BILDGRÖSSE ist gleichbedeutend mit der Auflösung. Auch wenn M für den Fotoalltag ausreichen sollte, nutzen Sie besser L, was Ihnen bei der Bildbearbeitung mehr Möglichkeiten bietet.

Bildqualität	Bildgröße in Megabyte (MB)		
	L	M	S
NEF + JPEG FINE	16,9	14,4	12,4
NEF + JPEG NORMAL	13,9	12,6	11,6
NEF + JPEG BASIC	12,3	11,7	11,2
NEF (RAW)	10,8		
JPEG FINE	6,0	3,4	1,6
JPEG NORMAL	3,0	1,7	0,8
JPEG BASIC	1,5	0,9	0,4

« Die in der Tabelle dargestellten Dateigrößen sind Näherungswerte, da sie abhängig vom Motiv unterschiedlich ausfallen können. Das RAW-Format gibt es nur in der vollen Auflösung von ca. 12,2 Megapixel (L).

HINTERGRUND: AUFLÖSUNG UND QUALITÄT

Die Nikon D90 hat einen CMOS-Bildsensor mit einer Bildpunktanzahl von 12,2 Megapixeln. Jedem Bildpunkt, der auch Pixel (*Picture Element*) genannt wird, kann einer von drei Farbwerten zugeordnet werden (Rot, Blau, oder Grün = RGB). Die Pixel verteilen sich in Form eines Raster auf der Sensorfläche (DX-Format = 23,6 x 15,8 mm). Eine hohe Auflösung beinhaltet zwar mehr Details, sie ist dennoch nicht immer gleichbedeutend mit einer hohen Qualität.

Ein Bild im NEF-Format hat die höchste Qualität. Es besitzt eine Farbtiefe von 3 x 12 Bit und ist verlustfrei komprimiert (siehe Seite 22). Das JPEG-Format hingegen hat 3 x 8 Bit und ist eine verlustbehaftete Komprimierung. Die Stufe JPEG FINE sorgt für den geringsten Verlust. Bei der kleinen Auflösung S (*Small*) und der Qualität JPEG BASIC (1:16) ist die Dateigröße zwar klein, die Bildqualität jedoch nicht optimal. Das wird spätestens beim Druck besonders deutlich.

Wie groß kann man drucken?

Bei einer Bildgröße von 4288 x 2848 (L) und in 300 dpi kann man ein Bild in der Größe von ca. 24 x 36 cm drucken. Da die meisten Drucker nur eine Auflösung von 180 dpi schaffen, erreichen Sie damit sogar 60 x 40 cm. So können Sie selbst einen Bildausschnitt noch in guter Qualität drucken.

Zeigt Ihnen die Kamera statt des Bildzählers die ISO-Empfindlichkeit an, wurde d3 verstellt.

Bildzähler | Die Bildgröße, die Qualität und die verbleibende Anzahl werden am Monitor und im Display angezeigt. Im Sucher wird lediglich die Bildanzahl in der rechten unteren Ecke eingeblendet. Wenn die Karte voll ist, blinkt die Warnung FULL, und der Auslöser wird blockiert. Hinweis: Drücken Sie den Auslöser halb durch, wird statt der Bilderanzahl ein anderer Zahlenwert sichtbar, zum Beispiel die Angabe »r19«. Das ist die Anzahl der Bilder, die bei einer Serienbelichtung noch in den Pufferspeicher geschrieben werden können (siehe Seite 74). Erscheint statt des Bildzählers die Anzeige des ISO-Werts, ist in der INDIVIDUALFUNKTION D3 ISO-ANZEIGE UND -EINSTELLUNG eine Änderung vorgenommen worden.

Diashow und Pictmotion | Haben Sie bereits mehrere Bilder aufgenommen, können Sie diese als DIASHOW oder als PICTMOTION am Kameramonitor präsentieren. Bei einer Diashow werden die Bilder hintereinander abgespielt. Jedes Bild bleibt eine vorgewählte Dauer stehen, bevor das nächste eingeblendet wird. Es sind Intervalle von 2, 3, 5 und 10 Sekunden möglich.

PICTMOTION hat im Gegensatz zur DIASHOW eine Tonwiedergabe. Unter HINTERGRUNDMUSIK stehen Ihnen fünf Melodien zur Auswahl. Eine Zeitvorwahl gibt es nicht, da bei dieser Form der Präsentation die Bilder nach den Effekten animiert werden. Auch unter EFFEKTE stehen Ihnen fünf Alternativen zur Verfügung. Probieren Sie die Kombinationen einfach einmal aus! Ausgeblendete Bilder werden nicht angezeigt, alle anderen können Sie zuvor auswählen. Mit der Funktion START beginnt die animierte Bilderschau. Mit einer solchen Präsentation können Sie Ihre Bilder sehr ansprechend zeigen. Beachten Sie jedoch, dass die Animationen einen erhöhten Stromverbrauch zur Folge haben.

Unter PICTMOTION wird aus einer Mischung von Hintergrundmusik und Effekten eine Animation der Bilder präsentiert.

Akkudiagnose

Den Energiestand der Kamera können Sie im Menü SYSTEM unter AKKUDIAGNOSE abfragen. Ein vollgeladener Original-Akku sollte unter Idealbedingungen 850 Belichtungen schaffen. In der Akkudiagnose kann man bereits erstellte Auslösungen seit der letzten Akkuladung ablesen. Die exakte mögliche Bilderanzahl hängt stark von weiteren aktivierten Kamerafunktionen ab. Einige Funktionen erhöhen den Stromverbrauch enorm, so dass dadurch weniger Bilder möglich sind. Meine Erfahrung ist, dass bei »normalem« Fotografierverhalten eine Akkuleistung gut zwei Tage ausreicht. Trotzdem empfehle ich immer, einen geladenen Ersatzakku mitzunehmen.

Starke Stromfresser sind zum Beispiel: der Monitor und die Monitorbeleuchtung, der Autofokus, die Belichtungsmessung, die Live-View, die Videofunktion, USB/GPS-Geräte, der Blitz, VR-Objektive.

Der Kapazitätszustand des Akkus wird in der AKKUDIAGNOSE anzeigt. Dem unteren Bereich entnehmen Sie die Lebensdauer des Akkus. Zeigt das gelbe Dreieck auf den letzten Strich ❶, ist der Akku nicht mehr einsatzfähig.

Sensorreinigung

Ist die Stromrestanzeige unter 60 % (siehe »Akkudiagnose« oben) lässt sich keine Inspektion oder Reinigung mehr durchführen. Eine Reinigung wird dann notwendig, wenn Sie Verunreinigungen auf dem Sensor finden.

» *Klappen Sie für die manuelle Reinigung den Spiegel hoch. Um den Spiegel wieder herunterzuklappen, stellen Sie Ihre Kamera mit dem ON/OFF-SCHALTER auf OFF.*

≈ *Im Menü SYSTEM schalten Sie nach der Sensoreinigung zusätzlich die automatische BILDSENSOR-REINIGUNG ein.*

Manuelle Reinigung | Im Menü SYSTEM unter dem Punkt INSPEKTION/REINIGUNG können Sie den Spiegel bei ausreichender Akkuleistung hochklappen. Er gibt dann den Weg auf den Tiefpassfilter frei. Ob sich Staub auf dem Filter befindet, erkennen Sie am besten mit einer Lupe. Bitte nutzen Sie einen Blasebalg zum Wegpusten des Staubs und kein mit Lösungsmittel versehenes Spray.

Bitte benutzen Sie für die Reinigung aber keine Q-Tips und auch keinen Tesafilm – das habe ich alles schon mit Entsetzen beobachten müssen!

Sicherheitshalber lassen Sie im Anschluss der Reinigung zusätzlich eine automatische BILDSENSOR-REINIGUNG durchlaufen.

Staubreferenzbild | Sollten Sie keine Möglichkeit haben, den Staub vom Sensor zu entfernen beziehungsweise wenn Sie sich nicht an die sensible Kameraelektronik trauen, nehmen Sie ein Staubreferenzbild auf. Mit diesem Bild und Nikon Capture NX 1 und NX 2 können Sie Staubflecken automatisch per Stapelverarbeitung aus den Bildern herausrechnen.

Drucken aus der Kamera

Mit der Nikon D90 können Sie JPEG-Bilder direkt von der Kamera aus drucken. Wählen Sie dazu im Menü WIEDERGABE den DRUCKAUFTRAG (DPOF) (= *digital print order format*) aus. Wählen Sie das oder die Bilder in der gewünschten Anzahl aus, und bestätigen Sie den Vorgang mit der OK-Taste. Wenn Sie die Metadaten oder das Datum mit drucken möchten, setzen Sie mit der OK-Taste einen Haken an die jeweilige Auswahl. Dieser Druckauftrag wird gespeichert und kann auch von anderen Dienstleistern, die das DPOF-Format unterstützen, ausgelesen und verarbeitet werden.

Um den Drucker mit der Kamera zu verbinden, nutzen Sie das im Lieferumfang enthaltene USB-Kabel und stecken Sie es in den entsprechen Ausgang auf der Kameraseite ❶.

⌃ Sie können die Kamera per USB-Kabel mit einem Drucker verbinden und über das Menü einen DRUCKAUFTRAG starten. Die Bilder legen Sie mit der MINUSLUPE-Taste fest.

GPS-Funktion

Während ein Drucker seine eigene Stromversorgung hat, sind einige GPS-Geräte nur durch die Kamera versorgt. Das kann mitunter auch die Akkuleistung reduzieren. Wenn Sie ein GPS-Gerät besitzen, nutzen Sie den untersten Anschluss ❷, um das Gerät mit der Kamera zu verbinden. Stellen Sie im Menü SYSTEM die passenden GPS-Optionen ein.

Ein GPS-Gerät misst kontinuierlich seine Koordinatenposition, solange der Belichtungsmesser aktiviert ist (INDIVIDUAL-FUNKTION C2 BELICHTUNGSMESSER). In der Funktion AKTIVIEREN wird der automatische Ruhezustand des Belichtungsmessers gestartet, wenn die eingestellte Zeit abgelaufen ist. Damit schaltet sich auch das GPS-Gerät in den Ruhezustand. Dann werden keine Daten vom Gerät ermittelt, und der Stromverbrauch wird reduziert. Die Auswahl DEAKTIVIEREN stellt die Abschaltautomatik aus. Der Belichtungsmesser und das GPS-Gerät bleiben dann ständig aktiv und verbrauchen dementsprechend viel Strom. Den genauen Strombedarf können Sie den Angaben der GPS-Gerätehersteller entnehmen.

Einige GPS-Geräte schreiben die Position von Längen- und Breitengeraden direkt in die Metadaten. Bei anderen Geräten wird die Synchronisation nachträglich am Rechner durchgeführt.

⌃ Stellen Sie auf AKTIVIEREN, geht das GPS-Gerät in den Ruhezustand, wenn der Belichtungsmesser sich abschaltet. Bei DE-AKTIVIEREN wird diese Automatik abgeschaltet.

2 [Die Kamerafunktionen auf einen Blick]

2.4 Die Bildansicht im Live-View-Modus

Im Live-View-Modus wird das Bild, das ansonsten durch den Sucher gesehen wird, per Videosignal auf dem Monitor dargestellt. Während der optische Sucher nur 96% des gesamten Bildfeldes abdeckt, ist die Bildansicht am Monitor eine 100%ige. Die Vorgängerkamera Nikon D80 besaß eine solche Funktion noch nicht.

Um den Live-View-Modus zu aktivieren, drücken Sie die Lv-Taste. Der Sucher wird dann komplett abgedunkelt. Das 3-Zoll-LCD-Monitorbild besteht aus ca. 920000 Bildpunkten. Das ist eine ausreichende Auflösung, um die Schärfe im Bild beurteilen zu können.

⌃
Das Sucher-Bildfeld (weiße Linie) deckt nur 96% des gesamten Bildes ab. Beim Blick durch den Sucher fehlt an den Rändern also ein Stück. Das Livebild am Monitor deckt hingegen das gesamte Bildfeld ab.

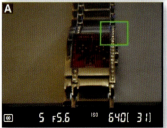

⌃
Mit der PLUSLUPE-Taste zoomen Sie bis zu einer 6,7-fachen Vergrößerung in das Bild hinein. Besonders geeignet ist die Zoomfunktion bei Makroaufnahmen. Wen die Darstellung mit den Belichtungsmodi (oben rechts) stört, kann diese durch ein Drücken der INFO-Taste ausschalten (Abbildung unten).

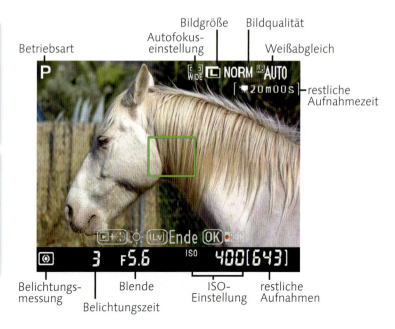

Zoomfunktion | Um die Schärfe besser beurteilen zu können, drücken Sie wie zuvor bei der Bildansicht die PLUSLUPE-Taste, um in das Bild hineinzuzoomen. Gerade für Makroaufnahmen ist diese Funktion sehr hilfreich, da man so die Schärfe auch des kleinsten Details überprüfen kann. Ist die Gitterlinienansicht durch ein zweifaches Drücken der INFO-Taste aktiviert, ist

58

die Lupenansicht nicht möglich. Die Gitterlinien sind dazu gedacht, das gesamte Bild horizontal und vertikal auszurichten. Da macht eine Lupenansicht natürlich wenig Sinn.

Autofokus | Das rote beziehungsweise grüne Kästchen ist das Autofokusfeld. Im Live-View-Modus stehen drei verschiedene Autofokus-Einstellungen zur Verfügung. Dies sind: Großes Messfeld-, Normal- und Porträt-AF. Die genauen Funktionsweisen entnehmen Sie bitte Kapitel 4, «Sicheres Scharfstellen», ab Seite 134. Der Vorteil des Livebildes ist, dass Sie dank des 170-Grad-Betrachtungswinkels auch über Kopf oder von unten an einem Bild arbeiten können. Die Farbwiedergabe am Monitor ist ausgezeichnet, aber es sind keine »farbechten« Beurteilungen im farbmetrischen Sinne möglich. Trotzdem lassen sich Veränderungen beim Weißabgleich oder der Belichtungskorrektur unmittelbar am Monitor erkennen.

Belichtung | Da es sich bei der Monitoranzeige um ein reines Videosignal handelt, sind die dargestellten Belichtungswerte zunächst nicht relevant. Erst wenn Sie eine »normale« Belichtung starten, indem Sie den Auslöser drücken, wird nach Herunterklappen des Spiegels der aktuelle Belichtungswert gemessen. Der Belichtungsmesswertspeicher kann wie bei der klassischen Belichtung (siehe Seite 104) voreingestellt werden. Das ist vor allem dann von Bedeutung, wenn Sie aus der Live-View ein Video aufzeichnen möchten.

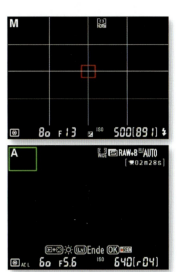

Ist das Autofokusfeld rot, konnte der Autofokus das Motiv noch nicht scharf stellen. Mit Hilfe des Multifunktionswählers positionieren Sie das Autofokusfeld. Wenn das Quadrat grün angezeigt wird, sollte scharf gestellt sein. Leider ist das nicht immer der Fall. Die Gitteransicht erhalten Sie über zweimaliges Drücken der INFO-Taste.

> **AUSSTELLZEIT DES MONITORS**
>
> Die Anzeigedauer des Monitors richtet sich nach der eingestellten Zeit in der INDIVIDUALFUNKTION C4 AUSSCHALTZEIT DES MONITORS. Die Live-View bleibt allerdings solange aktiv, bis Sie erneut die LV-Taste drücken oder die Kamera ausschalten.
>
> Ein aus dem Live-View-Modus belichtetes Bild wird im Anschluss kurz am Monitor dargestellt, wenn die BILDKONTROLLE auf EIN steht. Nach Ablauf der unter C4 eingestellten Darstellungszeit, wird der Live-View-Modus automatisch wieder aktiviert.

2.5 Die D-Movie-Funktion

Durch ein Drücken auf die OK-Taste aus dem Live-View-Modus heraus starten Sie die Videoaufnahme. Die Aufnahmezeit wird im HD-Format von 5 Minuten herunter gezählt. Bei einer kleinen Auflösung haben Sie 20 Minuten lang Zeit für eine Filmsequenz. Um die Aufnahme zu stoppen, drücken Sie erneut die OK-Taste. Mit einem Druck auf die PLAY- und anschließend auf die OK-Taste spielen Sie den Film ab.

Die Nikon D90 gehört zu einer der ersten digitalen Spiegelreflexkameras mit eigener Videoaufzeichnung. Mit Hilfe der D-Movie-Funktion können Sie kurze Filmsequenzen aufnehmen. Der Vorteil: Da der Bildsensor der Kamera wesentlich größer ist als der Sensor eines herkömmlichen Camcorders, verfügen die Aufnahmen mit der Nikon D90 über eine geringere Schärfentiefe, eine höhere Bildqualität und über eine höhere Empfindlichkeit, was sich besonders bei Aufnahmen mit unzureichendem Umgebungslicht als sehr vorteilhaft erweist. Durch die geringere Schärfentiefe (siehe Seite 116) und damit der Gestaltungsmöglichkeit mit unscharfen Bildbereichen bekommen die Aufnahmen eine geradezu cineastische Wirkung. So wird ein hohes Maß an kreativerem Arbeiten ermöglicht. Einige Besonderheiten gilt es jedoch zu beachten, um zu beeindruckenden Ergebnissen zu kommen.

Die Wiedergabe der aufgenommenen Sequenzen erfolgt über den Kamera- oder den Computermonitor oder auch über den Fernseher. Da die Kamera über ein integriertes Mikrofon verfügt, können die Filmsequenzen wahlweise mit oder ohne Monoton aufgenommen werden. Das Mikrofon befindet sich auf der Vorderseite der Kamera, direkt unterhalb des Betriebsrades. Achten Sie darauf, dass Sie es nicht versehentlich mit dem Finger verdecken!

Die Videofunktion der Nikon D90 befindet sich eher noch in der Entwicklungsphase: Schwenks und/oder Zooms sind schwierig zu realisieren. Die Objektive sind für die Fotografie konzipiert, das bedeutet, dass sie für Bewegungen während der Aufnahme nicht immer ruhig genug zu bewegen sind. Grundsätzlich ist es daher sinnvoll, bei der Aufnahme von Filmsequenzen ein Stativ zu verwenden. Alternativ bietet der Bildstabilisator im Objektiv, soweit vorhanden, gute Dienste.

Das interne Mikrofon ❶ der Nikon D90

[Die Kamerafunktionen auf einen Blick]   2

SCHRITT FÜR SCHRITT: FILMAUFNAHME STARTEN

Schritt 1 | Zunächst stellen Sie die gewünschte Blende ein (siehe Kapitel 3, »Die richtige Belichtung«, Seite 76). Blendeneinstellungen zwischen offener Blende und Blende 8 übernimmt die Kamera. Wird eine größere Blendenzahl als 8 gewählt, stellt sich die Kamera automatisch auf Blende 8 zurück! Einzige Ausnahme bilden hier manuelle Objektive, auf die ich im Folgenden noch genauer eingehen werde.

Schritt 2 | Im Anschluss betätigen Sie die Lv-Taste. Dabei wird der Spiegel nach oben geklappt, und das Licht kann ungehindert auf den Sensor fallen.

Schritt 3 | Nun kann das AF-Messfeld auf das gewünschte Objekt gelegt und über leichtes Andrücken des Auslösers fokussiert werden. Die Videoaufnahme wird mit einem Druck auf die Ok-Taste gestartet.

Hinweis: Wird während der Aufnahme der Auslöser ganz gedrückt, so stoppt die Filmaufzeichnung automatisch, und es erfolgt eine fotografische Aufnahme. Anschließend ist weiteres Fotografieren im Live-View-Modus oder weiteres Filmen möglich.

Die Größe beziehungsweise die Qualität der Videoaufzeichnungen stellt man im Aufnahme-Menü ein. Wählen Sie eine Größe von 640 x 424 (3:2) oder 320 x 216 (3:2), können Sie 20 Minuten am Stück aufzeichnen. Bei der Qualität von 1280 x 720 (16:9) werden 5 Minuten rückwärts gezählt. Möchten Sie ohne Ton aufnehmen, stellen Sie ihn unter Audio aus.

Videoqualität | Die Videosequenzen können wahlweise in HD-Auflösung (1280 x 720 Pixel) oder mit einer Auflösung von 320 x 216 Pixel beziehungsweise 640 x 424 Pixel aufgenommen werden. Sie werden im sogenannten Motion-JPEG-Format (avi-Dateien) gespeichert. Sequenzen in HD-Auflösung können maximal mit einer Laufzeit von 5 Minuten aufgezeichnet werden, wobei dies durch die Größe der einzelnen Dateien von 2GB bedingt ist. Es ist jedoch möglich, direkt im Anschluss eine weitere Sequenz zu starten. Aufnahmen im Motion-JPEG-Format können maximal 20 Minuten lang sein. Die Bildfrequenz beträgt in allen Auflösungen 24 Bilder pro Sekunde. Das ist üblich für Filmaufnahmen und ausreichend für die ruckelfreie Darstellung von Bewegungsabläufen.

Beleuchtung und Farbe | Achten Sie bei den Aufzeichnungen auf den richtig eingestellten Weißabgleich (siehe Kapitel 5,

VIDEOSCHNITT

Nach der Aufnahme können die Filmsequenzen (*Dateiname.avi*) beispielsweise im Windows MovieMaker oder in iMovie (Mac) bearbeitet werden. Zum Abspielen der Dateien reicht aber schon der Quicktime-Player aus.

Unterschiedlicher Weißabgleich im Live-View-Modus: Mit gedrückter WB-Taste und dem Drehen am hinteren Einstellrad verändern Sie den Weißabgleich, der damit direkt am Monitor sichtbar ist. Hier handelt es sich bei dem Bild oben um WB PRE, bei dem Bild in der Mitte um WB BEWÖLKTER HIMMEL und bei dem Bild unten um WB KUNSTLICHT. Alternativ können Sie den Weißabgleich auch im AUFNAHME-Menü andern.

»Farb- und Bildoptimierungen«, Seite 146). Sie können auch innerhalb einer Filmaufnahme die Weißabgleichseinstellung mit einem Druck auf die WB-Taste und mit Hilfe des hinteren Einstellrads verändern. Sogar ein manueller Weißabgleich wird von der D-Movie-Funktion unterstützt.

Durch die Bildrate von 24 Bildern pro Sekunde kann es bei Aufnahmen im Kunstlicht zu waagerecht von unten nach oben über das Bild verlaufenden »Wellen« kommen (wobbeln). Bei ausreichend hellem Kunstlicht passiert das zwar auch, aber es ist dann schwerer bis gar nicht zu erkennen. Eventuell kann hier auf Beleuchtung mit kontinuierlichen Lichtquellen, zum Beispiel Kerzenlicht, zurückgegriffen werden. Bei Aufnahmen im Tageslicht tritt dieser Effekt nicht auf.

Eine weitere Möglichkeit, die Farbgebung für die Aufnahme zu beeinflussen, sind die im AUFNAHME-Menü enthaltenen BILDOPTIMIERUNGEN. Zur Verfügung stehen: STANDARD, NEUTRAL, BRILLANT, MONOCHROM, PORTRÄT und LANDSCHAFT (siehe Seite 156). Diese Farb- und Tonwertvoreinstellungen werden bei der Aufzeichnung übernommen.

> **ACHTUNG: ERWÄRMUNG DES SENSORS**
>
> Durch die ununterbrochene Nutzung des Sensors kann es zu einer Erwärmung kommen. Um eine zu starke Erwärmung, die sich in störendem Bildrauschen bemerkbar machen würde, zu verhindern, beendet die Kamera vor dem Erreichen einer kritischen Temperatur automatisch die Aufnahme. Zuvor wird der Anwender durch einen 30-Sekunden-Countdown vor dem Abschalten gewarnt. Allerdings kommt diese Abschaltung nur an sehr warmen Tagen und bei intensiver Nutzung der D-Movie-Funktion zum Einsatz. Meist reicht es, den Live-View-Modus einige Augenblicke ausgeschaltet zu lassen, bevor man erneut über einen längeren Zeitraum filmen kann.

Belichtungseinstellung | D-Movies werden grundsätzlich mit einer Belichtungsautomatik aufgezeichnet. Das bedeutet, dass unabhängig von der vorgewählten Messmethode immer eine Matrixmessung (siehe Seite 100) über den Bildsensor verwendet wird. Die so gemessene Belichtung kann allerdings mit Hilfe der Belichtungskorrektur angepasst werden. Um Belichtungsschwankungen während der Aufnahme zu vermeiden, kann der Belichtungsmesswertspeicher (AE-L/AF-L-Taste) aktiviert werden (siehe Seite 104).

Durch die hohe Empfindlichkeit des Sensors ist auch Filmen bei geringem Umgebungslicht problemlos möglich. Allerdings ist eine exakte Vorwahl der Empfindlichkeit leider nicht möglich, da bei der Belichtung von Filmsequenzen immer die ISO-Automatik aktiv ist. Wegen des hohen Rechenaufwandes ist es auch nicht möglich, für die Filmaufnahme das AKTIVE D-LIGHTING zu nutzen. Haben Sie oft schwierige Lichtverhältnisse, ist daher die Wahl der Optik entscheidend.

Auch bei der Videoaufnahme können Sie Bildoptimierungen einstellen.

Manuelle und automatische Objektive | Einer der besonderen Vorteile beim Filmen mit einer Spiegelreflexkamera ist der Einsatz unterschiedlicher Objektive. Die Möglichkeit Wechselobjektive zu verwenden, bieten Camcorder erst ab einer wesentlich höheren Preisklasse. Nehmen Sie kleine Details mit einem Makroobjektiv auf, verwenden Sie die Wirkung eines Fisheye-Objektivs oder gestalten Sie mit Tiefenschärfe: Diese Möglichkeiten bringen eine enorme kreative Freiheit mit sich, die beim Filmen mit herkömmlichen Camcordern nicht zu erreichen ist.

Beispielsweise mit einem Fisheye-Objektiv können Sie bereits bei der Videoaufnahme interessante Effekte erzielen.

Außerdem können Sie bei schlechten Lichtverhältnissen und dem Einsatz lichtstarker Objektive auf die kleinste Blendenzahl stellen, um möglichst viel Licht einfangen zu können. Allerdings ist bei der Aufzeichnung der D-Movies die Belichtungsautomatik aktiv und es kann nur bis Blende 8 abgeblendet werden. Manuelle Objektive bieten hier den Vorteil, dass der gesamte Blendenspielraum ausgenutzt und Tiefenschärfe und Bildhelligkeit getrennt voneinander gewählt werden können.

Das automatische Fokussieren steht während der Aufzeichnung von Filmsequenzen nicht zur Verfügung. Allerdings ist das bei klassischen Filmaufnahmen eigentlich auch nicht üblich. Bei wechselnder Distanz während der Aufnahme sollte

↥
Im Wiedergabemodus (Play-Taste) starten Sie den Film mit Hilfe der OK-Taste. Der Multifunktioswähler »spult« vor und zurück, indem Sie ihn nach links oder rechts drücken. Nach oben gedrückt, stoppt der Film und mit der OK-Taste pausiert er.

vorsichtig manuell nachfokussiert werden. Ansonsten reicht es, den Autofokus vor der Aufzeichnung zu aktivieren (siehe Seite 134) und gegebenenfalls zwischen zwei Sequenzen erneut nachzufokussieren.

> **OBJEKTIV MIT MECHANISCHER BLENDENEINSTELLUNG**
>
> Haben Sie ein manuelles Objektiv, gehen Sie in der D-Movie-Funktion wie folgt vor:
>
> **Schritt 1 |** Ermitteln Sie zunächst durch Ausprobieren die Blendenvorwahl, die die gewünschte Schärfentiefe erzielt. Möchten Sie beispielsweise die aufzunehmende Sequenz um 2 Blenden unterbelichten, so öffnen Sie erst die Blende um 2 Stufen, lassen Sie die Belichtungsautomatik die hierfür erforderliche Belichtung ermitteln und speichern Sie dann diese mit der AE-L/AF-L-Taste.
>
> **Schritt 2 |** Anschließend schließen Sie die Blende wieder um 2 Stufen und erhalten so die beabsichtigte Belichtung und die Tiefenschärfewirkung. Mit AF-Objektiven ist die Blende nur von offener Blende bis Blende 8 wählbar.

Wiedergabe am Monitor | Um die erstellten Videosequenzen am Monitor anzusehen, drücken Sie nach Beenden des Live-View-Modus die Play-Taste. Die Wiedergabe des Films starten Sie mit der OK-Taste. Während der Wiedergabe können Sie mit Hilfe des Multifunktionswählers pausieren oder vor- und zurückspulen. Das Drücken der OK-Taste beendet die Filmwiedergabe.

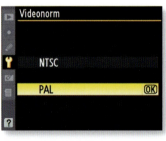

↥
Stellen Sie die Videonorm im Menü System auf PAL.

Wiedergabe am Fernseher | Sollen Video-, Live- oder Einzelbilder direkt an einem Fernsehgerät gezeigt werden, benötigen Sie das Audio-Video-Kabel, das im Lieferumfang der Nikon D90 enthalten ist. Schalten Sie immer die Kamera aus, bevor Sie die Verbindung zwischen Kamera und Fernseher herstellen. Das schwarze Endstück stecken Sie in den AV/Out-Ausgang ❶ und verbinden den Fernseher mit dem gelben und weißen Endstück. Um ein Signal zu erhalten, stellen Sie im System-Menü unter Videonorm die richtige Norm ein. Bei uns in Europa ist das PAL.

HDMI-Kabel | Sollte es sich bei Ihrem Gerät um ein hochauflösendes Videogerät handeln, benötigen Sie als Verbindung ein spezielles Kabel, das HDMI-Kabel mit C-Minipin. Dieses ist nicht mit im Lieferumfang Ihrer Nikon D90 enthalten. Das Kabel stecken Sie in die Buchse, neben der die Bezeichnung HDMI steht. Wenn Sie die Kamera angeschlossen haben, stellen Sie die Kamera an. Am TV-Gerät nutzen Sie den AV-Kanal, um die Bilder anzeigen zu können. Das Monitorbild wird damit deaktiviert.

> **HDMI**
>
> HDMI steht für *High-Definiton-Multimedia-Interface*. Das ist eine volldigitale Schnittstelle, die zur Übertragung von Video-/Audiodaten zum Beispiel an Fernsehgeräte dient. Da ein Fernsehsignal anders aufgebaut ist als ein Bildsignal einer Kamera, werden die Farben anders erzeugt. Stellen Sie daher am besten den sRGB-Farbraum ein, um die beste Kompatibilität zu erreichen. Dazu wechseln Sie im Menü Aufnahme den Farbraum in sRGB (siehe Seite 23).

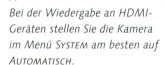

Bei der Wiedergabe an HDMI-Geräten stellen Sie die Kamera im Menü System am besten auf Automatisch.

Bei HDMI-Geräten gibt es unterschiedliche Wiedergabeverfahren beziehungsweise unterschiedliche Bildgrößen, die Sie vorab wählen müssen. Diese Vorgabe stellen Sie im Menü System unter dem Eintrag HDMI ein. Sie können zwischen drei Vollbildverfahren (Progressive) und einem Zeilensprungverfahren (Interlaced) wählen. In der Werkseinstellung steht die Kamera auf Automatisch. Dabei wählt sie das passende HDMI-Format eigenständig aus.

Wenn Sie die Kamera lange Zeit mit dem Fernseher verbinden, stellen Sie sicher, dass genügend Akkuleistung vorhanden ist. Für einen größeren Einsatz ist in diesem Zusammenhang das Netzteil EH-5a/EH-5 sinnvoll, das jedoch nicht im Lieferumfang Ihrer Kamera enthalten ist.

Die richtige Belichtung sorgt für ausgewogene Bilder. Was aber ist ein ausgewogenes Bild? Die Kenntnis der Grundlagen hilft Ihnen, die vielen Belichtungseinstellungen der Nikon D90 richtig einzusetzen. Was macht die Kamera, wenn sie auf Automatik steht? Und welche Möglichkeiten haben Sie, um Ihren Fotoalltag kreativer zu gestalten? Je nach Motiv und Lichtsituationen können Sie unterschiedlich belichten und verschiedene Bildwirkungen erreichen. Sie erfahren mehr über die Messverfahren Ihrer Kamera und scheuen auch vor scheinbar komplizierten Verfahren wie Belichtungsreihen nicht zurück!

Kapitel 3
Die richtige Belichtung
Blende und Belichtungszeit zielsicher einsetzen

Inhalt

> Grundlagen der Beleuchtungstechnik   68

> Belichtung bei Spiegelreflexkameras   71

> Belichtung, Blende und ISO-Wert   75

> Die vollautomatischen Belichtungssteuerungen   82

> Die halbautomatischen Belichtungssteuerungen   85

> Die manuelle Belichtungssteuerung M   95

> Die Belichtungsmessmethoden   97

3 [Die richtige Belichtung]

3.1 Grundlagen der Beleuchtungstechnik

Die alte Fotografen-Regel ist auch für die Digitalfotografie immer noch gültig: Ohne Licht kein Bild! Das Thema Belichtung umfasst viele Bereiche: die Zusammensetzung von Licht, Lichtaufnahme, Lichtmessung, Verhältnis von Licht zu Schatten, Objektiveigenschaften, Datenauswertung und die individuellen Belichtungseinstellungen der Nikon D90. Erschrecken Sie nicht, weil es eventuell zunächst kompliziert klingt! Alle Bereiche sind zwar miteinander verknüpft, werden hier aber ganz konkret am Beispiel Ihrer Kamera erläutert.

Ein Teil dieser Bereiche wird dem Thema Beleuchtungstechnik zugeordnet. Das klingt theoretischer, als es ist. Ein paar grundlegende Begriffe und Verfahrensweisen werden Ihnen helfen, sicherer in den kreativen Fotoalltag zu starten! Wenn Sie schon vorher analog fotografiert haben, werden Ihnen einige Eigenschaften bekannt vorkommen, einige sind aber neu hinzukommen. Das Licht, die Lichtmenge und die Lichtart sind immer noch entscheidende Faktoren für Ihr Bild. Die »Lichtverarbeitung« hat sich mit der Digitaltechnik aber geändert. Sie sollten mit den gegebenen Lichtbedingungen und abhängig von den technischen Eigenschaften der Kamera in der Lage sein, die beste Belichtungseinstellung zu wählen. Dazu sollten Sie wissen, was Licht überhaupt ist.

> **DIE AUTOMATIK**
>
> Stellen Sie bei Ihrer Kamera das Motivwahlrad auf das Symbol der grünen Kamera (VOLLAUTOMATIK). In diesem Belichtungsmodus steuert die Kamera die Belichtung und alle weiteren Bildoptimierungen automatisch.
> Für Anfänger in der Spiegelreflexfotografie ist das ein guter Einstieg! Sie ist aber sicherlich nicht für alle Situationen die beste Einstellung, wie Sie in diesem Kapitel erfahren werden.

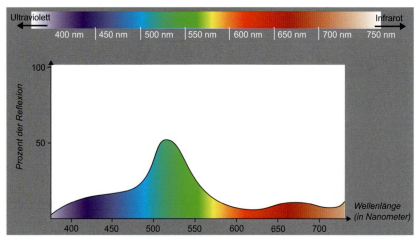

 Das für den Menschen sichtbare Licht im Bereich von 380–750 nm. Die Kurve unten stellt die Empfindlichkeit des Auges dar. Der Mensch differenziert in den grünen Bereichen deutlich mehr Farbtöne. Daher hat der Kamerasensor auch doppelt so viele grüne Elemente als rote und blaue.

Das Licht

Es gibt unterschiedliche Ansätze in der Lichtlehre. In der Fotografie hat sich die Wellentheorie gefestigt, laut der sich Licht wellenförmig ausbreitet. Kurze Wellen werden für unser Auge als kaltes Licht (blauer Bereich) wahrgenommen. Langwelliges Licht erscheint uns hingegen als warm (roter Bereich).

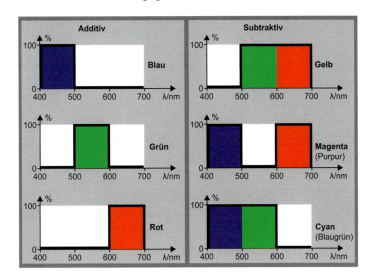

«
Sichtbares Licht von 380–750 nm wird als weißes Licht wahrgenommen. Die schematisierte Darstellung stellt auf der rechten Seite die Mischfarben dar. Gelbes Licht beispielsweise besteht aus dem roten und dem grünen Spektrum.

Der für uns Menschen sichtbare Wellenlängenbereich umfasst 380 bis 750 Nanometer. Weißes Licht ist für unser Auge eine Mischung aus diesen verschiedenen Wellenlängen. Abhängig von der Art der Lichtquelle (zum Beispiel Sonne, Glühlampe oder Natriumdampflampe) werden unterschiedliche Wellenlängenbereiche abgestrahlt, die für unsere Wahrnehmung mitunter gleich aussehen können.

Der Sensor in der Kamera erkennt jedoch diese spektralen Unterschiede. Um eventuelle farbliche Fehlinformationen zu vermeiden, muss in der Kamera ein Weißabgleich (siehe Kapitel 5, »Farb- und Bildoptimierungen«) eingestellt werden.

Doch bevor die Lichtstrahlen auf den Sensor treffen, müssen sie erst durch das Objektiv mit seinen vielen Linsen hindurch. Die Qualität der Glaslinsen bestimmt die Qualität der Optik und damit auch die Qualität Ihrer Bilder. Die einzelnen Optiken unterscheiden sich jeweils in der Abbildungsleistung

SENSOREMPFINDLICHKEIT

Der Sensor in der Kamera kann ein größeres Spektrum erfassen als das menschliche Auge. Daher ist ein Sperrfilter (Tiefpassfilter) vor den lichtempfindlichen Elementen. Ultraviolettes und infrarotes Licht werden nicht durchgelassen. Aufgebaut ist der Filter als Bayer-Raster mit roten, grünen und blauen Elementen.

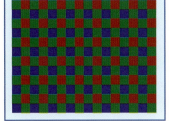

(Linienauflösung pro Millimeter) und in der chromatischen Aberration (Farbfehler/Farbwiedergabe). Sind beide Eigenschaften nur von geringer Qualität, fehlt es Ihren Bildern an Brillanz und Schärfe. Und was das Objektiv nicht richtig abbilden kann, kann der Sensor auch nicht vernünftig weiterverarbeiten.

OBJEKTIV UND LICHT

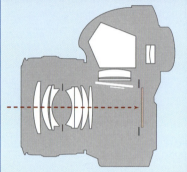

Das Objektiv besteht aus vielen hintereinanderliegenden Glaslinsen. Treffen Lichtstrahlen auf ein anderes Medium, wie zum Beispiel das Glas, werden sie an jeder Oberfläche abhängig vom Brechungsindex des Materials gebrochen. Langwelliges Licht wird stärker gebrochen als kurzwelliges. Das stellt die Objektiventwickler immer wieder vor große Herausforderungen.

«

Der Weg des Lichtes:
Lichtstrahlen gelangen durch das Objektiv
auf den Sensor

Der Sensor

Der CMOS-Sensor ist das lichtempfindliche Element in Ihrer Kamera. Er nimmt die Lichtenergie in 12,3 Millionen elektronisch gesteuerten »Töpfen« (Pixel) auf und leitet diese Informationen an den Prozessor weiter. Der EXPEED-II-Prozessor in der Nikon D90 (siehe Abbildung links) analysiert die Lichtmengen und wandelt diese anschließend in digitale Daten (also Nullen und Einsen) um.

Der Sensor sorgt bei der Belichtung für die Farb- und Helligkeitsinformationen, während der Prozessor für die Weiterverarbeitung der Daten verantwortlich ist. Bei einem klassischen Belichtungsvorgang gelangt Licht auf den Sensor, wird analysiert und verrechnet, und am Ende liegt ein farbiges Bild auf der Speicherkarte vor. Es ist eine phänomenale Technik, die mich immer wieder aus Neue fasziniert. Am Ablauf der klassischen Belichtung hat sich grob betrachtet erst einmal nichts verändert.

⌃
Der EXPEED-II-Prozessor der
Nikon D90 (Bild: Nikon)

CMOS-SENSOR

Der Sensor in der Kamera ist aus einzelnen quadratischen Mosaikteilchen aufgebaut. Jedes dieser Teilchen ist nur für einen bestimmten Farbbereich lichtempfindlich. Filter und Mikrolinsen vor diesen CMOS-Elementen sorgen für die Trennung in rotes, grünes und blaues Licht. CMOS steht für *Complementary Metal Oxide Semiconductor* (komplementärer Metall-Oxid-Halbleiter). Lichtenergie wird in diesen Elementen – auch Potentialmulden genannt – gesammelt und ausgelesen.

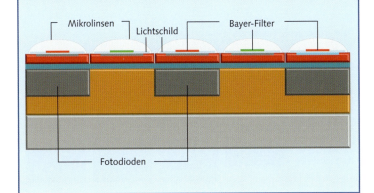

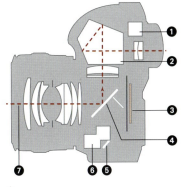

Schematischer Aufbau der Kamera mit den belichtungsrelevanten Teilen: eintreffende Lichtstrahlen vom Motiv ❼, teildurchlässiger Spiegel ❹, Pentaprisma ❷, Belichtungs- und Blitzbelichtungsmesssensor ❶, kleiner Spiegel ❺, Autofokusmodul ❻, Sensorebene ❸

3.2 Belichtung bei Spiegelreflexkameras

Der Weg vom Licht zu den digitalen Daten läuft wie folgt ab: Der Auslöser wird gedrückt, dabei wird gemessen, der Spiegel klappt hoch, die Blende wird auf den eingestellten Wert geschlossen, der Schlitzverschluss öffnet sich. Dann wird der Sensor in dem Zeitintervall belichtet, das der Verschluss, der von unten nach oben läuft, freigibt. In dieser Zeit ist die Kamera »blind«. Man nennt das die Abdunkelzeit. Sie beträgt bei der Nikon D90 120 Millisekunden.

Ist die Belichtungszeit beendet, schließt sich der Verschluss, indem der zweite Vorhang nachläuft, die Blende geht wieder auf, der Spiegel klappt herunter, die Daten gelangen in einen Pufferspeicher, und die Kamera ist wieder »schussbereit«, bevor die Daten die Speicherkarte erreichen.

HINWEIS

Die Bilddaten werden zunächst in den Pufferspeicher geschrieben und danach auf die Speicherkarte. Während dieses Schreibprozesses leuchtet eine grüne LED. Entfernen Sie die Speicherkarten nicht aus dem Kartenfach, solange das grüne Kontrolllämpchen leuchtet! Bilddaten können sonst verlorengehen.

3 [Die richtige Belichtung]

»
Ablauf der Verschlussvorhänge bei kurzer und langer Belichtungszeit

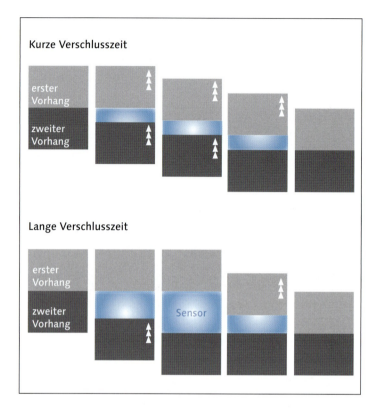

≈
Die Betriebsart lässt sich über die Taste ❶ anpassen.

Betriebsarten | Die jeweilige Betriebsart S (Einzel), L oder H (Serienaufnahme) lässt sich nur an der Taste ❶ neben dem Display einstellen und verstellen. Dazu halten Sie die Taste gedrückt und drehen das hintere Einstellrad. Drehen Sie weiter an dem Einstellrad, sind noch drei weitere Betriebsarten auswählbar: Selbstauslöser, verzögerte Fernauslösung und Sofortauslösung.

> **EIN PAAR ZAHLEN**
>
> Der elektronisch gesteuerte Verschlussmechanismus der Nikon D90 ist für 100 000 Auslösungen getestet und garantiert. Nach nur 0,15 Sekunden Einschaltzeit ist die Kamera wieder aufnahmebereit. Bei einer Auslöseverzögerung von 65 Millisekunden und einer Bildrate von 4,5 Bildern/Sekunde steht dem kreativen Fotografieren selbst von schnellen Motiven nichts mehr im Weg.

Selbstauslöser | Der Selbstauslöser ⏱ ist eine Einzelbelichtung, bei der die Belichtung erst nach einem bestimmten Zeitintervall automatisch beginnt. Das Zeitintervall und die Anzahl der Aufnahmen lassen sich in der Individualfunktion c3 Selbstauslöser voreinstellen. Nutzen Sie den Selbstauslöser entweder, wenn Sie ein Selbstporträt machen möchten, oder um Verwacklungen bei Aufnahmen zu vermeiden, die durch ein Betätigen des Auslösers auftreten können. Nach dem Durchdrücken des Auslösers startet die Vorlaufzeit, die Selbstauslöserleuchte blinkt, und ein Tonsignal (wenn Ton bei D1 auf On steht) ertönt. Es versteht sich von selbst, dass Sie dabei die Kamera fest justieren. Vergessen Sie nicht, die Kamera nach den Aufnahmen wieder auf die normale Einzelaufnahme umzustellen!

Für die beiden weiteren Betriebsarten Verzögerte Fernauslösung und Sofortauslösung benötigen Sie eine Fernbedienung wie die ML-L3 von Nikon. Auf Seite 206 erfahren Sie, wie Sie diese anwenden.

Serienaufnahmen | Den eigentlich komplexen Einzelbelichtungsvorgang kann die Nikon D90 sogar mit bis zu 4,5 Bildern/Sekunde durchführen. Das bezeichnet man dann als Serienaufnahme. Bei Serienaufnahmen bleibt der Finger auf dem Auslöser, und die Kamera macht die Bilder in Folge. Die Nikon D90 unterscheidet bei den Serienaufnahmen zwischen L = *low* und H = *high* (langsam und schnell).

Die Einstellungen für den Selbstauslöser erfolgen in der Individualfunktion c3 Selbstauslöser. *Die Länge der Vorlaufzeit hängt davon ab, wie viel Zeit Sie zwischen dem Drücken des Auslösers und der Belichtung benötigen.*

Entscheidend für die Bildrate ist die Geschwindigkeit des Motivs. Mit der Lowspeed-Bildrate *kann man ein bis vier Bilder in der Sekunde erreichen. Die tatsächlichen Bildfolgen werden jedoch von der Belichtungszeit mitbestimmt. Sollte die gemessene Zeit länger als 1/15 sek sein, können keine vier Bilder pro Sekunde aufgenommen werden.*

Bei der *Highspeed*-Bildrate können Sie je nach Belichtungszeit und Speicherkarte die 4,5 Bilder/Sekunde erreichen. Das eignet sich für Motive, die sich schnell bewegen, zum Beispiel

⌅
Beispiel einer Bildserie bei einer Bildrate von 4,5 Bilder/Sekunde und leicht mitgezogener Kamera.

16 mm | f3,5 | 1/640 sek | ISO 200

Skater, laufende Kinder, Sportler, Vögel beim Starten etc. So können Sie den Bewegungsablauf in einzelnen Phasen dokumentieren.

Ist der Bewegungsablauf nicht so schnell, stellen Sie eine langsamere Bildfolge ein. Dazu dient die *Lowspeed-Bildrate*. Entscheidend ist bei der Wahl der Bildrate, wie schnell sich das Motiv bewegt und wie viele Phasen festgehalten werden sollen. Mit der Lowspeed-Bildrate kann man 1 bis 4 Bilder pro Sekunde aufnehmen. Diese Bildfolge können Sie im Menü in den Individualfunktion d6 Lowspeed-Bildrate vorwählen.

Bildfolgen und Pufferspeicher | Die Anzahl der tatsächlich belichteten Bilder in Folge hängt auch davon ab, wie viel Platz der Pufferspeicher zur Verfügung hat. Der Pufferspeicher ist ein temporärer Zwischenspeicher, auf dem Daten gelagert werden, bevor die Speicherkarte beschrieben wird. Abhängig von der eingestellten Bildqualität können bis zu 99 Bilder (JPEG Basic und Small) in Folge hintereinander belichtet werden. Die jeweilige Anzahl lässt sich auf dem Display oder im Sucher ablesen. Dazu drücken Sie den Auslöser halb durch, Werte wie zum Beispiel »r07« oder »r99« können Sie dann ablesen.

Je höher die Bildqualität ist, desto weniger Bilder passen in den Zwischenspeicher. Ist der Speicher voll, wird die Serienbelichtung langsamer. Generell ist die Bildfolgezeit natürlich abhängig von der Belichtungszeit. Die Belichtungszeit kann automatisch ermittelt werden (P, A) oder Sie wählen eine Zeit vor (S). Bei einer Belichtungszeit von zum Beispiel einer 1/30 sek lassen sich nicht 4,5 Bilder pro Sekunde, sondern logischerweise nur zwei Bilder pro Sekunde belichten.

Wenn die Belichtungszeit automatisch ermittelt werden soll, ist die Menge an Licht zu messen, die der Sensor für eine ausgewogene Belichtung benötigt. Wie groß die Lichtmenge sein muss, wird sowohl für die Einzel- als auch für die Serienaufnahmen erst ermittelt werden müssen. Der Belichtungsmessvorgang startet automatisch durch das Andrücken des Auslösers.

3.3 Belichtung, Blende und ISO-Wert

Der hochmoderne Belichtungsmesser der Kamera misst den gesamten Bildbereich aus. Dabei werden die Helligkeits- und die Farbverteilungen des Bildes unter Berücksichtigung der Motiventfernung analysiert. Dafür sorgt die 3D-Color-Matrix-Messung II der Nikon D90. Die berücksichtigt zusätzlich die Werte des aktiven Autofokusfeldes (siehe Kapitel 4, »Sicheres Scharfstellen«, Seite 133) und intern gespeicherte Motiverkennungsalgorithmen. Anders als früher wird nicht mehr nur mit Durchschnittswerten gearbeitet, sondern es werden die besonderen Motivsituationen mit berücksichtigt. Das klingt für einige Fotografen vielleicht grauenhaft – ich kann Ihnen aber versichern, dass die Belichtungsanalyse der Nikon D90 wirklich gut ist.

Ziel der Messtechnik ist es, das Bild so zu belichten, dass abhängig vom Motiv ein ausgewogenes Bild entsteht. Ausgewogen heißt heutzutage: so wie der Fotografierende es gesehen hat. Dazu hat die Nikon D90 eigens einen Belichtungsmesssensor. Dieser 420-RGB-Pixel große zusätzliche Sensor befindet sich im Sucherkasten und misst die Lichtmenge, die durch die Linsen gelangt aus (TTL-Messung: *through the lens*). Die Belichtungsmessung startet, sobald Sie den Auslöser halb durchdrücken.

Die Länge der Belichtungszeitmessung stellen Sie im Menü unter C2 BELICHTUNGSMESSER ein. Die Zeit, in der der Belichtungsmesser aktiv ist, variiert zwischen 4 sek und 30 min, wobei 6 sek die Standardeinstellung ist. Man kann dies mit einem Standby-Modus vergleichen. In dieser Zeit misst die Kamera durchgehend den Belichtungswert und ist sofort auslösebereit. Meist verändere ich den Wert auf 8 sek, da ich mich an eine etwas längere Zeit zum Beurteilen des letzten Bildes gewöhnt habe. Je länger die

Objektive und Belichtungsmessung
Nur Objektive mit eingebauter CPU (Prozessoreinheit, gekennzeichnet durch die 8 Kontakte), unterstützen die 3D-Color-Matrix-Messung. Dazu gehören alle D-, G- und P-Nikkor-Objektive (Entfernung wird berücksichtigt). Andere prozessgesteuerte Objektive können nur die Color-Matrix-Messung. Manuelle Objektive unterstützt die Nikon D90 nicht für die Belichtungsmessung. Sie sind daher nicht zu empfehlen.

❖

Im Menü TIMER & TASTENBELEGUNGEN C2 verändern Sie die Zeit für den Belichtungsmesser. Durch die etwas längere Messzeit von 8 sek hat man mehr Zeit für die Bildanalyse. Das ist aber nicht zwingend notwendig.

3 [Die richtige Belichtung]

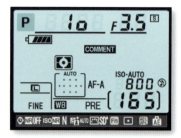

⌃
Anzeige auf dem Monitor aktiviert durch die INFO-Taste. Eingestellt ist P für die Programmautomatik. Bei der Messung ist bei ISO 800 eine Zeit 1/10 sek (10) und Blende 3,5 (F3.5) eingestellt.

»
Je größer die Blendenöffnung ist, desto mehr Licht trifft auf den Sensor. Dazu stellt man eine kleine Blendenzahl ein. Je größer die Blendenzahl, desto kleiner die Öffnung, desto weniger Licht kann durch das Objektiv. Bei älteren Objektiven konnte man die Blende noch manuell am Objektiv einstellen. Neuere AF-Objektive mit einem mechanischen Blendenring sind bei Nikon die D-Objektive. Die G-Objektive haben keinen mechanischen Blendenring mehr.

eingestellte Belichtungsmesszeit ist, desto mehr Strom wird jedoch verbraucht.

Wenn der Belichtungsmesser seine Arbeit getan hat, sehen Sie die Belichtungswerte im Sucher, auf dem Display oder dem Monitor angezeigt. Bei den Werten handelt es sich um Belichtungszeit und Blende.

Die Blende | Die Blende ist ein aus Lamellen bestehendes Bauteil, das eine annähernd runde Öffnung im Objektiv erzeugt. Mit Hilfe der Blendenvorwahl verändern Sie die Blendenöffnung und regulieren damit die Lichtmenge – auch Lichtwert (LW) genannt. Je größer die Öffnung ist, desto mehr Licht gelangt auf den Sensor. Je kleiner die Öffnung, desto weniger Licht gelangt durch das Objektiv.

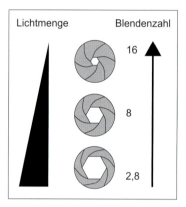

Die klassische Blendenreihe sieht wie folgt aus:
1 – 1,4 – 2,0 – 2,8 – 4 – 5,6 – 8 – 11 – 16 – 22 – 32

Jeder Schritt entspricht einer ganzen Blendenstufe. Bei einer kleinen Blendenzahl hat das Objektiv eine große Öffnung und lässt viel Licht hindurch. Eine große Blendenzahl bedeutet eine kleine Öffnung, die wenig Licht durchlässt. Schließt man die Blende um eine Stufe (Blendenzahl wird größer), halbiert sich die durchgelassene Lichtmenge. Öffnet man die Blende (kleinere Blendenzahl), verdoppelt sich bei jeder Stufe die Lichtmenge. Das Prinzip ist ähnlich der auf der nächsten Seite beschriebenen ISO-Empfindlichkeit.

> **KONTRASTUMFANG UND EMPFINDLICHKEIT**
>
> Der Bereich von den hellsten bis zu den dunkelsten Stellen in einer Aufnahmesituation nennt man Kontrast- beziehungsweise Dynamikumfang. In der Natur kann solch ein Umfang durchaus 20 Lichtwerte umfassen. Das Auge »erkennt« zwar diesen großen Umfang, aber nur, weil es automatisch einzelne Helligkeitsbereiche herausnimmt. Der Sensor hat hingegen eine lineare Empfindlichkeit und einen kleineren Dynamikumfang. Um das auszugleichen, kann die Empfindlichkeit angepasst werden. Die Bezeichnung für Empfindlichkeit ist ISO (*International Organization for Standardization*).

Lichtstärke & Blende

Die größtmögliche Öffnung (kleinste Blendenzahl) an einem Objektiv bestimmt seine Lichtstärke. Ein Objektiv mit einer Lichtstärke von 2,8 kann viermal so viel Licht durchlassen wie eines mit Lichtstärke 5,6.

Gleiche Kombinationen von Blende und Empfindlichkeit bedeuten dieselbe durchgelassene Lichtmenge. Als Beispiel folgen einige Kombinationen, die theoretisch immer dieselbe Lichtmenge ergeben:

Empfindlichkeit	Blende
200	5,6
400	8
800	11
1 600	16
3 200	22
Bildwirkung mit höherer Empfindlichkeit: immer mehr Rauschen	**Bildwirkung je größer die Blendenzahl:** immer mehr Schärfentiefe

⌃
Die kleinste Blendenzahl (größte Öffnung) bei diesem Objektiv bei 16 mm Brennweite ist die 3,5. Bei 85 mm ist bei diesem Objektiv die kleinste einzustellende Blendenzahl die 5,6.

Die ISO-Empfindlichkeit | In der Analogfotografie müssen die Filme gewechselt werden, wenn eine andere Lichtempfindlichkeit gewünscht ist. Die Empfindlichkeit des Sensors kann hingegen im Menü der Kamera eingestellt werden. Der Sensor ist im Gegensatz zu unserem Auge oder dem Film ein elektronisches Bauteil, das einen kleineren Dynamikumfang besitzt. Um diesen dem menschlichen Sehverhalten anzugleichen, kann man dem Sensor unterschiedliche Lichtempfindlichkeiten zuweisen. Diese ISO-Empfindlichkeitswerte können unabhän-

> **KONTROLLE DER SCHÄRFENTIEFE**
>
> Die Wirkungsweise kann man durch den Sucher beobachten, wenn man bei eingestellter Blende die Abblendtaste gedrückt hält. Das Bild wird dabei dunkler im Sucher angezeigt.

3 [Die richtige Belichtung]

ISO und Belichtung

Bei den Programmautomatiken werden immer drei Parameter gesteuert, um eine gleichbleibende Belichtung/einen gleichen Lichtwert (LW) zu erhalten. Daher entsprechen einer Belichtung:
ISO 100, f 8 bei 1/60 sek
wie
ISO 800, f 8 und 1/500 sek.
Oder auch:
ISO 100, f 22 bei 1/8 sek
wie
ISO 800, f 22 und 1/60 sek

gig vom eingestellten Belichtungsprogramm (P, S, A, M, Automatisch oder Motivprogramm) verändert werden. Der Sensor der Nikon D90 kann folgende Werte verarbeiten:

ISO-Werte	Erklärung
Auto = Automatisch	Standard bei den Voll- und Motivautomatiken; Kamera regelt den Wert abhängig von den Lichtverhältnissen
200	Standard bei den Betriebsarten P, S, A und M; Grundempfindlichkeit des Sensors
400, 800, 1 600, 3 200	Haupt-ISO-Reihe; eine Verdopplung der Empfindlichkeit entspricht einer Erhöhung um 1 LW (oder 1 Blende)
250, 320/500, 640/1 000, 1 250/2 000, 2 500	Feinabstufungen in Dritteln zwischen den Hauptwerten
Lo 1, Hi 1	etwa ISO 100 (Low) beziehungsweise etwa ISO 6 400 (High): rechnerisch erzeugte Empfindlichkeit, kann zu Farbrauschen führen
Lo 0,7, Lo 0,3/ Hi 0,3 Hi 0,7	Feinabstufungen in Dritteln zwischen den Hauptwerten
ISO-Automatik	Bei ISO-Automatik werden höchste Grenzwerte für Empfindlichkeit und Belichtungszeiten eingegeben.

TIPP

Wenn Sie wissen möchten, welche Bedeutung die einzelnen Menüpunkte haben, halten Sie die ?/⊶-Taste gedrückt. In den angezeigten Hilfetexten erhalten Sie schnell vielerlei grundlegende Informationen.

Die ISO-Empfindlichkeit der Nikon D90 steht in der Standardwerkseinstellung bei den Voll- und Motivautomatiken auf Automatisch. In der Automatik steuert die Kamera abhängig von der Lichtsituation die Empfindlichkeit, um eine ausreichende Belichtung zu erhalten, selbstständig. Eine niedrige Empfindlichkeit wie ISO 200 ist einzustellen, wenn viel Licht vorhanden ist. Eine hohe Empfindlichkeit wie ISO 3 200 ist zu empfehlen, wenn sehr wenig Licht vorhanden ist oder kurze Belichtungszeiten nötig sind.

ISO-Empfindlichkeit einstellen | Die ISO-Werte lassen sich entweder über den Pfad MENÜ • AUFNAHME • ISO-EMPFINDLICHKEITS-EINST. oder direkt über die ISO-Taste am Kameragehäuse auswählen.

Die klassischen ISO-Werte sind:
200 – 400 – 800 – 1 600 – 3 200

⌃
Einstellung der ISO-Werte über das Menü. Der Sensor hat als kleinste Grundempfindlichkeit ISO 200. Lo 1 sind ungefähr ISO 100.

EINSTELLUNG ISO-WERT ÜBER EINSTELLRAD

Bei diesen Beispielen ist die Einstellung der ISO-Werte über die ISO-Taste am Monitor dargestellt, wenn Sie zuvor die INFO-Taste drücken. Mit Drehen am hinteren Einstellrad und gedrückter ISO-Taste werden ISO-Werte in Drittelsprüngen verändert. Der ISO-Bereich geht von Lo 1.0 (ca. ISO 100) bis hin zu Hi 1.0 (ca. ISO 6 400). ISO 200 ist der Standard mit dem besten Rauschverhalten.

Je höher die Zahl, desto höher die Empfindlichkeit. Die Verdopplung des Zahlenwertes verdoppelt die Empfindlichkeit und *halbiert* damit die benötigte Lichtmenge. Die anderen Zahlenwerte zwischen diesen Hauptwerten wie 250, 320, 500 etc. sind Feinabstufungen in Dritteln. Die Lo1- und Hi1-Werte sind Sondereinstellungen. Sie simulieren die ISO 100 beziehungsweise die ISO 6 400 (Rauschen möglich). Sie müssen dabei stets beachten, dass Sie die ISO-Zahl nicht einfach beliebig erhöhen sollten: Denn je höher der eingestellte ISO-Wert, desto höher wird auch das Rauschen! Versuchen Sie daher, den Empfindlichkeitswert möglichst niedrig zu halten.

Rauschen | Rauschen ist ein Bildfehler. Fehlfarbige Pixel werden dabei vor allem in dunklen Bildbereichen sichtbar. Rauschen tritt bei hohen Empfindlichkeiten oder langen Belich-

Rauschverhalten
Die Nikon D90 hat ein exzellentes Rauschverhalten, daher können Sie auch bei ISO 800 ohne großes sichtbares Rauschen arbeiten. ISO 1 600 enthält schon ein leichtes, aber noch akzeptables Rauschen, während bei ISO 3 200 sowie bei Hi 1.0 die Bildresultate stark verrauscht sind. Diese Einstellungen sind für besondere Lichtsituationen gedacht, bei denen Sie sehr wenig Licht zur Verfügung haben, ohne Blitz arbeiten müssen beziehungsweise sehr kurze Belichtungszeiten benötigen.

tungszeiten (Thermorauschen) auf. Die Grundempfindlichkeit des Sensors ist bei ISO 200. Bei dieser Empfindlichkeit hat der Sensor der Nikon D90 das beste Signal-Rauschverhalten, das heißt, es ist kein sichtbares Rauschen im Bild vorhanden. In den Betriebsarten P, S, A oder M wird dieser Wert zunächst als Standardwert eingestellt.

⚠
Der linke Bildausschnitt weist das typische Rauschen auf. Rauschen wird nicht nur in dunklen Bildbereichen sichtbar. Das Bild wurde mit ISO 2 000 aufgenommen. Deutlich zu erkennen sind die grünen und magentafarbenen Pixel. Der rechte Ausschnitt ist schon mit einer Software »entrauscht«, aber auch weicher.

24 mm | f5,6 | 1/1250 sek | ISO 2000

Wird die Lichtmenge nun geringer, muss man die Empfindlichkeit erhöhen. Das bedeutet, nur wenige Lichtelektronen reichen für ein Signal aus. Da ein Sensor als ein elektronisches Gerät aber auch einen eigenen Grundstrom mit eigenen Elektronen hat, kann der Ausleseprozessor nicht unterscheiden, ob es sich um Lichtelektronen oder Stromelektronen handelt. Daher kommt es – physikalisch vereinfacht dargestellt – zu Falschfarben.

Die ISO-Empfindlichkeit ist eine der Basiseinstellungen für Ihre Belichtung. Diese sollten Sie stets im Auge behalten! Leider ist es mir auch schon passiert, dass ich vergessen habe, die hohe Einstellung, die ich für eine Nachtaufnahme benötigte, am nächsten Tag umzustellen. Das Rauschen bei Tageslichtaufnahmen ist am Monitor der Kamera mitunter nicht sofort zu erkennen!

Kontrolle bei ISO-Automatik | Möchten Sie sicherstellen, dass die Kamera keine Belichtung mit sehr hohen ISO-Werten ausführt, geben Sie der Kamera einen maximalen Wert vor. Sinnvoll ist eine Empfindlichkeit von ISO 800. Die dazugehörige Belichtungszeit ist eigentlich abhängig von der Brennweite Ihres Objektivs, aber ein guter Wert ist 1/30 sek. Diese Zeit kann man bei normaler Brennweite noch aus der Hand gut halten (siehe Seite 93), ohne zu verwackeln.

Arbeiten Sie hingegen des Öfteren unter schlechten Belichtungsbedingungen, sollten Sie die hohen ISO-Werte nutzen. Um dennoch ein akzeptables Rauschergebnis zu erhalten, schaltet man dazu im AUFNAHMEMENÜ eine RAUSCHREDUZIERUNG zu.

Rauschreduzierung bei hohen ISO-Bereichen | In der Standardeinstellung wird ab ISO 800 eine extra Rauschreduzierung hinzugeschaltet. Eine automatische unverstellbare Rauschunterdrückung findet laut Nikon erst ab der Stufe ISO Hi 0,3 statt. Mein subjektives Empfinden ist jedoch, dass selbst bei ausgeschalteter Rauschunterdrückung eine interne Reduzierung schon früher mitwirkt.

Je höher die Einstellung zur Rauschunterdrückung ist, desto mehr wird das Rauschen herausgerechnet. Je höher jedoch die Rauschunterdrückung eingestellt ist, desto weicher, also weniger scharf, wird Ihr Bild. Durch die erhöhte Rechenleistung passen weniger Bilder in den Pufferspeicher, und das Speichern auf die Speicherkarte dauert länger. Bei einer Aufnahmeserie bedeutet dies, dass Sie weniger Bilder in Folge aufnehmen können.

Je nach Aufnahmebedingungen ist das von unterschiedlicher Relevanz. Bei Einzelnachtaufnahmen mit Stativ (Architektur) spielt die Schreibgeschwindigkeit keine große Rolle. Bei schnell bewegten Motiven bei schlechten Lichtverhältnissen (Pferdesport in der Halle) stellt man die Kamera in der Regel auf die Serienbelichtung. Die langsamere Bildfolge kann dazu führen, dass weniger Bewegungsphasen aufgenommen werden. Ich schalte, wenn überhaupt, nur eine schwache Redu-

> **ISO-WERT AUTOMATISCH**
>
> Für Einsteiger ist es oft leichter, die ISO-Empfindlichkeit auf AUTOMATISCH stehenzulassen. Zu beachten ist dabei, dass auch sehr hohe Empfindlichkeiten von der Belichtungssteuerung genutzt werden. Möchten Sie das vermeiden, stellen Sie für die AUTOMATIK Grenzwerte ein.

Stellen Sie bei der ISO-Automatik für die MAXIMALE EMPFINDLICHKEIT *einen Höchstwert ein. Über den Wert steuert die Kamera nicht hinaus, wenn die ISO-AUTOMATIK auf ON steht.*

⌃
Alle drei Aufnahmen sind mit ISO 3 200 aufgenommen.

Bild links: 32 mm | f2,8 | 1/10 sek | ISO 3200

Bild Mitte: 26 mm | f6,3 | 1/160 sek | ISO 3200

Bild rechts: 17 mm | f5 | 1/60 sek | ISO 3200

zierung ein. Eine exaktere Rauschreduzierung erhält man am bei der Bearbeitung in einem Bildbearbeitungsprogramm. Dort kann man die Farbkorrektur und die Schärfe besser steuern.

Die extra Rauschreduzierung lässt sich entweder über MENÜ • AUFNAHME • RAUSCHREDUZIERUNG BEI ISO+ oder über den Schnellzugriff bei der INFO-Darstellung am Monitor einstellen (zweimal INFO-Taste drücken).

Die Empfindlichkeit und die Rauschreduzierung lassen sich immer unabhängig von dem jeweilgen Belichtungsprogramm ein- beziehungsweise verstellen. Sie müssen dabei beachten, dass beim Wechsel des Belichtungsprogramms unterschiedliche Standardvoreinstellungen gewählt werden.

»
Um in den Schnellzugriff zu gelangen, drücken Sie zweimal die INFO-Taste, und navigieren Sie mit dem Multifunktionswähler zu RAUSCHREDUZIERUNG BEI ISO+. Bestätigen Sie Ihre Auswahl mit der OK-Taste. Empfehlenswert sind SCHWACH oder AUS.

3.4 Die vollautomatischen Belichtungssteuerungen

Die Betriebsarten AUTOMATIK und AUTOMATIK (OHNE BLITZ) sowie die Motivprogramme zählen zu den vollautomatischen Belichtungsprogrammen. Sie steuern die Belichtung automatisch

[Die richtige Belichtung] 3

und erleichtern Ihnen damit das Erstellen von guten Bildern. Fast alle kamerainternen Einstellungen regelt die Kamera um ein ausgewogenes Bild zu erhalten. Gerade für Anfänger erweist sich diese Art zu fotografieren als hilfreich. Sie können nach dem Einschalten der Kamera sofort loslegen. Nutzen Sie als Neueinsteiger in die Spiegelreflexfotografie am besten zunächst die AUTOMATIK.

> **ACHTUNG: VOREINSTELLUNGEN**
>
> Kontrollieren Sie, bevor Sie fotografieren, ob der Hebel an der linken Kameraseite auf AF steht. Ansonsten werden ihre Bilder nicht automatisch fokussiert und damit unscharf. Dasselbe gilt für Ihr Objektiv. Der Schalter sollte auf A beziehungsweise M/A stehen.
>
> Die Bildqualität steht bei Werkseinstellung auf JPEG NORMAL. Stellen Sie die Qualität besser aus JPEG FINE. Die weiteren Voreinstellungen entnehmen Sie dem Kapitel 1, »Schnelleinstieg in die Nikon D90«, ab Seite 11.

Automatik | Mit dem Einstellrad auf dem Kamera-Symbol belichtet die Kamera angemessen der Aufnahmesituation. Sind die Lichtverhältnisse nicht ausreichend für eine Belichtung, wird der Blitz automatisch hinzugeschaltet. Die ISO-Empfindlichkeit ist bei der Werkseinstellung auf ISO-AUTOMATIK eingestellt.

Automatik ohne Blitz | Möchten oder dürfen Sie keinen Blitz benutzen, drehen Sie das Einstellrad auf das Symbol OHNE BLITZ. Die Kamera belichtet genauso wie die Betriebsart AUTOMATIK, nur mit dem Unterschied, dass kein Blitz hinzugeschaltet wird. Auch hierbei steht die ISO-Empfindlichkeit auf AUTOMATIK. Obwohl bei schlechten Lichtverhältnissen der ISO-Wert nach oben reguliert wird, reicht der Belichtungsspielraum oft dennoch nicht aus. Es kann daher bei dem Belichtungsprogramm passieren, dass die Bilder verwackeln oder zu dunkel sind. Es gibt keine Warnmeldung, die auf eine mögliche Fehlbelichtung hinweist.

Metadaten nutzen

Die Automatikprogramme nehmen Ihnen viele Entscheidungen ab und erleichtern zunächst das Fotografieren in vielen Aufnahmesituationen. Wenn die Automatik auch gute Bildergebnisse liefert, ist sie kein Garant für gute Bilder in allen Situationen. In Kapitel 8, »Fotopraxis mit der Nikon D90«, ab Seite 257, lernen Sie Einstellungen kennen, die Ihnen helfen, kreativer zu werden. Um die Arbeitsweise der Kamera besser zu verstehen, nutzen Sie zu Beginn die Informationen aus den Metadaten. Die Metadaten enthalten unter anderem die Belichtungszeit und Blende, die die Kamera für die automatische Belichtung angewendet hat (siehe auch Seite 48).

Motivabhängige Automatiken | Mit den fünf zur Auswahl stehenden Motivbetriebsarten werden Sie ein kleines Stück kreativer. Sie können unter den folgenden Motivbetriebsarten vorwählen:

Betriebsart		Wirkungsweise
PORTRÄT		Der Hautton wird weicher und etwas natürlicher wiedergegeben (leichte Verstärkung der roten Töne). Bei Aufnahmen mit langen Brennweiten (Teleoptik) wird der Hintergrund nachträglich weichgezeichnet. Der interne Blitz schaltet sich automatisch zu, wenn zu wenig Licht vorhanden ist. Das Autofokusmessfeld bestimmt die Kamera.
LANDSCHAFT		Mehr Farbsättigung und Kontrast vor allem in den Grüntönen; Blitz und AF-Hilfslicht bleiben deaktivert. Das Autofokusmessfeld bestimmt die Kamera.
NAHAUFNAHME		Makromodus (für kleine Bildelemente); bestimmt automatisch das mittlere AF Feld; Naheinstellgrenze der Objektive beachten, sonst stellt Kamera nicht scharf.
SPORT		Schnell bewegte Objekte werden im Bild »eingefroren«. Blitz und AF-Hilfslicht bleiben deaktivert. Kontinuierlicher AF.
NACHTPORTRÄT		Wird eingesetzt, wenn der Hintergrund Gefahr läuft, zu dunkel zu werden. Stativ empfohlen, wegen langer Belichtungszeiten. Das Autofokusmessfeld bestimmt die Kamera.

Alle Motivprogramme arbeiten, sofern Sie nichts verändert haben, zunächst mit der ISO-AUTOMATIK. Haben Sie die ersten Belichtungsversuche mit der Nikon D90 gestartet, werden Sie merken, dass diese Vollautomatiken Ihren Zweck zwar erfüllen, aber nicht immer optimale Ergebnisse liefern. Möchten Sie auf ihre Belichtung mehr Einfluss nehmen, sind Sie bereit für die nächste Stufe des Fotografierens: Das kreative Fotografieren durch den bewussten Einsatz von Zeit und Blende.

> **HINWEIS**
> Ändern Sie die ISO-Empfindlichkeit, bleibt diese Einstellung für alle Automatikprogramme bestehen.

3.5 Die halbautomatischen Belichtungssteuerungen

Mit »Halbautomatik« meine ich, dass ein Teil der Belichtungsmessung automatisch ermittelt wird, der andere Teil manuelle Änderungen zulässt. Die Belichtungskombinationen von Zeit und Blende sind auch bei den Halbautomatiken die Basis der Belichtungsmessung. Anders als bei den Vollautomatiken wählen Sie außerdem eine Farboptimierung aus. Diese individuellen Bildoptimierungen sind im Kameramenü freigeschaltet, sobald Sie P, S, A oder M mit dem Einstellrad einstellen (siehe Seite 156). Möchten Sie die Belichtung über die modifizierbaren Programme einstellen, wählen Sie zunächst die PROGRAMMAUTOMATIK (P).

Bildoptimierungen
Die Belichtung bei den Betriebsarten P, S, und A sorgt für die Helligkeitsverteilung im Bild. Für farbliche Veränderungen sind die Bildoptimierungen aus dem Aufnahmemenü und der Weißabgleich verantwortlich. Mehr dazu erfahren Sie in Kapitel 5, »Farb- und Bildoptimierungen«, ab Seite 141.

Programmautomatik P

Die PROGRAMMAUTOMATIK ist der AUTOMATIK (OHNE BLITZ) recht ähnlich. Die Kamera steuert für die Belichtung die Parameter Belichtungszeit und Blende abhängig von der vorherrschenden Lichtsituation und der eingestellten Messfeldsteuerung (siehe Seite 125). Der Blitz schaltet sich nicht automatisch zu.

Ein Vorteil bei der PROGRAMMAUTOMATIK ist, dass bei unzureichenden Lichtbedingungen im Sucher das Blitzsymbol als Warnhinweis blinkt (Voraussetzung: INDIVIDUALFUNKTION d11 BLITZ-

« *Die Belichtungsprogramme P, S und A geben Ihnen mehr Spielraum bei den Aufnahmeeinstellungen.*

« *In der Betriebsart P muss man bei unzureichenden Lichtbedingungen den Blitz separat zuschalten. Drücken Sie dafür auf die Blitzsymbol-Taste* ❶.

3 [Die richtige Belichtung]

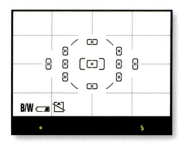

Ist bei eingestellter PROGRAMM-AUTOMATIK zu wenig Licht vorhanden, blinkt ein Blitzsymbol im Sucher – jedoch nur, wenn die INDIVIDUALFUNKTION D11 BLITZSYMBOL auf EIN steht.

SYMBOL: EIN). Wenn das Symbol erscheint, sollten Sie den Blitz zuschalten oder alternativ die ISO-Empfindlichkeit erhöhen. Ohne den manuellen Eingriff würden Ihre Bilder zu dunkel werden.

Die PROGRAMMAUTOMATIK versucht eine Belichtung mit einer möglichst gleichmäßigen Helligkeitsverteilung zu erreichen. Dazu nutzt sie die Belichtungsmesswerte und setzt diese in eine Zeit-/Blendenkombination um. Was aber bedeutet das? Warum soll man den Blitz zuschalten? Was bewirken die angezeigten Zeit- und Blendenwerte? Wozu dient das Histogramm? Wenn Ihnen Antworten auf diese Fragen bereits geläufig sind, lesen Sie ab Seite 95 weiter.

Grundlagen der Belichtung | Die Kamera versucht in der PROGRAMMAUTOMATIK, ein Bild weder zu hell noch zu dunkel werden zu lassen. Das wird über zwei Parameter gesteuert: die Blende und die Zeit (ISO-Automatik ist OFF). Mit dieser Blenden-Zeit-Einstellung reguliert die Kamera die benötigte Lichtmenge, die auf den Sensor gelangen soll (erreicht werden soll eine durchschnittliche Helligkeitsverteilung eines 18%igen Grauwertes). Sie erhalten mit den jeweiligen Kombinationen zwar eine gleichbleibende Lichtmenge, aber die Bildwirkung ist bei den unterschiedlichen Blendenwerten eine andere:

Beispiel einer Makroaufnahme: Der Vordergrund ist scharf, der Hintergrund verläuft in Unschärfe. Das Motiv wird sozusagen »freigestellt«. Hier wurde mit einem Makroobjektiv und Blende 3,5 gearbeitet.

60 mm | f3,5 | 1/250 sek | ISO 100

Je kleiner die Blendenzahl ist, desto geringer ist der Schärfentiefebereich. Je größer die Blendenzahl ist, desto größer ist der Schärfetiefebereich. Einen großen Schärfentiefebereich kennt man von Bildern von Kompaktkameras. Bei diesen Aufnahmen sind sowohl Vordergrund als auch Hintergrund immer scharf abgebildet. Bei Spiegelreflexkameras kann man den Blendenwert so variieren, dass Vordergrund und Hintergrund sich von einander abheben. Das nutzt man zum Beispiel bei Porträt- oder Makroaufnahmen. Nur ein kleiner Teil des Bildes wird scharf abgebildet. Dazu stellt man eine kleine Blendenzahl ein.

Bei Landschafts- oder Architekturaufnahmen wird eher ein großer Schärfebereich gewünscht. Dafür muss eine große Blendenzahl eingestellt werden. Normalerweise wählt die Programmautomatik automatisch sowohl die Zeit als auch die Blende vor. Möchte man die Vorgabe ändern, kann man *Shiften* (auch Programmverschiebung genannt).

Shiften | Mit dem Shiften können Sie in der Programmautomatik eine andere Blende vorwählen, sofern es die Lichtverhältnisse zulassen. Um die Blendevorwahl zu verstellen, müssen Sie erst den Belichtungsmesser durch ein Andrücken des Auslösers aktivieren. Mit dem hinteren Einstellrad verändern Sie die Blendenwerte. Drehen Sie das Rad nach rechts, erhalten Sie kleinere Blendenwerte. Die Belichtungszeit wird dabei automatisch kürzer.

Umgekehrt funktioniert das genauso. Möchten Sie eine größere Blendenzahl, drehen Sie das hintere Einstellrad nach links. Die Zeit verlängert sich automatisch. Das Shiften ist für fortgeschrittene Einsteiger eine hilfreiche Betriebsart. Sie haben die Sicherheit einer ausgewogenen Belichtung und können – wenn auch in einem kleinen Rahmen – schnell eine andere Bildwirkung erzielen. Das Shiften ist im Display gekennzeichnet durch ein P* (Sternchen).

Beispiel einer Landschaftsaufnahme: Vordergrund bis Hintergrund sind scharf abgebildet. Das Bild »wirkt« durch die Lage der Bildmotive. Hier wurde mit einem Teleobjektiv und Blende 22 gearbeitet.

23 mm | f22 | 1/60 sek | ISO 200

EINFLÜSSE DER SCHÄRFENTIEFE

› Eingestellte Brennweite am Objektiv: je länger die Brennweite, desto geringer der Schärfentiefebereich.

› Blendenöffnung: je größer die Blendenzahl, desto kleiner die Öffnung, desto größer wird der scharf abgebildete Bereich.

› Abstand zum Motiv: je geringer der Abstand, desto geringer die Schärfentiefe.

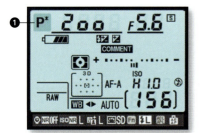

↑
Beim Shiften verändert sich das P zu P* ❶.

Manchmal kommt es bei schlechten Lichtverhältnissen vor, dass die Anzeige Lo erscheint. Dann ist die Programmsteuerung an ihre Grenze angekommen. Ein Zuschalten des internen Blitzes führt beim Shiften selten zum gewünschten Ergebnis. Wenn Sie den Blitz ausklappen, stellt sich in der Regel 1/60 sek als Belichtungszeit ein. Die Zeit ist damit nicht mehr variabel.

Möchten Sie schnell wieder in P zurück, drehen Sie einmal kurz mit dem Betriebsrad in einen anderen Belichtungsmodus oder schalten Sie die Kamera kurz aus und wieder ein.

Wenn Sie Geschmack an der Blendenvorwahl gefunden haben, wird der kreative Spielraum bei der Programmautomatik etwas beschränkt. Möchten Sie nun gezielt nur die Blende oder nur die Zeitwerte voreinstellen, reicht die PROGRAMMAUTOMATIK nicht mehr aus. Dafür gibt es die jeweiligen Halbautomatiken: Sie bezeichnet man als Zeit- beziehungsweise Blendenautomatik.

> **BELEUCHTUNGSWERTE**
>
> Die Belichtungszeit wird in Sekunden (sek) angegeben. Die Nikon D90 kann von 1/4000 sek bis 30 sek auslösen. In den Anzeigen werden die Brüche als ganze Zahlen angegeben. Daher ist die 125 im Sucher eine 1/125 sek, und bei 1 sek wird 1'' dargestellt. BULB steht für Langzeitbelichtung und kommt nur im Modus M vor.

Zeitautomatik A

Mit der Zeitautomatik wählen Sie die Blende vor und die Zeit wird automatisch ermittelt. Das A kommt aus dem englischen und steht für *Aperture Priority* (Blendenpriorität). Durch die Blendenvorwahl steuern Sie bewusst den Bereich der Schärfentiefe. Das bedeutet: wenn die Empfindlichkeit bei einem Wert konstant bleibt, muss man die Blende öffnen (kleine Zahl), um eine geringe Schärfentiefe zu bekommen. Benötigt man eine größere Schärfentiefe im Bild, muss man die Blende schließen (Zahl erhöhen).

Die Schärfeebene eines Bildes erstreckt sich vom Fokuspunkt (siehe Seite 114) aus sowohl nach vorne als auch nach hinten. Die Ausdehnung des Bereichs und somit der Schärfentiefe wird durch die Blende gesteuert. Die Entfernung, auf die das Motiv scharf gestellt wird, hängt vom Autofokus ab.

Blendenöffnung

Ein weiterer Vorteil der Nutzung einer großen Blendenöffnung (kleiner Blendenzahl) ist, dass man das Hauptmotiv freistellen kann. Der Hintergrund wird unscharf und hebt dadurch das Motiv optisch in den Vordergrund. Mehr über den kreativen Einsatz der Blende erfahren Sie in Kapitel 8 »Fotopraxis mit der Nikon D90«, ab Seite 257.

Um die Blende vorzuwählen, drehen Sie erst das obere Einstellrad auf A. Danach tippen Sie den Auslöser kurz an. Mit dem vorderen Einstellrad wählen Sie die Blendenwerte. Ablesen können Sie die Werte am oberen Display, oder Sie lassen sich die Werte am Monitor anzeigen mit einem Druck auf die INFO-Taste.

⌃
Links: Bildbeispiel für eine sehr kleine Blendenzahl (f2)
Rechts: Bildbeispiel für eine große Blendenzahl (f22). Der Schärfentiefenbereich ist groß.

Links: 35 mm | f2 | 1/800 sek | ISO 160

Rechts: 23 mm | f22 | 1/250 sek | ISO 320

FÖRDERLICHE BLENDE

Die Bilder links oben und links unten sind mit einer Blende von 3,2 eingestellt worden. Bei dem einen Bild lag der Fokuspunkt auf den Springern, bei dem anderen Bild auf den hinteren Schachfiguren. Durch die geringe Schärfentiefe wird jeweils das andere Motiv unscharf. Das dritte Bildbeispiel zeigt eine Aufnahme bei Blende 36. Das Bild wirkt trotz großer Schärfentiefe leicht unscharf. Das liegt daran, dass die förderliche Blende überschritten worden ist. Jedes Objektiv hat bei einer bestimmten Blendenwahl die beste Abbildungsleistung und ist dort auch am schärfsten. Dieser Blendenwert/diese Blendenwerte werden »Förderliche Blende« genannt. Bei einer Aufnahme mit geschlossener Blende kann es aufgrund von Beugungserscheinungen zu Unschärfen kommen.

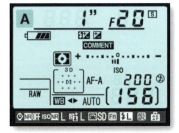

⌃
Darstellung am Monitor über die INFO-Taste. Der Wert hinter F ist die Blendenzahl (f20). Die Belichtungszeit von 1'' führt ohne Stativ garantiert zu Verwacklungen. Um eine kürzere Zeit zu erhalten, müssen Sie den Blendenwert verringern.

3 [Die richtige Belichtung]

Schrittweise korrigieren
Haben Sie im Menüpunkt Individualfunktion b1 Belichtungswerte die Schrittgröße umgestellt werden Sie auch bei der manuellen Belichtungskorrektur angewendet.

Noch schneller gelingt das, wenn Sie die Schrittweite zwischen den Blenden von 1/3 (Standardeinstellung) auf halbe Schritte umändern. Dazu stellen Sie in der Individualfunktion b1 Belichtungswerte auf 1/2 LW.

Die kreative Blendenvorwahl dient also dazu, Schärfen und Unschärfen im Bild zu erzeugen. Das hat aber unmittelbar Einfluss auf die Belichtungszeit. Wenn Sie die Blende schließen und damit die Blendenöffnung verringern, kommt weniger Licht durch das Objektiv. Folglich muss länger belichtet werden. Die folgenden Zahlenpaare würden bei gleicher ISO-Einstellung eine gleiche Belichtung erzeugen.

Blende (f)	Zeit (sek)
3,5	1/640
8	1/125
16	1/60
22	1/30
Bildwirkung: immer größere Schärfentiefe. Vorsicht: Zu hohe Blendenwerte können zu Beugungsunschärfe führen.	**Bildwirkung:** von eingefrorenen bis zu fließenden Bewegungen. Sehr lange Belichtungszeiten führen zu Thermorauschen.

Insgesamt kommen Sie bei der Zeitautomatik seltener in den Bereich der Über- oder Unterbelichtung. Das liegt daran, dass man die Bilder in dieser Belichtungssteuerung bis zu 30 sek belichten kann. Die Zeitvarianz von 1/4000 sek bis 30 sek ist höher als die reine Blendenreihe meinen lässt. Ich arbeite daher am liebsten im Modus A, wenn es die Aufgabenstellung zulässt.

Blende und Objektiv | Eine Blendenvorwahl ist abhängig vom jeweiligen Objektiv. Bei dem AF-S DX 18–105 mm 1:3, 5–5,6 G IF ED ausgezogen auf eine Brennweite von 105 mm ist der kleinste einstellbare Blendenwert 5,6. Bei einer Brennweite von 18 mm können Sie eine Blende von 3,5 voreinstellen.

Die Belichtungswerte lassen sich in Stufen beziehungsweise Lichtwerten von 1/3 oder 1/2 verändern.

Eine kleine Blendenzahl ist gleichbedeutend mit einer großen Öffnung, die viel Licht durchlässt. Man bezeichnet daher Objektive, die eine kleinere Anfangsblendenzahl besitzen, als lichtstarke Objektive. Durch die größere durchgelassene Lichtmenge wird es möglich, eine kürzere Belichtungszeit zu erhalten. Der Vorteil dabei ist, dass die dadurch erreichbaren kurzen Belichtungszeiten bewirken, dass Sie länger aus der Hand fotografieren können, ohne Verwacklungen zu riskieren.

Es ist allerdings alles auch eine Preisfrage! Eine Übersicht an Objektiven finden Sie in Kapitel 6, »Zubehör zur Nikon D90«, ab Seite 175. Eine günstigere Variante ist es wohl, den Blitz zuzuschalten oder die ISO-Zahl zu erhöhen. Reichen Ihnen die vorgeschlagenen Werte nicht aus, müssen Sie eine manuelle Belichtungskorrektur anwenden (siehe Seite 94). Spielt bei einer Aufnahme die Belichtungszeit eine größere Rolle als die Schärfentiefe, stellen Sie die BLENDENAUTOMATIK ein.

Blendenautomatik S

Bei der Blendenautomatik wählen Sie die Zeit vor, und die Blende wird automatisch ermittelt. Das S steht für *Shutter Priority* (Verschlusspriorität). Sie können sich aber auch merken: S für Sport beziehungsweise schnelle Bewegungen. Um die Belichtungszeit vorzuwählen, drehen Sie das obere Betriebsrad auf S. Mit dem hinteren Einstellrad wählen Sie die Belichtungszeit vor. Auf dem Display erscheinen die ermittelten Werte. Die Blende wird von der Kamera so eingestellt, dass eine ausgewogene Belichtung entsteht.

> **FUNKTIONEN DER EIN-STELLRÄDER TAUSCHEN**
>
> Im Menüpunkt INDIVIDUALFUNKTION f5 EINSTELLRÄDER kann man die Auswahlrichtung und Funktionswiedergabe des vorderen und hinteren Einstellrades vertauschen. Außerdem bestimmen Sie, ob man mit den Einstellrädern durch das Menü und/oder die Wiedergabe navigieren kann. Ich lasse die Einstellung immer in der Standardvorgabe.

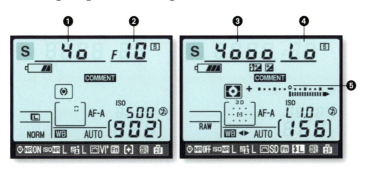

«
Am Monitor kann man die Zeiten für die Blendenautomatik S ablesen. Bei 1/40 sek ❶ hat die Kamera die Blende 10 ❷ ermittelt. Bei der rechten Darstellung wurde der Wert auf eine 1/4000 sek ❸ eingestellt. Es konnte keine Blende ermittelt werden: Lo ❹ ist die Warnung für Unterbelichtung. Die Skala ❺ zeigt deutlich in Richtung Minus.

⟪

Das Windrad hat sich stetig gedreht. Da die Belichtungszeit in der oberen Aufnahme mit einer 1/80 sek sehr kurz ist, wirkt das Windrad wie stehend (f5,6). Das untere Bild zeigt deutlich die Bewegungsunschärfe, die dem Windrad Dynamik verleiht. Durch die längere Belichtungszeit von 1/6 sek musste die Blende mehr geschlossen werden (f22). Der Hintergrund wird dadurch schärfer.

Oben: 85 mm | f5,6 | 1/80 sek | ISO 200

Unten: 85 mm | f22 | 1/6 sek | ISO 200

Die Belichtungszeit | Die Belichtungszeit ist neben der Empfindlichkeit und der Blendenvorwahl ein weiterer wichtiger Parameter für die Belichtung. Je länger die Zeit ist, desto länger ist der Verschluss der Kamera offen und desto mehr Licht kann auf den Sensor gelangen. Die klassische Zeitenreihe sieht wie folgt aus:

1/4000 ... 1/500 – 1/250 – 1/125 – 1/60 – 1/30 – 1/15 – 1/8 – 1/4 – 1/2 – 1'' ... 30''– **BULB**

Jeder Schritt entspricht einem ganzen Lichtwert (LW). Bei einer Zeit von 1/4000 sek ist der Verschluss nur ganz kurz geöffnet. Verlängert man die Zeit um einen Schritt, verdoppelt sich dabei auch die Lichtmenge. Die Zahlenwerte zwischen den klassischen Werten sind in Drittelsprüngen angegeben. Das Schöne bei der Belichtungszeitvorgabe ist, dass Ihnen mehr Zahlenwerte zur Verfügung stehen als bei der Blendenvorwahl. Die Belichtung lässt sich über die Zeitvorgabe feiner steuern. Das Prinzip ist ähnlich wie bei der auf Seite 77 beschriebenen ISO-Empfindlichkeit. Sie bekommen bei diesen Kombinationen theoretisch immer dieselben Belichtungen (Bildwirkung nicht berücksichtigt):

Empfindlichkeit	Zeit
200	1/125
400	1/250
800	1/500
1600	1/1000
3200	1/2000
Bildwirkung: immer mehr Rauschen	**Bildwirkung:** Bewegungen werden mehr eingefroren

Je kürzer die Zeit ist, desto stärker werden Bewegungen eingefroren. Je länger die Zeit ist, desto mehr Bewegungsunschärfen oder fließende Bewegungen werden eingefangen.

> **FREIHAND OHNE VERWACKLUNG**
>
> Je länger die Belichtungszeit ist, desto größer wird die Wahrscheinlichkeit zu verwackeln. Eine Faustformel kann helfen:
>
> **Verschlusszeit kürzer als:** $\dfrac{1}{\text{Brennweite in mm}}$
>
> Bei einem Objektiv mit 85 mm Brennweite sollten Sie kürzer als 1/85 sek aufnehmen, damit Sie nicht verwackeln. Das wäre dann eine 1/100 sek. Haben Sie ein Objektiv mit Vibrationsreduzierung (VR), können Sie bis zu vier Blendenschritte beziehungsweise Lichtwerte (LW) länger aus der Hand fotografieren. Ich berechne sicherheitshalber 3 LW. Das wären bei dem Beispiel 1/13 sek (bei 4 LW: 1/6 sek). Das klingt unfassbar, aber es funktioniert (siehe Bild mit dem Windrad). Durch elektronisch gesteuerte und auf Federn gelagerte Linsenelemente fängt die VR-Einheit die natürlichen Bewegungen der Hand ab.

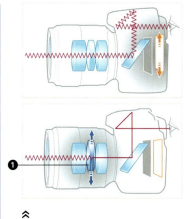

☆
Die VR-Einheit ❶ *gleicht leichte Vibrationen aus (Bilder: Nikon).*

Mit langen Belichtungen zu arbeiten, ohne zu verwackeln, ist am besten mit einem Stativ möglich. Wenn Sie kein Stativ haben, stellen Sie die Kamera sicher ab, oder nutzen Sie einen Bohnensack (siehe Seite 204). Auf den Bildern links ist die Bewegungsunschärfe deutlich zu erkennen. Um dieselbe Belichtung (Helligkeitsverteilung) zu bekommen, musste bei der längeren Belichtungszeit die Blende geschlossen werden. Die folgenden Zeit-Blenden-Kombinationen bei konstanter Empfindlichkeit ergeben die gleiche Belichtung:

Zeit (sek)	Blende (f)
1/4	Hi
1/30	22
1/125	11
1/2000	2,8 (evt. Lo)
Bildwirkung: von fließenden bis zu eingefrorenen Bewegungen	**Bildwirkung:** immer geringere Schärfentiefe

3 [Die richtige Belichtung]

⌃
Das mittlere Bild zeigt die Standardbelichtung der Kamera. Das obere Bild ist um einen LW unter-, das untere Bild um einen LW überbelichtet.

Oben: 18 mm | f10 | 1/200 sek | ISO 160

Mitte: 18 mm | f10 | 1/400 sek | ISO 160

Unten: 18 mm | f10 | 1/800 sek | ISO 160

Bei langen Belichtungszeiten könnte die Anzeige Hi im Sucher oder am Monitor auftreten, was eine Überbelichtung anzeigt. Wird die Zeit so kurz eingestellt, dass Lo auf den Anzeigen erscheint, wird Ihr Bild zu dunkel. Bei dem aus der Tabelle entnommenen Beispielwert 1/2000 sek müsste die Kamera eine Blende von 2,8 einstellen. Besitzt Ihr Objektiv diese Lichtstärke (kleinste Blendenzahl) nicht, kann die Kamera die Blende nicht weit genug öffnen. Die Bilder werden zu dunkel. Um mehr Licht zu erhalten, können Sie den Blitz hinzuschalten oder die ISO-Zahl erhöhen. Manchmal reicht es, wenn Sie eine manuelle Belichtungskorrektur durchführen.

Manuelle Belichtungskorrektur

Die Belichtungskorrektur verwenden Sie, wenn Ihnen das belichtete Bild in der Gesamthelligkeit nicht zusagt. Möchten Sie ein dunkleres Bild, müssen Sie dazu eine Minuskorrektur durchführen. Soll Ihr Bild heller werden, geben Sie eine Pluskorrektur ein.

In der Standardvorgabe müssen Sie dazu die Taste 🔘 gedrückt halten und gleichzeitig das hintere Einstellrad drehen – für Minus nach links, für Plus nach rechts. Dabei können Sie die Belichtung bis zu 5 LW nach oben oder unten korrigieren.

Achtung bei Überkorrekturen: In der Regel wird die Pluskorrektur intern so errechnet, dass die Zeit verlängert wird. Das kann zu Verwacklungen führen! Möchten Sie die Belichtungswerte ohne Drücken der +/–-Taste ausführen, stellen Sie in INDIVIDUALFUNKTION B2 EINFACHE BELICHTUNGSKORREKTUR auf EINSTELLRAD um. Dann müssen Sie nur das Einstellrad drehen, ohne die Korrekturtaste drücken zu müssen. Das hat je nach Programmwahl unterschiedliche Auswirkungen:

Modus	Einstellrad (Standardeinstellung)
P	vorderes
S	hinteres
A	vorderes
M	beide

An dieser Stelle sei erwähnt, dass Ihre Bildergebnisse von der Messmethode abhängen (siehe Seite 97). In den meisten Aufnahmesituationen empfehle ich die Belichtungskorrekturen nur bei mittenbetonter oder Spotmessung durchzuführen, nicht bei Matrixmessung.

Sie bekommen bei eingestellter Belichtungskorrektur das ⊞-Symbol angezeigt. Um die Belichtungskorrektur wieder zu deaktivieren, stellen Sie auf Null zurück. Bitte beachten Sie, dass eine eingestellte Belichtungskorrektur nicht zurückgesetzt wird, wenn die Kamera ausgeschaltet wird.

Mit Hilfe der Skala kann man die »optimale« Belichtung am Monitor ablesen. Die ist erreicht, wenn der Regler auf Null steht.

3.6 Die manuelle Belichtungssteuerung M

Möchten Sie die Messergebnisse der Kamera generell korrigieren oder Langzeitbelichtungen durchführen, sollten Sie auf den manuellen Modus M umstellen. Selbst bei der manuellen Belichtungssteuerung wird gemessen. Das funktioniert allerdings nur mit prozessgesteuerten Objektiven. Anhand der Informationen kann die Kamera kontrollieren, ob man mit den gemessenen Werten zu einer Normalbelichtung gelangt.

Betriebsart M | Mit der manuellen Belichtungssteuerung wählen Sie sowohl die Zeit als auch die Blende selbst vor. Dazu drehen Sie das obere Einstellrad auf M. Danach betätigen Sie einmal kurz den Auslöser. Mit dem hinteren Einstellrad wählen Sie die Zeit vor. Es gilt die gleiche Zeitenreihe wie bei den anderen Betriebsarten. Zusätzlich können Sie noch die Langzeitbelichtung einstellen (BULB). Mit dem vorderen Einstellrad wählen Sie die Blende vor. Genauso wie bei der Zeitautomatik

STATIV UND SPIEGELVORAUSLÖSUNG

Um Verwacklungsunschärfen, die durch den Spiegelschlag auftreten können, zu vermeiden, kann man zusätzlich bei der Arbeit mit einem Stativ die Spiegelvorauslösung wählen. In der Makrofotografie wird das gerne eingesetzt. Stellen Sie dazu die INDIVIDUALFUNKTION D10 auf EIN.

Fernauslöser
Mit dem Fernauslöser kann die Langzeitbelichtung gestartet werden. Die genaue Vorgehensweise können Sie auf Seite 205 nachlesen.

In INDIVIDUALFUNKTION F7 entscheiden Sie, ob der Plus-Bereich auf der linken (Standard) oder auf der rechten Seite gezeigt wird.

Durch die lange Verschlusszeit verschwinden die Autos. Nur die Scheinwerfer und die Rücklichter sind zu erkennen.

28 mm | f16 | 4 sek | ISO 800

kann man nur die Blendenwerte eingeben, die das jeweilige Objektiv zulässt.

Anhand der Belichtungsskala können Sie ablesen, ob Sie mit den Werten eine optimale Belichtung erzielen. Wenn die Empfindlichkeit konstant bei einem Wert bleibt, müssen Sie, um mehr Licht zur Verfügung zu haben, die Blende öffnen (kleine Zahl).

Um ein dunkleres Bild zu bekommen, müssen Sie eine Minusbelichtung durchführen. Das erreichen Sie bei der manuellen Belichtung, indem Sie entweder eine kürzere Zeit einstellen oder die Blende schließen (größere Blendenzahl). Soll Ihr Bild heller werden, führen Sie eine Plusbelichtung durch. Dazu müssen Sie entweder die Zeit verlängern oder die Blende öffnen (kleinere Blendenzahl). Alternativ können Sie auch die Empfindlichkeit runter- oder raufregeln. Wenn Sie möchten, können Sie die Skala auch spiegeln. Dazu stellen Sie in den INDIVIDUALFUNKTION F7 SKALEN SPIEGELN aus.

Langzeitbelichtung »Bulb« | Für Langzeitbelichtungen ist die manuelle Einstellung optimal. Dabei sollten Sie auf jeden Fall mit einem Stativ arbeiten. Klassische Anwendungen für Langzeitbelichtungen sind Nachtaufnahmen mit fahrenden Autos oder auch lebhafte Straßen beziehungsweise Gassen bei Dämmerung. Durch die langen Zeiten »verschwinden« die Autos

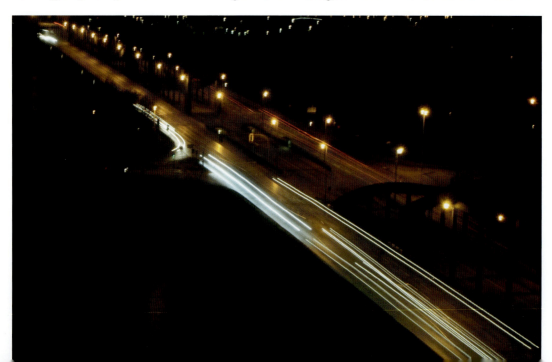

(nur die Lampen bleiben) oder Menschen verwischen, und die Gasse wirkt leer. Die richtige Belichtungszeit herauszufinden ist das, was die meisten Fotografen an diesen Aufgaben reizt.

Diese langen Belichtungszeiten haben allerdings einige Nachteile. Neben der Gefahr zu verwackeln, wird bei Langzeitbelichtung auch die Gefahr des sogenannten Thermorauschens größer. Der Sensor erhitzt sich bei der langen Zeit, und diese zusätzlichen Elektronenbewegungen führen zu Farbfehlinformationen. Daher sollten Sie für diese Spezialanwendungen bei Belichtungszeiten von mehr als 8 sek im Menü AUFNAHME die Rauschreduzierung hinzuschalten.

UMSTELLUNG M AUF S

Steht die Kamera auf BULB im Modus M, und stellen Sie dann auf S um, ist die Kamera gesperrt. Im Display blinkt die Anzeige BULB. Um wieder in S (Blendenautomatik) belichten zu können, müssen Sie die Zeit mit dem vorderen Einstellrad kürzer stellen.

«

Um bei langen Belichtungszeiten das Thermorauschen zu minimieren, stellen Sie die Rauschreduzierung im Menü AUFNAHME auf EIN.

Auch wenn Sie im manuellen Modus belichten, bekommen Sie mit den prozessorgesteuerten Objektiven eine Belichtungsskala angezeigt. Die Belichtungsmessung ist also immer aktiv. Nur bei manuellen Objektiven haben Sie keine Skala.

3.7 Die Belichtungsmessmethoden

Der Belichtungsmesser ist das Kernstück Ihrer Kamera. Anders als früher werden von ihm nicht nur die Helligkeitswerte gemessen, sondern das gesamte Bild wird analysiert. Sie können bei der Nikon D90 unter drei verschiedenen Messverfahren wählen: Matrix-, mittenbetonter oder Spotmessung. Alle drei Messverfahren versuchen das Bild so zu belichten, dass ausreichende Helligkeitsverteilungen vorhanden sind, diese jedoch in unterschiedlichen Gewichtungen. Als Hilfestellungen zur Beurteilung dienen das Histogramm und die Spitzlichterwarnung.

Bildwiedergabe
Nach der Belichtung werden die Bilder kurz am Monitor angezeigt. Vorausgesetzt Sie haben im Menü WIEDERGABE den Menüpunkt BILDKONTROLLE auf ON. Die Anzeigelänge richtet sich nach der eingestellten Zeit bei INDIVIDUALFUNKTION C4 AUSSCHALTZEIT DES MONITORS.

Das Histogramm | Das Histogramm zeigt ist eine grafische Anordnung der statistischen Verteilung von den dunklen bis zu den hellsten Tonwerten eines Bildes. Eine Faustformel besagt: Es sollte immer von der linken (Tiefen) bis zur rechten Seite (Lichter) durchgängig eine Säule stehen. Dann ist das Bild gut belichtet. Bei der Wiedergabe in der Kamera können Sie sich das Histogramm anzeigen lassen. Sind die Säulen oder Berge nach links verschoben, ist Ihr Bild zu dunkel. Ist Ihr Bild zu hell, sind die Berge in dem Histogramm nach rechts verschoben.

Ist das Umgebungslicht sehr hell, kann man mitunter nicht alles auf dem Monitor erkennen. Das Histogramm hilft nach der Aufnahme, das Bild auf ausreichende Helligkeitswerte zu kontrollieren. Eine besondere Darstellungsform ist das RGB-Histogramm. Es zeigt außer den Helligkeitsverteilungen zusätzlich die Verteilung pro einzelnen Farbkanal. Das Histogramm verändert sich, je nachdem mit welcher Messmethode Sie arbeiten.

⌃ High Key, Low Key und normale Belichtung mit dem jeweiligen Histogramm

[Die richtige Belichtung] 3

SCHRITT FÜR SCHRITT: ANZEIGE BEI BILDWIEDERGABE

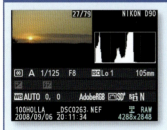

Schritt 1 | Das normale Histogramm wird in der Standardansicht immer angezeigt.

Schritt 2 | Möchten Sie sich zusätzlich das RGB-Histogramm anzeigen lassen, gehen Sie in das Menü WIEDERGABE • INFOS BEI WIEDERGABE.

Schritt 3 | Setzen Sie den Haken bei RGB-HISTOGRAMM. Für die Spitzlichterwarnung setzen Sie den Haken bei LICHTER. Bestätigen Sie den Dialog mit FERTIG.

Schritt 4 | Bei der Bildwiedergabe navigieren Sie mit dem Multifunktionswähler nach links und rechts, um sich die Bilder anzeigen zu lassen, nach oben und unten wechseln Sie in die Dateiinformationen.

Histogramm
Generell sollten alle Tonwerte in einem Bild vorhanden sein. Ausnahme bilden sogenannte High-Key- und Low-Key-Aufnahmen. Bei der High-Key-Verteilung haben Sie fast nur Tonwerte im rechten, hellen Bereich, bei der Low-Key-Aufnahme sind die meisten Tonwerte im linken, dunklen Bereich (siehe linke Seite).

Die Spitzlichterwarnung |

Neben dem Histogramm aus der Wiedergabe zeigt Ihnen die Kamera eine Spitzlichterwarnung an. Das sind die Bereiche, die keine Zeichnung mehr haben. Diese zu hellen Bildbereiche werden bei der Wiedergabe schwarz blinkend angezeigt. Spitzlichter sollten vermieden werden. Die Bereiche sind ohne Strukturen und wirken platt im Bild. Belichten Sie lieber etwas knapper, damit die Zeichnung wieder zurückkommt.

Spitzlichter von Lampen, der Sonne oder Blitzreflexe lassen sich damit jedoch nicht vermeiden. Abhängig von der eingestellten Messmethode treten Spitzlichter mehr oder weniger auf. Das Histogramm und die Spitzlichterwarnung helfen Ihnen bei der Bewertung einer optimalen Belichtung mit der jeweiligen Belichtungsmessmethode.

Matrixmessung

In den Motivprogrammen und den Vollautomatiken steht die Nikon D90 auf der Matrixmessung. Die 3D-Color-Matrixmessung II analysiert das Bild in fünf verschiedenen Bildbereichen. Alle Bereiche sollen gleichermaßen richtig belichtet werden. Zusätzlich berücksichtig die Matrixmessung die Entfernung des anfokussierten Motivs. Eine integrierte Bilddatenbank ordnet außerdem das erkannte Motiv einem eigenen Belichtungsergebnis zu. Das hat den Vorteil, dass der Hautton einer Person neben dem Weihnachtsbaum trotz des dominanten Baumgrüns optimal wird. Der Nachteil ist, dass Sie diese Automatik nicht selektiv steuern können. Das ist praktisch für Aufnahmen, bei denen Sie sich über die Belichtung keine Gedanken machen können oder möchten.

⌃

Im linken Bild sind Spitzlichter in den Wolken. Nach der Bearbeitung am Rechner ist wieder Zeichnung vorhanden. Das ging aber nur, weil es sich bei dem Original um ein RAW-Bild handelte.

17 mm | f7,6 | 1/250 sek | ISO 100 | links ohne, rechts mit Aktivem D-Lighting

Motive am Bildrand
Befindet sich Ihr Bildmotiv nicht in der Mitte, sondern am Bildrand, können Sie die Belichtung mit der AE-L/AF-L-Taste speichern und dann die Kamera schwenken (siehe Seite 104).

» *Die Felder, die die Belichtungsmessung der Nikon D90 bei der Matrixmessung einbezieht.*

17 mm | f9 | 1/320 sek | ISO 100

Es kann aber möglicherweise dazu führen, dass Sie bei Serienbildern mit Kameraschwenk, zum Beispiel bei einer Feier mit vielen Personen, unterschiedliche helle beziehungsweise dunkle Belichtungen erhalten. Die Kamera wertet mit jedem erneuten Andrücken des Auslösers die aktuelle Belichtung neu aus. Das muss nicht zu unterschiedlichen Helligkeitsverteilungen führen, kann es aber. Dem Einsteiger in die Spiegelreflexfotografie hilft die Matrixmessung allerdings sehr, gerade bei Landschaftsaufnahmen mit kontrastreichen Motiven bekommt man schnell gute Ergebnisse. Den fortgeschrittenen Fotografen rate ich, die mittenbetonte Belichtungsmessung auszuprobieren.

Mittenbetonte Integralmessung

Die mittenbetonte Belichtungsmessung ⊙ funktioniert nur in den Betriebsarten P, S oder A, bei M mit den entsprechenden Objektiven. Bei der mittenbetonten Messung misst der Messsensor auch das gesamte Bild aus, gewichtet das Belichtungsergebnis anders. Die kreisrunde Bildmitte wird zu 75 % stärker berücksichtigt als die äußeren Bereiche (25 %). Die nachgeschaltete Motiverkennung entfällt.

Die Größe des Messfeldes und damit der ausgemessene Bereich kann über die Messfeldgröße individuell vergrößert oder verkleinert werden. Je kleiner der Messfeldbereich, desto feiner kann das Motiv ausgemessen werden. Die Messfeldgröße ändern Sie in den INDIVIDUALFUNKTION B3

˅ *Das Feld, das die Belichtungsmessung der Nikon D90 bei der mittenbetonten Messung einbezieht.*

60 mm | f5,6 | 1/80 sek | ISO 200

3 [Die richtige Belichtung]

Die INDIVIDUALFUNKTION B3 bezieht sich ausschließlich auf die mittenbetonte Belichtungsmessung. Auf die Matrix- oder Spotmessung hat sie keinen Einfluss. Je größer der Bereich, desto mehr Informationen werden zur Wertermittlung herangezogen. Hat ein Motiv sehr viele unterschiedliche Helligkeiten, muss man exakter ausmessen, dann sollte man die Größe auf 6 mm stellen. Bei meinen »durchschnittlichen« Motiven stelle ich immer auf 10 mm ein.

MESSFELDGRÖSSE (MITTENBETONT). Diese mittenbetonte Integralmessung eignet sich sehr gut für Porträtaufnahmen. Wie Sie Messwerte speichern, um zum Beispiel auch ein nicht bildmittiges Motiv richtig zu belichten, können Sie im Abschnitt »Die Belichtung (AE) speichern« (Seite 104) nachlesen.

Befindet sich das Hauptmotiv vor einem besonders hellen (oder dunklen) Hintergrund wird die mittenbetonte Messung das Motiv zu dunkel (oder zu hell) wiedergeben. In solchen Fällen nutzt man besser die Spotmessung.

Spotmessung

Bei der Spotmessung 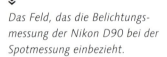 werden in einem ganz kleinen Bereich (*Spot* = Punkt) die Werte für die Belichtung gemessen. Dieser Bereich wird an das aktive Autofokusmessfeld gekoppelt. Bei dem eingestellten Autofokusmessfeld (siehe Seite 125) misst die Kamera innerhalb eines Kreises von 3,5 mm (das entspricht ca. 2,5 % des Bildfeldes). Voraussetzung dafür ist auch wieder der Einsatz von geeigneten Objektiven mit Prozesssteuerung. Somit kann man punktgenau das Motiv ausmessen. Der Hintergrund wird dabei nicht berücksichtigt und kann demnach auch zu hell oder zu dunkel werden. Die Spotmessung eignet sich sehr gut für Makroaufnahmen.

☙
Das Feld, das die Belichtungsmessung der Nikon D90 bei der Spotmessung einbezieht.

60 mm | f2,0 | 1/125 sek | ISO 100

[Die richtige Belichtung] 3

Belichtungsmessmethode einstellen

Die Wahl von Matrix-, mittenbetonter oder Spotmessung kann nicht über das Menü eingestellt werden, sondern ausschließlich über die Mehrfeldtaste ⊛ am oberen Kameragehäuse. Halten Sie die Taste gedrückt, und drehen Sie das hintere Einstellrad. Damit wechseln Sie zwischen den drei Messmethoden. Alternativ können Sie die Einstellung mit der FN-Taste vornehmen (siehe Kasten).

EINSATZBEISPIEL: FN-TASTE

In der INDIVIDUALFUNKTION F3 legen Sie die Belegung der FN-Taste fest. Wenn Sie temporär mit einer anderen Messmethode arbeiten möchten, legen Sie diese Messmethode, zum Beispiel die SPOTMESSUNG auf die FN-Taste.

Wenn Sie zum Beispiel oft mit der mittenbetonten Messung arbeiten, je nach Aufnahmesituation aber schnell temporär zur Spotmessung wechseln möchten, müssen Sie dazu nur die FN-Taste gedrückt halten, das Motiv ausmessen und mit dem Auslöser das Bild machen. Sobald Sie die FN-Taste loslassen, ist wieder die mittenbetonte Messung eingestellt.

Bildbeispiele für mittenbetonte (links), Matrix- (Mitte) und Spotmessung (rechts): Die Helligkeitsunterschiede im Bild, die durch den Einsatz unterschiedlicher Messmethoden verursacht wurden, sind leicht zu erkennen. Die mittenbetonte Messung ist die dunkelste Wiedergabe in diesem Beispielen (höhere Gewichtung auf die Bildmitte). Der Spot bei der Spotmessung wurde auf den Weg gesetzt, dadurch »reißt« der Himmel dann aber aus (Spitzlichter).

18 mm | f8 | 1/500 sek (links und Mitte), 1/320 sek (rechts) | ISO 200

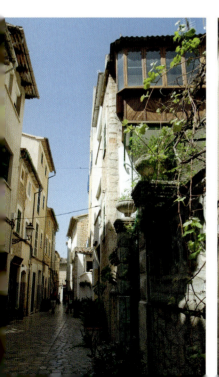

PRAXISBEISPIEL: PORTRÄT BEI MITTENBETONTER MESSUNG

Positionieren Sie die Person in der Bildmitte, und drücken Sie den Auslöser halb durch. Halten Sie unbedingt den Auslöser gedrückt und schwenken danach die Kamera so, dass die Person am Rand steht. Dann erst drücken Sie den Auslöser ganz durch.

Resultat: Die Person ist richtig belichtet. Ohne Speicherung würde die Bildmitte gemessen, und die Person würde zu dunkel abgelichtet.

Bei der Spotmessung wird nur das Bildmotiv direkt ausgemessen, der Hintergrund wird vernachlässigt. Das ist bei der mittenbetonten Messung anders: Die Bildmitte wird zwar zum größeren Teil bewertet, der Hintergrund ist dennoch ausgewogen. Möchten Sie Ihr bildrelevantes Motiv aber an einer anderen Stelle im Bild positionieren und trotzdem einen gut belichteten Hintergrund haben, müssen Sie manuell nachhelfen. Dazu messen Sie die Belichtung erst am Motiv (Bildmitte) und speichern den Wert. Anschließend schwenken Sie die Kamera, das Motiv wird richtig belichtet und der Hintergrund auch.

» *Halten Sie den Auslöser halb gedrückt und schwenken Sie die Kamera, wird die Entfernung fixiert, die Belichtung wird aber an der neuen Stelle neu gemessen (Standardeinstellung). Soll die Belichtung ebenfalls gehalten werden, müssen Sie in der INDIVIDUALFUNKTION C1 den Belichtungsspeicher auch auf den Auslöser legen.*

Die Belichtung (AE) speichern | Es gibt zwei Möglichkeiten, die Belichtung zu speichern: über den Auslöser oder die 🔒-Taste. Beide Wege werden bei der mittenbetonten oder Spotmessung eingesetzt, wenn sich das Bildmotiv nicht in der Mitte befindet beziehungsweise nicht mit dem AF-Feld vorgewählt werden kann. Bei der Matrixmessung macht eine Belichtungsspeicherung wenig Sinn, weil dort das gesamte Messfeld zu gleichen Teilen ausgemessen wird. In der INDIVIDUALFUNKTION C1 BELICHTUNGSSPEICHER legen Sie die Speicherung des Belichtungsmesswertes auf den Auslöser (siehe Abbildungen auf der linken Seite unten).

Sie können die Belichtung auch über die AE-L/AF-L-Taste (AE = *Automatic Exposure*, automatische Belichtung) speichern. Die Nikon D90 kann unterschiedliche Funktionen auf diese Taste legen. Die Belegung dieser Taste geschieht über die INDIVIDUALFUNKTION F4 AE-L/AF-L-TASTE (siehe Abbildung rechts).

Es ist schwierig hierfür eine generelle Empfehlung auszusprechen, da es von Motiv- und Aufnahmesituation abhängt. Wird mit dem Auslöser nur der Autofokus gespeichert (C1 auf OFF), nutzen Sie die Einstellung BELICHTUNG & FOKUS SPEICHERN, um mit gedrückter AE-L/AF-L-TASTE auch die Belichtung zu speichern. Diese Möglichkeit eignet sich gut für Kameraschwenks.

Die AE-L/AF-L-Taste kann in der INDIVIDUALFUNKTION F4 AE-L/AF-L-TASTE mit sechs Funktionen zur Belichtungs- und/oder Autofokusspeicherung belegt werden.

Hier wurde die Biene in der Bildmitte anfokussiert und der Messwert mit der AE-L/AF-L-Taste gespeichert. Im Anschluss wurde die Kamera geschwenkt.

105 mm | f8 | 1/250 sek | ISO 400

3 [Die richtige Belichtung]

> **BLITZWERT SPEICHERN**
>
> Möchten Sie Ihr Bildmotiv anblitzen und den Blitzwert speichern, können Sie diese Funktion auf die AE-L/AF-L-Taste legen. Nutzen Sie dazu die Einstellung Blitzbelichtungs-Messwertsp. in Individualfunktion f4. Weitere Methoden zum Blitzen erfahren Sie in Kapitel 7, »Blitzfotografie mit der Nikon D90«, ab Seite 219.

Ein anderes Anwendungsbeispiel ist die Aufnahme eines kleinen Tieres. Stellen Sie die Kamera auf Spotmessung, visieren Sie das Motiv mit dem Autofokusmessfeld an (Kontinuierlicher AF), drücken Sie dann die AE-L/AF-L-Taste und schwenken gleichzeitig die Kamera in die gewünschte Bildposition. Dabei ist die Auswahl nur Belichtung speichern einzustellen. Das Tier kann sich bewegen und bleibt mit einem konstanten Wert belichtet.

Viele Fotografen tun sich erst schwer, die Taste gedrückt zu halten und gleichzeitig den Auslöser zu betätigen. Für sie macht die Einstellung Belichtung Speichern ein/aus Sinn. Die Belichtung wird so lange intern gespeichert, bis Sie erneut die AE-L/AF-L-Taste drücken oder die Kamera ausschalten. Ein Nachteil ist: Vergisst man diese Einstellung, kommt es zu Fehlbelichtungen.

Feinabstimmung der Belichtungsmessung | Die Feinabstimmung sollten Sie erst nach ausreichender Erfahrung anpassen. Wenn Ihnen bei der Matrix-, der mittenbetonten- oder Spotmessung immer die gleiche Fehlbelichtung auffällt, stellen Sie den Korrekturwert in der Individualfunktion b4 Feinabst. der Bel.-Messung ein. Das bedeutet: Sind Ihre Bildergebnisse in der Matrixmessung zum Beispiel immer zu hell, regulieren Sie den Belichtungskorrekturwert nach unten (zum Beispiel –3/6). Die Schrittweite ist 1/6 Lichtwerte (LW). Die Korrektur bekommen Sie während oder nach der Belichtung nicht angezeigt. Mir ist derzeit noch keine generelle Fehlbelichtung aufgefallen, daher kann ich Ihnen bisher zu keiner Änderung raten.

⌄

Sollte in einer oder in allen Messmethoden die Helligkeitsverteilung nie Ihren Wünschen entsprechen, können Sie mit Hilfe der Feinabstimmung die Messmethode in der Individualfunktion b4 Feinabst. der Bel.-Messung in 1/6 Schritten verändern. Diese Änderungen bekommen Sie während oder nach der Belichtung nicht angezeigt. Lediglich das b4 wird mit einem Sternchen ❶ *versehen.*

106

Nur die Matrixmessung liefert mir gelegentlich etwas zu dunkle Ergebnisse bei kontrastreichen Motiven. In solchen Fällen korrigiere ich dann mit der Belichtungskorrektur manuell nach. Generell erhält man bei einer nachträglichen Bildbearbeitung immer mehr Informationen aus den dunklen als aus den hellen Bereichen. Daher ist eine universale Änderung meiner Meinung nach bei der Nikon D90 nicht nötig. Doch probieren Sie es am besten selber einmal aus!

Belichtungsreihen

Die Belichtungsreihen stammen ursprünglich aus der Diafotografie. Da ein Dia bei der Einwicklung nicht groß verändert werden konnte, musste eine exakte Belichtung eingestellt beziehungsweise herausgefunden werden. In der digitalen Fotografie werden die Bilder am Rechner »entwickelt«. Selbst JPEG-Daten lassen sich noch ausreichend im Nachhinein bearbeiten. Die Reihenbelichtung wird derzeit gerne für die HDR-Fotografie eingesetzt.

Belichtungskorrekturen am Rechner
Wenn Sie im RAW-Format fotografieren, können Sie mit Capture NX2 oder View NX die Belichtung um +/−2 Blenden (Lichtwerte) verändern. Dazu benötigen Sie die Belichtungsreihen nicht.

> **HDR-FOTOGRAFIE**
>
> HDR steht für *High Dynamic Range*: hoher Dynamikumfang. Bei den Belichtungsreihen macht man mindestens drei Aufnahmen, um diese nachher am Rechner mit spezieller Software zu einem Bild zusammenzurechnen. Dabei werden mehr Details sowohl in den Lichtern als auch in den Schatten erkennbar. Der Sensor hat nur einen bestimmten Dynamikumfang, ein HDR-Bild soll einen Bildeindruck erzeugen, der dem menschlichen Sehverhalten ähnelt. Voraussetzung dafür ist, dass nur ein leichtes Tone Mapping durchführt wird. Alle anderen Verfahren gelten eher als Kunstform.

Einstellungen vornehmen | Bei einer Belichtungsreihe werden bis zu drei Aufnahmen von einem Bildmotiv angefertigt. Ein Bild ist normal belichtet, eines ist unter- und eines ist überbelichtet. Die Abstände der Über- und Unterbelichtung geben Sie der Kamera vor. In der INDIVIDUALFUNKTION E4

3 [Die richtige Belichtung]

△
Die Art der Belichtungsreihe stellen Sie zuerst in der INDIVIDUALFUNKTION E4 ein. Mit Drücken der BKT-Taste aktivieren Sie die Reihenbelichtung. Die Bilderanzahl stellen Sie mit dem hinteren Einstellrad ein. Mit dem vorderen Einstellrad verändern Sie die Lichtwertunterschiede.

BELICHTUNGSREIHEN lassen sich die verschiedene Arten der Belichtungsreihen festlegen. Es gibt fünf verschieden Belichtungsreihenarten:
1. BELICHTUNG & BLITZ
2. NUR BELICHTUNG
3. NUR BLITZ
4. WEISSABGLEICHSREIHE
5. ADL-BELICHTUNGSREIHE (AKTIVES D-LIGHTING)

Die ADL- und die Weißabgleichsreihe werden auf Seite 153 erörtert. Bei den drei anderen Methoden bestimmen Sie wodurch die unterschiedlichen Helligkeiten erreicht werden:
› NUR BELICHTUNG
 Nur die Zeit (Verschluss) und die Blende regulieren die Lichtmenge.
› BELICHTUNG & BLITZ
 die Kombination aus Zeit/Blende und der Blitzleistung
› NUR BLITZ
 nur die Blitzleistungen

Für die Aktivierung der Belichtungsschritte und die Bilderanzahl müssen Sie die Taste (BKT) gedrückt halten und die beiden Einstellräder drehen. Mit dem vorderen Einstellrad verstellen Sie die Lichtwertabstände (LW), und mit dem hinteren Rad ver-

»
Das linke Bild wurde 2 LW unterbelichtet. Das mittlere ist die Normalbelichtung, das rechte wurde 2 LW überbelichtet.

85 mm | f5,6 | 1/30 sek | ISO 400 | Belichtungskorrektur −2 (links), Belichtungskorrektur +2 (rechts)

stellen Sie die Bilderanzahl. Sobald die Anzahl größer als Null ist, wird das Symbol BKT (BKT = Bracketing) eingeblendet.

Sie können wählen, ob Sie drei (3F) oder zwei Bilder (+2F/ –2F) pro Belichtungsserie aufnehmen möchten. Mit der Vorwahl 3F werden ein normales, ein überbelichtetes und ein unterbelichtetes Bild aufgenommen. Mit der Auswahl +2F wird ein normales und ein überbelichtetes Bild erzeugt. Mit der Einstellung –2F wird ein normales und ein unterbelichtetes Bild aufgenommen. Die Schrittweite der Belichtungswerte hängt von der Voreinstellung unter B1 ab (Drittel- oder halbe Schritte). Möchten Sie stark sichtbare Helligkeitsunterschiede bekommen, stellen Sie auf 3F und 2 LW. Ist der gemessene Wert bei zum Beispiel 1/125 sek, wird die Unterbelichtung mit 1/500 sek und die Überbelichtung bei 1/30 sek belichtet. Die Reihenfolge der Aufnahmen innerhalb einer Belichtungsreihe wird in der INDIVIDUALFUNKTION E6 BKT-REIHENFOLGE eingestellt.

Um eine Belichtungsreihe zu beenden, müssen Sie die Bilderanzahl mit dem hinteren Einstellrad auf oF stellen. Das Ausschalten der Kamera hilft hierbei nicht. Ich rate Ihnen für Belichtungsreihen die Kamera auf ein Stativ zu stellen. Dann haben Sie immer denselben Ausschnitt. Außerdem kann die Belichtungsreihe gut mit dem Selbstauslöser kombiniert werden, um Verwacklungen zu vermeiden.

Bei der Belichtungsreihe werden sowohl Über- als auch Unterbelichtungen erzeugt. Die Reihenfolge wird unter BKT-REIHENFOLGE bestimmt. Standardeinstellung ist normal/ unterbelichtet/überbelichtet.

3 [Die richtige Belichtung]

MEHRFACHBELICHTUNG MIT BLITZ

Auch wenn ich für meine Aufnahmen den internen Blitz genutzt habe, hatte ich zwischen den Aufnahmephasen immer die Zeit, die Figur umzustellen. Bewegt sich mein Motiv aber schnell, kann ich eine besondere Art von Mehrfachbelichtung anwenden: das Stroboskopblitzen. Näheres dazu erfahren Sie in Kapitel 7, »Blitzfotografie mit der Nikon D90«, ab Seite 237.

Die Mehrfachbelichtungen | Bei der Mehrfachbelichtung werden maximal drei Bilder zu einer Aufnahme mit oder ohne Helligkeitsanpassungen zusammengerechnet. Die Aktivierung erfolgt im Menü AUFNAHME unter MEHRFACHBELICHTUNG. Sobald Sie die Eingaben vorgenommen und mit FERTIG bestätigt haben, ist die Funktion aktiviert. Im Sucher und auf dem Monitor wird danach das ▣-Symbol eingeblendet. Ziel ist es nun, die zwei oder drei Aufnahmen so zu belichten, dass sie in der Gesamthelligkeit wieder auf ein normales Mittel kommen. Das gilt vor allem, wenn Sie die automatische Belichtungsanpassung zugeschaltet haben. Am einfachsten funktioniert die Mehrfachbelichtung daher vor einem schwarzen Hintergrund und im Modus M.

Die Bilder der Mehrfachbelichtung sehen anders aus als herkömmliche Belichtungen. Die Teilphasen sollten nicht zu flau belichtet werden, da der gesamte Bildeindruck erhalten bleiben sollte. Beachten Sie, dass Sie die einzelnen Aufnahmen mindestens innerhalb eines Zeitintervalls von 30 Sekunden durchführen, sonst wird das Bild vorher gespeichert. Für schnell bewegte Objekte wie einen springenden Ball nutzen Sie die SERIENAUFNAHME (siehe Seite 73): Ein Druck auf den Auslöser führt die Mehrfachbelichtung durch. Ich wünsche Ihnen viel Erfolg beim Ausprobieren der unterschiedlichen Belichtungen und Messmethoden!

»

Um die Mehrfachbelichtung zu aktivieren, müssen Sie im Menü AUFNAHME die Werte eingeben und mit FERTIG bestätigen. Nach erfolgter Belichtung stellt sich die Mehrfachbelichtung automatisch wieder auf OFF.

[Die richtige Belichtung] 3

⌃
Zur Verdeutlichung habe ich je ein Bild der einzelnen Position gemacht. Das letzte Bild ist das Ergebnis der Mehrfachbelichtung aus der Kamera. Nach jeder Belichtung habe ich das Männchen verstellt.

85 mm | f5,6 | 1/200 sek | ISO 200 | interner Blitz

In diesem Kapitel werden Sie mit den Grundbegriffen der Optik und dem Autofokussystem der Nikon D90 vertraut gemacht. Sie lernen die optimale Einstellung für die verschiedenen Aufnahmesituationen kennen. So haben Sie beste Voraussetzungen, eine hohe Ausbeute an scharfen Bildern zu erzielen – egal ob Sie automatisch oder manuell fokussieren.

Kapitel 4
Sicheres Scharfstellen
Mit der Nikon D90 gezielt fokussieren

Inhalt

› Die Schärfe   114

› Das Autofokussystem der Nikon D90   116

› Der Autofokus im Live-View-Modus   134

› Manuelles Scharfstellen   137

› Schärfewirkung in der Bildverarbeitung   138

4 [Sicheres Scharfstellen]

4.1 Die Schärfe

Ganz allgemein ausgedrückt sehen wir etwas scharf, wenn der Kontrastunterschied zwischen zwei Punkten groß genug ist. Ist der Unterschied zu gering, wird er als diffus, also unscharf, wahrgenommen. Schärfe ist ein Begriff aus der Optik. In diesem Zusammenhang sind Begriffe wie Auflösungsvermögen, Abbildungsleistung oder Betrachtungsabstand entscheidende Faktoren für die Schärfedefinition.

Die optische Schärfe

In einem optischen System wird ein Motiv mittels der Linsen auf dem Sensor auf dem Kopf stehend abgebildet. Ein Bild ist eine Zusammensetzung aus vielen Punkten, die durch die Optik gelangen müssen. Da jedoch alle Objektive einen bestimmten Grad an sphärischer Abweichung und Astigmatismus (Abbildungsfehler) aufweisen, können sie die Lichtstrahlen von einem Motivpunkt ausgehend nicht perfekt zu echten Punk-

≽

Vereinfachte Darstellung des Strahlengangs: Ein Punkt in der Motivebene (❶–❸) wird je nach Entfernung zur Linse unterschiedlich groß auf der Sensorebene ❹ abgebildet. Bleibt die Größe der Abbildung der Punkte ❻ und ❼ ausreichend klein, wird der Punkt als scharf wahrgenommen. Punkt ❺ hingegen wird unscharf dargestellt.

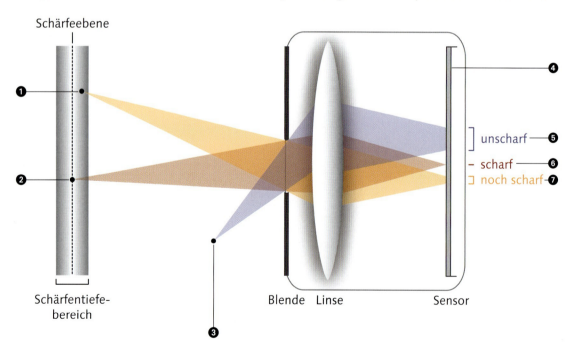

[Sicheres Scharfstellen] 4

ten bündeln, sondern lediglich zu Kreisen. Diese abgebildeten Kreise gelten als scharf, wenn Sie eine bestimmte Größe nicht überschreiten. Dies ist der Fall, wenn ein solcher Kreis (Unschärfekreis) kleiner als 30 μm ist (je nach Betrachtungsabstand). Dieser Wert hängt unmittelbar mit dem Auflösungsvermögen unseres Auges zusammen.

Wahrgenommene Schärfe

Die menschliche Wahrnehmung ist aber leider auch subjektiv. Damit fangen die meisten Diskussionen zum Thema Schärfe an, da es im digitalen Workflow zu Schwierigkeiten kommt. Der Sensor, der Kameramonitor, der Monitor des Rechners, der Fernseher oder das Fotopapier verursachen jeweils eine andere Schärfewirkung beim Betrachter. Entscheidend für Sie ist, dass Ihr Motiv scharf auf dem Sensor abgebildet wird. Für die automatische und richtige »Schärfeeinstellung« ist das Autofokussystem der Kamera zuständig.

HINWEIS: SCHÄRFE

Faktoren, die Einfluss auf den Schärfeeindruck haben:

› Auflösungseigenschaften des Objektivs

› Blende = Schärfentiefe (zu starkes Abblenden erzeugt jedoch Unschärfen)

› Abstand des Motivs zur Linse (Gegenstandsweite)

› Kontrasterkennung/ Feinheiten des Autofokusmoduls

› Bewegungen des Motivs (Bewegungsunschärfe)

› Auflösung des Sensors

› Nachbearbeitung

› Bildbetrachtungsabstände

⌄

Schärfewirkung und Gestaltung: Das Bild links ist komplett unscharf. So ein Bild landet bei mir sofort im Mülleimer. Das mittlere Bild ist zwar noch unschärfer, erreicht aber durch die Bewegungsunschärfe eine eigene Bildwirkung – diese Art von Bildern ist jedoch Geschmackssache. Eindeutiger verhält es sich bei dem rechten Bild: Das Bild gewinnt durch den unscharfen Vorder- und den scharfen Hintergrund an Tiefe.

Links: 85 mm | f4,8 | 1/90 sek | ISO 320

Mitte: 85 mm | f4,2 | 1/80 sek | ISO 320

Rechts: 50 mm | f1,8 | 1/60 sek | ISO 100

4 [Sicheres Scharfstellen]

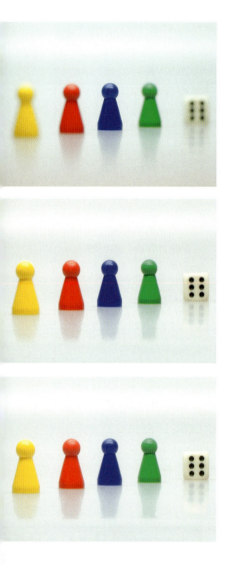

«
Eine kleine Schärfentiefe ist im oberen Bild zu sehen. Fokussiert wurde auf das blaue Männchen und eine Blende von 2,8 eingestellt. In der Mitte sorgt eine Blende von 13 für eine mittlere Schärfentiefe. Das gelbe Püppchen und der Würfel sind noch recht unscharf. Das untere Bild zeigt eine Blende von 54. Die große Schärfentiefe reicht aus, um sowohl den Würfel als auch das gelbe Männchen scharf abzubilden.

Oben: 85 mm | ƒ3,3 | 1/200 sek | ISO 200 | Belichtungskorrektur +1

Mitte: 85 mm | ƒ13| 1/10 sek | ISO 200 | Belichtungskorrektur +1

Unten: 85 mm | ƒ54| 2 sek | ISO 200 | Belichtungskorrektur +1

> **DER WAHRGENOMMENE SCHÄRFEBEREICH = SCHÄRFENTIEFE**
>
> In der Fotografie wird eigentlich nur eine Bildebene scharf abgebildet. Die Breite beziehungsweise Tiefe, mit der das Motiv auf dem Sensor scharf abgebildet wird, nennt man Schärfentiefe. Der Schärfentiefenbereich erstreckt sich ca. 1/3 vor und 2/3 hinter der gemessenen Bildebene. Eine sehr geringe Schärfentiefe erfordert eine sehr genaue Scharfeinstellung. Die Diskussion über die Wahl der korrekten Bezeichnung dieses Phänomens erhitzt immer noch die Gemüter. Ich benutze hier den physikalischen Begriff »Schärfentiefe«. Sie werden sicherlich aber auch schon den Begriff »Tiefenschärfe« gehört haben, der hingegen eher als Stilmittel zu verstehen ist (Bewegungsunschärfe, Verwischungseffekte).

4.2 Das Autofokussystem der Nikon D90

Das Scharfstellen ist ebenso wie die Belichtung durch das Zusammenwirken mehrerer mechanischer und elektronischer Bauteile ein sehr komplexes System.

Scharfstellen | Um ein Objekt scharf abbilden zu können, muss die Entfernung zum Motiv bestimmt werden. Das dafür verantwortliche Autofokusmodul misst beim aktiven Autofokusmessfeld die Entfernung zum Motiv, sobald der Auslöser gedrückt wird (bis zum ersten Druckpunkt). Der Ultraschallmotor stellt diesen Entfernungswert durch eine Verschiebung der Linsenelemente des Objektivs ein. Durch die richtige Entfernungsmessung wird die Motivebene scharf auf die Farbflächen des Sensors abgebildet. Eine solche passive Messmethode benötigt eine ausreichende Lichtmenge. Um das zu erreichen, misst die Kamera immer bei offener Blende.

Man unterscheidet zwischen Kontrast- und Phasenkontrastmessung. Bei der Kontrastmessung werden die Helligkeitsunterschiede, also die Frequenzdifferenzen, innerhalb der Schärfemessfläche verglichen. Bei maximaler Frequenzdifferenz herrscht der größte Kontrast. Die Entfernungseinstellung wird so oft hin und her verschoben bis der höchstmögliche Kontrast vorhanden ist. Das benötigt seine Zeit und ist im Gegensatz zur Phasenkontrastmessung die langsamere Auswertung. Die Nikon D90 arbeitet im Live-View-Modus mit der Kontrastmessung. Bei der normalen Belichtung wird die Phasenkontrastmessung angewandt. Sie beruht auf differentialen Vergleichsmessungen, die schneller die exakte Entfernung analysieren können. Diese Aufgabe übernimmt das Autofokusmodul der Kamera.

GESCHWINDIGKEIT

Die Geschwindigkeit des Autofokus hängt unmittelbar mit der Qualität des Objektivs zusammen. Die neueren AF-S-Optiken besitzen einen Ultraschallmotor, der leise und in kurzer Zeit die Entfernungen einstellen kann. Der Autofokus selbst benötigt ausreichend Licht (möglichst hohe Kontraste) für die Entfernungsmessung. Je mehr Licht zur Verfügung steht, desto präziser arbeitet er. Daher misst der Autofokus von Spiegelreflexkameras immer bei Offenblende (kleinste Blendenzahl). Das bedeutet: Je lichtstärker ein Objektiv ist, desto besser kann der Autofokus arbeiten.

☒

Oft entscheiden nur wenige Zentimeter, ob ein Motiv scharf wirkt. Die grüne Chilischote ist im ersten Bild noch unscharf. Im zweiten Bild wurde die Kameraposition nur gering nach hinten verschoben. Das reichte aus, um die Schote scharf abzubilden. Beide Bilder wurden mit Blende 8 aufgenommen, was eine mittlere Schärfentiefe zur Folge hat.

270 mm | f8 | 1/30 sek | ISO 640

Das Autofokusmodul | Das AF-Modul in der Nikon D90 ist der Multi-CAM 1000. Dabei handelt es sich um einen separaten Sensor, der auf Basis der sogenannten TTL-Phasenerkennung (TTL = *Through the lens*; durch das Objektiv) und seinen elf Fokusfeldern Objekte ausmessen kann. Der Sensor befindet sich im Sucherkasten unterhalb des Spiegels. Der Spiegel ist in der Mitte teiltransparent. Die durchgelassenen Abbildungsstrahlen werden durch einen Umlenkspiegel auf das AF-Modul projiziert. Die Zahl 1000 im Namen steht für die ungefähre Anzahl der CCD-Elemente. Mit diesen Sensorelementen ist das Modul in der Lage auch unter schlechteren Lichtverhältnissen (ab −1 LW) mit einer hohen Geschwindigkeit Entfernungen zu analysieren. Daher ist es möglich, selbst schnelle Motive scharf zu stellen. Eine Besonderheit dieses Moduls ist der Einsatz der »vorausschauenden« Schärfenachführung: Das Modul berechnet anhand der Entfernungsdaten und Bewegungsrichtung des Motivs die zukünftige Position voraus und stellt auf diese Entfernung scharf. Das klingt ein wenig nach Zaubererei, aber ich kann Sie beruhigen: Alles macht der Messsensor nicht automatisch. Und die optimale Schärfe bestimmen immer noch Sie als Fotograf.

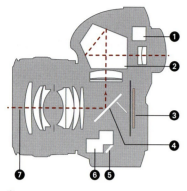

Schematischer Aufbau der Kamera: eintreffende Lichtstrahlen vom Motiv ❼, *teildurchlässiger Spiegel* ❹, *Pentaprisma* ❷, *Belichtungs- und Blitzbelichtungsmesssensor* ❶, *kleiner Spiegel* ❺, *Autofokusmodul CAM-1000* ❻, *Sensorebene* ❸

GEGENLICHTBLENDE

Die Gegenlichtblende verhindert, dass seitlich einfallendes Licht auf den Sensor gelangt. Das führt sonst zu flauen Bildern, Blendenflecken oder auch zu »Geisterbildern«. Außerdem schützt die Gegenlichtblende die Frontlinse vor Beschädigungen. Ich empfehle, immer mit der Gegenlichtblende zu arbeiten. Sie wird auch Streulicht- oder Sonnenblende genannt.

«
Dieses Bild ist ohne Gegenlichtblende aufgenommen worden. Das Streulicht verursacht bei dieser Aufnahme Blendenflecke.
24 mm | *f*9 | 1/160 sek | ISO 200

Die Voreinstellungen

Bevor Sie mit den Aufnahmen starten, überprüfen Sie die notwendigen Voreinstellungen. Ein kleiner Rat vorab: Kontrollieren Sie regelmäßig die Position der Schalter an der Kamera und am Objektiv. Es kann passieren, dass sie sich verstellen. Somit kann selbst die Vollautomatik keine scharfen Bilder belichten. Damit der Autofokus überhaupt arbeitet, muss der Hebel an der linken Kameraseite auf AF stehen. Dieser mechanische Schalter sorgt dafür, dass die Motorwelle der Kamera die Objektivwelle antreibt. Der Autofokusschalter am Objektiv muss demnach auf A stehen. Es gibt zwei unterschiedliche Objektivarten: bei den einen kann man zwischen M/A und M wählen, bei den anderen nur M und A. Bei Objektiven, bei denen Sie nur A oder M zur Wahl haben, achten Sie bitte stets darauf, dass Sie nur bei der Einstellung M (Manuell) an der Entfernungseinstellung des Objektivs drehen. Bei der Stellung A drehen Sie den Motor an der Kamera mit, und das kann zu Beschädigungen führen!

> **HINWEIS**
> Bei Objektiven von Fremdherstellern lauten die Kürzel meist AF und M beziehungsweise MF.

Auf dem Autofokussensor sitzen die elf einzelnen Fokusfelder, mit deren Hilfe die Entfernung gemessen wird. Um eins dieser Fokusfelder mit Hilfe des Multifunktionswählers auswählen zu können, muss der Sperrschalter unter dem Multifunktionswähler auf dem Punkt stehen. Steht er auf L (Lock), ist er gesperrt (siehe nebenstehende Abbildung).

«
Um mit dem Multifunktionswähler ❽ die AF-Felder auswählen zu können, muss der Verriegelungshebel ❾ auf dem Punkt stehen (Bild: Nikon).

Autofokus-Hilfslicht | Eine weitere Voreinstellung betrifft das AF-Hilfslicht. Das ist die kleine weiße Lampe an der Frontseite Ihrer Kamera. Sie leuchtet bei schlechten Lichtverhältnissen automatisch auf, um einem Motiv mehr Helligkeit und damit einen höheren Kontrastumfang zu verleihen. Der Autofokus benötigt den höheren Kontrast, um die Entfernung präziser messen zu können. Das klingt zunächst gut, bringt aber einige Nachteile mit sich: Bei Porträt- und Tieraufnahmen blendet der starke Lichtschein die Motive, mit Gegenlichtblende funk-

≫
Damit der Autofokus aktiv ist, müssen die Schalter am Objektiv und an der Kamera auf A (M/A) beziehungsweise AF gestellt werden (Bilder: Nikon).

4 [Sicheres Scharfstellen]

Das Autofokus-Hilfslicht leuchtet das Motiv mit einem hellen Lichtstrahl an. Da es nur unter bestimmten Bedingungen arbeitet, kann man es gleich deaktivieren. Das geht über die INDIVIDUALFUNKTION A3.

tioniert er nicht, und außerdem strahlt das Licht nur knapp 3 m weit. Wenn Sie mit dem Hilfslicht arbeiten, beachten Sie, dass das Hilfslicht nur auf dem mittleren AF-Messfeld aktiv ist. Bei den zehn anderen AF-Feldern bleibt die Lampe aus. Daher können Sie das AF-Hilfslicht – wie auf Seite 25 bereits empfohlen – in der INDIVIDUALFUNKTION A3 ausstellen.

Tonsignal | Sobald Sie den Auslöser halb durchdrücken, versucht die Kamera, das Motiv scharf zu stellen. Hat sie den Schärfepunkt gefunden, leuchtet im Sucher ein grüner Punkt auf. Das ist der Schärfeindikator. Gleichzeit ertönt in der Standardwerkseinstellung der Nikon D90 auch ein akustisches Signal. Das stört in der Regel Ihre Umgebung. Sie können es mit der INDIVIDUALFUNKTION D1 TONSIGNAL ausstellen. Wenn Sie diese Voreinstellungen durchgeführt haben, können Sie problemlos starten.

Betriebsarten des Autofokus

Insgesamt stehen bei der Nikon D90 drei Autofokusbetriebsarten zur Wahl:
> AF-A (vollautomatische Autofokusart/Standardeinstellung)
> AF-S (Single- oder Einzelautofokus)
> AF-C (Continuous- oder kontinuierlicher Autofokus)

Ein akustisches Signal ertönt nach erfolgter Schärfebestimmung. Der Ton stört meist, daher empfehle ich die Funktion auszuschalten.

AUTOMATISCHER AUTOFOKUS

Möchten Sie sich nur wenige Gedanken über den Autofokus machen, stellen Sie die Kamera auf AUTOMATIK oder eines der Motivprogramme ein. Dabei steuert die Kamera die Schärfe eigenständig abhängig vom Bildmotiv.

In der Werkseinstellung der Kamera ist der Autofokus auf AF-A eingestellt. Verändern Sie ein Belichtungsprogramm (grüne Kamera, ohne Blitz oder eins der Motivprogramme), stellt die Kamera automatisch immer wieder auf AF-A um. Bei P, S, A und M wird immer die letzte Einstellung genommen.

Den Wert können Sie sowohl auf dem Display als auch am Monitor (INFO-Taste) ablesen.

Möchten Sie zu einer anderen Fokusart wechseln, können Sie das nur über die AF-Taste ⓐ an der Oberseite der Kamera. Halten Sie die AF-Taste gedrückt, und drehen Sie dabei das hintere Einstellrad. Sie können in jedem Belichtungsprogramm zwischen allen drei Einstellungen wählen.

Vollautomatisches Scharfstellen AF-A | Die vollautomatische Fokusmessung wählt automatisch welche der beiden Autofokusarten – Einzel- oder kontinuierlicher Autofokus – für die Belichtung notwendig ist. Wählen Sie AF-A, wenn Sie als Einsteiger erste Erfahrung mit der Kamera sammeln möchten. Außerdem ist die Einstellung bei schnell wechselnden Aufnahmesituationen (beispielsweise zuerst eine statische Architekturaufnahme und im Anschluss eine mit Menschen in Bewegung) sinnvoll.

⚜ *Im Motivprogramm PORTRÄT ist die Wahl der Betriebsart AF-A ratsam.*

Die Kamera benutzt im AF-A-Modus die Schärfepriorität. Das bedeutet, die Kamera löst nur aus, wenn der Autofokus scharf stellen konnte. Die Produktion von unscharfen Bildern wird damit minimiert. Die Priorität kann man bei der Nikon D90 leider nicht beeinflussen oder ablesen. Das Pendant dazu ist die Auslösepriorität, die im Modus AF-C zum Einsatz kommt (siehe Seite 122). Steht Ihre Kamera auf den vollautomatischen Belichtungsprogrammen AUTOMATIK oder AUTOMATIK (OHNE BLITZ) ist die Einstellung AF-A am geeignetsten. Wenn Sie die Motivvorwahlen nutzen, ist auch dort zu Beginn der AF-A-Modus die bessere Wahl, bis Sie sich mit den anderen Fokusarten vertraut gemacht haben.

⚜ *Zwei Beispiele für die Darstellung am Monitor: Das linke Bild zeigt die Vollautomatik im Modus AF-C ❷ und mit automatischer Messfeldwahl ❶. Das mittlere Bild ist ein Beispiel für die AF-A-Darstellung ❹ mit einem Messfeld ❸. Das rechte Bild wurde auf das Sportmotiv ❺ gestellt und zusätzlich auf AF-C ❼ mit dynamischen Autofokus ❻.*

❶ ❷ ❸ ❹ ❻ ❼

4 [Sicheres Scharfstellen]

Einzelautofokus AF-S | Das AF-S ist gleichbedeutend mit Einzelautofokus. Das S steht für das englische *Single* (= Einzel). Diese Autofokusmessung wird bei stehenden beziehungsweise starren Motiven bevorzugt, zum Beispiel bei Landschaft-, Tabletop- oder Architekturaufnahmen. Auch der Einzelautofokus wendet die Schärfepriorität an. Daher ist eine Belichtung erst möglich, wenn der Schärfeindikator (grüne Punkt) im Sucher aufleuchtet. Der AF-S-Modus eignet sich besonders gut für Kameraschwenks. Der Entfernungsmesswert lässt sich hierbei einfach speichern und auf die neue Kameraposition anwenden. Eine ausführlichere Erläuterung hierzu finden Sie im Abschnitt »Messwert speichern« (siehe Seite 129).

Der Modus AF-S ist besonders für Aufnahmen von unbewegten Motiven geeignet.

Kontinuierliches Scharfstellen AF-C | Für schneller bewegte Objekte, zum Beispiel spielende Kinder oder Sportler, ist der kontinuierliche (durchgehende) Autofokus die optimale Wahl. Der Autofokus wird, solange der Auslöser halb durchgedrückt ist, durchgehend eingestellt. Gerade in Kombination mit Serienaufnahmen von bis zu 4,5 Bildern pro Sekunde ist die AF-C-Vorwahl zu empfehlen. Anders als bei AF-S löst die Kamera auch aus, wenn der Schärfeindikator nicht Grün anzeigt. Dies bezeichnet man als Auslösepriorität. Diese Priorität stellt zwar sicher, dass immer ausgelöst wird und somit keine Bewegungsphase verpasst wird, aber das erhöht auch die Gefahr, unscharfe Bilder zu erhalten.

Im Modus AF-C stellt die Nikon D90 kontinuierlich scharf.

Mögliche Fehlerquellen von Unschärfe

Nicht allein die Auslösepriorität kann zu unscharfen Resultaten führen, eine weitere Ursache kann die Motivgeschwindigkeit sein. Bewegen sich Motive zu schnell, wird es dem Autofokus schlichtweg nicht möglich sein, scharf zu stellen.

[Sicheres Scharfstellen] 4

Bei den Ergebnissen muss man unterscheiden, ob es sich bei der Unschärfe um eine Bewegungsunschärfe handelt, oder ob das ganze Bild unscharf ist. Überprüfen Sie außerdem die eingestellte Belichtungszeit. Ist die Zeit zu lang (siehe Kapitel 3, »Die richtige Belichtung«, Seite 93), entstehen ebenfalls unscharfe beziehungsweise verwackelte Bilder.

Mindestabstand prüfen | Der Autofokus misst jedes Mal ein Motiv neu aus, sobald Sie den Auslöser betätigen. Das anvisierte Motiv muss dafür einen bestimmten Mindestabstand zum Objektiv haben. Befindet es sich zu nah, kann das Objektiv die Linsenelemente nicht ausreichend verschieben, um die kurze Entfernung einzustellen (Naheinstellgrenze). Das Motiv wird dabei unscharf, der Hintergrund jedoch erscheint scharf. Das gilt sowohl für Zoomobjektive als auch für Festbrennweiten. Der Mindestabstand variiert je nach Optik. Beispielsweise hat das Telezoom Nikon AF-S (hier steht das S für den *Silent-Wave*-Motor) VR Zoom-NIKKOR 70–200 mm 1:2,8 G IF-ED eine Naheinstellgrenze von 1,5 m, während sie beim AF-S Micro-NIKKOR 60 mm/2,8 EG nur 18,5 cm beträgt (im manuellen Modus). Alle Motive, die sich vor diesen Grenzen befinden, können nicht scharf gestellt werden, auch nicht, wenn Sie den manuellen Fokus nutzen.

In diesem Bildbeispiel sind die beiden Hockeyspieler unscharf, weil der Autofokus sie nicht schnell genug erfassen konnte.

85 mm | f10 | 1/50 sek | ISO 800

Weitere Fehlerquellen
Nicht immer muss der Autofokus dafür verantwortlich sein, dass der Auslöser blockiert ist. Wenn zum Beispiel das Objektiv nicht exakt auf dem Bajonett angesetzt ist oder keine Bilder mehr in den Pufferspeicher oder auf die Speicherkarte passen, können ebenfalls keine weiteren Bilder aufgenommen werden.

Bei dem linken Bild ist die Nase unscharf. Bei der offenen Blende konnte sie auch nicht scharf werden, weil ich zu nah an die Katze herangegangen bin. Es reicht nur eine leichte Bewegung nach hinten, und schon ist die Nase scharf. Alleine mit dem Autofokus hätte das nicht funktioniert.

Beide Bilder: 105 mm | f3,3 | 1/30 sek | ISO 6400

Fehlender Kontrast | Eine weitere Ursache für unscharfe Bilder ist, dass das Hauptmotiv einen unzureichenden Kontrast aufweist. Bei zu geringen Hell-Dunkel-Unterschieden blinkt der Schärfeindikator im Sucher. Das dient als Hinweis, dass kein exakter Schärfepunkt ermittelt werden kann. Das Gleiche gilt für sehr kleine Bildmotive. Wenn sich das Motiv nicht ausreichend vom Hintergrund abhebt beziehungsweise außerhalb der Autofokusmessfelder liegt, kann der Autofokus das Motiv nicht präzise ausmessen. Letzteres lässt sich durch eine geeignete Messfeldsteuerung abmildern.

TIPP: UNSCHÄRFE VERMEIDEN MIT DEM STATIV

Bei einem normalen Belichtungsvorgang wird nach der Belichtungs- und Entfernungsmessung der Spiegel hochgeklappt und zeitgleich der Verschluss geöffnet. Dieser Spiegelschwung erzeugt während des Belichtungsvorgangs Vibrationen, die sich in Form von kleinsten Verwacklungen auswirken. Gerade im Makrobereich kann man diese deutlich erkennen. Vor allem wenn Sie im Live-View-Modus arbeiten, werden deutlich mehr Schwingungen erzeugt, da der Spiegel vor der Belichtung erst herunter- und wieder hochklappen muss.

Arbeiten Sie dann mit einem Stativ, und stellen Sie zusätzlich eine Spiegelvorauslösung ein, um schärfere Ergebnisse erhalten. Dazu stellen Sie die INDIVIDUALFUNKTION D10 SPIEGELVORAUSLÖSUNG auf EIN. Dabei klappt der Spiegel zwar direkt hoch, aber erst nach einer Sekunde wird der Verschluss geöffnet. Die Nikon D90 besitzt keine *Mirror-Up*-Funktion, bei der die Zeit zwischen Hochklappen und Belichtung selbst gesteuert werden kann! Sie können Verwacklungen, die durch das Drücken auf den Auslöser hervorgerufen werden, vermeiden, indem Sie den Selbstauslöser nutzen. Stellen Sie dazu die Kamera mit der Serienbildtaste auf (Taste drücken und hinteres Einstellrad drehen). Die Belichtung startet erst nach einer in INDIVIDUALFUNKTION C3 vorgegebenen Zeit. Vergessen Sie nicht beim Arbeiten mit dem Stativ, die VR-Einheit bei der Verwendung von VR-Objektiven zu deaktivieren, da diese weiterhin versuchen würde, potenzielle Verwacklungen auszugleichen. Dadurch kann Ihre Bild unscharf werden.

⌇ Gerade im Makrobereich kann die durch den Spiegelschlag verursachte Vibration zu sichtbaren Unschärfen führen. Das Bild oben zeigt eine herkömmliche Aufnahme gegenüber dem Bild unten mit Spiegelvorauslösung.

85 mm | f36 | 1/4 sek | ISO 200

Die Messfeldsteuerung

Die Nikon D90 verfügt über elf Autofokusmessfelder. Dabei handelt es sich aber um zehn lineare und einen Kreuzsensor (Mitte). Mit Hilfe des Phasenkontrastes ermitteln diese Messsensoren die exakte Position des Motivs. Die linearen Sensoren messen die Phase lediglich nur in eine eindimensionale, horizontale Richtung (Ausrichtung der Kamera im Querformat). Der Kreuzsensor kann zusätzlich die vertikale Dimension messen. Er stellt somit parallele Linien beziehungsweise Strukturen wesentlich präziser und schneller scharf. Diese elf Messfelder verteilen sich symmetrisch über das Sucherbild.

Die elf Autofokusmessfelder können unterschiedlich angesteuert werden.

Die Arbeitsweise der einzelnen Sensoren bestimmt die Messfeldsteuerung. In der INDIVIDUALFUNKTION A1 MESSFELDSTEUERUNG geben Sie vor, ob die AF-Felder automatisch oder manuell ausgewählt werden sollen. Ziel ist es, die Messfeldsteuerung so einzustellen, dass Sie passend zur jeweiligen Aufnahmesituation eine möglichst hohe Ausbeute an scharfen Bildern erhalten. Dazu stehen Ihnen drei beziehungsweise vier verschiedene Steuerungsarten zur Verfügung.

> EINZELFELD
> DYNAMISCH
> AUTOMATISCHE MESSFELDGRUPPIERUNG (Standard)
> 3D-TRACKING (nicht im AF-S-Modus)

Alle Messfeldsteuerungen können in allen Belichtungsprogrammen eingestellt werden.

Bei der INDIVIDUALFUNKTION A1 stellen Sie die Messfeldsteuerung ein. Sie können zwischen EINZELFELD, DYNAMISCH, AUTOM. MESSFELDGRUPPIERUNG und 3D-TRACKING wählen. Ist das 3D-TRACKING hellgrau unterlegt, steht die Kamera im AF-S-Modus. Dort ist kein 3D-TRACKING möglich.

Die Automatische Messfeldgruppierung (AMG) | Diese Steuerungsart ist eine vollautomatische Steuerung. Die Kamera ist in der Lage, das Bild farblich zu analysieren und erkennt sogar Personen, wenn Sie ein G- oder D-Objektiv verwenden. Die Autofokusmessfelder werden automatisch je nach Analyseergebnis einzeln angewählt oder in Gruppen zusammengefasst. Sie als Fotograf haben dabei keinen Einfluss auf die Motivwahl, die im Bild scharf gestellt wird.

Da es die Standardeinstellung der Kamera ist, werden zunächst alle Motiv- und Vollautomatik-Belichtungsprogramme (außer Sport und Nahaufnahme) in die Autom. Messfeldgruppierung umgeschaltet. Ändern Sie die Messfeldsteuerung in den Betriebsarten P, S, A oder M, bleibt die letzte Wahl für diese erhalten und springt nicht automatisch in die AMG zurück.

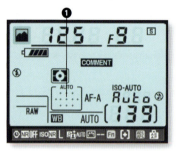 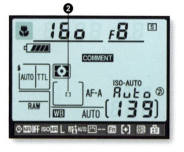 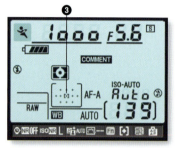

⌃
Drücken Sie einmal die INFO-Taste um in die Darstellung am Monitor zu gelangen. Die Programme Automatik und Landschaft haben beide die Automatische Messfeldsteuerung ❶ eingestellt. Im Makroprogramm (Nahaufnahme) ist es die Einzelsteuerung ❷, und beim Sportprogramm Dynamisch ❸.

Die AMG arbeitet präzise und gut. Sie ist mit den Gruppierungsverfahren der Kameras der älteren Generationen nicht zu vergleichen. Wenn Sie die Kamera mit den Vollautomatik-, Programmautomatik (P) beziehungsweise Motivwahlprogrammen benutzen, macht die AMG durchaus Sinn.

Einige Nachteile hat diese Automatik: bei mehreren Personen im Bild wird die Kamera versuchen, alle scharf zu stellen, ob das gewünscht ist oder nicht. Außerdem ist es schwierig,

⌃
Der Autofokus sichtbar gemacht: Die Gruppe wurde mit der Automatischen Messfeldgruppe aufgenommen.

24 mm | f5,6 | 1/125 sek | ISO 200

[Sicheres Scharfstellen] 4

reproduzierbare Ergebnisse zu bekommen. Sobald sich die Kameraposition leicht verändert, analysiert die Kamera mitunter eine andere Schärfeauslegung. Möchten Sie allerdings auf Feiern sorglos fotografieren oder nette Urlaubsbilder machen, ist die AMG die beste Einstellung.

> **AUTOMATISCHE MESSFELDGRUPPIERUNG (AMG)**
>
> Probieren Sie die Wirkungsweise einmal aus:
>
> **Schritt 1 |** Stellen Sie die Kamera auf AF-S und auf AUTOMATISCHE MESSFELDGRUPPIERUNG. Dabei unterscheidet sich die Displayanzeige von der am Monitor. Es ist das Symbol mit den elf kleinen Kreuzen. Bei der Anzeige am Monitor steht zusätzlich AUTO über dem Feld.
>
> **Schritt 2 |** Schauen Sie durch den Sucher, und drücken Sie den Auslöser halb durch. Für einen kurzen Augenblick leuchten ein oder mehrere Autofokusfelder auf. Schwenken Sie die Kamera ein wenig nach links, und drücken Sie erneut leicht den Auslöser. Die Kamera fokussiert neu. Meist werden dabei andere aktive rote Fokusfelder angezeigt.
>
> **Schritt 3 |** Danach stellen Sie die Kamera auf AF-C um. Dabei regelt die Kamera den Autofokus kontinuierlich nach. Halten Sie den Auslöser beim Schwenk gedrückt. Zunächst leuchten die aktiven AF-Felder einmal kurz auf, und obwohl der Autofokus beim Schwenken neu fokussiert, werden die neuen aktiven Fokusfelder jedoch nicht mehr rot aufleuchten. Lassen Sie sich dadurch nicht verwirren.
>
> **Hinweis:** Sie können sich die aktiven Autofokusmessfelder im Nachhinein mit Nikon View NX oder Capture NX2 anzeigen lassen. Leider funktioniert das bei der Nikon D90 nicht wie bei anderen Modellen auch schon bei der Wiedergabe.

Die Einzelfeldmessung | Möchten Sie kreativ in die Schärfevorwahl eingreifen, stellen Sie Ihre Kamera um. Bei zum Beispiel unbewegten Motiven nutzt man die Einzelfeldmessung. Diese Messfeldsteuerung nutzt – wie der Name schon vermuten lässt – nur ein aktives Fokusmessfeld für die Schärfebestimmung. Mit Hilfe des Multifunktionswählers legt man bei

Fn-Taste belegen
Wie in Kapitel 1, »Schnelleinstieg in die Nikon D90«, auf Seite 27 erörtert, macht es Sinn, die Funktionstaste mit der Messfeldsteuerung zu belegen (INDIVIDUALFUNKTION F3). Damit können Sie schnell zwischen den einzelnen Messfeldsteuerungen wechseln, ohne über das Menü gehen zu müssen.

Farbige Messfelder
Die Farbe der Messfeld-LEDs beim Fokussieren (in Rot oder Schwarz umrahmt) ist abhängig von der Einstellung der INDIVIDUALFUNKTION A4 MESSFELD-LED. Steht A4 auf EIN, werden die Felder immer rot aufleuchten. Bei Aus leuchten die LED mit einen schwarzen Rand auf. Ist die Einstellung AUTOMATISCH, richtet sich die Farbe nach den äußeren Lichtverhältnissen. Bei dunkler Umgebung leuchten sie rot und bei heller schwarz.

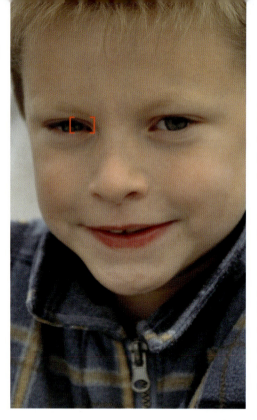

aktivierter Belichtungsmessung (halb auf den Auslöser drücken) eins der elf AF-Felder fest. Das aktive AF-Feld ist schwarz umrandet. Das aktive Feld bleibt fest eingestellt, selbst wenn die Kamera zuvor ausgeschaltet wurde. Die bei diesem AF-Feld ermittelte Entfernung wird solange »gemerkt«, wie der Finger den Auslöser halb durchgedrückt hält.

Die Einzelfeldmessung eignet sich besonders bei statischen oder wenig bewegten Motiven, bei denen man viel Zeit hat, um das Messfeld vorzuwählen. Daher ist sie bei NAHAUFNAHME automatisch die Standardmessung. Ich nutze Sie gerne auch bei Porträtaufnahmen. Dazu arbeite ich meistens mit dem mittleren AF-Feld, da es am schnellsten ist, und schwenke die Kamera anschließend, um die Bildkomposition zu verändern.

☆
Auch bei Porträtaufnahmen nutze ich gerne den Einzelautofokus.

105 mm | f5,6 | 1/320 sek | ISO 200 | AF-S | Einzel

> **TIPP: OK-TASTE**
>
> Um schnell zum mittleren AF-Feld zu springen, drücken Sie einmal die OK-Taste. Diese Belegung der OK-Taste befindet sich in der INDIVIDUALFUNKTION F2 OK-TASTE (BEI AUFNAHME). In der RESET-Stellung springt das AF-Feld wieder in die Mitte zurück. Des Weiteren können Sie hier wählen, ob die OK-Taste das AF-Messfeld hervorheben (kurzes rotes Aufblinken) oder ohne Funktion sein soll.
>
>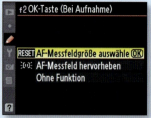
>
> Noch ist eine Fehlübersetzung in der Beschreibung: In der RESET-Stellung wird nämlich nicht die Messfeldgröße ausgewählt, sondern das Zurücksetzen auf das mittlere Fokusmessfeld.

[Sicheres Scharfstellen] 4

Bei der Einzelfeldmessung könnte man die Kamera natürlich auch auf AF-C stellen. Eine Aufnahmesituation, in der das Sinn macht, habe ich allerdings noch nicht gehabt. Bei AF-C fokussiert der Autofokus kontinuierlich, kann aber bei Einzelfeldmessung das bewegte Objekt nicht verfolgen.

Arbeiten Sie mit dem mittleren AF-Messfeld, bleibt es nicht aus, dass Sie die Kamera für die Belichtung schwenken. Schließlich sollten nicht alle Bildmotive immer in der Mitte liegen, das wäre auf Dauer zu langweilig. Wenn Sie die Kameraposition verändern, müssen Sie den Entfernungswert speichern.

Messwert speichern | Bei der Schärfemessung ist es anders als bei der Belichtungsmessung. Sobald man im AF-S den Auslöser gedrückt hält, bleibt auch nach Positionswechsel der Schärfewert erhalten, während die Belichtung neu gemessen wird (Standardeinstellung C1 OFF). Das ist zum Glück sehr einfach: Ist ein zeitlich größerer Abstand zwischen Messen und Auslösen, muss man nicht die gesamte Zeit den Finger auf dem Auslöser halten. Dabei hilft Ihnen die AE-L/AF-L-Taste. Diese speichert intern einmalig den gemessenen Wert. Die Funktion der AE-L/AF-L-Taste legt man in der INDIVIDUALFUNKTION F4 AE-L/AE-L-TASTE entsprechend fest.

> **AUSWAHL DER AF-FELDER**
>
> Sofern der Belichtungsmesser aktiv ist, kann man bei allen Messfeldsteuerungen (außer AMG) eins der elf Messfelder vorgeben. Dazu nutzen Sie den Multifunktionswähler. Sind Sie an einen der äußeren Messfelder gelangt, wird in der INDIVIDUALFUNKTION A5 SCROLLEN BEI MESSFELDAUSW. definiert, ob die Auswahl UMLAUFEND sein soll oder AM RAND STOPPEN soll.

« *In der Werkseinstellung ist die AE-L/AF-L-Taste auf BELICHTUNG & FOKUS SPEICHERN gestellt. Mit der INDIVIDUALFUNKTION F4 verändern Sie die Vorbelegung.*

Standardmäßig ist die Belegung der AE-L/AF-L-Taste auf BELICHTUNG & FOKUS SPEICHERN eingestellt. Möchten Sie zum Beispiel nur den Autofokusmesswert speichern, stellen Sie auf FOKUS SPEICHERN um. In der Praxis messen Sie Ihr Motiv an und drücken danach einmal die AE-L/AF-L-Taste. Damit wird der Fokuswert intern gespeichert. Beachten Sie, dass Sie, bevor Sie die neue Belichtung durchführen, zunächst die AE-L/AF-L-Taste drücken und gedrückt halten und danach erst den Auslöser. Verwenden Sie diese Methode bei Belichtungen, bei denen Sie ohne erneutes Scharfstellen zeitnah abdrücken möchten, zum Beispiel bei Sportaufnahmen. Weiß man vorher, an welcher Stelle der Sportler entlangläuft oder springt, legt man dort den Schärfepunkt fest. Läuft der Sportler in den Bereich, drückt man die AE-L/AF-L-Taste und betätigt danach nur noch den Auslöser für die Belichtungswerte.

HINWEIS: AE-L/AF-L-TASTE (MB-D80)

Bitte stellen Sie die Belegung der AE-L/AF-L-Taste im Menü unter f4 ein. Die INDIVIDUALFUNKTION a6 AE-L/AF-L-TASTE (MB-D80) bezieht sich ausschließlich auf die Tastenbelegung im Hochformatgriff MB-D80. Wenn Sie einen MB-D80 besitzen, lesen Sie die Belegung und Handhabung bitte in Kapitel 8, »Zubehör zur Nikon D90«, auf Seite 208 nach. Die Wirkungsweisen der Funktionen sind identisch. Der MB-D80 hat allerdings noch eine weitere Taste, die Sie zusätzlich belegen können.

⌃

In der INDIVIDUALFUNKTION F4 legen Sie mit der Funktion AF-ON ❶ die komplette Autofokusfunktion auf die AE-L/AF-L-Taste. Somit trennen Sie den Autofokus komplett vom Auslöser.

Speichern für Fortgeschrittene | Die Nikon D90 bietet eine versteckte Besonderheit für die Belegung der AE-L/AF-L-Taste und zwar die AF-ON-Funktion. Damit lösen Sie die AF-Funktion komplett vom Auslöser und legen sie ausschließlich auf die AE-L/AF-L-Taste.

Bei der AF-ON-Funktion übernimmt die AE-L/AF-L-Taste alle Einstellungen des Autofokus, die in der Kamera bereits vorgewählt sind, sowohl die Betriebsart als auch die Messfeldsteuerung. Ziel ist es, sehr schnell nur die Belichtung zu erhalten, ohne zuvor die AF-Messung durchführen zu müssen. Die Funktion AF-ON ist ähnlich der Einstellung NUR FOKUS, allerdings ist mir aufgefallen, dass Sie unbedingt darauf achten müssen, erst die AE-L/AF-L-Taste zu drücken. Das ist bei der AF-ON-Funktion nicht notwendig. Ein einmal gespeicherter Wert bleibt erhalten. Sie haben damit zwei eigenständige Tasten, die getrennt voneinander arbeiten.

Bei dem Sportbeispiel von vorhin bedeutet das, dass Sie, wenn der Sportler die Stelle erreicht hat, lediglich den Auslöser drücken müssen. Zum Nachfokussieren drücken Sie die AE-L/AF-L-Taste. Auch bei Tier- oder bei Makroaufnahmen (*Tabletop*) kann diese Funktion eingesetzt werden. Es handelt sich dabei allerdings um Spezialgebiete. Beachten Sie beim Arbeiten mit der AF-ON-Funktion: Steht die Kamera im AF-S-Modus, löst sie nur aus, wenn der Schärfeindikator Grün anzeigt. Im AF-C-Modus löst die Kamera immer aus.

Dynamische Messfeldsteuerung | Die dynamische Messfeldsteuerung kommt bei unkontrolliert bewegenden Objekten zum Einsatz. Die Anzeige beziehungsweise das Symbol zeigen einen Hauptmesssensor und die weiteren zehn Felder als ein Plus. Der Unterschied zur Einzelfeld-Messsteuerung ist, dass alle Fokusmessfelder aktiv sind. Erst wird ein Objekt mit einem Messfeld anvisiert. Bewegt es sich aus diesem Messfeld hinaus, wird es mit den anliegenden Feldern weiter verfolgt. An denen wird es erneut scharf gestellt (AF-C und AF-A). Im Sucher lässt sich das allerdings nicht verfolgen.

Ein Vorteil der dynamischen Messfeldsteuerung ist die prädiktive Schärfenachführung. Die Kamera »denkt« dabei im Voraus. Sie erkennt das bewegte Motiv im vorgewählten Messfeld und rechnet den Weg beziehungsweise die Strecke hinzu, wohin sich das Motiv vermutlich bewegt. Auf diese Entfernung wird dann scharfgestellt. Das klingt ein wenig nach Zauberei. Vergleichen Sie es mit einem Tontaubenschützen: Um die kleine Tontaube zu treffen, werden Flugbahn und Windrichtung bestimmt. Es wir dahin gezielt, wo die Tontaube vermutlich entlangfliegt. Windrichtungen kann die Nikon D90

⌃
Bei dieser Aufnahme habe ich sowohl die AF-ON-Taste als auch den AF-C-Modus genutzt. Hier hatte ich kaum Licht zum Scharfstellen. Daher habe ich zuerst das Licht angelassen, mit der AF-ON-Taste scharf gestellt und danach das Licht gelöscht. Die Belichtung konnte ich dann ganz normal mit dem Auslöser bei der gespeicherten Schärfe durchführen.

105 mm | f16 | 1/200 sek | ISO 100 | AF-C | Einzel | externer Blitz

zwar nicht analysieren, aber die prädiktive Schärfenachführung P gleicht seitliche Motivbewegung bereits sehr gut aus. Bewegungen auf den Fotografen zu sind etwas schwieriger (dazu sollte die Kamera besser auf AF-C stehen). Die dynamische Messfeldsteuerung eignet sich daher besonders gut bei bewegten Motiven.

⌃
Der Springbock wurde mit dem dynamischen Autofokus aufgenommen, auch wenn er zum Zeitpunkt der Aufnahme stillstand.

300 mm | f9 | 1/320 sek | ISO 200 | AF-C | Dynamisch

Bewegte Motive | Sie werden aber merken, nicht für jede Anwendung beziehungsweise jeden Bewegungsablauf gibt es genau eine Einstellung. Gerade bei bewegten Objekten muss man zu Beginn ausprobieren und Erfahrungen sammeln. Denn die Belichtung und Schärfeeinstellung hängt von sehr vielen physikalischen Faktoren ab. Dazu gehören die Bewegungsgeschwindigkeit beziehungsweise Momentangeschwindigkeit des Objekts, die Objektentfernung, die eingestellte Brennweite und so weiter. Ich möchte Sie aber nicht verschrecken. Probieren Sie es aus! Verzweifeln Sie nicht zu Beginn. Nutzen Sie Vorläufe bei kleineren Wettkämpfen oder Menschen auf freien Plätzen als Übungsbeispiele. Spielende Kinder oder Tiere sollten Sie zunächst mit AF-C und DYNAMISCH erfassen. Bei Läufern, die quer durch das Bild laufen, sollten Sie die Serienbelichtung mit AF-S und DYNAMISCH ausprobieren – AF-C bei sehr schnellen Läufern.

»
Schnelle Sportler sollten Sie mit der Serienbelichtung, AF-C und der Messfeldsteuerung DYNAMISCH aufnehmen. Das Mitziehen der Kamera bei der Aufnahme verleiht dem Motiv durch Bewegungsunschärfe Dynamik.

Generell sollten Sie kurze Belichtungszeiten bevorzugen (das Sportmotivprogramm stellt auf eine kurze Belichtungszeit und DYNAMISCH ein). Variieren Sie danach eine etwas längere Zeit, so dass das Hauptmotiv noch scharf ist, andere Teile, wie schneller bewegte Elemente, aber verwischen. Mehr dazu erfahren Sie in Kapitel 8, »Fotopraxis mit der Nikon D90«, ab Seite 280.

Messfeld vergrößern | Ist Ihr bewegtes Hauptmotiv auch mit dem AF-C-Modus schwer zu erwischen, können Sie sich behelfen, indem Sie die Messfeldgröße des mittleren Autofokusmessfeldes vergrößern. Dazu verändern Sie die INDIVIDUALFUNKTION A2 AF-MESSFELDGRÖSSE auf GROSS. Leider gilt es nur für das mittlere AF-Feld. Für die EINZELFELD-Messsteuerung stellen Sie besser wieder zurück auf NORMAL, da dieser feiner arbeitet.

Bei sehr schnellen Bewegungen von fahrenden Autos, Motorrädern oder galoppierenden Pferden reicht der Autofokus mitunter nicht alleine aus. Um trotzdem ein scharfes Motiv zu erhalten, probieren Sie das Mitziehen aus. Dabei schwenken Sie die Kamera in Bewegungsrichtung mit und lösen danach aus. Der Hintergrund verwischt und erzeugt eine schöne Dynamik.

3D-Tracking-Messfeldsteuerung | Der fotografische Alltag ist nicht immer von rasenden Motiven gespickt. Meist handelt es sich um langsame oder geringe Bewegungen. Gerade für solche hat die Nikon D90 eine neue Messfeldsteuerung: das 3D-Tracking. Diese Steuerung lässt sich nur im AF-C- und AF-A-Modus einstellen. Es ist eine halbautomatische Steuerung. Im 3D-Tracking geben Sie zunächst ein Messfeld vor. Die Messfelder bleiben beim Motiv und verfolgen es automatisch, was Sie auch im Sucher sehen können. Dieses Prinzip funktioniert durch angewandte Motiverkennung.

⌃
Haben Sie schnelle Motive, die sich trotz AF-C schwer scharf stellen lassen, verändern Sie die AF-MESSFELDGRÖSSE in der INDIVIDUALFUNKTION A2 von NORMAL auf GROSS.

⌄
Bei dem Jungen sind die unterschiedlichen Messfeldgruppen klar zu erkennen (3D-Tracking).

135 mm | f5,6 | 1/125 sek | ISO 3200 | AF-C

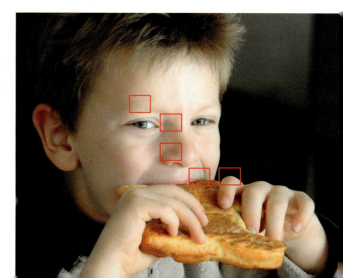

4 [Sicheres Scharfstellen]

> **HINWEIS**
>
> Das 3D-Tracking ist nicht kombinierbar mit der AE-L/AF-L-Taste –unabhängig mit welcher Funktion diese belegt ist!

Bei gering bewegten Motiven eignet sich das 3D-Tracking ausgezeichnet zur Bildkomposition. Fokussieren Sie das Objekt mit einem der elf AF-Felder an und verändern Sie danach leicht und nicht zu schnell die Kameraposition. Die Autofokusfelder laufen sichtbar mit und bleiben bei dem Motiv.

Das Symbol der Messfeldsteuerung sieht dem der dynamischen Messfeldsteuerung ähnlich. Es hat aber den Zusatz »3D«. Dieser Zusatz hat die gleiche Bedeutung wie bei der 3D-Color-Matrixmessung. Es steht für die automatische Motiverkennung. Eine besondere Form der Motiverkennung ist die Porträterkennung. Diese finden Sie sowohl bei der Porträtmotivvorwahl als auch bei der Live-View als einen eigenen Autofokus.

4.3 Der Autofokus im Live-View-Modus

In der aktiven Live-View ist der Spiegel hochgeklappt und der Sucher somit »blind«. Statt der elf AF-Felder im Sucher wird dann ein großes rotes oder grünes Viereck angezeigt.

⌃
Unterschiedliche Ansichten im Live-View-Modus. Ist das Quadrat rot, hat der Autofokus das Motiv noch nicht scharf stellen können. Sobald es grün ist, hat die Kontrastmessung die Entfernung zum Motiv eingestellt.

> **GRUNDFUNKTIONEN DER LIVE-VIEW**
>
> Um den Live-View-Modus zu aktivieren, drücken Sie die Lv-Taste rechts neben dem Monitor. Die unterschiedlichen Aufnahmeinformationen aktivieren Sie durch mehrfaches Drücken der INFO-Taste. Um ein Bild zu belichten, drücken Sie den Auslöser zum Fokussieren erst halb durch und dann ganz durch. Das aufgenommene Bild wird auf dem Monitor angezeigt (Menü WIEDERGABE/BILDKONTROLLE auf EIN). Nach dem Ablauf der Wiedergabezeit, springt der Live-View-Modus automatisch wieder an. Um ihn zu beenden, betätigen Sie wieder die Lv-Taste, rufen Sie das Menü auf, oder schalten Sie die Kamera aus. Beschreibungen der Monitor-Informationen der Live-View können Sie Kapitel 2, »Die Kamerafunktionen auf einen Blick«, auf Seite 58 entnehmen.

Voreinstellungen | Dieses große Viereck ❶ ist das Autofokusmessfeld und entspricht der Einstellung WEITWINKEL (WIDE – Standardeinstellung außer bei NAHAUFNAHME, PORTRÄT und NACHTPORTRÄT). Zu den zwei anderen Messfeldarten gelangen Sie entweder über das Menü oder über die AF-Taste neben dem Display. Im Menü wählen Sie die INDIVIDUALFUNKTION A7 AUTOFOKUS IN LIVE-VIEW, oder Sie drücken im aktiven Live-Betrieb die AF-Taste und drehen das hintere Einstellrad. Sie haben zwei weitere AF-Betriebsarten zur Auswahl: NORMAL- und PORTRÄT-AF.

Wide-Autofokus
Der Begriff *Wide* ist zu vergleichen mit dem Wide-Autofokus des normalen Autofokus. Leider ist die deutsche Übersetzung »Weitwinkel« nicht korrekt. Ich nehme an, das wird mit dem ersten Update der Nikon D90 verbessert.

«
Sie können direkt im Live-View-Modus die drei Autofokusmessfelder ändern, oder Sie geben es in der INDIVIDUALFUNKTION A7 ein. Die gelben Quadrate im Porträtautofokus sind deutlich zu sehen. Die Gesichter wurden automatisch erkannt.

Aufnahme auslösen | Der Vorteil der Live-View ist, dass man eine 100%ige Bildfeldabdeckung hat. Sie sehen auf dem Monitor mehr als im Sucherbild (96%). Positionieren Sie das Viereck mit Hilfe des Multifunktionswählers an die Stelle, an der sich Ihr Hauptmotiv befindet. Navigieren Sie dazu bis in die äußeren Ecken. Ist das Viereck rot, müssen Sie den Auslöser so lange drücken, bis es auf Grün umspringt. Erst dann ist das Bild dort scharf. Leider kann das Scharfstellen unter Umständen sehr lange dauern. Wie bereits auf Seite 117 erörtert, hängt das mit der Kontrastmessung zusammen. Der eigentliche TTL-Phasenkontrastmesser ist durch den hochgeklappten Spiegel

> **ACHTUNG**
> Bei einer Aufnahme im Live-View-Modus wird auch ausgelöst, wenn die Kamera noch nicht ausreichend scharf stellen konnte.

TIPP: WEISSABGLEICH

Führen Sie in der Live-View eine Änderung des Weißabgleichs durch, werden Ihnen die farblichen Auswirkungen je nach Einstellung sofort angezeigt. Drücken Sie dazu die WB-Taste, und drehen Sie das hintere Einstellrad. Am vorderen Einstellrad verändern Sie die Feinanpassung in der A-B Achse.

Monitorhelligkeit

Um die Schärfe genauer kontrollieren zu können, bedarf es einer geeigneten Monitorhelligkeit. Im aktiven Live-View lässt sich die Helligkeit mit gleichzeitig gedrückter Wiedergabetaste ❶ sowie Multifunktionswähler ❹ heller und dunkler stellen. Auf der rechten Seite wird eine Skala eingeblendet, an der Sie sich orientieren können.

verdeckt. Um ein Bild zu belichten, drücken Sie den Auslöser ganz durch. Der Spiegel klappt herunter, um die Belichtung zu messen und unmittelbar danach wieder nach oben. Im Anschluss wird auf Basis des eingestellten Belichtungsprogramms das Bild aufgenommen.

Vorteile der Live-View | Ich war zu Beginn gegenüber einer Livebildfunktion in einer Spiegelreflexkamera sehr skeptisch. Die Vorstellung, die Nikon D90 mit ausgestreckten Armen zu halten, um wie mit einer Kompaktkamera Bilder zu knipsen, verursachte zunächst Bauchschmerzen. Aber dann habe ich die Vorteile der Live-View kennengelernt und mag sie heute nicht mehr missen. Der große 3-Zoll-Monitor kann einen Bildwinkel von 170 Grad abdecken. Möchte man über Kopf arbeiten (Menschenmenge), vom hohen Stativ oder auch von unten (Makroaufnahmen, Kinder), braucht man weder eine Leiter, noch muss man sich auf den Boden legen. Das ist wirklich praktisch.

Großes Autofokusmessfeld | Ein großes Messfeld (WEITWINKEL) wählen Sie bei sogenannten Freihandaufnahmen. Sie können so ohne Stativ arbeiten. Es entspricht in etwa der Messfeldgröße GROSS (A2) beim normalen AF.

Aus dieser Einstellung können Sie auch die Videofunktion mit der OK-Taste starten (siehe Seite 60). Um einen Messwert zu speichern, können Sie in der Live-View auch die AE-L/AF-L-Taste nutzen.

Normales Autofokusmessfeld | Der NORMALE Autofokus arbeitet feiner und präziser als der WEITWINKEL/WIDE. Arbeiten Sie in diesem Modus am besten von einem Stativ oder positionieren Sie die Kamera fest auf einen Untergrund. Im Motivprogramm NAHAUFNAHME ist er Standardvorgabe. Auch im NORMAL-Modus können Sie die Position des AF-Feldes mit dem Multifunktionswähler verändern. Um die exakte Schärfe zu kontrollieren, drücken Sie die Pluslupe ❸ links neben dem Monitor. Damit können Sie eine bis zu 6,7fache Vergrößerung einstellen. Mit der Minuslupe ❷ verlassen Sie schrittweise die Vergrößerung. Eine Kontrolle der Schärfentiefe durch ein Drücken der Abblendtaste ist im Live-View-Modus leider nicht möglich. Schafft es der Autofokus nicht, die Schärfe zu bestimmen, sollten Sie manuell scharf stellen. Lesen Sie dazu den Abschnitt »Manuelles Scharfstellen« (unten).

Nutzen Sie die Pluslupe ❸, um in das Bild hineinzuzoomen. Mit der Minuslupe ❷ zoomen Sie wieder hinaus.

Porträt-Autofokus | Der Porträt-Autofokus ist ein automatischer Modus. Wechseln Sie in den Porträt-AF, wird erst nach dem Drücken des Auslösers ein AF-Kästchen angezeigt. Die Kamera sucht automatisch nach Gesichtern, auf die Sie die Schärfe legen kann. Bei bis maximal fünf erkannten Gesichtern wird automatisch ein Gesicht mit einem gelben Kästchen umrandet. Selbst bei mehreren Personen funktioniert das äußerst schnell. Dazu muss aber ein Gesicht frontal zur Kamera schauen, bei Seitenansichten funktioniert die Gesichtserkennung nicht oder nur selten. In den Motivprogrammen PORTRÄT und NACHTPORTRÄT ist der Porträt-AF die Standardeinstellung.

Kann der Autofokus wegen zu geringer Kontraste oder parallel zum Sensor verlaufenden Linien kein scharfes Bild erstellen, ist es möglich, in allen drei Autofokusmessarten manuell nachzufokussieren.

> **HINWEIS**
>
> Die Autofokuseinstellungen in der Live-View haben keine Auswirkung auf die Einstellungen des normalen Autofokus.

4.4 Manuelles Scharfstellen

Das Arbeiten mit dem Autofokussystem ist einfach anzuwenden und führt meist zu sehr zufriedenstellenden Ergebnissen. Sollten die Rahmenbedingungen allerdings nicht optimal sein, so dass der Autofokus seine Arbeit nicht ausführen kann, stellen Sie die Kamera auf MANUELL um, und übernehmen Sie das Schärfen selbst.

4 [Sicheres Scharfstellen]

⚐ Das Symbol ❶ neben dem Einstellrad markiert die Sensorebene.

⚐ Im AUFNAHME-Menü der Kamera können Sie die sechs Bildoptimierungen einstellen. In jedem können Sie die Schärfe individuell voreinstellen.

Voreinstellungen | Damit der Autofokus deaktiviert ist, muss der Hebel an der linken Kameraseite auf M gestellt werden. Dieser mechanische Schalter sorgt dafür, dass die Motorwelle der Kamera die Objektivwelle antreiben kann. Das Objektiv hat einen eigenen Schalter, den Sie auch auf M schieben müssen (siehe auch Seite 119).

Vorgehensweise | Wenn alle Autofokusfunktionen ausgeschaltet sind, stellen Sie die Motiventfernung am Einstellring manuell ein. Im Sucher ist leider kein Schnittbildindikator eingeblendet, der Ihnen bei der Suche nach der exakten Schärfeposition behilflich sein könnte. Dafür ist aber bei D- und G-Objektiven, die eine Lichtstärke von 5,6 und mehr besitzen, der Schärfeindikator – also der grüne Punkt im Sucher – aktiv. Haben Sie die exakte Entfernung eingestellt, leuchtet der Punkt kurz auf. Diese visuelle Hilfe haben Sie im Live-View-Modus nicht. Dafür können Sie dort mit der Pluslupe ins Bild zoomen und so die Schärfe überprüfen. Sollten Sie die Entfernung bereits kennen und diese am Objektivring voreinstellen wollen, beachten Sie, dass die Entfernungsmessung bis zur Sensorebene berechnet wird (46,5 mm bis zum Bajonett).

4.5 Schärfewirkung in der Bildverarbeitung

Die Schärfungsmethoden, die bisher beschrieben wurden, sorgen dafür, dass das Bild an der vorgestellten Stelle scharf abgebildet wird. Ist ein Bild aufgrund einer falschen Belichtung unscharf, bekommen Sie es auch in der nachträglichen Bildbearbeitung nicht wieder richtig scharf. Die Schärfewirkung lässt sich hingegen steuern. Diese bestimmen Sie mit der Bildoptimierung beziehungsweise Bildbearbeitung.

In der Kamera | Unter der Voraussetzung, dass der Autofokus für die nötige Schärfe gesorgt hat, ist die Schärfewirkung in einem Bild dennoch oft unterschiedlich. Das hängt unter anderem mit den Schärfevoreinstellungen der Bildoptimierungen

(Picture Control) zusammen. Jede der sechs Basisoptimierungen hat einen eigenen voreingestellten Wert für die Schärfe:
1. STANDARD (3)
2. NEUTRAL (2)
3. BRILLANT (4)
4. MONOCHROM (3)
5. PORTRÄT (2)
6. LANDSCHAFT (4)

Sie können Werte von »0« bis »9« eingeben und »A« für automatisches Schärfen. Je höher die Zahl, desto stärker werden die Konturen scharf gezeichnet. Die Optimierungen NEUTRAL und PORTRÄT haben die geringste Vorschärfung. Wichtig dabei ist, dass Sie die Schärfevoreinstellung wählen, die zu Ihrem Arbeitsprozess passt. In Kapitel 5, »Farb- und Bildoptimierungen«, ab Seite 156, lernen Sie einige Vorbelegungsbeispiele kennen.

In der Bildbearbeitung | Sie haben mehr Spielraum beim Schärfen in der Nachbearbeitung am Rechner, wenn die Einstellung in der Kamera gering ist. Möchten Sie keine oder kaum Bildbearbeitung durchführen, kann die Einstellung in der Kamera »7« und höher sein, da sehr scharfe Bilder momentan »in« sind. Die klassische Schärfungsmethode in der nachträglichen Bildbearbeitung ist UNSCHARF MASKIEREN. Eine andere, wenn auch nicht ganz so bekannte Methode, ist das Schärfen über HOCHPASS. Beide Methoden werden in Kapitel 9, »Einführung in die Bildbearbeitung«, ab Seite 339, anhand von Übungsbildern erklärt. Alle rechnerischen Schärfeeinstellungen bewirken, dass der Schärfeeindruck jedes Bildpixels erhöht wird. Die Grundschärfe, für die der Autofokus verantwortlich ist, kann damit nicht erzeugt werden. Anders formuliert: Damit Konturen und Strukturen zu erkennen sind, müssen Sie richtig belichten. Wie stark die Strukturen zur Geltung kommen, kann mit den Bildoptimierungen und den Schärfealgorithmen am Rechner beeinflusst werden.

> **BILDOPTIMIERUNGEN**
>
> Im Menü AUFNAHME (grüne Kamera) finden Sie die Bildoptimierungen. Sie sind für Farbe, Kontrast und Schärfe im Bild verantwortlich. Fotografieren Sie im RAW-Format, können Sie bei der Bildnachbearbeitung mit der Nikon-Software, die einzelnen Optimierungen wieder verlustfrei ändern (siehe Kapitel 5, »Farb- und Bildoptimierungen«, Seite 156) – sogar die Schärfevorwahl!

Bildbeispiel zur Einstellung SCHARFZEICHNUNG mit »0«, »5« und »9« aus der BILDOPTIMIERUNG

Farbwahrnehmung ist subjektiv und erlernt, aber trotzdem bestimmten Normen unterworfen. Ein Ziel bei der digitalen Fotografie und auch in der Datenverarbeitung ist es, die »richtige« Farbe wiederzugeben. Deshalb werde ich auf einige Grundlagen und Zusammenhänge eingehen, damit Ihre Kamera auch die Farbbilder macht, die Sie gesehen haben. Die Nikon D90 hat einige Funktionen zur Bildoptimierung an Bord, die schon vor der Aufnahme vorgeben, welchen Farbeindruck Ihr Bild erhalten soll. Darüber hinaus hält sie eine Vielzahl von kamerainternen Bildbearbeitungsmöglichkeiten für Sie bereit.

Kapitel 5
Farb- und Bildoptimierungen
Farbmanagement und Bildbearbeitung in der Kamera

Inhalt

> Farbe und Farbwahrnehmung   142

> Der Weißabgleich   146

> Aktives D-Lighting   154

> Bildoptimierungen   156

> Bildbearbeitung in der Kamera   166

5 [Farb- und Bildoptimierungen]

Als digitaler Fotograf sind Sie für die Farbwiedergabe Ihrer Aufnahmen verantwortlich. Früher wurden die Filmpatronen im Labor abgegeben, und das hat die Farbentwicklung übernommen. Die Printer in den Großlaboren haben die Bilder automatisch korrigiert, ohne dass Sie das womöglich mitbekommen haben. Heutzutage ist das anders: Das »entwickelte« Bild ist direkt auf Ihrem Monitor sichtbar.

Außerdem hat sich das Aufnahmemedium geändert. Der Sensor, der nun an die Stelle des lichtempfindlichen Films getreten ist, hat eine andere Funktionsweise und Farbcharakteristik als die mit Silberhalogenidkörner versehene Gelatineschicht des Films. Das Sehverhalten des Fotografen hat sich jedoch nicht verändert. Daher lautet die Zielsetzung wie früher: Die Farben sollten so aussehen, wie der Fotograf sie wahrgenommen hat. Und das ist nicht so leicht umzusetzen, wie es klingt.

5.1 Farbe und Farbwahrnehmung

Unsere Farbwahrnehmung und unser Sehverhalten sind die Basis für die Entwicklung aller herkömmlichen Verfahren und Geräte in der Bildverarbeitung.

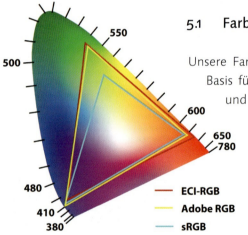

In der CIE-Normfarbtafel sind alle wahrgenommenen Farben in einer zweidimensionalen Darstellung eingetragen. Das Dreieck im Inneren gibt die Größe des Adobe-RGB-Farbraums an.

Unser Auge hat allerdings seine Besonderheiten: Es ist träge in der Reizweiterleitung, passt sich automatisch der Licht- und Farbumgebung an und lässt sich täuschen. Hinzu kommt, dass die Farbreizweiterleitung zu den Gehirnhälften und das Farbempfinden bei jedem Menschen unterschiedlich ist. Um einheitliche Entwicklungen zu ermöglichen, entschied eine Kommission, das CIE-Normfarbsystem (CIE: *Commission Internationale de l'Éclairage*) als Standard für die Farbinterpretation zu definieren. Dazu wurde ein sogenannter »Normalbeobachter« angenommen. Für dessen Farbwahrnehmung gibt es eine eigene Darstellungsart: die CIE-Normfarbtafel.

Alle spektralen sichtbaren Wellenlängen sind in dem Farbraum eingetragen (in der Abbildung zweidimensional). Es gibt derzeit kein Aufnahme- oder Ausgabegerät, das alle hier dargestellten Farben und Farbabstufungen aufzeichnen beziehungsweise wiedergeben kann. Ziel dieser Norm ist es, das subjektive menschliche Sehverhalten (Eingabe) mit den elektronischen Geräten (Ausgabe) so zu verknüpfen, dass eine möglichst naturgetreue Wiedergabe entstehen kann. Damit gelangen wir in die Welt des Farbmanagements.

Kleines Farbmanagement

Das Farbmanagement umfasst die Verwaltung und Verkettung aller Bildverarbeitungsgeräte, die für den Bildentwicklungsprozess notwendig sind – auch Ihre Nikon D90. Jedes Gerät, das in Ihren Arbeitsablauf eingebunden wird, spricht – vereinfacht ausgedrückt – seine eigene Sprache. Damit sich alle Geräte verständigen können, sollten sie alle nur eine Sprache sprechen beziehungsweise verstehen.

Diese »Sprache« und damit die Basis aller Geräte ist der Lab-Farbraum. Die Übersetzung von der eigenen Sprache in die Basissprache bezeichnet man als Profilierung beziehungsweise als Erstellung eines Profils. Das Profil wird oft mit einem Farbraum verwechselt. Ein Farbraum ist jedoch eine dreidimensionale Farbdarstellungsform, ein Profil hingegen eine Art Übersetzungsprotokoll.

Die Kamera weist die Farbinformationen des Sensors einem Farbraum zu. Dazu müssen Sie der Bilddatei einen Farbraum zuteilen. Die Farbinformationen der Bilddatei werden innerhalb dieses gewählten Farbraums am Monitor Ihres Rechners dargestellt. Der Monitor und der Drucker sind weitere Geräte im Bildentstehungsprozess.

Wenn Sie tiefer und genauer in die digitale Bildbearbeitung einsteigen möchten, empfehle ich, dass Sie Ihren Monitor kalibrieren! Sie erhalten so ein eigenes Monitorprofil, das in die Gerätekette eingebunden werden kann. Damit stellen Sie sicher, dass die Farbinformationen der Bilddatei richtig

> **LAB- UND ICC-PROFIL**
>
> Der Lab-Farbraum ist ein empfindungsgemäßes Farbsystem. L steht für die Helligkeit (Schwarz/Weiß-Achse). Rot/Grün befindet sich auf der a-Achse und Blau/Gelb auf der b-Achse. Dieser Farbraum enthält alle wahrgenommenen Farben und ist daher geräteunabhängig. Somit ist eine verlustfreie Umrechnung von Profilen möglich. Jedes Gerät oder Druckpapier hat sein eigenes Profil. Das ist eine Art Übersetzung, damit von der Aufnahme bis hin zur Ausgabe alle Farben richtig wiedergegeben werden. Ein Standard-Format für Profile ist das ICC-Profil (ICC = *International Color Consortium*).

Im Menü AUFNAHME stehen zwei Farbräume zur Wahl: sRGB und ADOBE RGB.

5 [Farb- und Bildoptimierungen]

> **KALIBRIERUNGSGERÄTE**
>
> Am weitesten verbreitet sind der Spyder3 von Datacolor und der I-One von X-Rite für die Kalibrierung von Monitoren. Der ColorMunki Photo von X-Rite kann auch Druckerprofile erstellen. Er ist für einen Druckerkalibrierer günstig, aber immer noch sehr viel teurer als reine Monitorkalibrierer. In der Regel sind die Kalibrierungsgeräte für Druckerpapiere deutlich teurer und von daher für den allgemeinen Gebrauch eher nicht zu empfehlen. Alle Kalibrierungsgeräte sind einfach in der Handhabung.

am Monitor dargestellt werden. Nutzen Sie für eine Profilierung Ihres Monitors jedoch immer ein Kalibrierungsgerät. Das menschliche Auge liefert keine zuverlässigen und konsistenten Ergebnisse.

Ziel des Farbmanagements ist der Leitsatz: »*What you see is what you get!*« Das, was ich sehe, soll am Ende – unabhängig vom Ausgabemedium – auch genauso herauskommen, sei es am Monitor, im Druck oder am Fernseher. Der erste Schritt in diese Richtung ist: Wählen Sie den Farbraum in Ihrer Kamera aus.

Farbraum der Kamera

Die Nikon D90 stellt zwei Farbräume zur Verfügung: den sRGB- und den Adobe-RGB-Farbraum. Wie Sie bereits aus Kapitel 1, »Schnelleinstieg in die Nikon D90« (Seite 23), wissen, sollten Sie diese Wahl möglichst vor der ersten Aufnahme durchführen. Adobe RGB besitzt den größeren Farbumfang. Der sRGB-Farbraum birgt die wenigsten Komplikationen bei der Farbverarbeitung und ist am weitesten verbreitet. Daher ist er in der Nikon D90 die Standardeinstellung.

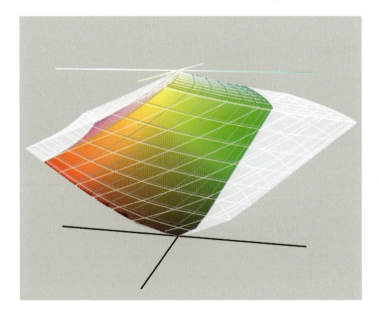

» *Hier sind beide Farbräume in einer dreidimensionalen Ansicht im Vergleich dargestellt. Das hellere Gebilde ist der Adobe-RGB-Farbraum, das bunte Element der sRGB-Farbraum. Eindeutig zu erkennen ist, dass der sRGB deutlich kleiner ist.*

Bei der Wahl des Farbraums sollten Sie stets den Verwendungszweck Ihrer Bilddaten im Auge behalten. In der folgenden Tabelle habe ich Beispiele für eine anwendungsorientierte Farbraumwahl aufgeführt. Generell gilt: Nutzen Sie den sRGB-Farbraum, ist die Wahrscheinlichkeit, eine falsche Farbwiedergabe zu erhalten, wesentlich geringer als bei Adobe RGB.

Verwendung	sRGB	Adobe RGB
NEF-Format mit anschließender Bildbearbeitung		X
JPEG-Format ohne anschließende Bildbearbeitung	X	
NEF und JPEG gleichzeitig	X	
Bilddaten für das Großlabor und Vertragspartner	X	
Bilddaten für das Fachlabor		X
Bilddaten für Printer, die beim Händler stehen	X	
Bilddaten für den Offset (Druckvorstufe)		X
Bilddaten für den Tintenstrahldrucker allgemein	X	
Bilddaten für den Tintenstrahldrucker mit vollständigem Farbmanagement		X
Bilddaten für den Tintenstrahldrucker über Capture NX2		X
Bilddaten für das Internet	X	
Bilddaten für Betrachtung am einfachen Monitor	X	
Bilddaten für Betrachtung am professionellen Monitor (kann den Adobe Farbraum zum Großteil vollständig darstellen)		X

«
Farbraumwahl: Diese Empfehlungen dienen als Anregung und nicht als Garant für eine farbechte Bildwiedergabe. Beim sRGB-Farbraum hat man mitunter mit weniger Komplikationen zu rechnen.

Farbraum, Dateiformat, Farbtiefe
Der Farbraum legt den Bereich oder die Lage der Farben fest. Die Feinabstufungen werden durch die Wahl des Dateiformates bestimmt. Das JPEG-Format kann 8-Bit-Farbabstufungen pro Farbkanal erzeugen (2^8 = 256 Abstufungen = 16,7 Millionen Farben). Das NEF-Format der Nikon D90 kann 12-Bit-Farbtiefe (2^{12} = 4096 Farbabstufungen = 68,7 Milliarden Farben) darstellen. Durchschnittlich kann der Mensch nur 7 Millionen Farben sehen.

5 [Farb- und Bildoptimierungen]

↑
Menü Aufnahme *in der Betriebsart* Automatik*:* Bildoptimierung konfigurieren*,* Weissabgleich *und* Aktives D-Lighting *sind deaktiviert.*

Die Einstellung des Farbraums gilt für alle Aufnahmebetriebsarten (Automatik, Automatik (ohne Blitz), Motivprogramme, P, S, A, und M). Fotografieren Sie in der Automatik mit oder ohne Blitz oder in einem der Motivprogramme, wird die Farbverarbeitung allein vom internen Bildprozessor übernommen. Es entstehen dabei durchaus vorzeigbare Bilder, aber Sie haben keine zusätzliche Wahl für eine weitere Farbkonfiguration.

Weissabgleich, Aktives D-Lighting und die verschiedenen Bildoptimierungen sind hellgrau unterlegt und damit nicht auswählbar. Diese drei Farboptimierungen haben allerdings einen großen Einfluss auf den Farbcharakter Ihrer Bilddaten. Möchten Sie Farbmodifizierungen ausprobieren, stellen Sie die Kamera auf P, S, A oder M am Betriebsrad um.

5.2 Der Weißabgleich

Der Weißabgleich ist die wichtigste Voreinstellung für eine ausgewogene Farbwiedergabe, da Sie bei einem falschen Weißabgleich farbstichige Bilder erhalten.

Was ist der Weißabgleich? | Für das menschliche Auge umfasst das Licht ein sichtbares Spektrum von 380–750 nm (Nanometer). Das Umgebungslicht wirkt auf uns Menschen oft gleichbleibend Weiß. Jedes selbststrahlende Objekt wie Sonne, Glühbirne oder Leuchtstofflampe hat jedoch seine eigene Farbcharakteristik. Diese Farbeigenschaften des Lichtes werden durch die Farbtemperatureingeteilt. Der Farbtemperaturbereich reicht von 1 500 Kelvin (K) für Kerzenlicht bis etwa 12 000 K für den blauen Himmel. Niedrige Farbtemperaturen bezeichnet man als »warmes« (rotes), hohe als »kaltes« (blaues) Licht.

Der Weissabgleich muss die richtige Farbtemperatur abhängig von der Lichtquelle einstellen, da der Sensor die Zusammensetzung des Lichts anders wahrnimmt als das menschliche Auge. Die Nikon D90 hat einen einstellbaren Bereich von 2 500 K bis 10 000 K.

> **WEISSABGLEICH UND NEF**
>
> Sollten Sie einmal einen falschen Weißabgleich eingestellt haben, können Sie ihn, wenn Sie im NEF-Format arbeiten, anschließend ohne Qualitätsverlust ändern.

146

[Farb- und Bildoptimierungen] 5

Einsatz Weißabgleich | Unsere Farbwahrnehmung ist sehr subjektiv. Daher verwenden die heutigen Digitalkameras unterschiedliche Parameter für den Weißabgleich, um dem menschlichen Sehverhalten möglichst nahezukommen. Denn nicht immer ist es erwünscht, absolut neutrale Farben zu erhalten. Ein Beispiel dafür ist eine Aufnahme bei Sonnenuntergang. Die charakteristische Lichtstimmung entsteht gerade aus den Orangetönen, also aus dem sehr warmen Licht. Daher muss der Weißabgleich der Kamera den Lichtverhältnissen angepasst werden.

Der Weißabgleich der Nikon D90 sollte entsprechend der vorhandenen Lichtsituation eingestellt werden. Die Automatik umfasst den Bereich von 3 500 K bis 8 000 K. Der manuell einstellbare Bereich reicht von 2 500 K bis 10 000 K.

Weißabgleich einstellen

In der Werkseinstellung steht der WEISSABGLEICH der Nikon D90 auf AUTOMATIK. Die AUTOMATIK umfasst einen Farbtemperaturbereich von 3 500 K bis 8 000 K. Die Automatik funktioniert in den meisten Lichtsituationen zuverlässig und kann den Farbeindruck gut wiedergeben. Selbst bei dem Beispiel auf der nächsten Seite habe ich den Weißabgleich von der Automatik bestimmen lassen. Möchte man allerdings in Innenräumen fotografieren oder mit Blitz arbeiten, sollte man einen anderen Weißabgleich einstellen, um bessere Bilder zu erhalten.

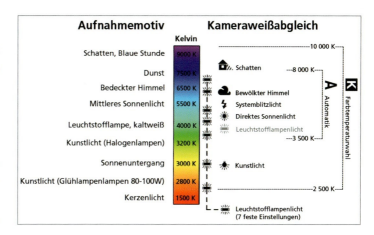

Um den WEISSABGLEICH (engl. *Whitebalance* = WB) in der Kamera zu verändern, gibt es zwei Vorgehensweisen: über die WB-Taste oder über das Kameramenü. Beachten Sie, dass sich der Weißabgleich nur für die Betriebsarten P, S, A und M individuell verändern lässt. Bei einem NEF-Bild lässt sich der Weißabgleich am Rechner noch im Nachhinein verändern, für das JPEG-Bild gilt das leider nicht. Dort ist die Einstellung fest mit der Bilddatei verrechnet. Um den Weißabgleich über die WB-Taste einzustellen, halten Sie diese gedrückt, und drehen

FARBTEMPERATUR

Die Farbtemperatur wird in Kelvin (K) angegeben. Sie ist gleichbedeutend mit der Temperatur, auf die ein schwarzer Körper aufgeheizt werden muss, damit er eine bestimmte Farbe erzeugt. Bei ca. 2 500 K ist das ein rotes Licht, was der Lichtquelle Glühlampe entspricht. Bei 5 000 K ist sie äquivalent mit dem weißen Tageslicht.

«

Das linke ist das Originalbild (WB Automatik), das rechte zeigt dasselbe Bild mit einem neutralen Weißabgleich. Das Wasser ist zwar annähernd blau, die Lichtstimmung entspricht aber eher einem Sonnenaufgang.

Beide Bilder: 135 mm | f13 | 1/400 sek | ISO 200 | WB Auto

⌃
Menüpunkt WEISSABGLEICH

Sie das hintere Einstellrad. Die verschiedenen Einstellungen lassen sich sowohl am Display als auch am Monitor ablesen (INFO-Taste aktivieren).

Innerhalb dieser Schnellauswahl sind die einzelnen Farbtemperaturbereiche durch Symbole zu unterscheiden. Die Textbezeichnungen finden Sie nur im Menü. Dazu drücken Sie die MENU-Taste ❶ und navigieren mit Hilfe des Multifunktionswählers ❹ zu AUFNAHME • WEISSABGLEICH. Sie können unter folgenden Optionen wählen:

› AUTOMATIK **A**
› KUNSTLICHT
  › LEUCHTSTOFFLAMPE
    › DIREKTES SONNENLICHT
      › BLITZLICHT
      › BEWÖLKTER HIMMEL
      › SCHATTEN
      › FARBTEMPERATUR AUSWÄHLEN **K**
      › EIGENER MESSWERT/PRE **PRE**

«

Mit gedrückter WB-Taste ❷ und dem hinteren Einstellrad ❸ verändern Sie den Weißabgleich. Diese Ansicht erhalten Sie, wenn Sie einmal die INFO-Taste ❺ betätigen.

[Farb- und Bildoptimierungen] 5

⌃
Bilder mit unterschiedlichen Weißabgleicheinstellungen

5 [Farb- und Bildoptimierungen]

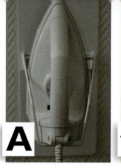   

» *Bügeleisen unter Kunstlicht mit unterschiedlichem Weißabgleich aufgenommen – die automatische Einstellung erzielt ein sehr gutes Ergebnis.*

Optimaler Weißabgleich | Generell finde ich für viele Aufnahmesituationen die Automatik-Einstellung ausreichend. Nur bei besonderen Aufnahmebedingungen ändere ich den Weissabgleich. Bei schlechten Wetterbedingungen wie an kontrastarmen Regentagen stelle ich bei der Nikon D90 die Einstellung Bewölkter Himmel ein. Die Automatik erscheint mir für diese Lichtsituation zu »blau«. Wenn man mit einem Nikon-Blitz fotografiert, empfehle ich den Weißabgleich auf Direkte Sonne zu stellen und nicht wie man denken sollte auf Blitz. Bei Direkter Sonne werden nach meinem Empfinden die Farben neutraler wiedergegeben. Die Blitzeinstellung hingegen ist oft zu warm (gelb). Am besten finden Sie jedoch selbst heraus, welche Einstellung Ihnen am meisten zusagt.

Weißabgleich Live-View
Im Live-View-Modus können Sie sich direkt die Wirkungsweisen der unterschiedlichen Einstellungen des Weißabgleichs anschauen. Schalten Sie die Live-View ein, und verändern Sie mit der Tastenkombination WB und dem hinteren Einstellrad die Optionen. Die Farbdifferenzen werden sofort auf dem Monitor sichtbar.

Feinanpassung Weißabgleich | Sobald Sie eine Option zum Weißabgleich gewählt und mit der Ok-Taste bestätigt haben, gelangen Sie automatisch in die Funktion Feinanpassung. Sie verändern dort den Weißabgleich in Farbnuancen entsprechend Ihrem Farbempfinden und Geschmack. Wenn Sie keine Feinanpassung durchführen möchten, verlassen Sie das Menü mit erneutem Drücken der Ok-Taste.

Für eine Farbverschiebung stellen Sie mit Hilfe des Multifunktionswählers oder den Einstellrädern die gewünschte Veränderung ein. Auf der horizontalen B-/A-Achse (Blau-Amber) verändert man den Wert entweder in Richtung Blau oder Gelb, mit der vertikalen G-/M-Achse (Grün-Magenta) verändert man die Farbwiedergabe in Richtung Grün beziehungsweise Magenta. Bestätigen Sie im Anschluss Ihre Änderung mit der Ok-Taste. Das Sternchen in der Anzeige des Weißabgleichs zeigt eine durchgeführte Veränderung an. In der Info-Anzeige am Monitor (info-Taste neben dem Monitor) werden bei einer Veränderung zwei Pfeile angezeigt.

« *Die zwei Pfeile zeigen an, dass der automatische Weißabgleich verändert wurde.*

[Farb- und Bildoptimierungen] 5

WARUM GIBT ES SO VIELE LEUCHTSTOFFLAMPEN?

Auch für den Weißabgleich der Leuchtstofflampen lassen sich die einzelnen Farbtemperaturen mit Hilfe der Feinanpassung steuern. Hier haben Sie allerdings sieben Leuchtstofflampenarten zur Auswahl. Leuchtstofflampen erzeugen kein kontinuierliches Spektrum wie Glühlampen oder die Sonne, sondern haben nur einzelne Ausschläge in bestimmten Farbbereichen. Unser Auge nimmt das fälschlicherweise als ein durchgängiges Licht wahr. Der Sensor wiederum kann diese spektrale Eigenschaft different wiedergeben. Jede Leuchtstofflampe strahlt außerdem in einem anderen Bereich. Daher reicht eine Feinanpassung für eine echte Farbcharakterisierung alleine nicht aus. Die Nikon D90 bietet deshalb die gängigsten Leuchtstoffarten zur Auswahl:

› NATRIUMDAMPFLAMPE: 2 700 K
› WARMWEISSES LICHT: 3 000 K
› WEISSES LICHT: 3 700 K
› KALTWEISSES LICHT: 4 200 K (Standard)
› TAGESLICHT (WEISS): 5 000 K
› TAGESLICHT: 6 500 K
› QUECKSILBERDAMPFLAMPE: 7 200 K (Quecksilberdampflampen sind Hochdrucklampen, die zum Beispiel bei der Straßen- oder Industriebeleuchtung eingesetzt werden)

⌃
Feinanpassung: Mit Hilfe des Koordinatenkreuzes kann man die Farben innerhalb jeder Option individuell ändern. Mir ist der automatische Weißabgleich immer ein wenig zu kalt. Daher stelle ich in der Feinpassung A1/G1 ein. Mit der OK-Taste bestätigt man die Einstellung für die AUTOMATIK.

Manueller Weißabgleich

Beim MANUELLEN WEISSABGLEICH misst und speichert die Kamera den aktuellen Farbtemperaturwert für eine Lichtsituation. Beachten Sie dabei: Ändern sich die Lichtverhältnisse, stimmt der Weißabgleich nicht mehr! Für die Speicherung des Messwertes hält die Nikon D90 fünf Speicherplätze zur Verfügung (von d-0 bis d-4). Ein Farbtemperaturzahlenwert wird nicht angezeigt. Stattdessen ist jedem Speicherplatz ein Bild eindeutig zugeordnet, das Sie kommentieren können. Um den Weißabgleich zu messen, sollte man idealerweise eine

HINWEIS

Auch der manuelle Weißabgleich kann nur in den Betriebsarten P, S, A oder M eingestellt werden. Bei den anderen Belichtungsprogrammen wird immer ein automatischer Weißabgleich angewendet.

5 [Farb- und Bildoptimierungen]

»

Damit Sie ein Bild von der Speicherkarte als Referenz für einen Weißabgleich nutzen können, wählen Sie im Dialog EIGENER MESSWERT die Option BILD AUSWÄHLEN

Graukarte verwenden (unbeschichtet und 18 %iges Grau). Diese Karte sollte unfokussiert und formatfüllend aufgenommen werden. Ein weißes Blatt Papier ist eher ungeeignet, da es durch optische Aufheller oder spezielle Beschichtungen leichte Farbstiche aufweisen kann.

SCHRITT FÜR SCHRITT: MANUELLEN WEISSABGLEICH EINSTELLEN

Schritt 1 | Bei gedrückter WB-Taste ❶ verändern Sie den Weißabgleich mit dem hinterem Einstellrad bis PRE ❷ in der Anzeige steht.

Schritt 2 | Mit dem Verstellen des vorderen Einstellrads verändern Sie den Speicherplatz (D-0 bis D-4). Wenn Sie nun kein Referenzbild aufnehmen sollten, arbeitet die Kamera mit dem Wert 5 200 K (DIREKTES SONNENLICHT).

Schritt 3 | Lassen Sie nun die WB-Taste los.

Schritt 4 | Anschließend drücken Sie die WB-Taste erneut etwa drei Sekunden lang, bis im Display oder Sucher »PRE« blinkt.

Schritt 5 | Nehmen Sie das Referenzobjekt formatfüllend auf.

Schritt 6 | Wenn im Sucher »Gd« beziehungsweise im Display »GOOD« erscheint, war der Weißabgleich erfolgreich!

⌄

Wenn das Model bei einer der Aufnahmen eine Graukarte in der Hand hält, können Sie bei der Bildbearbeitung am Rechner nachträglich einen manuellen Weißabgleich durchführen.

Nach der Aufnahme des Referenzbildes wird kein Bild am Monitor angezeigt. Steht im Sucher oder auf dem Display »no Gd«, konnte der Weißabgleich nicht exakt gemessen werden, und Sie müssen den Vorgang wiederholen.

Kommentar eingeben | Um dem Bild am Speicherplatz einen Kommentar zuzuordnen, müssen Sie den entsprechenden Speicherplatz (D-0 bis D-4) auswählen. Danach drücken Sie die ⊡-Taste. Beschreiben Sie mit dem Kommentar den manuellen Weißabgleich zu einer bestimmten Aufnahmesituation. Das erleichtert Ihnen ein nachträgliches Zuordnen. Mit Hilfe des Multifunktionswählers und der ⊕-Taste geben Sie Ihren Text ein. Bestätigen Sie abschließend mit der Ok-Taste.

⌃
Mit dem Menüpunkt Kommentar bearbeiten lässt sich zu den Speicherplätzen ein Vermerk eingeben.

Haben Sie Ihre Referenzaufnahme auf einer anderen Speicherkarte oder wollen Sie aus Ihren Bildern ein spezielles Bild als Grundlage für den manuellen Weißabgleich nutzen, wählen Sie dies im Menü Bild auswählen unter der Option Eigener Messwert. Diese Auswahl funktioniert allerdings nur bei NEF-Bilddaten. Soll Ihr gewähltes Bild die Grundlage für den eigenen Weißabgleich werden, bestätigen Sie dies über Aktivieren.

Aufnahmesituationen | Denken Sie daran, dass der Manuelle Weissabgleich bei ständig wechselnden Lichtsituationen nicht zu brauchbaren Ergebnissen führt! Sinnvoll ist er im Studio bei gleicher Lampenaufstellung oder wenn Sie auf einer Feier nur in einem Innenraum ohne zusätzlichen Einfall von Tageslicht fotografieren.

⌃
Über die Bracketing-Funktion (Belichtungsreihen) lässt sich eine Weißabgleichsreihe einstellen (Individualfunktion e4). Dabei variiert man einen eingestellten Weißabgleich für bis zu drei Aufnahmen. Dies ist sinnvoll, wenn Sie nur im JPEG-Format arbeiten wollen und einen exakten Weißabgleich im Bild erhalten möchten.

Vergessen Sie versehentlich den Weißabgleich umzustellen und die Lichtverhältnisse ändern sich, bekommen Sie farbstichige Bilder. Fotografieren Sie im NEF-Format, können Sie mit einer RAW-Entwicklungssoftware den Farbstich jedoch ohne Qualitätsverlust korrigieren. Auch wenn man es sich schwer vorstellen kann: Im NEF-Format ist die Farbe noch nicht festgelegt. Bei einem JPEG-Bild hingegen sind die Einstellungen zur Bildoptimierung und zum Weißabgleich schon unwiderruflich in die Datei geschrieben.

5.3 Aktives D-Lighting

Die Bildoptimierung AKTIVES D-LIGHTING erzielt schon während der Aufnahme eine Dynamikerhöhung im Bild. Das bedeutet: Das Bild erhält durch mehr Zeichnung in den Lichtern und den Tiefen mehr Abstufungen von Schwarz bis Weiß. Das ist wichtig bei Bildmotiven, die einen sehr hohen Kontrast aufweisen, wie zum Beispiel Innenaufnahmen mit lichtdurchfluteten Fenstern oder Naturaufnahmen zur Mittagszeit. Die Funktion befindet sich wie der Weißabgleich im Menü AUFNAHME der Kamera.

◈
Optionen für das AKTIVE D-LIGHTING

»**Aktives D-Lighting**« **einstellen** | Die Standardeinstellung bei der Nikon D90 ist AUTOMATISCH. Es gibt fünf weitere Menüoptionen:
› EXTRASTARK
› VERSTÄRKT
› NORMAL
› MODERAT
› AUS

Bei der Einstellung AUTOMATISCH steuert die Kamera das Maß der Dynamikerhöhung selbstständig. Diese Wahl empfehle ich nur für die Programmautomatik (P). Fotografieren Sie in den anderen Modi S, A oder M, sollten Sie die Kamera auf MODERAT umstellen. Bei den anderen Betriebsarten wird das AKTIVE

[Farb- und Bildoptimierungen] 5

«
Bildaufnahmebeispiel Aktives D-Lighting: Aus, Normal und Extrastark, das letzte Bild ist zusätzlich am Rechner bearbeitet (mehr Schatten). Die Änderungen lassen sich deutlicher in den Schatten als in den Lichterbereichen erkennen.

D-Lighting in den Menüoptionen ausgeblendet. Die interne Steuerung steht auf Automatisch. Ist die Einstellung des Aktiven D-Lightings zu hoch gewählt, kommt es zu Abrissen in den Lichtern. Das Aktive D-Lighting sollte daher mit einer moderaten oder normalen Intensität eingeschaltet sein.

In der Bildbearbeitung | Fotografieren Sie im NEF-Format, können Sie das Aktive D-Lighting in Capture NX2 nachträglich umändern. Ist aber vor der Aufnahme der Menüpunkt auf Aus gestellt, kann dies im Nachhinein nicht mehr angepasst werden. Allerdings kann nur die Nikon-Software das Aktive D-Lighting auslesen. Die Einstellungen haben in anderen Programmen keine Auswirkungen. Das gilt auch für die Bildoptimierungen, die im nächsten Abschnitt behandelt werden.

⌃
Möchten Sie die Wirkungsweise des ADL besser kennenlernen, können Sie zwei Aufnahmen mit Hilfe der Belichtungsreihenfunktion durchführen. Dabei wird eine Aufnahme ohne und eine Aufnahme mit dem ADL belichtet. Die Intensität richtet sich nach der Einstellung aus dem Aufnahme-Menü.

AKTIVES D-LIGHTING (ADL)

Damit alle Bildbereiche gleichmäßig gewichtet werden, wird die Matrix-Belichtungsmessung für ADL empfohlen. Je nach Lichtsituation können Sie auch gut mit der mittenbetonten Messung arbeiten. Die Korrekturunterschiede sind dann mitunter nicht so groß. Ist das ADL in der Kamera aktiviert, lassen sich in der Bildoptimierung die Einstellungen Helligkeit und Kontrast nicht mehr ändern.

5.4 Bildoptimierungen

Über das AUFNAHME-Menü konfigurieren Sie die Bildoptimierung. Ist eine dieser Einstellungen mit einem Sternchen ❶ versehen, ist das der Hinweis auf eine Änderung gegenüber der Standardvorgabe.

Andere Bildbearbeitungsprogramme entwickeln NEF-Daten anders, da sie diese Feinanpassungen nicht auslesen können. In einem JPEG-Dateiformat sind die Bildoptimierungen bereits verrechnet und werden dementsprechend immer gleich angezeigt. Diese Bildoptimierungen bestimmen Sie vorab im AUFNAHME-Menü.

Die in der Nikon D90 vorhandenen Konfigurationen zur Bildoptimierung (*Picture Control*) sollen Ihnen zu farblich optimalen Bildern verhelfen. Dazu stehen Ihnen sechs Voreinstellungen zur Verfügung: STANDARD, NEUTRAL, BRILLANT, MONOCHROM, PORTRÄT, LANDSCHAFT

Jede dieser sechs Voreinstellungen hat ihre eigene Farbcharakteristik. Sie können sowohl Scharfzeichnung, Helligkeit, Kontrast, Farbsättigung als auch Farbton individuell bestimmen. Diese Picture-Control-Konfigurationen (siehe auch Seite 163) sind sozusagen Ihre eigene Farbentwicklung. Zu Beginn kann ich Ihnen die Einstellung STANDARD empfehlen. Das ist die Einstellung, mit der ich die meisten meiner Aufnahmen belichte. Allerdings verwende ich eine modifizierte Standardeinstellung, aber dazu auf Seite 158 mehr. Wichtig ist zunächst, dass Sie die Einstellung finden, die zu Ihrem Arbeitsprozess passt.

> **BILDOPTIMIERUNGEN (*PICTURE CONTROL*)**
>
> Neben der Belichtung und der Schärfe sind die Einstellungen im Menü BILDOPTIMIERUNGEN entscheidend für die Farb- und Helligkeitsintensität Ihres Bildes. Verändern können Sie die Bildoptimierungen nur in den Betriebsarten P, S A und M. Bei den anderen Einstellungen werden die Farbeigenschaften durch das jeweilige Motivprogramm bestimmt.
>
> Individuelle Konfigurationen können separat abgespeichert werden (siehe Seite 158). Neu bei der Nikon D90 ist die Möglichkeit, eigene Bildoptimierungen auch auf andere Kameras übertragen zu können. Selbst die am Rechner unter Picture Control Utility veränderten Einstellungen können über die Speicherkarte in die Kamera geladen werden.

[Farb- und Bildoptimierungen] 5

⌃
*Dasselbe Bild mit unterschiedlichen Einstellungen zur Bildoptimierung aufgenommen: S*TANDARD*, N*EUTRAL*, B*RILLANT*, M*ONOCHROM*, P*ORTRÄT *und L*ANDSCHAFT

5 [Farb- und Bildoptimierungen]

SCHRITT FÜR SCHRITT: BILDOPTIMIERUNG ANPASSEN

Schritt 1 | Die Standardeinstellung sorgt insgesamt für einen ausgewogenen Farbeindruck. Um die Bildoptimierung dafür anzupassen, wählen Sie mit Hilfe des Multifunktionswählers unter BILDOPTIMIERUNG KONFIGURIEREN den Eintrag STANDARD aus. Danach drücken Sie den Multifunktionswähler einmal nach rechts, um in die Feinanpassung zu gelangen.

Schritt 2 | Der erste Regler ist für die SCHNELLEINSTELLUNG. Mit dessen Hilfe können Sie alle Regler, die sich innerhalb der gelben Umrandung befinden, auf einmal verändern. Navigieren Sie mit dem Multifunktionswähler nach rechts oder links, springen die anderen Werte automatisch mit. Im ersten Beispiel verändert sich zunächst nur die SCHARFZEICHNUNG ❶. Die Regler für KONTRAST und HELLIGKEIT sind gesperrt, weil das AKTIVE D-LIGHTING eingestellt ist. Im zweiten Beispiel ist das AKTIVE D-LIGHTING ausgeschaltet. Dort können alle Parameter mit angepasst werden.

Schritt 3 | Mit Hilfe des Multifunktionswählers navigieren Sie mit einem Druck nach unten beziehungsweise nach oben durch die einzelnen Funktionen. Durch Drücken nach links oder rechts verringern beziehungswiese erhöhen Sie die einzelnen Werte für die Einstellung STANDARD.

Schritt 4 | Ich empfehle Ihnen, die SCHARFZEICHNUNG auf den Wert »7« zu stellen. Dadurch wird die Grundschärfe des Bildes gesteigert. Sie müssen ein JPEG-Bild anschließend nicht mehr nachbearbeiten, und im NEF-Format können Sie diesen Wert nachträglich wieder reduzieren. Der vorher eingestellte Wert ist durch einen gelben Unterstrich ❷ markiert. Mit der OK-Taste bestätigen Sie die Modifizierungen. Im AUFNAHME-Menü ist dem »SD« daraufhin ein Sternchen ❸ als Zeichen für die Veränderung hinzugefügt.

Vergleichsansicht/Gitter

In der ein wenig versteckten Vergleichsansicht GITTER werden die unterschiedlichen Bildoptimierungen in einem Koordinatenkreuz dargestellt. Dabei wird die Farbsättigung (*Saturation*) einem Kontrast (*Contrast*) zugeordnet. Um in diese Ansicht zu gelangen, wählen Sie eine Bildoptimierung aus dem AUFNAHME-Menü aus. Sollte der Text grau ausgeblendet erscheinen, müssen Sie auf eine der Betriebsarten P, S, A oder M umstellen. Danach wählen Sie bei den Bildoptimierungen eine Basiseinstellung aus. Mit der MINUSLUPE-Taste ⊖ öffnen Sie die Gitteransicht.

An den Beispielen der Gitteransicht in den Screenshots auf der rechten Seite wird deutlich: Jede einzelne Bildoptimierung hat ihre eigene Grundzuordnung. Mit der Vergleichsansicht können Sie eine Balance von Sättigung und Kontrast in der jeweiligen Optimierung erstellen. Das ist hilfreich, wenn Sie die Einstellungen weiter verändern möchten. Sie können die Farbvoreinstellungen nach eigenen Wünschen so verändern, dass Sie möglichst schnell zu Ihrem optimalen Bild zu kommen. Ich zeige Ihnen die Anpassungen am Beispiel der Standardbildoptimierung. Die anderen Picture-Control-Einstellungen lassen sich auf die gleiche Weise verändern.

Bildoptimierung »Standard«

In der Einstellung STANDARD bevorzuge ich eine höhere Schärfeeinstellung als den vorgegebenen Wert »3«. Der erste Bildeindruck beim Sichten der Bilddaten ist durch die höhere Schärfewirkung meines Erachtens deutlich verbessert. Wenn Sie ein NEF-Format in Nikon Capture NX2 bearbeiten, können Sie diese Schärfeeinstellung sogar nachträglich reduzieren. Beim JPEG-Format funktioniert das allerdings nicht. Bilder stark zu schärfen, scheint momentan Geschmack vieler Fotografen zu sein. Achten Sie aber darauf, dass Ihre Bilder nicht überschärft wirken. Ändern Sie den Wert für Ihre JPEG-Bilder besser auf »5«.

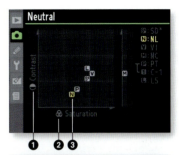
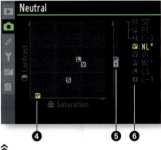

⌃
Vergleichsansicht: Die einzelnen Bildoptimierungen werden in einem Koordinatensystem dargestellt. Die im ersten Bild gewählte NEUTRAL-Einstellung ❸ hat demnach den geringsten Kontrast ❶ und die niedrigste Farbsättigung ❷ von allen. Bildoptimierungen mit Sternchen ❹ sind veränderte Optimierungen, C–1 ❻ steht für eine eigene Benutzeroptimierung. M ❺ steht für Monochrom.

> **HINWEIS**
>
> In Nikon Capture NX2 können alle Bildoptimierungen angezeigt und verändert werden. Arbeiten Sie mit anderen RAW-Konvertern, werden die Einstellungen nur annähernd sichtbar.

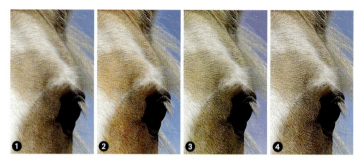

⌃
Unterschiedliche Feinanpassungen von links nach rechts:
❶ *Schärfe 0;* ❷ *Schärfe 9;*
❸ *Schärfe 7, Sättigung 3;*
❹ *Schärfe 7, Sättigung –3*

Unterschiede bewerten | Den Schärfeunterschied einzelner Bilder erkennen Sie am besten in einer Ausschnittsvergrößerung. Variieren Sie die Werte von »0« bis »9«, und betrachten Sie die Bilddaten im Anschluss in einer 100 %-Vergrößerung. Die Optionen Kontrast, Helligkeit, Farbsättigung und Farbton lassen sich auf gleiche Weise verändern. Probieren Sie die Änderungen aus. Für alle Regler steht auch die Einstellung »A« zur Auswahl. Stellen Sie dies ein, korrigiert die Kamera die jeweilige Option automatisch. Da die Bildergebnisse dann aber sehr unterschiedlich ausfallen können und damit nicht voraussehbar sind, nutze ich diese Einstellung nicht.

Die obenstehenden Bildbeispiele sind alle in der Bildoptimierung Standard unter verschiedenen Einstellungen aufgenommen worden.

AUF STANDARDEINSTELLUNG ZURÜCKSETZEN

Um die unveränderte Basiseinstellung wiederherzustellen, müssen Sie, wenn Sie sich in der entsprechenden Bildoptimierung befinden, auf die Papierkorb-Taste 🗑 drücken. Die Hinweismeldung müssen Sie noch mit Ja und einem Druck auf die Ok-Taste bestätigen. Dem Menüpunkt »SD« (Standard) ist danach kein Sternchen mehr hinzugefügt. Eine Bildoptimierung selbst lässt sich allerdings nicht entfernen.

Einzelne Einstellungen | Die Erhöhung der Kontrast-Werte in den Plusbereich sorgt für weniger Zwischentöne im Bild. Die Farben und Konturen wirken dadurch verstärkt. Verringern Sie den Kontrast, erscheint das Bild weicher. Die Helligkeit lässt sich zwischen »–1« und »+1« regeln. Korrigieren Sie in den Minusbereich, wird das gesamte Bild dunkler. Verändern Sie den Wert in den Plusbereich, wird Ihr Bild aufgehellt. Mit dem Regler Farbsättigung erreichen Sie im Plusbereich eine Intensivierung der Farben. Sie sollten die Farbsättigung bei Personenaufnahmen allerdings besser in den Minusbereich verschieben, da Hauttöne sonst zu unnatürlich aussehen. Mit FARBTON verändern Sie Ihr Bild von Magenta (−3) bis Grün (+3). Wählen Sie diese Option jedoch nur, wenn Ihre Bilder einen grünen oder magentafarbenen Farbstich aufweisen. Diese Feinanpassungen können Sie für jede Bildoptimierung durchführen.

Bei der Neutraleinstellung kann man keine Schnelleinstellung durchführen. Wenn Sie mit NEUTRAL arbeiten, macht es Sinn, die SCHARFZEICHNUNG auf »0« zu stellen.

Bildoptimierung »Neutral«

Die neutrale Bildkonfiguration ist so angelegt, dass die Bilddateien immer nachbearbeitet werden sollten. Der Gesamteindruck dieser Bilder ist sehr flau. Das liegt daran, dass kaum KONTRAST voreingestellt ist. Nutzen Sie diese Konfiguration, wenn Sie einen möglichst großen Spielraum in der anschließenden Bildbearbeitung zur Verfügung haben möchten. Ein kleiner Tipp: Stellen Sie außerdem die Schärfe auf »0«. Wenn Sie nur in JPEG fotografieren und die Bilder ohne anschließende Bildbearbeitung verwenden möchten, eignet sich die Einstellung NEUTRAL eher nicht.

Feinanpassung der Bildoptimierung NEUTRAL: Das unveränderte neutrale Bildergebnis ist bereits recht farblos. Verändern Sie nun zusätzlich den KONTRAST und die SÄTTIGUNG auf je »−3«, erhalten Sie sehr flaue Bilder.

Bildoptimierung »Brillant«

Die Voreinstellung BRILLANT verfolgt ein ganz anderes Ziel als die vorhergegangenen. Ich bezeichne sie gerne als die »Urlaubseinstellung«: Alle Farben werden sehr gesättigt wiedergegeben, und auch der Kontrast ist sehr hoch. Diese Einstellung eignet sich gut für eine anschließende Projektion der Bilder über einen Beamer oder für eine Präsentation auf dem Fernseher. Zusätzlich sollten Sie je nach Projektionsfläche oder Fernsehauflösung die Schärfe auf den Wert »8« erhöhen. Für Porträtaufnahmen ist die Konfiguration nicht geeignet, da die Hauttöne zu farbig erscheinen (siehe die Abbildung in der Mitte auf Seite 165).

⌃ Monochrom *(links)*, Sepia, 4 *(Mitte)*, Monochrom mit Rotfilter *(rechts)*

Bildoptimierung »Monochrom«

Die Optimierung Monochrom wandelt Ihre Bilddaten in Schwarzweißbilder. Dabei werden den drei Farbwerten Rot, Grün und Blau die Farbsättigungsinformation entzogen, und nur der Helligkeitswert bleibt erhalten. Diese einfache Tonwertumsetzung überzeugt fortgeschrittene Schwarzweißfotografen jedoch kaum. Bei einer Aufnahme in Monochrom blinkt im Sucher B/W (*Black/White*). Diese Hinweismeldung ist jedoch nur aktiv, wenn die Individualfunktion d4 Warnsymbole im Sucher eingeschaltet ist.

Um zunächst nur zu überprüfen, ob sich ein Motiv für eine Schwarzweißumsetzung eignet, ist Monochrom eine gute und schnelle Lösung. Die weiterführende Schwarzweißentwicklung sollten Sie jedoch besser am Rechner durchführen. Dort können Sie die Umsetzung der Tonwerte viel feiner steuern. Das gilt allerdings nur für das Arbeiten mit NEF-Daten. Beachten Sie aber: Arbeiten Sie mit Adobe Photoshop oder anderen RAW-Konvertern, bekommen Sie ein Bild, das in Monochrom aufgenommen wurde, nicht in Schwarzweiß, sondern als Farbbild angezeigt. Wenn Sie JPEG-Bilder in Monochrom aufnehmen, bleibt die Schwarzweißumrechnung unveränderbar. Erstellen Sie dann lieber ein Farbbild, das Sie anschließend am Rechner umwandeln.

⌃ Die Individualfunktion d4 Warnsymbole im Sucher steht in der Standardeinstellung auf On. Warnsymbole im Sucher sind: B/W ❶, leerer Akku ❷ und fehlende Speicherkarte ❸.

[Farb- und Bildoptimierungen] 5

Tonung | Die Feinanpassung für die Bildoptimierung Monochrom hält zusätzlich zu den Kontrast- und Helligkeitsmodifikationen auch Filtereffekte und Tonungen zur Auswahl bereit. Eine Tonung wie beispielsweise eine Sepiatonung ist eine besonders beliebte Form der Tonwertumsetzung. Mit Tonen erhalten Sie schnelle und gute Ergebnisse. Sie können aus neun unterschiedlichen Farbtönen wählen. Jeder Farbton hat sieben Nuancen zur Feinanpassung.

Filtereffekte | Die Filtereffekte haben sehr feine Modifikationen zur Folge. In der analogen Schwarzweißfotografie wurde vor das Objektiv ein Farbfilter geschraubt, um die Tonwertumsetzung vor der Aufnahme beeinflussen zu können. Mit Hilfe dieser Filtereffekte simulieren Sie eine solche Aufnahme. Mit einem Rotfilter hellen Sie beispielsweise Hauttöne auf, mit dem Grünfilter intensivieren Sie zum Beispiel sowohl den blauen Himmel als auch das Blattgrün bei einer Landschaftsaufnahme. Da man die Wirkungsweise der jeweiligen Filtereffekte je nach Motiv am Kameramonitor nicht eindeutig sehen kann, sollten Sie die Modifikationen besser nachträglich an einem großen Monitor variieren.

Die Bildoptimierung Monochrom bietet Filtereffekte und Tonungen.

PICTURE CONTROL UTILITY: EIGENE BILDOPTIMIERUNGEN ERSTELLEN

Mit dem Programm Picture Control Utility können Sie eigene Bildoptimierungen erstellen. Es wird bei Nikon View NX automatisch mit installiert und befindet sich in der Schnellanpassung.

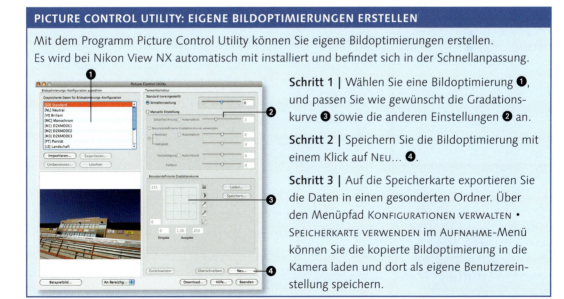

Schritt 1 | Wählen Sie eine Bildoptimierung ❶, und passen Sie wie gewünscht die Gradationskurve ❸ sowie die anderen Einstellungen ❷ an.

Schritt 2 | Speichern Sie die Bildoptimierung mit einem Klick auf Neu… ❹.

Schritt 3 | Auf die Speicherkarte exportieren Sie die Daten in einen gesonderten Ordner. Über den Menüpfad Konfigurationen verwalten • Speicherkarte verwenden im Aufnahme-Menü können Sie die kopierte Bildoptimierung in die Kamera laden und dort als eigene Benutzereinstellung speichern.

5 [Farb- und Bildoptimierungen]

Filtereffekte

Für eine schnelle Bildoptimierung können Sie vorab die Filtereffekte variieren. Diese Effekte wirken sich auf die Kontrastumwandlung im Bild aus. Dabei haben die einzelnen Farbtöne unterschiedliche Wirkungen:

Y (Yellow = Gelb): Aufhellen der Hauttöne
O (Orange): blauer Himmel wird verstärkt und dunkler
R (Rot): höherer Kontrast bei sehr sonnigen Hintergründen, Aufhellen der Hauttöne
G (Grün): hellere Grüntöne bei Blattgrün und feinere Zeichnung in Lippen und Hauttönen

Wenn Sie ein Bild im NEF-Format erstellt haben, können Sie sich diese Effekte in Nikon Capture NX2 am Monitor anzeigen lassen.

⌄

Beispiele für verschiedene Bildoptimierungen: LANDSCHAFT, NEUTRAL, MONOCHROM *mit Grünfilter*

Bildoptimierungen »Porträt« und »Landschaft«

Die Bildoptimierungen LANDSCHAFT und PORTRÄT bewirken auf der Basis der STANDARD-Einstellung zur jeweiligen Aufnahmesituation passende Verfeinerungen. Die sichtbaren Auswirkungen sind stark motivabhängig. Bei der PORTRÄT-Optimierung werden feinere Nuancen in den Hauttönen wiedergegeben. Vergleicht man die Bildoptimierung PORTRÄT mit STANDARD, erkennt man, dass das Verhältnis von Kontrast zur Farbsättigung bei PORTRÄT genauso eingestellt ist wie bei STANDARD. Die Scharfzeichnung ist allerdings um einen Wert niedriger. Bei LANDSCHAFT ist ein höherer Kontrast eingestellt. Das bewirkt mehr Plastizität bei der Wiedergabe des Motivs, Strukturen treten besser hervor. Bei den Motivprogrammen PORTRÄT beziehungsweise LANDSCHAFT werden diese Bildoptimierungen automatisch eingesetzt.

> **PRAXISTIPP: PORTRÄT UND LANDSCHAFT**
>
> Bei sich schnell bewegenden Personen wie spielenden Kindern stellen Sie Ihre Kamera auf die BLENDENAUTOMATIK (S), und nutzen Sie dazu die Bildoptimierung PORTRÄT.
>
> Landschaftsaufnahmen im Nebel beziehungsweise bei dämmerigem Licht wirken schnell zu flau, da nur wenig Kontrast und wenige Konturen sichtbar sind. Hier kann die Einstellung LANDSCHAFT bessere Bildergebnisse liefern. Stellen Sie Ihre Kamera auf ZEITAUTOMATIK (A) und die Bildoptimierung auf LANDSCHAFT.

⌃
*Eine Porträtaufnahme in den unterschiedlichen Bildoptimierungen
Neutral, Brillant und Porträt.*

Individuelle Konfigurationen

Um Ihre eigenen Bildoptimierungen abzulegen, stehen Ihnen im Menü Konfigurationen verwalten neun Speicherplätze von C-1 bis C-9 zur Verfügung. Das C steht für *Customer* = Benutzer. Weisen Sie Ihre Änderungen einem eigenen Benutzerplatz zu, um die Basiseinstellungen weiterhin zusätzlich nutzen zu können. Besitzen Sie mehrere Kameras, deren Modelle diese Konfigurationsmöglichkeiten unterstützen (Nikon D300, D700, D3 und D3x), dient das Verwaltungsmenü auch dazu, die Konfigurationen auf andere Kameras übertragen zu können.

Im Menü Konfigurationen verwalten können Sie weitere Aktionen wie Umbenennen, Löschen oder Speicherkarte verwenden einstellen. Wenn Sie eine Bildoptimierung löschen, bleiben die anderen Konfigurationen an der gleichen Stelle erhalten. Basisoptimierungen lassen sich nicht löschen oder umbenennen.

⌃
Das Löschen einer Konfiguration nehmen Sie unter Konfiguration verwalten vor.

5 [Farb- und Bildoptimierungen]

5.5 Bildbearbeitung in der Kamera

Mit der Nikon D90 können Sie Ihre aufgenommenen Bilder bereits in der Kamera nachbearbeiten. Die Bildbearbeitung am Rechner ist natürlich vorzuziehen, da Sie unter anderem durch den großen Monitor wesentlich genauer arbeiten können. Die Bildbearbeitung in Ihrer Nikon D90 ermöglicht Ihnen aber auf die Schnelle kleinere Anpassungen, wenn Sie nicht die Möglichkeit oder Lust haben, Ihre Bilddaten am Rechner zu optimieren.

Um in das Menü BILDBEARBEITUNG zu gelangen, gibt es zwei unterschiedliche Wege. Der eine ist durch das Aufrufen des MENÜS und dann der BILDBEARBEITUNG. Die Bildbearbeitung hat in der Nikon D90 eine eigene Registerkarte, die durch einen Pinsel symbolisiert wird. Sie können dort aus 13 verschiedenen Bildbearbeitungsfunktionen wählen.

Die zweite Möglichkeit, Bilddaten in der Kamera zu bearbeiten ist über die Bildwiedergabe. Wenn Sie über die PLAY-Taste ▶ Ihre Bilder durchsehen, gelangen Sie mit der OK-Taste in einen ähnlichen Dialog für die Bildbearbeitung. Die Liste zeigt allerdings nur die möglichen Bildbearbeitungsfunktionen für das eine ausgewählte Bild an. Beachten Sie, dass nicht immer alle Bearbeitungsfunktionen auf alle Bilder anwendbar sind. Über diesen Weg erhalten Sie aber eine zusätzliche Funktion: BILDER VERGLEICHEN.

Nach jeder Bearbeitung wird automatisch eine Kopie des Bildes in der Qualität JPEG FINE gespeichert. Die Namen dieser Bildkopien fangen jeweils mit »CSC_« an. Das Originalbild wird dabei nicht verändert und die Kopie an das Ende der Bilderliste angehängt. Mit dem Multifunktionswähler navigieren Sie durch die einzelnen Menüs. Die Bearbeitung wird mit der OK-Taste gestartet. Über die MENU-Taste oder die Wiedergabetaste können Sie den Vorgang abbrechen. Möchten Sie in ein Bild ein- oder auszoomen, nutzen Sie dazu die jeweilige Lupetaste.

Es sind 13 verschiedene Bildbearbeitungen möglich. Einige davon sind sicherlich sinnvoll zum Kennenlernen der Funktionen für die anschließende, »richtige« Bildbearbeitung. Eine versteckte, zusätzliche Funktion ist der Bildervergleich.

BILDERAUSWAHL

Nicht alle Bilder lassen sich für alle Bearbeitungsoptionen auswählen. Bilder von Fremdoptiken lassen beispielsweise keine Verzeichniskorrektur zu. Die NEF-Schnellentwicklung benötigt natürlich NEF-Dateien, und bei der Rote-Augen-Korrektur müssen die Aufnahmen mit einem Blitz aufgenommen worden sein. Eine bereits erstellte Bildkopie kann man nicht noch einmal bearbeiten – lediglich den Sterneffekt kann man noch hinzufügen. Bearbeitete Bilder sind in der Miniatur-Ansicht mit einem Kreuzchen gekennzeichnet.

[Farb- und Bildoptimierungen] 5

Die Option BILDER VERGLEICHEN können Sie nur in der Bildwiedergabe und an den bearbeiteten Kopien auswählen. Damit lassen sich das Original und die bearbeitete Kopie nebeneinander darstellen. Gibt es zu einem Original mehrere Kopien (kleines Dreieck über oder unter dem Bild), können Sie sich mit Hilfe des Multifunktionswählers die weiteren Kopien ansehen. Mit der PLUSLUPE-Taste zoomen Sie in die Bilder ein. Bearbeitete Bilder bekommen die Bezeichnung »CSC_XXX.jpg«. Mit der PLAY-Taste verlassen Sie die Vergleichsansicht.

D-Lighting | Das D-LIGHTING sorgt für mehr Zeichnung sowohl in den Lichtern als auch in den Schatten einer Aufnahme. Bei dieser Art von D-LIGHTING ist kein separater Eingriff auf die Lichter und die Schatten möglich. Das können Sie nur in Nikon Capture NX2 durchführen. In der Kamera können Sie aber zwischen den Einstellungen SCHWACH, NORMAL und STARK wählen. Bilder mit starken Kontrasten sind gut geeignet für das D-LIGHTING. Alternativ finden Sie diese D-LIGHTING-Funktion auch in Nikon View NX. Verwechseln Sie sie aber nicht mit dem AKTIVEN D-LIGHTING, das unmittelbar bei der Aufnahme wirkt (siehe Seite 154). Das D-LIGHTING ist rein für die Nachbearbeitung.

Das D-LIGHTING sorgt für feinere Zeichnung in den Lichtern und Schatten. Zum Speichern drücken Sie die OK-Taste. An dem kleinen Pinselsymbol *erkennen Sie die bearbeitete Kopie.*

5 [Farb- und Bildoptimierungen]

Rote-Augen-Korrektur | Die automatische ROTE-AUGEN-KOR-REKTUR rechnet kleine rote runde Bildelemente nach bestimmten Kriterien in schwarze um. Die Voraussetzung dafür ist eine Blitzaufnahme. Nicht immer werden jedoch mit der automatischen Korrektur nur die roten Augen verändert, sondern auch andere kreisrunde rote Elemente. Sollten bei einem geblitzten Bild keine roten Augen aufgetreten sein, bekommen Sie die Hinweismeldung: »Im ausgewählten Bild kann kein Rote-Augen-Effekt festgestellt werden«. Wurden rote Augen erkannt, rechnet die Kamerasoftware sie automatisch heraus.

Die ROTE-AUGEN-KORREKTUR kann nur auf Bilder angewendet werden, bei denen geblitzt wurde. Die anderen Bilddaten erscheinen durchgestrichen ❶.

Beschneiden | Mit der Funktion BESCHNEIDEN legen Sie bei der Kopie der Aufnahme einen anderen Bildausschnitt fest. Dabei können Sie mit Hilfe des hinteren Einstellrads das Seitenverhältnis verändern. Sie können zwischen 3:2, 4:3 und 5:4 wählen. Mit dem Multifunktionswähler bestimmen Sie die Lage des Ausschnitts, mit der MINUSLUPE- beziehungsweise der PLUSLUPE-Taste wählen Sie die Bildgröße durch Hinaus- oder Hineinzoomen in das Bild. Bei RAW-Daten entsteht als Kopie ein JPEG in der Bildqualität FINE, bei JPEG-Bildern richtet sich diese Einstellung nach der Qualität des Originals.

Beim BESCHNEIDEN ändern Sie das Seitenverhältnis ❷ in 3:2, 4:3 oder 5:4. Der Pinsel ❸ erscheint anschließend als Symbol für die Bearbeitung.

168

Monochrom | Ihre Bilder können im Menü Monochrom auf drei verschiedene Arten eingefärbt werden: in Schwarz-Weiss, Sepia oder mit einem Blauton. Bei den beiden letztgenannten lässt sich die Sättigung steuern, indem Sie den Multifunktionswähler nach oben oder unten navigieren.

Filtereffekte | Die Filtereffekte verändern die Farbanteile im Bild. Bei Skylight werden die Blautöne reduziert, beim Warmen Farbton wird das gesamte Bild röter. Die Rot-, Grün- und Blauverstärkung kann man in drei Stärkegraden über den Multifunktionswähler bestimmen. Der Sterneffekt ist der interessanteste der Filtereffekte. Damit erzeugen Sie Strahlen in hellen Bildelementen, in Lampen oder Lichtreflexen. Dieser Effekt lässt sich in einer Software nicht so einfach nachträglich erstellen. Sie haben vier verschiedene Optionen zur Erstellung der Lichteffekte zur Auswahl: Anzahl der Strahlen (4, 6 oder 8 Strahlen für eine Lichtquelle), Filterstärke (schwach, mittel, hell; bei hell werden fast alle Lichtpunkte mit verändert), Winkel (1, 2, 3 bedeutet: Der erste Strahl von 0° aus gesehen, 1 ist ca. 15°, 2 = 45°, 3 = 60°) und Länge der Strahlen (kurz, mittel, lang). Um die Auswirkungen der einzelnen Funktionen sofort sehen zu können, drücken Sie nach der jeweiligen Auswahl die Bestätigen-Schaltfläche mit der Ok-Taste. Erst wenn Ihnen das Bild gefällt, speichern Sie es ab. Es wird dabei immer eine Kopie erzeugt.

Unter Monochrom werden Bilder in Schwarz-Weiss, Sepia oder Blauton umgewandelt.

Die Filtereffekte verhelfen Ihren Bildern zu einem anderen Aussehen. Der Sterneffekt ist eine einfache und sehr schöne Methode, dem Bild Strahlen hinzuzufügen.

5 [Farb- und Bildoptimierungen]

Farbabgleich | Mit der Funktion FARBABGLEICH lassen sich Bilder im Nachhinein farblich verändern. Das macht jedoch nur Sinn, wenn Sie ausschließlich im JPEG-Format arbeiten. Für NEF-Daten wählen Sie dazu den Menüpunkt NEF-(RAW)-VERARBEITUNG. Die Farbveränderung wird Ihnen sofort angezeigt, wenn Sie mit dem Multifunktionswähler den Punkt in dem Koordinatenkreuz bewegen.

☒
Über das Koordinatenkreuz bei FARBABGLEICH können Sie Farbstiche korrigieren. Zur Überprüfung befindet sich auf der rechten Seite das Histogramm.

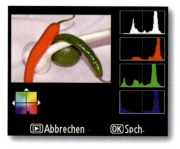
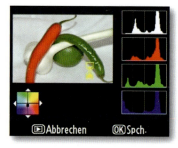

Kompaktbild | Die Kompaktbildfunktion ermöglicht Ihnen ein oder mehrere Bilder in eine kleinere Bildgröße umzuwandeln. Sie können unter folgenden Auflösungen wählen:
› 640 x 480 (für TV)
› 320 x 240 (für das Web)
› 160 x 120 (für E-Mail)

Wählen Sie im Menü erst die Größe und danach die Bilder aus. Markieren Sie ein oder mehrere Bilder mit Hilfe der MINUSLUPE-Taste. Rufen Sie den Menüpunkt KOMPAKTBILD über die PLAY-Taste auf, können Sie immer nur ein Bild verändern. Nach der Bearbeitung werden die verkleinerten Bilddateien mit einem grauen Rand dargestellt.

☒
Unter KOMPAKTBILD verringern Sie die Auflösung des Bildes.

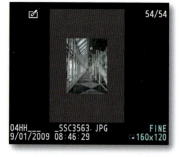

Bildmontage | Die Funktion BILDMONTAGE lässt sich nur auf NEF-Dateien anwenden. Dabei werden zwei Bilder zu einem neuen Bild montiert. Das Dateiformat des Ergebnisbildes hängt von der Qualitätseinstellung in der Kamera ab (siehe Seite 21). Ist die Bildqualität beispielsweise auf RAW eingestellt, hat das neu erstellte Bild ebenfalls dieses Format. Bei der Montage in der Kamera kann die Sichtbarkeit der einzelnen Bilder jeweils erhöht oder verringert werden. Je größer der Zahlenwert, desto heller wird das jeweilige Bild dargestellt. Sie können Werte zwischen »0,1« bis »2,0« pro Bild einstellen. Bei der Einstellung eines Wertes von »2,0« wird die Sichtbarkeit eines Bildes verdoppelt.

Der einzustellende Wert hängt natürlich stark vom Bildmotiv ab. Insgesamt wird das im Sandwichverfahren überlagerte Bild heller, je höher die Werte sind. Um ein Bild abzudunkeln, verringern Sie die Zahlenwerte. Sobald Sie unterschiedliche Werte zwischen den beiden Bildern auswählen, wird das mit dem höheren Wert deutlicher sichtbar. Die Wirkungsweise können Sie sich im Vorschaufenster durch einen Druck auf die PLUSLUPE-Taste anzeigen lassen. Das montierte Bild speichern Sie durch zweimaliges Drücken der OK-Taste. Anders als bei der Mehrfachbelichtung (siehe Seite 110) kann man hier keine Belichtungsanpassung definieren.

NEF-(RAW-)Verarbeitung | Mit dieser Funktion lässt sich aus einem NEF-Bild schnell ein entwickeltes JPEG erzeugen. Das Angenehme dabei ist, dass die Änderungen direkt auf dem Monitor angezeigt werden.

Gerade wenn Sie bisher wenig Erfahrung mit der NEF-Entwicklung sammeln konnten, lernen Sie hier viel über die Anpassungsfähigkeit von RAW-Daten kennen, ohne an den Rechner gehen zu müssen. Die klassischen NEF-Entwicklungsfunktionen sind von oben nach unten auszuwählen: BILDQUALITÄT, BILDGRÖSSE, WEISSABGLEICH, BELICHTUNGSKORREKTUR und BILDOPTIMIERUNG KONFIGURIEREN

Um das geänderte Bild zu einem JPEG umzuwandeln, schließen Sie mit AUSFÜHREN den Entwicklungsprozess ab.

Für die Bildmontage suchen Sie zwei NEF-Bilder von der Speicherkarte aus, die Sie montieren möchten. Mit der OK-Taste speichern Sie die Montage.

» *Die klassische NEF-Verarbeitung sieht vor, dass Sie Qualität, Bildgröße, Weißabgleich, Belichtungskorrektur und Bildoptimierung nacheinander einstellen. Das Resultat ist ein fertig entwickeltes JPEG-Bild.*

Schnelle Bearbeitung | Bei dieser Funktion handelt es sich um eine automatische Korrektur von Farbsättigung, Kontrast und motivabhängigem D-Lighting. Die Intensität kann zwischen Schwach, Normal und Stark gewählt werden.

» *Die Schnelle Bearbeitung korrigiert Farbsättigung, Kontrast und Belichtung.*

Begradigen | Mit dem Werkzeug zum Begradigen wird das Bild gedreht und beschnitten. Sie können damit beispielsweise ein leicht schiefes Bild wieder an der Horizontlinie gerade stellen. Sehr hilfreich ist es dabei, das eingeblendete Raster als visuelle Orientierung zu nutzen.

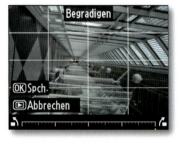

≈
Verschieben Sie den Regler mit dem Multifunktionswähler oder dem vorderen Einstellrad nach rechts, neigt sich die rechte Seite nach unten.

Verzeichnungskorrektur | Die VERZEICHNUNGSKORREKTUR korrigiert kissen- und tonnenförmige Verzeichnungen AUTOMATISCH oder MANUELL. Die automatische Korrektur kann jedoch nicht auf alle Bilder angewendet werden. Je nach Objektiv, mit dem das Bild aufgenommen wurde, ist sie entweder möglich oder nicht. In der Bilderübersicht erscheinen die Bilder, die von der automatischen Korrektur ausgenommen sind, mit einem »X« durchgestrichen. Bei der manuellen Korrektur verschieben Sie den Regler nach links (Tonnen ❷) beziehungsweise nach rechts (Kissen ❶). Das bearbeitete Bild wird automatisch beschnitten.

❯
Sie können kissen- oder tonnenförmige Verzeichnungen bereits in der Kamera korrigieren.

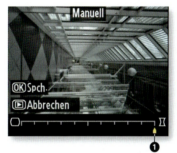

Fisheye | Dieser Effekt ist wie der Sterneffekt nicht so schnell am Rechner zu erzeugen. Daher probieren Sie ihn einmal aus. Die Bilder werden anschließend so dargestellt, als ob Sie mit einem Fisheye-Objektiv mit einer extremen perspektivischen Verzeichnung fotografiert hätten. Bei einem Porträt erscheint die abgebildete Person beispielsweise mit einer hervorstehenden, dicken Nase, bei einer Architekturaufnahme erhalten sie gekrümmte Linien.

❯
Über die Funktion FISHEYE können Sie extreme Verzeichnungen simulieren.

In diesem Kapitel erhalten Sie eine Übersicht über das zur Kamera verfügbare Zubehör wie Objektive, Stative, Filter und Sonderzubehör. Es soll für Sie eine Orientierungshilfe in der unübersichtlichen Vielzahl des verfügbaren Zubehörs darstellen und beschränkt sich auf wichtige Produkte, die entweder einen unmittelbaren Bezug zur Nikon D90 haben, oder die von generellem Interesse sind.

Kapitel 6
Zubehör zur Nikon D90
Objektive, Stative und Filter

Inhalt

› Objektive für die Nikon D90   177

› DX-Objektive   179

› Kleinbildobjektive   188

› Stative   201

› Fernauslösezubehör   204

› Sucherzubehör   206

› Sonstiges Zubehör   208

6 [Zubehör zur Nikon D90]

Der Kamerabody allein reicht nicht aus, um Bilder zu machen, ohne Objektiv geht es nicht. Das halten Sie vielleicht zunächst für eine überflüssige Bemerkung. Dennoch ist oft eine entweder bemerkenswerte Sorglosigkeit beim Kauf eines Objektivs zu beobachten, oder es wird nahezu als notwendiges Übel verstanden. Dies ist gerade bei Neueinsteigern ein weit verbreiteter Fehler – der Objektivkauf sollte jedoch gut überlegt sein. Allein Nikon hat fast 50 Autofokusobjektive im aktuellen Programm, die alle uneingeschränkt kompatibel zur Nikon D90 sind. Dazu kommt das vielseitige Angebot der sogenannten Fremdhersteller. Doch welches ist das richtige Objektiv für mich? Reicht das vom Hersteller angebotene Kit-Objektiv, das zu einem vergünstigten Paketpreis angeboten wird?

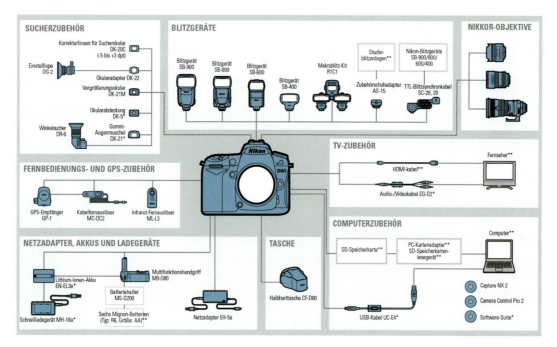

Systemübersicht zur Nikon D90 (Bild: Nikon)

Oder nutzt man eher die etwas günstigeren Fremdobjektive, also Objektive von Anbietern wie zum Beispiel Tamron oder Sigma? Ich werde nicht auf alle möglichen Kombinationen eingehen können, aber die populärsten Grundausstattungen werden erläutert:

› Objektivtypen an konkreten Beispielen
› Stative
› sonstiges Zubehör

6.1 Objektive für die Nikon D90

Wie ich bereits erwähnte, existiert allein von Nikon eine Vielzahl von kompatiblen Objektiven zu Ihrer Nikon D90. Um diese und darüber hinaus auch die Objektive von anderen Herstellern besser einordnen zu können, werden sie je nach Brennweite oder Objektivart in Typengruppen zusammengefasst.

Objektivarten | Hierzu gehören die Weitwinkelobjektive (Festbrennweiten und Zooms), Normalobjektive, Standard-Zooms und Teleobjektive (auch hier Festbrennweiten und Zooms) inklusive der Supertele-Objektive sowie Spezialobjektive unterschiedlichster Art. Abseits der Brennweiten und des Augenmerks auf spezielle Einsatzbereiche möchte ich eine Gruppe von Objektiven besonders hervorheben, und zwar die der sogenannten DX-Objektive. DX-Objektive sind speziell für die digitalen Spiegelreflexkameras von Nikon mit Sensoren im

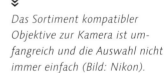

Das Sortiment kompatibler Objektive zur Kamera ist umfangreich und die Auswahl nicht immer einfach (Bild: Nikon).

> **NOMENKLATUR BEI NIKON-OBJEKTIVEN**
>
> Nikon versieht seine Objektive so wie andere Hersteller mit allerlei Kürzeln, um damit die Produkteigenschaften bereits im Namen zu umreißen. Hier die wichtigsten, um sich im Dschungel der Abkürzungen zurechtfinden zu können:
>
> › AF = Autofokus
>
> › AF-S = Autofokus mit *Silent-Wave-*Motor. Hier ist der AF-Motor im Objektiv integriert und garantiert dadurch eine schnellere Fokusgeschwindigkeit als bei herkömmlicher mechanischer Übertragung über den AF-Motor der Kamera.
>
> › D = *Data*, das Objektiv ist mit einer Prozessoreinheit (CPU) versehen, die Informationen an die Kamera überträgt.
>
> › G = *Genesis*, G-Nikkor-Objektive haben keinen manuell verstellbaren Blendenring mehr. Hier wird die Blende rein elektronisch gesteuert. G-Nikkore sind automatisch auch mit CPU versehen, daher wird hier auf den Zusatz »D« verzichtet.
>
> › DX = Objektive mit einem kleinerem Bildkreis, speziell für Kameras mit Sensoren im DX-Format wie die Nikon D90
>
> › VR = *Vibration Reduction*, vermindert die Verwacklungsgefahr durch ein optisches Ausgleichelement. VR II kompensiert bis zu vier Blendenstufen, Typ I bis zu drei Blendenstufen.
>
> › IF = *Inner Focus*, das Linsenelement zur Scharfstellung ist innenliegend. Dadurch dreht die Frontlinse beim Fokussieren nicht mit. Vorteilhaft bei der Verwendung von Effekt- oder Polfiltern.
>
> › ED = *Extra-low Dispersion*, vor allem bei langen Brennweiten und langbrennweitigen Zooms vorteilhaft. Ein ED-Glaselement wirkt kompensierend auf den Abbildungsfehler der chromatischen Aberration ein, der unerwünschte Farbsäume im Randbereich eines Bildes erzeugen kann

DX-Format (ca. 16 x 24 mm) konstruiert. Da es sich bei der D90 um eine Kamera mit diesem Sensor handelt, habe ich dieser Gruppe von Objektiven ein eigenes Unterkapitel gewidmet.

Nikon oder Fremdanbieter? | Dies ist eine Frage, zu der ich hier nur Denkanstöße, jedoch keine festgelegte Antwort geben möchte. Die Diskussionen, die ich oftmals zu diesem Thema beobachten kann, zeigen manchmal einen philosophischen bis hin zu missionierenden Charakter. Vom reinen Servicegedanken her ist die Verwendung der Systemobjektive von Nikon der logische Schritt. Ich habe dann alles aus einer Hand, und wenn es Probleme geben sollte, habe ich auch nur einen Ansprechpartner. Die Produkte sind komplett aufeinander abgestimmt. Manchmal kommt man als Anwender dennoch ins Grübeln, ob eine andere Wahl nicht günstiger wäre. Kriterien sind hier oftmals der Preis, oder ein bestimmtes Brennweiten- oder Zoomverhältnis, das es bei Nikon nicht gibt.

Meine persönliche Meinung dazu beruht auf meiner Erfahrung: Bleiben Sie im Nikon-System, und nutzen Sie Originalzubehör überall dort, wo es entscheidend und kritisch ist. Da das Objektiv mit das Wichtigste an einer guten Kamera ist, würde ich hier keine größeren Kompromisse als nötig eingehen wollen und bevorzugt auf Nikon-Objektive zugreifen. Da dies aber aus Ihrer Sicht vielleicht nicht immer möglich oder nötig sein wird, führe ich auch Alternativen zu den Nikon-Produkten auf.

6.2 DX-Objektive

»DX« ist in der Nomenklatur von Nikon die Bezeichnung für Kamerasensoren in der Größe des APS-C-Formats (ca. 16 x 24 mm) und der Objektive, deren Bildkreis speziell für diese Sensorgröße abgestimmt ist. Die Nikon D90 hat einen Sensor im DX-Format. Andere Anbieter wie Tamron oder Sigma haben ebenfalls speziell angepasste Objektive für diese Kamerasensoren entwickelt. Bei Tamron sind die Objektive mit dem Zusatz »Di II«, bei Sigma mit dem Kürzel »DC« versehen, der bei Nikon allerdings eine ganz andere Bedeutung hat (siehe DC-Nikkor auf Seite 197). Weitere Abkürzungen finden Sie im nebenstehenden Kasten.

AUSZUG NOMENKLATUR FREMDHERSTELLER

› HSM = HyperSonic Motor (Ultraschallmotor)
› DC oder Di II = Objektive mit einem kleinerem Bildkreis
› VC = *Vibration Compensation* oder OS = Optischer Stabilisator (Bildstabilisator)
› SP = *Super Performance* oder EX = Exklusiv (außergewöhnliche Qualität)
› LP = *Low Dispersion* oder APO (niedrige Farbzerstreuung)
› RF = *Rear Focus* (Hinterlinsenfokussierung)
› XR = *Extra Refractive Index Glass* (spezielles hochwertiges Glas)

Brennweitenverlängerung (Cropfaktor)

DX-Objektive zeichnen sich durch eine kompaktere und leichtere Bauweise aus, da sie nur einen kleineren Bildkreis abdecken müssen als die Objektive für das dem Kleinbild (24 x 36 mm) entsprechende »Vollformat«. Da diese speziellen Objektive auf einen kleineren Bildkreis passend für das Format bis 16 x 24 mm ausgelegt sind, können sie nicht auf Kameras mit Vollformatsensoren oder herkömmlichen Kleinbildfilm-Kameras eingesetzt werden, ohne starke Vignettierungen zu erzeugen.

Was passiert, wenn man nun ein normales Kleinbildobjektiv mit größerem Bildkreis auf der Nikon D90 verwendet? Wie an der nebenstehenden Grafik erkennbar ist, wird letztendlich eine Ausschnittaufnahme gemacht. Bei der Betrachtung wirkt das Bild gegenüber der gleichen Aufnahme mit demselben Objektiv auf einer Kamera mit Sensor im Kleinbildformat ver-

Das Verhältnis der Sensorgrößen der D90 (DX-Format) zum Kleinbild- oder FX-Sensor

⌃
Das Bild wurde mit einer Vollformatkamera (Nikon D3) und einem DX-Objektiv aufgenommen. Hier ist der Bildkreis, den das Objektiv abbilden kann, zu erkennen. Der schwarze Bereich ist die Vignettierung.

16 mm | f22 | 2 sek | ISO 125

größert. Im allgemeinen Sprachgebrauch hat sich für diesen Effekt der Begriff »Brennweitenverlängerung« (auch Cropfaktor) eingebürgert, obwohl er sachlich gesehen nicht richtig ist. Um die Verwirrung zu vervollständigen, spricht man von einer Brennweitenverlängerung mit dem Faktor 1,5 bei der Verwendung eines Kleinbildobjektivs auf einer Kamera wie der Nikon D90.

Was andersherum passiert, ist wesentlich einfacher und kürzer zu erklären: Aufgrund des kleineren Bildkreises erzeugen DX-Objektive an einer Vollformatkamera Vignettierungen, also Randabdunklungen (siehe Abbildung links).

Der Vorteil der Verwendung von Kleinbildobjektiven an der Nikon D90: Im Telebereich erhalte ich sehr große Ausschnitte und bilde somit schneller formatfüllend ab. Nachteil: Durch den Ausschnitt erreiche ich nur bei extrem kurzen Brennweiten einen ausreichenden Weitwinkelbereich. Hier kommen die DX-Nikkore mit einem entscheidenden Vorteil daher: Sie ermöglichen den Weitwinkelbereich in sehr guter Qualität zu einem günstigeren Preis abzubilden. Die Objektive sind außerdem kompakter und leichter als ihre großen Brüder und ziehen somit auch nicht so am Schultergurt der Kamera oder der Fototasche.

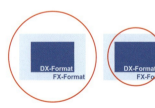

⌃
Bildkreise im Vergleich zum Format. Deutlich ist an der linken Grafik zu erkennen, wie bei der Verwendung von Kleinbildobjektiven an der Nikon D90 nur der mittlere Bildkreisbereich genutzt wird.

BEISPIEL: BRENNWEITENVERLÄNGERUNG

Ich nehme ein Kleinbildobjektiv mit 200-mm-Brennweite, setze es auf die Nikon D90 und mache damit eine Aufnahme. Nur der mittlere Teil des Bildkreises wird aufgenommen, ich nehme also – ohne es zu sehen – einen Ausschnitt auf. Möchte ich denselben Bildausschnitt auf einer Kamera mit Vollformatsensor wie zum Beispiel der Nikon D700 erzeugen, müsste ich anstelle des 200-mm-Objektivs eine 1,5fach längere Brennweite verwenden:

200 mm x 1,5 = 300 mm

200 mm mit einem Kleinbildobjektiv auf einer Nikon D90 entsprechen also der Sehweise mit einem 300-mm-Objektiv an einer Nikon D700.

Verschiedene DX-Objektive

Unter den DX-Objektiven von Nikon gibt es eine große Auswahl an Allround-Objektiven für jeden Geschmack und Geldbeutel, aber auch ein paar Spezialisten.

Extremist: Fisheye | Kaum eine Objektiv-Kategorie bietet eine derartig extreme Perspektive wie die der Fisheye-Objektive. Durch die extrem verzerrte ultraweitwinklige Aufnahme sowie die vorstülpende Frontlinse erhielt dieser Typ seinen Namen, da er an ein Fischauge erinnert. Die extreme Verzeichnung lässt sich sehr effektvoll einsetzen, um bei Aufnahmen aus kurzer Distanz Proportionen bewusst zu verschieben: Von dramatisch bis lustig ist alles denkbar. Auch bei Sach- oder Architekturaufnahmen kann der Effekt je nach Motiv ein außergewöhnliches Bild fern unserer Seherfahrung und somit einen echten Hingucker schaffen. Bei Landschaftsaufnahmen werden Fisheye-Objektive eher selten eingesetzt, es sei denn man nutzt die Möglichkeit, eine verzerrte Fisheye-Aufnahme nachträglich beispielsweise über Capture NX2 wieder zu entzerren und so eine fluchtpunktrichtige Weitwinkelaufnahme zu erzeugen.

⭐
AF DX Fisheye-Nikkor 10,5 mm 1:2,8G ED

⭐
Sigma 4,5 mm F2,8 EX DC Zirkular Fisheye HSM

Das Sigma 4,5 mm F2,8 EX DC Zirkular Fisheye HSM ist ein extremes Weitwinkel. Diese spezielle Optik ist für das APS-C-Format (DX-Format bei Nikon) gerechnet und hat einen 180-Grad-Bildwinkel. Es liefert daher eine kreisförmige Abbildung innerhalb der Sensorfläche, was sich bei einer weiteren Bildbearbeitung für Kugelpanoramen anbietet.

«
Innenarchitekturaufnahme mit einem Fisheye-Objektiv

6 [Zubehör zur Nikon D90]

⚞
AF-S DX Zoom-Nikkor 12–24 mm 1:4G IF-ED

⚞
Tokina AF 12–14 mm f4 AT-X 124 PRO DX

⚞
AF-S DX Zoom-Nikkor 16–85 mm 1:3,5–5,6G ED

Spezialist: Superweitwinkel-Zoom | Das AF-S DX Zoom-Nikkor 12–24 mm 1:4G IF-ED ist ein extremes Weitwinkelobjektiv mit durchgängiger Lichtstärke von 1:4 über den gesamten Zoombereich. Zwar ist es als innenfokussiertes Objektiv gut mit Filtern verwendbar, jedoch kann je nach Einstellung auch mit einem Slim-Filter bei 12 mm Brennweite eine Vignettierung drohen. Slim-Filter sind extrem schmal und speziell für Ultraweitwinkel konzipiert worden (siehe Seite 210). Das Objektiv drängt sich für Landschaftsaufnahmen aufgrund seiner Brennweite und Lichtstärke geradezu auf, ist jedoch mit seinem Preis, der sich knapp über 1000 € bewegt, kein Schnäppchen. Der Preis ist in meinen Augen jedoch aufgrund der optischen Leistung und der kompakten Bauweise durchaus gerechtfertigt.

Vom Preis-Leistung-Verhältnis ist das Tokina AF 12–14 mm f4 AT-X 124 PRO DX meines Erachtens für die Nikon D90 zu empfehlen. Es hat zwar leider keinen AF-S-Motor, aber der ist bei Weitwinkelaufnahmen nicht immer nötig. Die durchgehende Lichtstärke 4 über den gesamten Bereich von 12–24 mm und die Innenfokussierung ist mit der Nikon-Optik vergleichbar.

Im direkten Vergleich fallen allerdings das Sigma 10–20 mm 4,5–5,6 EX DC HSM beziehungsweise das Tamron SP AF 11–18 mm F/4,5–5,6 Di II LD etwas ab. Es fehlt ihnen an Lichtstärke, aber die Abbildungsleistung ist meiner Meinung nach immer noch in Ordnung.

Allrounder | Das AF-S DX Zoom-Nikkor 16–85 mm 1:3,5–5,6G ED VR ist ein sehr schönes Allround-Objektiv von Weitwinkel bis zum mittleren Telebereich. Nach meiner Auffassung ist es neben dem 18–200-mm-Zoom das Objektiv mit dem besten Preis-Leistungs-Verhältnis überhaupt in der DX-Klasse von Nikon. Die für die Preisklasse (ca. 500 €) exzellente Abbildungsleistung und der gut abgestimmte Zoombereich lassen für die meisten Standardsituationen in der Freizeitfotografie kaum Wünsche offen. Das Objektiv erfüllt auch gehobenere Ansprüche hinsichtlich Leistung und Abbildungsqualität. Es

[Zubehör zur Nikon D90] 6

«
Eine klassisches Landschaftsaufnahme für »normale« Brennweiten von etwa 50 mm.

lässt sich wunderbar für Landschafts- und Porträtaufnahmen einsetzen.

Das AF-S DX Zoom-Nikkor 18–70 mm 1:3,5–4,5G IF-ED ist zwar mittlerweile nicht mehr das aktuellste Objektiv seiner Klasse (es wurde zusammen mit der Nikon D70 Anfang 2004 eingeführt), stellt jedoch ähnliche Abbildungsqualitäten wie das vorgenannte 16–85-mm-Objektiv zur Verfügung. Der nicht unerhebliche Preissprung nach unten (ca. 200 € günstiger) hat jedoch weniger mit dem Alter des Objektivs als mit dem geringeren Zoomfaktor zu tun. Gerade Mehrfach-Zooms mit extremer Weitwinkelbrennweite sind sehr schwierig und aufwendig in der Konstruktion. Das 18–70-mm-Objektiv ist sicherlich deutlich besser als das Einsteigerzoom AF-S DX Zoom-Nikkor 18–55 mm 1:3,5–5,6G ED (siehe Seite 187) zu bewerten. Beide haben aber allerdings keinen Bildstabilisator.

Das Sigma 18–125 mm F3,8–5,6 DC OS HSM hingegen hat einen Bildstabilisator eingebaut. Es geht etwas weiter im Telebereich und besitzt darüber hinaus sogar einen Ultraschallmotor. Das Tamron AF 28–75 mm F/2,8 XR Di Aspherical [IF]

»
Tamron AF 28–75 mm F/2,8 XR Di Aspherical [IF] Macro

183

Macro ist ebenfalls speziell für das DX-Format gerechnet. Es hat einen ähnlichen Brennweitenbereich wie die beiden vorgestellten Nikon-Objektive. Es geht allerdings nicht so sehr in den Weitwinkelbereich, hat aber dafür eine durchgehende Lichtstärke von 2,8. Das macht sich sehr wohl bemerkbar, wenn Sie bei schlechten Lichtverhältnissen fotografieren.

18 mm

33 mm

50 mm

90 mm

100 mm

135 mm

150 mm

200 mm

300 mm

⌃
Zoom-Reihenaufnahme vom Weitwinkel- bis in den Telebereich

Die (fast) Alleskönner | Das AF-S DX VR Zoom-Nikkor 18–200 mm 1:3,5–5,6G IF-ED ist neben dem 16–85-mm-Objektiv das perfekte Objektiv für den, der mit leichtem Gepäck unterwegs sein will oder muss und doch von Weitwinkel bis Telebrennweite alles abgedeckt haben möchte. Auch wenn das Objektiv nicht unbedingt als »Lichtriese« bezeichnet werden kann, so ist die Abbildungsleistung bei diesem immerhin 11fach-Zoom doch als sehr ordentlich hervorzuheben. Nach meiner Meinung der perfekte Reisebegleiter, zumal das Objektiv auch noch mit VR ausgestattet ist. Auch auf einer Kamera wie der Nikon D90 mit ihrer hohen Auflösung ist es absolut noch empfehlenswert.

⌃
Die All-in-one-Lösung, wenn man nur ein Objektiv mitnehmen möchte: das AF-S DX VR Zoom-Nikkor 18–200 mm 1:3,5–5,6G ED

Dieser Brennweitenbereich ist sehr beliebt und wird von unterschiedlichen Herstellern angeboten. Unter anderem auch von Tamron mit dem AF 18–200 mm F/3,5–6,3 XR Di II LD Aspherical [IF] Macro, das ein sehr schönes Allround-Objektiv von Weitwinkel bis zum mittleren Telebereich ist. Allerdings hat es nur einen geringe Blendenöffnung von 6,3 im Telebereich. Dadurch kann mitunter der Autofokus bei schlechten Lichtbedingungen nicht so schnell arbeiten, da er weniger Licht für die Messung zur Verfügung hat. Das Sigma-Objektiv 18–200 mm F3,5–6,3 DC OS, das auch für das DX-Format

⌃
Tamron AF 18–200 mm F/3,5–6,3 XR Di II LD Aspherical [IF] Macro

⌃
Sigma 18–200 mm F3,5–6,3 DC OS

⌃
Tamron AF 18–270 mm F/3,5–6,3 Di II VC LD Aspherical [IF] Macro

« Diese beiden Bilder wurden mit demselben Objektiv von Tamron, dem AF 18–270 mm F/3,5–6,3 Di II VC LD Aspherical [IF] Macro aufgenommen. Das Bild oben entstand mit der 18-mm-Brennweite im Vergleich zu dem Bild unten mit 270 mm Brennweite (Bilder: Tamron).

konzipiert wurde, ist etwas teurer als das von Tamron, verfügt aber ebenfalls nur über eine geringe Blendenöffnung im Telebereich.

Einen noch größeren Brennweitenbereich bietet das neue Tamron AF 18–270 mm F/3,5–6,3 Di II VC LD Aspherical [IF] Macro. Es besitzt einen 15-fachen Zoom. Bei einem 270-mm-Auszug entspricht das einem Bildeindruck von unglaublichen 405 mm. Der eingebaute VR sorgt dafür, dass man bis zu 4 LW länger aus der Hand fotografieren kann, ohne zu verwackeln (siehe Seite 93). Die Handhabung ist wirklich einfach und seine Bauweise ist in Anbetracht der Zoomweite sehr kompakt.

Standard-Kit-Objektiv | Das AF-S DX Zoom-Nikkor 18–105 mm 1:3,5-5,6G ED VR ist ein solides Einsteigerzoom mit durchschnittlicher optischer Qualität und durchaus empfehlenswert für den Einstieg ins Nikon-System. Die Varianz von Weitwinkel bis in den mittlerem Telebereich macht aus diesem Objektiv ein schönes Reisezoom, das auch im Preis-Leistungs-Vergleich attraktiv ist.

⩓
Die Nikon D90 mit dem Kit-Objektiv AF-S DX Zoom-Nikkor 18–105 mm 1:3,5-5,6G ED VR (Bild: Nikon)

Standard-Einsteigerzooms | Das AF-S DX Zoom-Nikkor 18–55 mm 1:3,5–5,6G ED und das AF-S VR DX Zoom-Nikkor 18–55 mm 1:3,5–5,6G sind ebenfalls als sogenannte Kit-Objektive zusammen mit einer Kamera erhältlich. Es handelt sich hierbei um relativ günstige Zoomobjektive der Einsteigerklasse, die empfehlenswert sind, wenn man in die Spiegelreflexfotografie und das Nikon-System neu einsteigt. Das Objektiv wird von Nikon als Variante mit und ohne Verwacklungsreduzierung angeboten. Der Preis stimmt zwar, jedoch darf man auch keine Wunder von diesen Objektiven erwarten.

Sigma 18–50 mm F3,5–5,6 DC HSM

Passend ergänzt wird das 18–55-mm-Zoom durch das AF-S DX Zoom-Nikkor 55–200 mm 1:4-5,6G IF-ED. Dieses ist ebenfalls als Version mit VR erhältlich und abseits des Brennweiten-Bereichs ähnlich einzustufen wie die vorgenannten Zooms der Brennweite 18–55 mm. Für vergleichsweise wenig Geld deckt man durch die Kombination dieser beiden Objektive den gleichen Brennweitenbereich ab wie mit dem AF-S DX VR Zoom-Nikkor 18–200 mm 1:3,5–5,6G IF-ED, welches ich jedoch vorziehen würde.

Wenn Sie sich ein leichtes Zoomobjektiv zulegen möchten, sollten Sie sich auch das Sigma 18–50 mm F3,5–5,6 DC HSM als eine Alternative zum 18–55-mm-Kit-Objektiv der Nikon D90 einmal ansehen. Es verfügt zwar nicht über einen Bildstabilisator, hat dafür aber einen schnellen Ultraschallmotor (HSM). Gerne verweise ich an der Stelle kurz auf eine Festbrennweite. Wenn Sie eine kleine Bauweise lieben, lesen Sie den Abschnitt über das AF Nikkor 50 mm 1:1,8D (siehe Seite 190). Das ist eines meiner liebsten kleinen Objektive.

Die beiden Einsteigerzooms AF-S DX Zoom-Nikkor 55–200 mm 1:4–5,6G IF-ED und AF-S DX Nikkor 18–55 mm 1:3,5–5,6G in der VR-Version

Der Profi | Das AF-S DX Zoom-Nikkor 17–55 mm 1:2,8G IF-ED ist derzeit das teuerste Objektiv im DX-Segment. Es ist für den professionellen Einsatz als Reportage-Objektiv konzipiert.

Das Profi-DX-Zoom AF-S DX Nikkor 17–55 mm 1:2,8G IF-ED

Ursprünglich wurde es für die professionellen Kameras mit DX-Sensor wie die D2Xs gebaut, und es findet sich nach wie vor in der Fototasche vieler Profis. Ein exzellentes Zoom mit hervorragenden optischen Eigenschaften. Mit seinen 755 Gewicht und einem Filterdurchmesser von 77 mm gehört das Objektiv nicht zu den kompakten Leichtgewichten. Dafür wird man mit der durchgängigen Lichtstärke von 1:2,8 belohnt.

Ich kann meine Vorliebe für dieses Objektiv nicht verbergen, aber preislich ist es kein Schnäppchen. Da hat das Objektiv von Tamron, das SP AF 17–50 mm F/2,8 XR Di II Aspherical [IF] deutlich die Nase vorn. Es ist ein lichtstarkes und kompaktes Zoom mit einer sehr guten Abbildungsleistung und ist daher ebenfalls zu empfehlen, auch wenn der Brennweitenbereich etwas kürzer ist.

Ein Newcomer unter den DX-Nikkoren und sicherlich kein schlechter: das AF-S DX Nikkor 35 mm 1:1,8G

Klein, aber oho | Das AF-S DX Nikkor 35 mm 1:1,8G war, als ich dieses Buch schrieb, frisch angekündigt und auf dem Markt. Den Features und der Lichtstärke dieser äußerst kompakten Festbrennweite nach zu urteilen, kann man bei einem attraktiven Preis ein Weitwinkelobjektiv mit verzeichnungsfreier Abbildung erwarten. Mit der Brennweite von 35 mm (an der Nikon D90 52,5 mm) kann sich dieses Objektiv ziemlich schnell zum Klassiker im Landschaftsbereich entwickeln, da es leicht und kompakt ist, und es so Platz in jeder Fototasche oder auch in der Jackentasche findet, wenn man unterwegs ist.

Das Sigma 30 mm F1,4 DC HSM verfügt sogar noch über etwas mehr Lichtstärke als das neue Nikon-Objektiv. Die ansonsten tolle Abbildungsleistung wird jedoch durch Randabschattungen etwas gemindert. Preislich ist das Sigma-Objektiv durch die höhere Lichtstärke auch teurer als das von Nikon.

6.3 Kleinbildobjektive

Im folgenden Abschnitt werden Ihnen diverse Objektive vorgestellt, die für Vollformat- beziehungsweise Analogkameras gerechnet sind (24 x 36 mm). Diese »analogen« Objektive haben an einer Kamera wie der Nikon D90, die mit einem kleineren DX-Sensor ausgestattet ist, den Vorteil, dass eventuelle Verzeichnungen, die durch Randstrahlen verursacht werden, weniger ins Gewicht fallen.

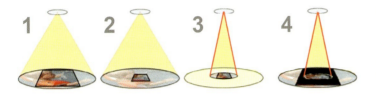

Die sogenannte Brennweitenverlängerung mit dem Faktor 1,5 (siehe Seite 179) muss man immer einrechnen, möchte man den Bildeindruck mit der Aufnahme einer Vollformatkamera vergleichen.

«
1: analoges Objektiv, zum Beispiel 300 mm auf FX-Format
2: dasselbe analoge Objektiv auf DX-Format, Bildeindruck wie bei 450 mm (ein Auszug aus dem Gesamtbild)
3: DX-Objektiv bei 200 mm auf DX-Format (»kürzere« Bauweise und spitzerer Bildwinkel). Bildeindruck wie bei Beispiel 1
4: DX-Objektiv bei 200 mm auf FX-Format, starke Vignettierungen

Festbrennweiten

Festbrennweiten, also Objektive mit nicht veränderbarer Brennweite, galten gemeinhin als Garant für Top-Abbildungsleistungen. Jeder, der etwas auf sich hielt und höchste Ansprüche stellte, bevorzugte Objektive mit Festbrennweite, die stets in ihrer optischen Leistung den Zooms überlegen waren. Heutzutage gilt dies nicht mehr unbedingt: Je nach Objektiv und Konstruktion kann so manches Zoom in der Leistung mithalten. Trotzdem gibt es gerade in Spezialbereichen wie der Makrofotografie die besten Festbrennweiten, da hier die Anforderungen entsprechend hoch sind.

Klassiker: Festbrennweiten von 20 bis 35 mm | Trotz der heutzutage sehr guten Qualität der Weitwinkelzooms erfreuen sich die Festbrennweiten nach wie vor durchaus großer Beliebtheit. Wegen ihrer hohen Verzeichnungsfreiheit werden sie bevorzugt für Architektur- und Landschaftsaufnahmen eingesetzt. Sigma hat daher ein gutes Sortiment an Festbrennweiten mit 20 mm, 24 mm und 28 mm im Angebot. Sie haben alle als

≈
Nikon bietet Festbrennweiten in 20 mm, 24 mm, 28 mm und 35 mm.

Sigma 20 mm F1,8 EX DG

Das AF Nikkor 50 mm 1:1,8D

AF-S Nikkor 50 mm 1:1,4G

Anfangsblende die 1,8 und sind damit gegenüber den Nikon-Optiken wesentlicher lichtstärker (Ausnahme: das AF Nikkor 35 mm 1:2,0D). Die Nikon-Objektive haben allesamt eine größte Blendenöffnung von 1:2,8. Der ältere Antrieb über den AF-Motor der Kamera bewirkt kein Kompatibilitätsproblem bei der Nikon D90, der Vorteil der kurzen Brennweite wird jedoch durch den Verlängerungsfaktor der Kamera aufgehoben. Allerdings erhält man bei Verwendung des AF Nikkors 35 mm 1:2,0D einen klassischen Bildausschnitt wie bei der Verwendung eines 50-mm-Objektivs auf einer Kamera mit FX-Format-Sensor. Dieser Eindruck entspricht in etwa dem Sehwinkel des menschlichen Auges.

»Normalos«: Festbrennweiten von 50 bis 85 mm | Als ein Normalobjektiv in der analogen Fotografie galt eine 50-mm-Optik. Diese Tatsache wurde unter anderem hergeleitet, da die Filmdiagonale – und nun auch die FX-Diagonale – 43 cm aufwies und da außerdem der Bildausschnitt in etwa dem menschlichen Blickwinkel entspricht.

Das AF Nikkor 50 mm 1:1,8D und das AF Nikkor 50 mm 1:1,4D sind sich von der Konstruktion und Größe sehr ähnlich, ich bevorzuge jedoch trotz der etwas schlechteren Lichtstärke das 1,8D, da es meiner Ansicht nach eine bessere Abbildungsqualität hat und es wesentlich günstiger als das 1,4er ist. Gerade bei Objektiven dieser Generation sorgt eine hohe Lichtstärke im unteren Brennweitenbereich oft für Einschränkungen in der Bildqualität, daher ist für mich das 1,8D das ideale Zweitobjektiv.

Das zur photokina 2008 vorgestellte AF-S Nikkor 50 mm 1:1,4G hat mich zunächst noch nicht ganz überzeugt. Es ist größer und breiter als die beiden anderen, im Gewicht ist der Unterschied jedoch nicht spürbar. Das G-Nikkor hat zwar eine beeindruckende Abbildungsleistung, einen Wermutstropfen gibt es trotzdem: Obwohl das Objektiv mit einem AF-S-Ringmotor ausgestattet ist, fokussiert es nicht merklich schneller als die Objektive mit klassischer AF-Kupplung. Hinsichtlich der Fokusgeschwindigkeit kann es sich also nicht unbedingt mit

[Zubehör zur Nikon D90] 6

«
Die 50- und 85-mm-Festbrennweiten sind klassische Porträtbrennweiten beim DX-Format.

den anderen AF-S-Objektiven messen. Die neue Konstruktion verspricht eine höhere Linienauflösung als die älteren Versionen, aber so weit gingen meine Tests nicht.

Das etwas teurere Sigma 50 mm F1,4 EX DG HSM ist die Fremdhersteller-Alternative für die klassische Normalbrennweite. Es hat, wie das neue Nikon 1,4, einen Ultraschallmotor und besitzt die große Lichtstärke. Die generelle Abbildungsleistung ist sehr gut, nur würde ich, wie bei allen 50-mm-Objektiven dazu raten, einmal abzublenden (Blendenwert erhöhen), da die Objektive bei offener Blende leicht zu Farbverzeichnung neigen. Bei Blende 2,0 ist dies kaum mehr sichtbar.

Ich halte die 50 mm für eine sehr schöne Brennweite. Denn nutzt man sie an der Nikon D90, erhält man durch den Verlängerungsfaktor 75 mm Brennweite. 85-mm-Optiken wurden in der Kleinbild-Fotografie auch als Standardbrennweite

⌃
Sigma 50 mm F1,4 EX DG HSM

Das AF Nikkor 85 mm 1:1,8D

genutzt. Damit kommt man mit dem 50-mm-Optiken schon nah heran.

Man kann sich streiten, ob 85-mm-Optiken schon zum Tele- oder noch in den Normalbereich gehören. Für den Normalbereich spricht, dass die 85-mm-Festbrennweite als Standardobjektiv gilt.

Das AF Nikkor 85 mm 1:1,4D und das AF Nikkor 85 mm 1:1,8D bekommt man durch die virtuelle Brennweitenverlängerung auf knapp 130 mm und beide sind sehr beliebt als Porträtobjektive. Dabei kann man jedoch mit der Nikon D90 unter Umständen ein kleines Platzproblem bekommen, weil man sich doch relativ weit von seinem Gegenüber entfernen muss, um ein schönes Kopf- oder Halbporträt zu machen. Gerade durch die große Blendenöffnung eignen sie sich wunderbar zum Freistellen des Motivs. Der Unschärfeverlauf ist vor allem bei der Version 1:1,4D sehr schön und harmonisch, was beim Freistellen mit geöffneter Blende aus mittlerer oder aus kurzer Entfernung ein sehr schönes Bild ergibt. Trotzdem bevorzuge ich das Arbeiten mit dem 1:1,8D. Das Nikon 1:1,4D ist mir persönlich von der Abbildungsqualität etwas zu weich.

Bei Reportagefotos kommen Ihnen die langen Brennweiten entgegen, wenn Sie nicht zu nah an das Motiv herangehen möchten oder können. Die so aus der Distanz geschossenen Porträts, wirken wie aus der Ferne beobachtet und der Betrachter fühlt sich trotzdem ins Geschehen eingebunden

Tele-Festbrennweiten von 180 bis 600 mm | Diese Brennweitenbereiche sind besonders für Naturfreunde und Tierbeobachter interessant. Hier hat man durch das DX-Format eklatante Vorteile: Der Bildausschnitt ist bei gleichbleibender Lichtstärke enger gefasst. Beispielsweise erhalte ich mit der D90 und einem AF-S VR Nikkor 300 mm 1:2,8 IF-ED einen Bildausschnitt wie bei einem 450-mm-Objektiv auf einer Vollformatkamera. Das lässt des Naturfotografen Herz jubeln. Sehr beliebt bei den Nicht-Berufsfotografen sind in diesem Segment das AF-S Nikkor 300 mm 1:4D IF-ED, das sehr gute Leistung zu einem guten Preis bietet und auch das AF-S VR Nikkor 200 mm 1:2G IF-ED. Letzteres ist kein Leichtgewicht vom Preis (immerhin knapp über 4500 €), allerdings trotz der großen Frontlinse mit 2,9 kg Gewicht noch gut in der Handhabung und mit einer Lichtstärke von 1:2 und einer »gefühlten« Brennweite von 300 mm an der Nikon D90 natürlich großartig. Zum Vergleich: Die nächstlängere Brennweite mit 300 mm und der Lichtstärke von 1:2,8 kostet noch einmal rund 1000 € mehr.

Deutlich günstiger ist das Sigma EX 300 mm F2,8 APO DG HSM. Es bietet neben einer exzellenten Lichtstärke und einem Ultraschallmotor auch spezielle qualitativ hochwertige Gläser gegen chromatische Aberration. Das Gleiche gilt für das Sigma EX 500 mm F4,5 APO.

Die längeren Brennweiten wie die Nikkor-Objektive mit 400 mm, 500 mm und 600 mm können an der Nikon D90 natürlich ebenfalls verwendet werden. Sie sind nicht nur dem Namen, sondern auch der Leistung nach Supertelebrennweiten, kommen jedoch auch schon an den Preis eines Kleinwagens heran. Dies sind wirklich Objektive für Spezialisten und Enthusiasten. Möchten Sie nur gelegentlich in diesem Brennweitenbereich fotografieren, sollten Sie eher über die Anschaffung eines entsprechenden Telekonverters nachdenken.

Das AF-S Nikkor 300 mm 1:4D IF-ED

Mit etwas über 5 kg das Schwergewicht unter den Teleobjektiven bei Nikon: das AF-S VR Nikkor 600 mm 1:4G ED

Sigma EX 300 mm F2,8 APO DG

6 [Zubehör zur Nikon D90]

⌃
Der beliebteste der drei aktuell von Nikon verfügbaren Telekonverter, der TC-17E II (rechts) sowie die Telekonverter TC-14E II und TC-20E II.

In Verlängerung | Telekonverter werden zwischen Objektiv und Kamera gesetzt und dienen der Verlängerung der Brennweite. Aufgrund der baulichen Dimensionen von Konvertern und Objektiven sind Telekonverter nicht beliebig mit anderen Objektiven verwendbar, sondern sind der Verwendung mit Teleobjektiven ab 200 mm zugedacht. Natürlich geht das Einbringen von noch mehr Glas und Glasoberflächen in den Strahlengang auf Kosten der Abbildungsqualität. Da ein Telekonverter deutlich günstiger in der Anschaffung ist, arbeiten durchaus viele Profis zum Beispiel im Sportbereich mit Telebrennweiten von 200 mm bis maximal 400 mm und ergänzen diese gegebenenfalls durch Telekonverter. Der TC-14E II verlängert die Brennweite um den Faktor 1,4 (Beispiel: 300 mm x 1,4 = 420 mm), aber mit dem Preis eines Lichtwerts. Das heißt die Kombination eines 300-mm-Objektivs mit Lichtstärke 1:2,8 ergibt mit dem TC-14 EII ein 420-mm-Objektiv mit Lichtstärke 1:3,5 (siehe Tabelle):

»
Die Tabelle zeigt die Grenzen auf: Jenseits einer Lichtstärke von 1:5,6 kann man nur noch bei guten Lichtbedingungen mit dem Autofokus arbeiten. Bei Brennweiten von 850 mm oder 1000 mm kann man aber auch ruhig manuell fokussieren. Die Vignettierung spielt hier eine geringere Rolle, da bedingt durch das DX-Format ohnehin nur der mittlere Bildkreisbereich genutzt wird. Eine Kombination von Telekonvertern mit einem der bisher erhältlichen DX-Nikkoren ist übrigens nicht möglich.

Beispielkombinationen Objektive/Telekonverter			
Objektiv	**Telekonverter**		
	TC-14E II	**TC-17E II**	**TC-20E II**
300 mm 1:4 (DX 450 mm)	420 mm 1:5,6 (DX 630 mm)	510 mm 1:6,7 (DX 765 mm)	600 mm 1:8 (DX 900 mm)
300 mm 1:2,8 (DX 450 mm)	420 mm 1:3,5 (DX 630 mm)	510 mm 1:4,8 (DX 765 mm)	600 mm 1:5,6 (DX 900 mm)
400 mm 1:2,8 (DX 600 mm)	560 mm 1:3,5 (DX 840 mm)	680 mm 1:4,8 (DX 1020 mm)	800 mm 1:5,6 (DX 1200 mm)
500 mm 1:4 (DX 750 mm)	700 mm 1:5,6 (DX 1050 mm)	850 mm 1:6,7 (DX 1275 mm)	1000 mm 1:8 (DX 1500 mm)

Die Spezialisten | Die Objektive AF-S Micro-Nikkor 60 mm 1:2,8G und AF-S VR Micro-Nikkor 105 mm 1:2,8G sind speziell für den Nahbereich konstruiert. Sie haben von allen Objektiven das höchste Auflösungsvermögen, können also mehr Details zeigen und sind zudem nahbereichskorrigiert, um Beugungsfehlern bei Aufnahmen in kurzer Distanz vorzubeugen. Welches von beiden zu bevorzugen ist, lässt sich nur an dem möglichen Abstand zum Motiv entscheiden. Die Naheinstellgrenze liegt bei 18,5 cm bei dem 60-mm-Objektiv und bei 31 cm bei dem 105-mm-Objektiv. Sie wird ab dem Sensor gemessen, die Frontlinse ist dabei nur wenige Zentimeter vom Motiv entfernt. In dieser Extremstellung erhält man übrigens bei beiden Objektiven dann auch automatisch das Abbildungsverhältnis von 1:1.

⌃ Micro-Nikkore sind Spezialisten für Nahaufnahmen.

Das Abbildungsverhältnis wird allein vom Objektiv und nicht wie häufig fälschlich angenommen durch das Format des Films oder Sensors bestimmt, der lediglich als aufnehmendes Element dient. Ihr großes Auflösungsvermögen kann auch gleichzeitig Fluch sein, wenn man ein Micro-Nikkor zum Beispiel als Porträtobjektiv einsetzt: Dann werden die kleinste Hautunreinheit und das kleinste Äderchen abgebildet, und die Aufnahmen wirken geradezu klinisch klar. Das ist nicht immer unbedingt das, was man als Fotograf abbilden möchte, daher werden diese Objektive in der Regel wirklich nur für Nahbereichsaufnahmen eingesetzt und dort, wo es auf unbedingte Detailfülle ankommt. Ich dagegen nutze gerade diese Eigenschaft der Makroobjektive hin und wieder gerne für Kinderporträts. Deren Hautbeschaffenheit ist unkritisch, daher zeichnen sich diese Bilder durch ihre Genauigkeit aus.

⌃ Die beiden aktuellen AF-S Micro-Nikkore

Tamron SP AF 90 mm F2,8 Di MACRO 1:1

Gute Makroobjektive gibt es auch bei den Fremdherstellern: Das Sigma 105 mm F2,8 EX DG Makro HSM und das Tamron SP AF 90 mm F2,8 Di MACRO 1:1 beispielsweise sind lichtstark und haben eine ordentliche Abbildungsleistung. Außerdem sind sie preislich fast um die Hälfte günstiger als das 105er von Nikon. Das wiederum hat dafür eine VR-Einheit eingebaut, die sich für den Nahbereich als sehr nützlich erweist, wenn Sie ohne Stativ arbeiten.

Die Exoten | Die PC-E-Nikkore werden für Architektur- und Sachaufnahmen zum Beispiel in der Produktfotografie eingesetzt. Das Besondere an ihnen ist nicht nur die Möglichkeit zu shiften und somit stürzende Linien zum Beispiel bei Gebäuden auszugleichen, sondern zusätzlich die Möglichkeit, den Tubus zu schwenken und zu drehen (*Tilt & Shift*). Dadurch kann die Schärfeebene des Objektivs quer und diagonal zur Sensorebene verschwenkt werden. Man kann so außergewöhnliche Aufnahmen mit ungewöhnlichem Schärfeverlauf machen oder auch Aufnahmen, bei denen ein Gegenstand von vorne bis hinten absolut scharf abgebildet wird, ohne die Blende zu weit schließen zu müssen.

Oben: In der Normalstellung verläuft die Schärfeebene parallel zur Bildkante.
Unten: Durch Verschwenkung und Neigung kann die Schärfeebene diagonal in die Tiefe gelegt werden. Die Schärfe fällt nach schräg rechts und links ab statt nach vorne und hinten.

Das PC-E Nikkor 24 mm 1:3,5D ED ist der Spezialist für Architektur, das PC-E Micro Nikkor 45 mm 1:2,8D ED und das PC-E Micro Nikkor 85 mm 1:2,8 D sind für Sachaufnahmen und Produktfotografie gedacht.

AF DC-Nikkore sind mit einer Funktion ausgestattet, die etwas irreführend »Defokussierkontrolle« (*Defocus Image Control*) heißt (siehe Begriffserläuterung im Kasten unten). In Neutralstellung der Defokussierkontrolle lassen sich die beiden AF DC-Nikkore AF DC-Nikkor 105 mm 1:2D und AF DC-Nikkor 135 mm 1:2D als ganz herkömmliche Festbrennweiten verwenden.

Das PC-E Nikkor 24 mm 1:3,5D ED im verschwenkten Zustand

> **BEGRIFFSKLÄRUNG**
>
> › PC-E = PC steht für *Perspective Control* und verweist auf die Möglichkeit, den Tubus des Objektivs und somit die optische Achse nach oben oder unten zu verschieben (engl.: *to shift*). Dadurch kann man zum Beispiel bei Aufnahmen von hohen Gebäuden vermeiden, dass sich die Außenseiten nach oben hin verjüngen. Hierbei spricht man auch von »stürzenden Linien«. Durch das Verschieben nach unten lässt sich der Effekt verstärken. »E« ist ein Hinweis darauf, dass es sich um eine elektronisch gesteuerte Blende handelt.
>
> › *Tilt/tilten* = das Neigen des Objektivtubus aus der optischen Achse
>
> › DC = *Defocus Image Control*. Sinn und Zweck dieser Funktion ist es ausschließlich, den Schärfentiefenbereich des Objektivs beeinflussen zu können und somit den Grad der Unschärfe jenseits der Schärfeebene zu steuern – sie liefert somit eine kreative Spielmöglichkeit, das »Bokeh« des Objektivs zu verändern.
>
> › Bokeh = der Begriff stammt aus dem Japanischen und beschreibt die Art, in der Motivbereiche im Unschärfebereich abgebildet werden (zum Beispiel Lichtreflexionen als Bildkreise). Hat man einen schönen, sanften Verlauf in den unscharfen Bildbereichen, so wird dies im Allgemeinen der harten Überlagerung verschiedener Bildelemente gegenüber bevorzugt – dann hat das Objektiv ein »schönes Bokeh«.

Das AF DC-Nikkor 105 mm 1:2D. Sehr gut ist der zweite Einstellring ❶ für die Defocus Image Control zu erkennen.

Weitwinkel- und Allround-Zooms

Der Weitwinkelbereich liegt bei den herkömmlichen Objektiven für das Kleinbildformat in einem Bereich zwischen 14 mm und etwa 35 mm Brennweite. Ab dort beginnt der Normalbrennweitenbereich, der etwa bei 85–105 mm vom Telebereich abgelöst wird.

Profi-Weitwinkelzooms | Das AF-S Zoom-Nikkor 14–24 mm 1:2,8 ED ist derzeit das Vorzeige-Weitwinkelzoom bei Nikon. Die Bildqualität ist in vielen Tests zu Recht hochgelobt worden, was ich bei meinen Einsätzen auch bestätigen kann. Zu bemängeln haben viele allerdings, dass es kein Schraubgewinde für Filter hat. Das AF-S-Zoom-Nikkor 17–35 mm 1:2,8 IF-ED ist sozusagen der ältere Bruder mit etwas längerer Brennweite und ähnlich guten Eigenschaften. Diese Objektive sind konzipiert, um höchste Ansprüche erfüllen zu können. Vorzugsweise werden diese Objektive von Profifotografen im Reportagebereich eingesetzt – leider muss man dafür auch einen sehr hohen Preis zahlen. Dazu bietet Sigma mit dem Weitwinkel-Zoom 12–24 mm F4,5–5,6 EX DG Asp. HSM IF eine sehr viel kostengünstigere Alternative an, die qualitativ durchaus lobenswert, aber leider nicht so lichtstark ist.

> **HINWEIS**
>
> Weitwinkelobjektive werden vorzugsweise in der Landschafts- oder Architekturfotografie eingesetzt. Jedoch auch in der Porträtfotografie sind Weitwinkelobjektive zu finden, nicht nur für Aufnahmen größerer Personengruppen, sondern gerne auch einmal für verfremdende Porträts einzelner Personen. Weitwinkelzooms sind auch im Profibereich, besonders bei People-Reportagen oder der sogenannten *Red-Carpet*-Fotografie, im Einsatz.

⌃
Sigma 12–24 mm F4,5–5,6 EX DG Asp. HSM IF

⌃
Der Weitwinkel-Allrounder, das AF-S VR Zoom-Nikkor 24–120 mm 1:3,5–5,6G IF-ED

Allround-Zoomobjektive | Das AF-S VR Zoom-Nikkor 24–120 mm 1:3,5-5,6G IF-ED ist eins der beliebtesten, weil vielseitigsten Zoomobjektive. Auch wenn es sich mit seiner Abbildungsleistung nicht mit den Profi-Zooms messen kann, so ist es aufgrund des 5fach-Zooms ein sehr schönes Objektiv für Landschaftsaufnahmen und Städtereisen. An der Nikon D90 zeigt es einen attraktiven Brennweitenbereich von ca. 36–180 mm, und es ist für denjenigen, der langfristig mit einer Kamera im FX-Format liebäugelt oder noch über eine Film-Spiegelreflex verfügt, eine interessante Wahl. Das AF Zoom-Nikkor 24–85 mm 1:2,8-4D IF ist eher ein gemäßigter Allrounder, jedoch mit guter Abbildungsleistung. Ob der Abbildungsbereich dem eigenen Bedarf entspricht, ist natürlich immer die Frage. Die Lichtstärke und auch die Innenfokussierung machen das Objektiv jedoch durchaus interessant, auch wenn es den absoluten Allround-Charakter für mich etwas vermissen lässt.

> **HINWEIS ZU AF-OBJEKTIVEN**
>
> Man muss sich bei der Verwendung von klassischen AF-Objektiven im Klaren darüber sein, dass die automatische Scharfstellung nicht so präzise wie bei Objektiven mit AF-S-Motor ist. Dies kann insbesondere bei Aufnahmen im Nahbereich zu sichtbarem Front- oder Backfokus führen. Das heißt, dass die Kamera nicht exakt auf die eingestellte Entfernung, sondern leicht davor oder dahinter scharf stellt. Dies ist nicht neu und hängt auch nicht mit der Digitaltechnik zusammen. Vielmehr wurde der Effekt zu Filmzeiten oftmals übersehen, da selten eine derart einfache Vergrößerung wie heutzutage am Computerbildschirm möglich war.

Im Gegensatz dazu zielt das AF-S Zoom-Nikkor 24–70 mm 1:2,8G ED kompromisslos auf Nutzer, die Robustheit und Geschwindigkeit gepaart mit Top-Abbildungsqualität und hoher Lichtstärke haben wollen. Das lässt Nikon sich allerdings auch bezahlen, dieses Objektiv kostet um die 1800 € und ist somit nicht wirklich ein Schnäppchen.

Auch dazu bieten sowohl Sigma mit dem 28–70 mm F2,8 EX DG Asp. IF als auch Tamron mit dem SP AF 28–75 mm F2,8 XR Di LD Asp. [IF] durchaus vom Preis-Leistung-Verhältnis her empfehlenswertere Alternativen an.

Tele- und Supertelezooms | Weit verbreitetet sind das AF-S VR Zoom-Nikkor 70–300 mm 1:4,5–5,6G und das AF VR Zoom-Nikkor 80–400 mm 1:4,5–5,6D ED. Insbesondere das

Das AF-S Zoom-Nikkor 24–70 mm 1:2,8G ED

AF-S VR Zoom-Nikkor 70–300 mm 1:4,5–5,6G

Sigma 70–300 mm F4–5,6 DG APO Makro

AF-S VR Zoom-Nikkor 70–200 mm 1:2,8G ED

70–300-mm-Objektiv ist ein guter Allrounder im Bereich der langen Brennweiten, es entspricht 105–450 mm Brennweite auf der Nikon D90. Das 80–400-mm-Objektiv ist zwar im Vergleich sehr langsam in der automatischen Scharfstellung, kommt jedoch durch den Cropfaktor auf eine Bildwirkung von 600 mm. Diese beiden Objektive kann man allen Einsteigern in die Tierfotografie beziehungsweise Sportfotografie absolut empfehlen, denn die Investition in entsprechende Festbrennweiten ist immens hoch und auch nicht für jeden Geldbeutel geeignet oder notwendig.

Das Tamron AF 70–300 mm F4–5,6 Di LD Macro 1:2 ist ein günstiges Telezoom mit passabler Abbildungsleistung, das vor allem durch das Preis-Leistungs-Verhältnis attraktiv ist. Leider hat es weder einen Bildstabilisator noch einen Ultraschallmotor, kann aber für Makroabbildungen von 1:2 eingesetzt werden. Ein vergleichbares Objektiv ist das neue Sigma 70–300 mm F4–5,6 DG APO Makro.

Bei den lichtstarken Telezooms hat sich der Brennweitenbereich von 70–200 mm etabliert. Das AF-S VR Zoom-Nikkor 70–200 mm 1:2,8G IF-ED gehört zu den Profiobjektiven und ist der Liebling der Pressefotografen. Es hat einen sehr hohen Preis, aber an seine Abbildungsleistung und die Geschwindigkeit des Autofokus reicht keines der anderen Objektive meiner Meinung nach heran. Das 70–200 mm F2,8 EX DG Makro HSM II von Sigma und das SP AF 70–200mm F/2,8 Di LD [IF] Macro von Tamron sind beides gute Objektive und vor allem wesentlich kostengünstiger, haben allerdings keinen Bildstabilisator.

Zu einem Supertelezoom gehören Objektive, die vor allem sehr weit in den Telebereich gehen (ab 400 mm). Dazu würde natürlich auch das zuvor genannte Nikon AF VR Zoom-Nikkor 80–400 mm 1:4,5–5,6D ED zählen. Deutlich schneller ist dagegen das neue Sigma 150–500 mm F5–6,3 DG OS APO HSM. Dieses hat nicht nur einen Bildstabilisator, sondern auch den schnellen HSM-Motor. Seine Lichtstärke ist jedoch etwas schwächer als bei der Nikon-Optik. Auch das Tamron SP AF 200–500 mm F/5–6,3 Di LD [IF] hat diese geringe Lichtstärke, aber es reicht auch bis zu 500 mm Brennweite. Das ergibt an der Nikon D90 einen 750-mm-Bildeindruck. Um das noch zu überbieten, hat Sigma nun das 300–800 mm F5,6 EX DG APO HSM IF im Programm. Die 1200-mm-Brennweite an der Nikon D90 durch den Cropfaktor lassen wohl das Herz jedes Naturfotografen ein wenig schneller schlagen. Das Manko ist jedoch das Fehlen des Bildstabilisators. Aber bei so langen Brennweiten kommt man um ein Einbein oder Stativ (siehe Seite 201) nicht herum. Auch wenn die Brennweite nicht ganz so lang ist wie bei dem Sigma, hat das AF-S VR Zoom-Nikkor 200–400 mm 1:4G IF-ED einen Stabilisator. Dieser darf auch eingeschaltet bleiben, wenn Sie mit einem Stativ arbeiten.

Tamron SP AF 70–200mm F/2,8 Di LD [IF] Macro

6.4 Stative

Wenn Sie mit langen Brennweiten arbeiten, ist aufgrund des großen Bildauszuges und mit dem damit einhergehenden kleinen Bildwinkel die Verwacklungsgefahr sehr hoch. Daher nutzt man häufig ein Stativ zur Stabilisierung der Kamera. Stative kommen vor allem bei Sport-, Landschafts-, Architektur- und Makroaufnahmen zum Einsatz. Je nach Genre werden unterschiedliche Stativarten genutzt, da der Landschaftsfotograf andere Anforderungen an sein Stativ hat als ein Sportreporter. Es gibt daher nicht *das* Universalstativ, das für jeden und immer das beste ist, denn die unterschiedlichen Einsätze, Vorlieben und Geldmittel sind einfach zu verschieden.

Sie sollten die Wahl Ihres Stativs ähnlich angehen wie die Objektivwahl. Achten Sie nicht ausschließlich auf den Preis, sondern auch auf die Qualität. Das Stativ soll ja nicht nur Ihre mitunter schwere Kamera tragen, sondern auch Schwingungen abfedern. Das können billige Stative oftmals nicht ausreichend.

Meine Empfehlung für eine gute Kombination einer Einsteiger-Fototasche: das AF-S DX Nikkor 16–85mm 3,5-5,6 ED VR, das AF-S VR Zoom-Nikkor 70–300 mm 1:4,5–5,6G – und das kleine AF Nikkor 50 mm 1:1,8D sollte wenn möglich auch nicht fehlen.

6 [Zubehör zur Nikon D90]

Für ihre sehr gute Qualität bekannte Stative sind unter anderem die der Hersteller Manfrotto, Gitzo und Berlebach. Diese zählen allerdings mit zu den teuersten auf dem Markt. Hersteller wie Hama, Cullmann oder Novoflex haben ebenfalls Stative in großer Auswahl in ihrem Sortiment. Man unterscheidet zwischen Einbein- und Dreibeinstativen, deren Material entscheidend ist. Stative gibt es sowohl aus Aluminium, Holz oder Carbon, seltener auch aus Granit oder Basalt.

Stativ für unterwegs | Landschafts- und Architekturfotografen sind bei langen Belichtungszeiten bei geschlossener Blende darauf angewiesen, ein Dreibeinstativ zu nutzen. Sie stehen jedoch immer vor der Wahl: leicht oder robust? Ist ein Stativ leicht, zum Beispiel aus Aluminium, und somit komfortabel zu transportieren, geht das meist auf Kosten der Stabilität. Holzstative beispielsweise von Berlebach sind sehr robust und erfreuen sich immer noch großer Beliebtheit, sind aber sehr sperrig im Gepäck. Eine gute, wenn auch nicht ganz preisgünstige Lösung sind Stative aus Carbon.

Ein stabiles Dreibeinstativ ist flexibel und vielseitig einsetzbar (Bild: Manfrotto).

Stativ für die Schnelle | Sport- und Reportagefotografen haben in der Regel keine Zeit, um lange Einstellungen vorzunehmen. Sie nutzen daher Einbeinstative. Sie sind handlich und haben kaum bewegliche Teile. Man kann sie nicht alleine aufstellen, daher nutzen Naturfotografen sie nur, wenn sie lange Strecken ohne große Verweildauer unterwegs sind.

Einbeinstative sind fix aufgebaut (Bild: Manfrotto).

Stativ für Details | Bei der Tabletop-Fotografie im Makro- und Produktbereich haben Fotografen in der Regel einen fest installierten Aufbau. Dabei spielt das leichte Gewicht nicht die entscheidende Rolle. Viel wichtiger ist es, dass das Stativ Schwingungen und Vibrationen abfängt, um möglichst detailreiche Aufnahmen zu erhalten. Man sagt, dass das hohe Gewicht eines Stativs Garant für einen ruhigen Stand sei. Das hängt aber genauso von der Konstruktion und Materialbeschaffenheit ab. Kleine Tisch- oder auch Ministative sind für die Nikon D90 nicht unbedingt zu empfehlen, dafür ist sie zu groß und zu schwer. In solchen Situationen rate ich eher zu einem Bohnensack (siehe Seite 204).

Stativköpfe | Ein Stativ wird nicht automatisch mit einer Kamerahalterung, einem sogenannten Stativkopf, verkauft. Auch bei den Köpfen gibt es je nach fotografischem Einsatz eine große Auswahl aus der jeweiligen Produktpalette der Hersteller. Je nach Ausführung des Stativkopfs kann man mitunter genauso viel für den Kopf bezahlen wie für das Stativ. Der Kopf dient dazu, die Kamera mit dem Stativ zu verbinden und die richtige Kameraposition fest einzustellen. Dabei kann man zwischen Kugelköpfen und Zwei- beziehungsweise Drei-Wege-Neigern unterscheiden.

Mit einem Getriebeneiger können Sie die Kameraposition exakt ausrichten (Bild: Manfrotto).

Kugelköpfe haben den Vorteil der schnellen und unkomplizierten Bedienung, die sie vor allem für Allroundfotografen, für Natur- und Porträtaufnahmen interessant machen. Eine exakte horizontale Ausrichtung ist nicht ganz einfach zu erreichen, dazu ist der Kugelkopf nicht unbedingt geeignet. Dazu benutzt man die Zwei- beziehungsweise Drei-Wege-Neiger-Köpfe. Sie sind so konstruiert, dass jede Achse für sich verstellt werden kann. Jede Änderung der horizontalen oder vertikalen Drehung wird über einen eigenen Feststeller beziehungsweise Griff verändert. Es gibt darüber hinaus drehbare Griffe, Schnellverschlüsse oder separate Feststellschrauben. Ein besonderer Stativkopf ist der Panoramakopf. Er dient dazu, die einzelnen Bilder passgenau zu belichten. Dazu hat er eine Gradeinteilung und eine Wasserwaage integriert.

Der Kugelkopf ist unkompliziert zu bedienen (Bild: Manfrotto)

Ein Panoramakopf ermöglicht die exakte Ausrichtung der Kamera. Sie können Bilder somit genau auf Bündigkeit aufnehmen (Bild: Novoflex).

6 [Zubehör zur Nikon D90]

Ein Bohnensack hilft, die Kamera in Bodennähe zu stabilisieren. (Bild: www.outdoor-stative.de).

Bohnensack | Eine günstige Alternative zu einem Stativ, wenn auch nicht für alle Aufnahmebedingungen geeignet, ist ein sogenannter Bohnensack. Dieser meist 20 x 20 cm große Sack dient zur Auflage von langen Brennweiten, aber auch zur Stabilisierung der Kamera in der Makrofotografie. Er wird mit getrockneten Bohnen (aber auch mit Erbsen, Reis oder Granulat) gefüllt und wirkt sehr schwingungsabsorbierend. Praktisch daran ist, dass er leicht in jede Fototasche passt.

6.5 Fernauslösezubehör

Fernauslösezubehör hilft dabei, die Kamera auszulösen, ohne dass der Fotografierende die Kamera berühren muss. Dies ist besonders bei Aufnahmen mit Stativ im Nahbereich oder auch bei Langzeitaufnahmen hilfreich. Denn dort gilt es, Erschütterungen am Gehäuse und somit Unschärfen im Bild zu vermeiden. Manchmal geht es bei der Verwendung von Fernauslösern aber auch einfach nur darum, selbst mit im Bild zu sein, zum Beispiel bei einer Gruppenaufnahme. Nikon bietet zwei Fernauslöser zur Nikon D90: einen drahtgebundenen und einen kabellosen mit Infrarotsteuerung.

Kabelfernauslöser MC-DC2 (Bild: Nikon)

Kabelfernauslöser | Der MC-DC2 wird über ein etwa 1 m langes Kabel mit dem Zubehöranschluss der Kamera (unterhalb des USB-Anschlusses unter einer eigenen Gummiabdeckung an der linken Seite des Gehäuses) verbunden. Die Stromversorgung erfolgt durch die Kamera. Der Fernauslöser funktioniert wie der Auslöser der Kamera selbst: Wird die Drucktaste am Fernauslöser gedrückt, löst die Kamera aus. Eine Besonderheit bringt der Auslöser jedoch mit: Für Langzeitbelichtungen in der manuellen Belichtungssteuerung unter der Einstellung

B für BULB (siehe Seite 96) kann der Auslöser arretiert werden, indem man den Auslöser drückt, gedrückt hält und dann Richtung Kabel schiebt. Um den Kameraverschluss wieder zu schließen, genügt es, den Schieber wieder in die Ausgangsposition zurückzubringen.

VOREINSTELLUNGEN AN DER NIKON D90

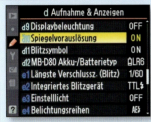

Schritt 1 | Sie sollten die INDIVIDUALFUNKTION D10 SPIEGELVORAUSLÖSUNG aktivieren, die zwischen dem Hochklappen des Sucherspiegels und dem Öffnen des Verschlusses eine kleine Verzögerung erzeugt, so dass die Verwacklungsgefahr minimiert wird.

Schritt 2 | Um unliebsamen Überraschungen vorzubeugen, sollten Sie unbedingt die INDIVIDUALFUNKTION C5 FERNAUSLÖSER einsehen und gegebenenfalls anpassen. Hier wird festgelegt, wie lange die Kamera auf ein Signal des Infrarotauslösers warten soll, bevor sie wieder in die Standardbetriebsart wechselt. Die Standardvorgabe lautet eine Minute, was beim Arrangieren einer Gruppenaufnahme oder auch einer Makroaufnahme etwas kurz sein könnte. Mit Hilfe der Individualfunktion lässt sich diese Wartezeit auf bis zu 15 Minuten verlängern.

Schritt 3 | Darüber hinaus erlaubt die D90 verschiedene Einstellungen über das Verhalten der Fernauslöser. Diese Einstellungen kann man durch gleichzeitiges Drücken der Taste für Serienaufnahmen  und dem Drehen des hinteren Einstellrades erreichen. So kann festgelegt werden, ob die Auslösung direkt oder mit Hilfe der integrierten Selbstauslösefunktion verzögert erfolgen soll.

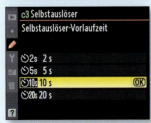

Schritt 4 | Die Verzögerung kann wiederum mit Hilfe der INDIVIDUALFUNKTION C3 SELBSTAUSLÖSER zwischen 2 und 20 Sekunden eingestellt werden. Der Standardwert beträgt 10 Sekunden. Mit dem Countdown fängt das Autofokus-Hilfslicht der Kamera an zu blinken. Während der letzten Sekunden vor der Auslösung erhöht sich die Frequenz des Blinkens und spätestens dann heißt es, ein freundliches Gesicht aufsetzen!

»
Kaum größer als ein Daumen: ML-L3 (Bild: Nikon).

Infrarotauslöser | Der ML-L3 löst über eine maximale Entfernung von 5 m zur Kamera drahtlos aus. Er ist mit einer eigenen Stromversorgung in Form einer 3-Volt-Knopfzelle des Typs CR2025 ausgestattet. Erfreulicherweise ist der Fernauslöser ML-L3 recht günstig (ca. 20 €) erhältlich und liefert vergleichbare Leistungen wie der Kabelfernauslöser MC-DC2. Drückt man zum Beispiel in der manuellen Belichtungssteuerung der Kamera bei vorgewählter Langzeitbelichtung BULB den Auslöser für etwa zwei Sekunden, so wird der Verschluss geöffnet und der Auslöser elektronisch festgestellt. Erneuter Druck von etwa zwei Sekunden löst die Arretierung und schließt folgerichtig den Verschluss der Kamera wieder.

6.6 Sucherzubehör

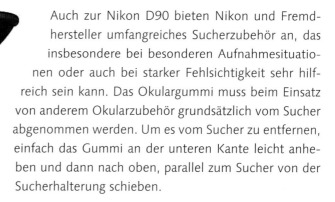

Auch zur Nikon D90 bieten Nikon und Fremdhersteller umfangreiches Sucherzubehör an, das insbesondere bei besonderen Aufnahmesituationen oder auch bei starker Fehlsichtigkeit sehr hilfreich sein kann. Das Okulargummi muss beim Einsatz von anderem Okularzubehör grundsätzlich vom Sucher abgenommen werden. Um es vom Sucher zu entfernen, einfach das Gummi an der unteren Kante leicht anheben und dann nach oben, parallel zum Sucher von der Sucherhalterung schieben.

Winkelsucher | Ein Winkelsucher ist eine besondere Hilfe bei Aufnahmen in Bodennähe (zum Beispiel Makroaufnahmen), da er den Einblick in den Sucher von oben erlaubt. Da es gerade bei Makroaufnahmen auf sehr präzise Scharfeinstellung ankommt, hat Nikon seinem Winkelsucher DR-6 auch eine Lupenfunktion beschert, mit der der Mittelbereich des Sucherbilds vergrößert werden kann.

☆
Winkelsucher DR-6 (Bild: Nikon)

Darüber hinaus ermöglicht der Winkelsucher von Nikon Dioptrienkorrekturen, die beim Maßstab 1:1 im Bereich von –8 dpt bis +3,8 dpt und bei Vergrößerung von –5 dpt bis +6 dpt liegen. So kann man die Brille getrost zur Seite legen.

Die Anschaffung ist nicht ganz günstig, die hohe optische Qualität, die Variabilität und die hohe Kompatibilität machen ihn aber gerade für Natur- und Makroliebhaber zu einer durchaus lohnenden Investition.

Einstelllupe | Die von Nikon angebotene Einstelllupe DG-2 ist leider nicht ohne zusätzlichen Okularadapter DK-22 an der D90 verwendbar, kann jedoch gerade bei der Makrofotografie im Studio oder auch als Scharfstellhilfe bei der Tabletop-Fotografie hilfreich sein. Sie bietet eine zweifache Vergrößerung des Sucherbilds und lässt sich bequemerweise nach erfolgter Einstellung der Schärfe nach oben klappen und ermöglicht so wieder den uneingeschränkten Blick in den Sucher. Durch die Lupenfunktion können nicht mehr 100 % des Sucherbilds eingesehen werden, sondern nur der Mittelbereich. Eine mögliche gute Alternative ist die Nutzung der Live-View und der Zoomtaste (siehe Seite 58).

Dioptrien-Korrekturlinsen | Wenn man lieber ohne Brille durch den Sucher blickt, sind Korrekturlinsen hilfreich, wenn der Korrekturbereich von –2 dpt bis +1 dpt des Suchers der D90 nicht ausreichen, um die Fehlsichtigkeit zu korrigieren. Dioptrien-Korrekturlinsen sind von –5 dpt bis +3 dpt erhältlich. Beachten Sie, dass Dioptrien additiv sind, das heißt die Korrektur addiert sich zur bereits eingestellten Sucherkorrektur an der D90. Somit erweitert sich der maximal korrigierbare Bereich auf Fehlsichtigkeiten zwischen –7 dpt bis +4 dpt. Leider sind die Korrekturlinsen bis auf eine mit +0,5 dpt nur in ganzen Dioptrienschritten lieferbar, hier kann man jedoch zur Feinanpassung auf die integrierte Sucherkorrektur zurückgreifen.

> **REPROFOTOGRAFIE**
>
> Der Winkelsucher kann auch gut bei Aufnahmen vom Repro-Stativ verwendet werden, da er so die (wenn auch auf dem Kopf stehende) Betrachtung des Sucherbilds ermöglicht. Die Reprovorlage kann dann in Blickrichtung gedreht werden.

Einstelllupe DG-2 (rechts) und Okularadapter DK-22 (Bilder: Nikon)

Okularabdeckung DK-5
Die Okularabdeckung ist das am meisten unterschätzte Kleinteil, das mit der Nikon D90 ausgeliefert wird. Sie dient als Verschluss für das Okular und sollte speziell bei Aufnahmen vom Stativ eingesetzt werden, bei denen Licht direkt in den Sucher fallen kann. Dieses »Fremdlicht« kann sich durchaus störend auf den Belichtungsmesser der Kamera auswirken und so zu Abweichungen führen. Also gut darauf aufpassen!

6.7 Sonstiges Zubehör

Im folgenden Abschnitt stelle ich Ihnen weiteres hilfreiches Zubehör vor, das Ihre Nikon D90 je nach Ihren bevorzugten Aufnahmesituationen und Vorlieben sinnvoll ergänzen kann.

Stromversorgung

> **NETZTEIL EH-5A**
>
> Das Netzteil empfiehlt sich ausschließlich für die Verwendung der Kamera im stationären Betrieb. Es wird benötigt, wenn die Kamera fest eingerichtet wurde, beispielsweise bei dauerhafter Verwendung am Mikroskop.

Wenn Sie lange unterwegs sind und viel fotografieren, merken Sie vielleicht, dass Ihnen ein Akku nicht reicht. Mit dem Multifunktionshandgriff zu Ihrer Nikon D90 haben Sie immer zwei Akkus in der Kamera.

Multifunktionshandgriff | Der MB-D80 ist bereits zur Nikon D80 eingeführt worden und erfreulicherweise auch mit der D90 kompatibel. Er empfiehlt sich, wenn man überwiegend im Hochformat fotografiert, da er die Handhabung der Kamera dann wesentlich vereinfacht. Auch bei häufiger Verwendung von schweren Objektiven sorgt er durch die gleichmäßigere Gewichtsverteilung für eine angenehmere Handhabung der Nikon D90.

Die Nikon D90 verwendet regulär einen Lithium-Ionen-Akku EN-EL3e, der MB-D80 kann gleich zwei davon aufnehmen und verdoppelt damit die Laufzeit der Kamera.

Die Angaben nach CIPA-Standard (siehe Seite 210) nennen 850 Aufnahmen mit einem neuen, voll geladenen EN-EL3e und 1 700 Aufnahmen bei zwei Akkus im Multifunktionshandgriff. Nikon gibt nach eigenen Testverfahren bis zu 4 200 beziehungsweise 8 400 Aufnahmen an, im Sinne der Vergleichbarkeit sollte man sich jedoch stets auf die Angaben nach CIPA-Standard verlassen. Diese Daten gelten für Original-Akkus von Nikon. Letztendlich ist das eigene Fotografierverhalten dafür maßgebend, wie lange die Kamera Strom zur Verfügung hat ist. Denn schaltet man oft den Monitor oder Blitz hinzu, verbraucht man mehr Strom.

Nikon D90 mit montiertem Handgriff MB-D80

Der Multifunktionshandgriff verfügt neben einem Hochformatauslöser und vorderen Einstellrad über eine AE-L/AF-L-Taste, deren Funktion – anders als bei der D80 – nicht identisch mit der an der Kamera sein muss. Mit der INDIVIDUALFUNKTION A6 AE-L/AF-L-TASTE kann ihr am Handgriff eine von sieben möglichen Funktionen zugewiesen werden: von Belichtungs- und Autofokusspeicherung über die Blitzbelichtungsspeicherung bis zur Auswahl des aktiven Autofokusmessfelds, was in Abwesenheit eines Multifunktionswählers am Handgriff eine Erleichterung darstellt. Ist die Taste mit letzterer Funktion belegt, so muss diese gedrückt gehalten und gleichzeitig das vordere Einstellrad des Handgriffs gedreht werden, um das gewünschte Messfeld anzusteuern.

Der Handgriff kann mit zwei Akkus oder mit dem mitgelieferten Adapter mit Mignon-Batterien bestückt werden (Bild: Nikon).

Akkus und Batterien | Ein weiterer Vorteil ist die optionale Verwendung von klassischen Mignon/AA-Batterien oder -Akkus als alternative Stromversorgung. Um diese verwenden zu können, ist der Batteriehalter MS-D200 im Lieferumfang des Handgriffs enthalten. Mit diesem Adapter können sechs gleiche Batterien der folgenden Typen verwendet werden:

› Alkaline-Batterien
› Lithium-Batterien
› Nickel-Mangan-Batterien (NiMn)
› Nickel-Metallhydrid-Akkus (NiMH)

Nickel-Metallhydrid-Akkus und Lithium-Batterien sind am ausdauerndsten. Andere Batterietypen bauen insbesondere in der kalten Jahreszeit und bei starker Beanspruchung schnell Innenwiderstand auf, so dass die Kapazitätsanzeige der Kamera recht schnell erschöpfte Akkus anzeigt. Am wirtschaftlichsten, da wiederaufladbar, sind die NiMH-Akkus. Hier sollte man darauf achten, dass die Kapazität der Akkus mindestens 2000 mAh (Milli-Ampere-Stunden) beträgt, um zufriedenstellende Laufzeiten zu erhalten.

ACHTUNG BEIM AKKU-KAUF

In Zeiten der Produktpiraterie kann ich Ihnen nur raten, von außergewöhnlich günstigen, vermeintlichen »Original-Akkus« Abstand zu nehmen. Erfahrungsgemäß handelt es sich dabei um minderwertige Nickel-Cadmium-Akkus, die bereits nach wenigen Aufnahmen in der Leistung einbrechen. Es gibt auch Akkus von bekannten Herstellern wie Hähnel, Ansmann oder Zubehöranbietern wie Hama. Bei diesen hat man zumindest die Chance, bei Qualitätsproblemen Service und Ansprechpartner zu haben. Beachten Sie jedoch, dass Nikon Garantie und Gewährleistung bei Schäden ausschließt, die durch Verwendung von Fremdzubehör hervorgerufen wurden.

> **CAMERA & IMAGING PRODUCTS ASSOCIATION (CIPA)**
>
> Die CIPA ist eine 2002 in Japan gegründete Interessens- und Standardisierungsgemeinschaft. Sie hat durch die Einführung von technischen Standards und vor allem standardisierten Testverfahren viel für die Transparenz bei technischen Angaben auf den Datenblättern der angeschlossenen Hersteller getan. Diese Standards erlauben eine Vergleichbarkeit zwischen den Leistungen der Geräte unterschiedlicher Hersteller, unter anderem hinsichtlich der Akkukapazität. Der Standardtest für Akkulaufzeiten nach CIPA verläuft wie folgt:
>
> › der Autofokus wird einmal von unendlich bis zur Naheinstellgrenze durchlaufen
>
> › der Auslöser wird alle 30 Sekunden einmal betätigt (bei Standardeinstellungen)
>
> › der Monitor ist nach der Aufnahme vier Sekunden eingeschaltet
>
> › der Tester wartet die Ausschaltzeit für den Belichtungsmesser ab, nachdem der Monitor abgeschaltet wurde
>
> › der Blitz wird bei jeder zweiten Aufnahme mit voller Leistung ausgelöst
>
> › die Live View wird nicht verwendet

Filter

Filter sind Aufsätze aus Glas, die sich vor das Objektiv schrauben lassen oder die in speziellen Schubladen im hinteren Teil des Objektivs eingesetzt werden können. Sie sollten nur eingesetzt werden, wenn es notwendig ist, denn jedes zusätzliche Element im Strahlengang senkt die Abbildungsschärfe und den Kontrast. Ebenso wie beim Kauf eines Objektivs sollten Sie bei der Wahl des Filters auf hochwertige Qualität achten. Die Filter sollten plan geschliffen und mehrschichtvergütet sein, um die Abbildungsleistung möglichst nur gering zu verschlechtern.

Durch den Einsatz von Filtern erhalten Ihre Bilder eine andere Bildwirkung oder einen anderen Bildeffekt. Viele dieser

Vignettierung
Je nach Filter- beziehungsweise Bauart kann es abhängig vom Objektiv zu Randabdunklungen kommen. Diese bezeichnet man als Vignettierungen. Bei kurzen Brennweiten (Weitwinkel = großer Bildwinkel) könnte leicht die Fassung des Filters vignettieren. Für diesen Fall gibt es sogenannte Slim-Filter (Slim für dünn) mit kürzerer Fassung.

noch aus der analogen Fotografie stammenden Effektfilter sind heutzutage kaum mehr von Interesse, weil ihre Wirkung sich in der digitalen Bildbearbeitung viel gezielter und kostengünstiger berechnen lässt. Pol-, Grau- und Verlaufsfilter haben hingegen auch in der digitalen Fotografie ihren Stellenwert, während UV- oder Skylightfilter meines Erachtens durchaus im Laden bleiben können.

Beim Sterneffekt verteilt ein Gitter im Filter die Lichtstrahlen. Die Feinheit des Gitters bestimmt die Anzahl der Zacken. Diesen Filter benötigen Sie mit der Nikon D90 nicht, denn er steht Ihnen im Menü BILDBEARBEITUNG schon in der Kamera zur Verfügung. Ebenso wie die Filtereffekte SKYLIGHT, WARMER FARBTON sowie eine ROT-, GRÜN- oder BLAUVERSTÄRKUNG (siehe Seite 169).

> **VERLÄNGERUNGSFAKTOR BEI FILTERN**
>
> Da viele Filter einen Teil des Lichts absorbieren (schlucken), gelangt weniger Licht auf den Sensor als ohne Filter. Dementsprechend muss man die Belichtung verlängern. Den Multiplikator, mit dem man die Belichtungszeit verlängert, bezeichnet man als Verlängerungsfaktor. Dieser ist in der Regel auf dem Filter angegeben. Seine Größe hängt stark von der Art des Filters ab. Wird die Belichtung von der Kamera durch das Objektiv gemessen, braucht man zunächst nichts weiter zu beachten. Trotzdem sollten Sie die gemessene Zeit im Auge behalten, damit es durch die verlängerten Zeiten nicht zu Verwacklungen kommt.

UV- und Skylightfilter | Sensoren und Filme sind empfindlich für ultraviolettes (UV) Licht. Durch diese »Fehlfarben« entstehen Unschärfen, und das Bild wird blaustichig. Am sensibelsten reagieren die blauempfindlichen Sensorelemente auf das kurzwellige Licht. Je höher man in der Erdatmosphäre steigt, desto größer wird der Anteil an UV-Licht. Früher empfahl man daher in den Bergen – und auch am Meer – den Einsatz eines UV-Filters. Ein UV-Filter sperrt die für uns unsichtbaren UV-Strahlen für einen bestimmten Wellenlängenbereich. Er selbst ist farblos und ändert daher die Bildfarben nicht. Doch heutzutage erreicht kaum noch UV-Licht den Sensor: Zum einen sperren die Optiken schon einen Teil, zum anderen sorgt der Tiefpassfilter vor der Sensoroberfläche dafür, dass ungewünschte Wellenlängenbereiche nicht durchgelassen werden. Manchmal werden UV- oder Skylightfilter als »Schutzfilter« für die Objektivfrontlinse empfohlen. Ich kann dazu nicht raten, denn ein weiteres Element im Strahlengang ist für die Bildqualität eher von Nachteil. Wenn überhaupt würde ich sie zum

Skylightfilter (Bild: Hama)

Schutz der Frontlinse nur dann einsetzen, wenn die Gefahr für die Frontlinse hoch ist, zum Beispiel bei Sturm oder einem hohem Verschmutzungsgrad der Luft. Gegen eventuelles Verkratzen der Frontlinse kann aber schon die Gegenlichtblende große Dienste leisten.

Ein weiterer »Dauerfilter« ist der Skylightfilter. Er ist zart rosa und absorbiert die UV-Strahlung in einem wesentlich höheren Anteil als der UV-Filter. Er lässt die Farben im Bild ein wenig wärmer (rötlicher) erscheinen, aber nur wenn Sie den automatischen Weißabgleich in TAGESLICHT umgeändert haben (siehe Seite 148). Ansonsten rechnet die Kamera die Farbverschiebung automatisch heraus. Blaustiche in den Schatten werden leider mit dem Skylightfilter nicht minimiert, dazu ist der Filter zu schwach eingefärbt. Beide Filter sind fast durchsichtig. Daher benötigen Sie für die Belichtung keinen Verlängerungsfaktor.

Polarisationsfilter | Polarisationsfilter, kurz Polfilter genannt, sind farbneutral und sperren diffus gestreutes Licht. Man unterscheidet zwischen linearen und zirkularen Polarisationsfiltern, je nach Art der Polarisation des austretenden Lichts. Die eigentliche Filterung ist dabei allerdings immer die der linearen Polarisation. Sie sollten bei der Nikon D90 nur mit einem zirkularen Polfilter arbeiten, da nur einfach linear polarisiertes Licht beim Autofokus und Belichtungsmesser zu falschen Messergebnissen führen kann.

In der Fotografie werden Polarisationsfilter eingesetzt, um unerwünschte Reflexionen von glatten, nichtmetallischen Oberflächen, wie zum Beispiel Wasser oder Glas, zu unterdrücken. Außerdem lassen sich damit Spiegelungen

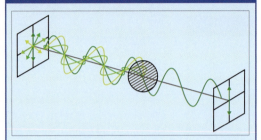

ZIRKULARER UND LINEARER POLFILTER

Beim linearen Polarisationsfilter ist das austretende Licht immer in einer bestimmten Richtung polarisiert, es schwingt also immer entlang einer gedachten Linie. Bei zirkularen Polfiltern wird zusätzlich ein zweiter, um 90° gedrehter Linear-Filter hinter den Filter gesetzt, der das Licht helixartig verdreht. Bei der Nikon D90 nutzen Sie nur zirkulare Polfilter.

POLFILTER NACH KÄSEMANN

Erwin Käsemann war der Erfinder, der 1937 mit zwei Polarisationsfolien zwischen zwei Deckgläsern die erste Sonnenbrille erfunden hat. Heute nutzt man die von ihm erfundene Verkittungsmethode in zirkularen Spezial-Polarisationsfiltern. Der Vorteil dabei ist, dass in den Filter kein Staub und keine Feuchtigkeit eindringen können. Da man einen Polfilter drehen muss, gestaltet sich diese Abdichtung recht aufwendig und kostenintensiv. Besonders empfehlenswert ist solch ein Filter in staubigen und feuchten Gebieten und bei langen Brennweiten. Sehr gute Filter-Hersteller sind beispielsweise B+W oder Heliopan.

△
Der Polfilter sorgt dafür, dass ein Bild kontrastreicher und klarer wirkt (Foto: istockphoto).

und Streulicht reduzieren. Generell wird dieses diffus reflektierende Licht ausgeblendet, wenn der Polarisationsfilter geeignet ausgerichtet ist. Das ist bei einer Drehung von etwa 30 bis 40 Grad der Fall. Die Farben werden dann klarer wiedergegeben und der Farbkontrast gesteigert.

Das lässt sich hervorragend bei Landschafts- und Architekturaufnahmen nutzen. Die Grünwiedergabe von Blättern und Gräsern wird verbessert, weil der Polarisationsfilter störende blaue Lichtanteile unterdrückt. Das Himmelsblau wird durch den Einsatz des Polarisationsfilters im Bild dunkler und somit kräftiger in seiner Farbe. Bei einer 90-Grad-Stellung zur Sonne treten weiße Wolken deutlicher vor dem blauen Himmel hervor. Diesen Polfilter-Effekt kann man derzeit nicht einfach und schnell per Bildbearbeitung digital erzeugen. Der Polfilter der NIK-Color-Efex-Filter (siehe Seite 350) beispielsweise erzeugt zumindest die Dunkelfärbung des Himmels – mehr aber nicht.

«
Nur einen zirkularen Polfilter sollten Sie mit Ihrer Nikon D90 benutzen. Lineare Polfilter können das automatische Scharfstellen und die Belichtungsmessung irritieren (Foto: Hama).

⌃
Ein Graufilter vor der Linse ermöglicht längere Verschlusszeiten (Bild: Hama).

⌃
Der Grauverlaufsfilter sorgt für eine gleichmäßige Belichtung von Himmel und Landschaft (Bild: Hama, Foto unten: istockphoto).

Graufilter | Der Grau- oder Neutraldichtefilter (ND-Filter) ist ein homogen grau gefärbter Filter. Er wird in der Fotografie dazu genutzt, lange Verschlusszeiten zu ermöglichen, wenn die Lichtmenge eigentlich nur kurze Verschlusszeiten zulässt. Das kann erforderlich sein, wenn sich das Motiv durch die Wahl einer großen Blendenöffnung vor unscharfem Hintergrund abheben oder auch durch Langzeitbelichtung ein Wisch- oder Fließeffekt erzielt werden soll und man den ISO-Wert nicht weiter reduzieren kann. Der Graufilter sorgt durch das Abdunkeln für längere Belichtungszeiten. Je nach Dichte des Filters erhält man unterschiedliche Verlängerungsfaktoren.

Standard-Graufilter besitzen einen Verlängerungsfaktor von 2, 4 oder auch 8. Variable Graufilter erreichen Faktoren zwischen 3 und 8 und erzielen die Abdunklung durch das Verdrehen zweier linearer Polfilter (siehe Seite 212).

Verlaufsfilter | Verlaufsfilter reduzieren Motivkontraste. Sie sind in der einen Hälfte farbig, in der anderen farblos und an der Grenze verläuft ein weicher Übergang. Der Klassiker ist der Grauverlaufsfilter. Er wird meist in der Landschaftsfotografie eingesetzt. Dort sind Sie oft mit großen Helligkeitsunterschieden konfrontiert, der Himmel ist hell, die Landschaft selber dunkel. Die Belichtung mit dem Grauverlaufsfilter sorgt dafür, dass der Himmel im Gegensatz zur Landschaft abgedun-

kelt wird. Mit Farbverlaufsfiltern simuliert oder verstärkt man Farben im Bild, zum Beispiel werden damit Sonnenuntergänge intensiviert oder graue Himmel eingefärbt.

Diese Effekte sind durchaus sehenswert, doch lassen sie sich heutzutage in der digitalen Nachbearbeitung selbst für Ungeübte leicht am Rechner erzeugen.

GPS-Adapter

GPS steht für *Global Positioning System*. Mit Hilfe des GPS-Empfängers GP-1 von Nikon kann die genaue Aufnahmeposition mit den Metadaten des Bildes abgespeichert werden. Dies ist nicht nur bei Berufsfotografen für eine bessere Zuordnung der Bilder interessant, sondern auch für viele Freizeit-Anwendungen: Das sogenannte Geo-Tagging erfreut sich immer größerer Beliebtheit. Die Aufnahmen werden mit Satellitendaten versehen und können dann positionsgenau in Google Earth (*earth.google.de*), Google Maps (*maps.google.de*) oder auf der Nikon-Plattform *www.mypicturetown.com* eingefügt werden. Auch View NX erlaubt mit Hilfe von Google Maps seit der Version 1.2.0 die Anzeige von Bildern nach Position auf einer Landkarte.

Der GPS-Empfänger zeichnet die Position der Kamera zum Zeitpunkt der Aufnahme in Längen- und Breitengrad sowie Höhe über Normalnull (NN, mittlerer Meeresspiegel) auf. Darüber hinaus wird der Zeitpunkt der Aufnahme gemäß der Weltzeit UTC aufgenommen. So können eventuelle Ungenauigkeiten, die durch eine falsche Zeiteinstellung der Kamera vorkommen können, durch die Satellitenzeit kompensiert werden. Auch wenn die Angaben des GP-1 recht genau sind, so kann es immer noch zu Abweichungen von einigen Metern kommen. Dies ist jedoch im zivilen Verwendungsbereich von GPS völlig normal.

Weltzeit UTC
UTC ist die Abkürzung für *Universal Time Coordinated*. Das ist die standardisierte Weltzeit, die sich an der Zeit des Nullmeridians orientiert. Mit Hilfe der UTC werden unter anderem die Kommunikation und Position von Satelliten abgestimmt, so auch bei den GPS-Satelliten. Die Mitteleuropäische Zeit (MEZ) entspricht UTC plus einer Stunde (UTC+1), die Mitteleuropäische Sommerzeit (MESZ) UTC+2 Stunden.

Der GPS-Empfänger in Kombination mit der Nikon D90

⌃
Beispiel eines mit my Picturetown eingebetteten Bildes mit Satellitendaten

Die Genauigkeit der Positionsangaben ist auch von der Anzahl der Satellitensignale abhängig. Leuchtet die LED am Adapter grün, so heißt dies, dass der Empfänger mindestens vier oder mehr Satelliten erfasst hat, was hinreichend genaue Positionsbestimmungen zulässt, während die Angaben bei nur drei Satelliten (LED blinkt) schon zu größeren Abweichungen führen können. Die Positionsdaten werden einmal pro Sekunde aktualisiert.

Der Adapter wird an die Zubehörschnittstelle der D90 angeschlossen, über die auch der Fernauslöser angeschlossen wird. Um bei Verwendung des GP-1 nicht auf den Fernauslöser verzichten zu müssen, befindet sich am Gehäuse des GPS-Empfängers eine zusätzliche Anschlussbuchse, an der man den Fernauslöser anbringen kann.

⌃
Der Zubehöranschluss ❶ befindet sich unterhalb des Videoausgangs und ist durch eine eigene Gummiabdeckklappe geschützt (Bild: Nikon).

[Zubehör zur Nikon D90] 6

ADAPTER FÜR SPEZIALEINSÄTZE

Der Adapter FSA-L1 erlaubt die Verwendung der Kamera an einem Nikon-Beobachtungsfernrohr, eine Kombination, die in der Naturbeobachtung und -fotografie zunehmend beliebter wird. Es gibt sogar einen eigenen Begriff für diese Art der Fotografie, das *Digi-Scoping*. Das Beobachtungsfernrohr (engl.: *Fieldscope*) wir mittels des Adapters anstelle eines Objektivs eingesetzt. Diese Kombination erlaubt effektive Brennweiten von bis zu 1500 Millimetern in hervorragender Qualität.

Nikon bietet außerdem eine größere Anzahl von Adaptern für diverse Nikon-Mikroskope, um daran eine D90 anschließen zu können. Dies reicht vom einfachen mechanischen bis hin zu aufwendig konstruierten Adaptern mit optischen Elementen und elektronischer Kommunikation zwischen Mikroskop und Kamera, um Aufnahmeinformationen automatisch hinzufügen zu können. Informationen dazu erhält man unter *www.nikoninstruments.eu*.

⌃ *Beobachtungsfernrohr in Kombination mit digitaler Spiegelreflexkamera (Bild: Nikon)*

In diesem Kapitel erfahren Sie mehr über die Zusammenhänge von Zeit und Blitzleistung. Darüber hinaus lernen Sie an Belichtungsabläufen veranschaulicht die Funktionen »Slow« und »Rear« Ihrer Nikon D90 kennen und werden mit dem Belichtungsmesswertspeicher vertraut gemacht. Der Einsatz eines externen Blitzgeräts bietet kreative Möglichkeiten, die sich mit der Mastersteuerung der Nikon D90 kombinieren lassen. Erfahren Sie, wie leicht das Nikon Creative Lighting System anzuwenden ist, und wie Sie externe Blitzgeräte kabellos ansteuern können.

Kapitel 7
Blitzfotografie mit der Nikon D90
Blitzen mit dem Nikon Creative Lighting System (CLS)

Inhalt

> Blitzen mit dem internen Blitz   220

> Blitzen mit einem externen Blitz   240

> Nikon Creative Lighting System (CLS)   244

> Zubehör: Externe Blitzgeräte   248

7 [Blitzfotografie mit der Nikon D90]

7.1 Blitzen mit dem internen Blitz

> **HINWEIS**
>
> Die Grundlagen von Zeit- und Blendeneinsatz (siehe Kapitel 3, »Die richtige Belichtung«, ab Seite 67) sind auch in der Blitzfotografie die Basis für eine ausgewogene Belichtung. Beim Blitzen steht Ihnen eine zusätzliche Lichtmenge zu Verfügung, mit der Sie weitere Belichtungsmöglichkeiten ausprobieren können.

Der interne Blitz ist fest eingebaut und kann nach oben ausgeklappt werden. Wie Sie es von der normalen Belichtung her kennen, besteht in den Voll- und Motivprogrammautomatiken kaum Einflussmöglichkeit auf individuelle Vorgaben. Möchten Sie erste Erfahrungen zum Blitzen sammeln, sind diese Automatiken jedoch durchaus zu empfehlen, da sie den Blitz automatisch hinzuschalten, wenn die Kamera zu wenig Umgebungslicht misst.

Fortgeschrittene Blitztechniken wie die FP-Kurzzeitsynchronisation (INDIVIDULAFUNKTION E5) und die Mastersteuerung (INDIVIDULAFUNKTION E2) lassen sich nur mit einem externen Blitzgerät durchführen. Der interne Blitz besitzt zwar viele Funktionen, die einem in einigen Situationen gut weiterhelfen. Für das kreative Blitzen empfehle ich jedoch, ein externes Blitzgerät einzusetzen.

Für die Mehrzahl der Funktionen, die der Kamera für die Blitzbelichtung zur Verfügung stehen, ist es sinnvoller, in den Betriebsprogrammen P, S oder A zu arbeiten. Routiniertere Fotografen arbeiten zusätzlich im manuellen Modus. Mit ein bisschen Wissen über die technischen Grundlagen und ein wenig Übung, können auch Sie zu einem routinierten Blitzfotografen werden. Womöglich erkennen Sie sogar, dass Blitzen sogar richtig Spaß macht!

Blitzgrundlagen

Das Blitzlicht sorgt für eine intensive zusätzliche Beleuchtung während der Belichtung. Dieses Licht »strahlt« eine feste Zeitdauer. Die abgegebene Leistung oder Intensität des Blitzlichtes ist in diesem eingestellten Zeitintervall immer gleich hoch. Ausnahme bilden die Funktionen im manuellen Modus, die FP-Kurzzeitsynchronisation (siehe Seite 242) und das Stroboskopblitzen (siehe Seite 233).

Der interne Blitz der Nikon D90 hat die Leitzahl (LZ) 12 und klappt automatisch aus, wenn es die Lichtbedingungen erfordern.

> **FAUSTFORMEL BLITZLEISTUNG**
>
> **Leitzahl : Blende = Abstand in Meter**
>
> Die Leitzahl ist die Stärke Ihres Blitzes. Ihr interner Blitz hat die LZ 12 (bei ISO 200: LZ 17), der SB 900 hat die LZ 34 (beide Blitze bei ISO 100 und 20 Grad Reflektorposition).
>
> **Ein Beispiel:** Sie stellen eine Blende von 5,6 an der Kamera ein. Mit dem internen Blitz erreichen Sie eine gute Aufhellung des Motivs bis etwa 2 Meter (12 : 5,6 = 2,14 m). Steht die Kamera auf ISO 200, reicht der Blitz sogar bis zu 3 Meter (17 : 5,6 = 3,03 m). Mit dem SB 900 könnten Sie bei ISO 100 ein Motiv in ca. 6 Meter Entfernung noch gut aufhellen (34 : 5,6 = 6,07 m).

Interner Blitz

Der eingebaute Blitz eignet sich in erster Linie für Schnappschüsse und zum leichten Aufhellen. Kleinere Räume kann er meist gerade noch aufhellen. In den folgenden Situationen benötigen Sie ein externes Blitzgerät, und der interne Blitz sollte dann nicht verwendet werden:
1. langes Objektiv an der Kamera (verursacht Schatten)
2. Motiv näher als 60 cm
3. breite Gegenlichtblende am Objektiv (verursacht Schatten)

Die Leistung eines Blitzgerätes wird mit der Leitzahl (LZ) angegeben. Je höher die Leitzahl ist, desto mehr Licht kann er abgeben. Achten Sie darauf, dass die Leitzahl von Blitzgeräten nicht immer bei derselben Empfindlichkeit, Temperatur und Reflektorposition angegeben werden. Nur wenn diese Faktoren gleich sind, sind die Angaben tatsächlich vergleichbar, daher müssen Sie die Angaben der Hersteller daraufhin überprüfen.

Blende bei ISO			Reichweite
200	800	3200	Meter
1,4	2,8	5,6	1,0–12,0
2	4	8	0,7–8,5
2,8	5,6	11	0,6–6,1
4	8	16	0,6–4,2
5,6	11	22	0,6–3,0
8	16	32	0,6–2,1
11	22	–	0,6–1,5
16	32	–	0,6–1,1
22	–	–	0,6–0,8

«

Wie weit die Blitzleistung reichen kann, ist abhängig von den Einstellungen ISO-Empfindlichkeit und Blende. Je mehr Licht ein Blitz zusteuern kann, desto mehr können Sie mit der Blende als Gestaltungsmittel variieren. Ist zu wenig Licht vorhanden und können Sie die Blende nicht weiter öffnen, müssen Sie den ISO-Wert erhöhen.

[Blitzfotografie mit der Nikon D90]

Die benötigte Blitzmenge, also das Intervall, in dem der Blitz Licht abgeben soll, bestimmt der Messsensor der Kamera. Da die Blitzleuchtzeit in der Regel sehr viel kürzer als die normale Belichtungszeit ist, darf er erst dann »zünden«, wenn der Schlitzverschluss vollständig geöffnet ist. Die kürzeste Verschlusszeit, bei der die komplette Sensorfläche frei ist, nennt man Blitzsynchronzeit. Bei der Nikon D90 ist das eine 1/200 Sekunde.

Ablauf der Blitzbelichtung

Um die richtigen Blitzfunktionen auswählen zu können, ist es hilfreich, die Abläufe der Blitz-Belichtung zu kennen. Der gleiche Sensor wie bei der normalen Belichtung ist auch für die Blitzmengenbestimmung verantwortlich. Das Blitzgerät sendet zunächst einen Vorblitz aus. Dieser dient nicht zur Belichtung sondern ausschließlich zur Lichtmessung. Der Verschluss ist dabei noch geschlossen. Das vom Vorblitz reflektierte Licht wird durch die Linsen in den Sucherkasten umgelenkt und vom Messsensor ausgewertet. Erfolgt die Belichtung, startet der erste Verschlussvorhang und gibt den Sensor ein Stück frei. Bei der Standardblitzvorgabe oder AUTO startet auch sofort der Blitz, sobald die Sensorfläche komplett frei ist (mindestens 1/200 Sekunden). Das bezeichnet man als »Blitzen auf den ersten Verschlussvorhang«. Der Sensor schaltet den Blitz beim Erreichen der benötigten Lichtmenge ab. Die gesamte Belichtung könnte je nach Zeitvorwahl auch länger sein (Langzeitsynchronisation). Sobald der zweite Verschlussvorhang den

⌄

An den Lichtreflexen in den Haaren und den Augen erkennt man, dass geblitzt wurde. Das erste Bild ist mit Blende 4,8 aufgenommen. Die Lichtausbeute ist ausreichend hoch. Das zweite Bild ist mit schon etwas dunkler, jedoch ist der Schärfeeindruck etwas höher. Es wurde bei Blende 13 belichtet. Beim dritten Bild ist die Lichtmenge des internen Blitzes mit Blende 29 nicht mehr ausreichend. Das Bild wird zu dunkel.

Links: 45 mm | 1/160 sek | f4,8 | ISO 400

Mitte: 45 mm | 1/60 sek | f13 | ISO 400

Rechts: 45 mm | 1/60 sek | f29 | ISO 400

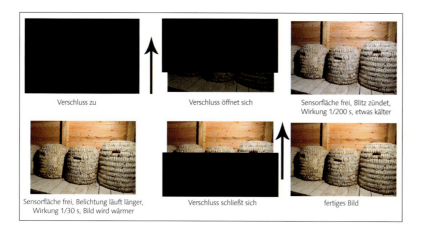

Sensor wieder komplett verdeckt, ist der Belichtungsvorgang abgeschlossen.

Der Blitz erfüllt generell zwei Zwecke: Entweder ist eine Lichtsituation zu dunkel, dann steuert der Blitz so viel Licht dazu, dass wieder eine ausgewogene Belichtung möglich ist (Auffüllen). Oder wenn ausreichend (Tages-)Licht vorhanden ist, kommt der Blitz zum kreativen Einsatz, er wird dann genutzt, um Lichtreflexe zu erzeugen oder hohe Kontraste auszugleichen. Dabei belichtet die Kamera zunächst etwas knapper, und der Blitz gibt die fehlende Lichtmenge hinzu (Ausgleichen). Beide Möglichkeiten regelt die i-TTL Blitzsteuerung.

i-TTL Blitzsteuerung

Die Blitzsteuerung, die auch die Nikon D90 verwendet, ist die i-TTL Messsteuerung. Das »i« steht für intelligent. Der dafür verantwortliche 3D-Multisensoraufhellblitz misst die Lichtmenge, die auf seine fünf Segmente auftrifft. 3D steht in diesem Fall für »3 Datensätze«. Damit sind die drei Farbkanäle (R, G und B) gemeint. Diese Funktion dient der automatischen Motiverkennung. Anhand der Messergebnisse steuert er die notwendige Beleuchtungsmenge. Dabei wird nicht nur das Vordergrundmotiv durch die automatische Motiverkennung optimal aufgehellt, sondern es wird so belichtet, dass auch der Hintergrund ausgewogen erscheint.

Das obere Bild mit i-TTL wirkt etwas ausgewogener.

Oben: 55 mm | f11 | 1/60 sek | ISO 200 | mit i-TTL

Unten: 55 mm | f5,6 | 1/30 sek | ISO 200 | mit TTL

Bei der INDIVIDUALFUNKTION E2 INTEGRIERTES BLITZGERÄT steht das interne Blitzgerät standardmäßig auf TTL. Das ist gleichbedeutend mit der i-TTL-Messsteuerung.

Es gibt zwei Arten der i-TTL-Steuerung: regulierter i-TTL-Aufhellblitz und i-TTL-Standard-Aufhellblitz. Aber Achtung: Bei diesen Begriffen handelt es sich noch um Fehlübersetzungen. Denn der regulierte i-TTL ist der eigentliche Standard-Aufhellblitz. Dieser balanciert die Helligkeitsverteilung zwischen Vorder- und Hintergrund aus. Dies ist vor allem wichtig, wenn das Motiv vor einem hellen Hintergrund steht. Die andere i-TTL-Standard-Blitzbelichtungssteuerung beleuchtet, ohne auf den Hintergrund zu achten. Diese Methode stellt sich automatisch bei der Spotmessung oder bei manchen externen Blitzgeräten ein. Diese beiden Steuerungen lassen sich an keiner Stelle an der Kamera ablesen, denn sie werden ausschließlich intern gesteuert.

Generell erreicht die i-TTL-Messmethode, dass so viel Licht zugesteuert wird, wie für eine normale Belichtung notwendig ist, aber gerade nur so viel, dass das Hauptmotiv nicht überblitzt aussieht. Dies können Sie in der INDIVIDUALFUNKTION E2 INTEGRIERTES BLITZGERÄT nachlesen. Die Kamera folgt der i-TTL-Steuerung, wenn sie auf TTL steht.

Blitzen in den Modi P, S, A und M

Wie zu Beginn erwähnt, macht das kreative Blitzen, sofern es mit dem internen Blitz möglich ist, in den Betriebsarten P, S, A oder M am meisten Sinn. Die Belichtungscharakteristiken der Betriebsprogramme bleiben erhalten (siehe Kapitel 3, »Die richtige Belichtung«, ab Seite 88). Sie sollten den Blitz manuell zuschalten, wenn die Lichtsituation es erforderlich macht, zum Beispiel, wenn es zu dunkel ist. Als Hinweis darauf blinkt bei prozessgesteuerten Objektiven das Blitzsymbol im Sucher (INDIVIDUALFUNKTION D11 BLITZSYMBOL ON).

Um den Blitz hinzuzuschalten, drücken Sie die Blitzsymboltaste an der linken Kameraseite. Der ausgeklappte Blitz ist sofort aktiv und somit schnell einsatzbereit. Der interne Blitz ist allerdings nicht sehr leistungsstark und wird daher nicht immer alle Motive richtig ausleuchten. Er eignet sich jedoch gut als Aufhellblitz bei starkem Gegenlicht oder zum Beispiel

In den Betriebsarten P, S, A und M drücken Sie die Blitztaste ❶ an der Seite der Kamera, um den internen Blitz hinzuzuschalten.

bei Personenaufnahmen vor einem hellen Hintergrund. Achten Sie dabei auf den Abstand des Motivs, die Reichweite des Blitzes und die gewählte Blende (siehe Seite 221).

Ziel für ein gutes Blitzbild sollte sein, dass das Motiv nicht direkt geblitzt aussieht. Teilweise lässt sich das auch mit dem internen Blitz erreichen. Mit dem Aufhellblitz laufen Sie jedoch Gefahr, dass er in bestimmten Lichtsituationen zu dominant wirkt. Steuern können Sie ihn über die Blitzbelichtungszeit.

Verlängerung der Blitzbelichtungszeit | In den Betriebsarten P und A wird die Blitzbelichtungszeit automatisch ermittelt. Die kürzeste Zeit ist die Blitzsynchronzeit von 1/200 Sekunde, die längste Zeit steht standardmäßig auf 1/60 Sekunde. Das Blitzlicht wird deutlich wahrgenommen, und oft entsteht ein kühler Bildeindruck. Eine ausgewogenere Belichtung bekommen Sie, wenn Sie die längste zulässige Zeit noch etwas verlängern. Passen Sie dabei auf, dass Sie das Bild nicht verwackeln. Im Allgemeinen erzielen Sie mit 1/30 Sekunde gute Resultate.

☆
Bei diesem Bildbeispiel erkennt man deutlich, dass der Abstand zu den Personen zu nah war. Das Bild ist »überblitzt«.

85 mm | f4,2 | 1/60 sek | ISO 200

Betriebsart	Längstmögliche Belichtungszeit (von 1/200 sek bis …)
AUTOMATIK und PORTRÄT	1/60 sek
NAHAUFNAHME	1/125 sek
P und A	1/60 sek (Standard), ansonsten über INDIVIDUALFUNKTION E1 bis zu 30 sek
NACHTPORTRÄT	1 sek
S und M	30 sek

Je länger die längste Verschlusszeit für den Blitz eingestellt wird, desto mehr Umgebungslicht wird für die Belichtung mit einbezogen. Die Farbdominanz des Blitzes wird im Verhältnis weniger. Die mögliche einzustellende Belichtungszeit ist allerdings abhängig vom jeweiligen Betriebsprogramm und dem Objektiv. Haben Sie eine Optik mit Vibrationsreduzierung (VR), erkennt die Kamera dies und verlängert dementsprechend die Belichtungszeiten um bis zu 4 Lichtwerte (LW).

☆
Stellen Sie die INDIVIDUALFUNKTION E1 LÄNGSTE VERSCHLUSSZ. (BLITZ) auf 1/30 Sekunde. Damit erreichen Sie eine ausgewogenere Blitzbelichtung.

7 [Blitzfotografie mit der Nikon D90]

MAKROFOTOGRAFIE

Die Spotmessung erfasst nur ca. 2,5 % des Bildfeldes und wird oft bei der Makrofotografie eingesetzt. Um genau diesen Bereich richtig zu belichten, bedarf es viel Licht. Da stößt der interne Blitz oft an seine Grenzen. Der Hintergrund wird bei der Spotmessung nicht ausbalanciert. Außerdem müssen Sie den Mindestabstand von 60 cm einhalten. Für den Makrobereich ist der interne Blitz daher eher ungeeignet.

Das obere Bild ist mit einer Pluskorrektur von 1LW aufgenommen worden. Es ist zu hell. Das mittlere Bild ist unkorrigiert, während die untere Aufnahme eine Minuskorrektur von –2 LW aufweist.

85 mm | f5,6 | 1/30 sek | ISO 400 (links: +1LW, Mitte: ohne Korrektur, rechts: –2LW)

Belichtungsmessmethode

Zu Beginn empfiehlt sich für die Belichtungsmessung die Mehrfeldmessung (Matrixmessung) einzustellen, die den ganzen Bildbereich umfasst. Die mittenbetonte Messung hingegen ist geeignet, wenn ein Hauptmotiv sehr dominant im Bild ist. Die Spotmessung ist dann eher unvorteilhaft und führt nicht zu wirklich guten Ergebnissen. Wenn Sie die Spotmessung für Ihr Motiv (besonders im Makrobereich) einsetzen möchten, sollten Sie auf einen externen Blitz zurückgreifen.

Sollte nun Ihr Blitzergebnis nicht die von Ihnen gedachte Wirkung erzielen, können Sie es mit einer Blitzbelichtungskorrektur verändern.

Blitzbelichtungskorrektur

Diese Korrektur bezieht sich ausschließlich auf die Blitzwirkung. Mit ihr wird die Zeitdauer des Blitzes korrigiert. Mit einer Pluskorrektur wird Ihr Hauptmotiv heller, mit einer Minuskorrektur wird weniger Blitzmenge hinzugesteuert, und das Hauptmotiv erhält weniger Licht. Dadurch werden Lichtreflexe und Überstrahlungen reduziert.

Sie können die Blitzleistung zwischen +1 und –3 LW modifizieren. Dazu drücken Sie die Blitzsymboltaste und drehen das vordere Einstellrad. Da man aus dunkleren Bildbereichen nachträglich mehr Informationen auslesen kann, wurde der Pluskorrekturbereich bewusst kleiner gehalten. Überbelichtete Bereiche stören den Bildeindruck und lassen sich später schlecht korrigieren.

Die Korrekturschrittweite richtet sich nach der Einstellung aus der INDIVIDUALFUNKTION B1 BELICHTUNGSWERTE. Dort können Sie zwischen halben und Drittel-Schritten wählen. Die Blitzkorrekturwerte bleiben solange gespeichert, bis Sie die Werte wieder auf Null zurückstellen – auch wenn Sie die Kamera zwischendurch ausschalten.

Kontrolle (Einstelllicht) | Das Einstelllicht ist in der Standardeinstellung nicht aktiv. Es hilft dabei, die Beleuchtungswirkung vor der Belichtung zu kontrollieren, indem es kurz aufleuchtet. Das geschieht nur, wenn Sie in einer der Betriebsarten P, S, A oder M arbeiten. Stellen Sie dazu die INDIVIDUALFUNKTION E3 EINSTELLLICHT auf ein.

Beim Drücken der Abblendtaste strahlt der Blitz etwa zwei Sekunden lang ein Leuchten aus. Schattenwürfe und Reflexionen werden dadurch sichtbar gemacht. Die normale Funktion der Abblendtaste, also die Kontrolle der Schärfentiefe, ist deaktiviert, solange der Blitz ausgeklappt ist.

Sie sollten das Einstelllicht jedoch nicht zu häufig in kurzen Abständen verwenden. Der Blitzgenerator erhitzt dabei sehr stark. Wenn der Generator zu heiß ist, können Sie womöglich Ihre Belichtung nicht mehr durchführen. Außerdem führt der häufige Gebrauch des Einstelllichts zu einem deutlich höheren Stromverbrauch. Daher steht es in der Standardeinstellung auch auf AUS. Achten Sie auch darauf, dass Sie nicht versehentlich auf die Abblendtaste drücken. Wenn Sie Strom sparen möchten, sollten Sie den Blitz bei Nichtgebrauch immer wieder einklappen.

Speicherung der Blitzbelichtungszeit

Bei den bisher beschriebenen Belichtungsbeispielen befanden sich das oder die Motive immer an einer günstigen Bildposition. Was machen Sie aber, wenn das Hauptmotiv nicht bildmittig ist oder sich an einer schwierigen Bildposition befindet? Da die Spotmessung mit dem internen Blitz nicht immer ausreichend funktioniert, sollten Sie nur die Matrix- oder die

Durch Drücken der Blitzsymboltaste verändern Sie die Blitzwirkung zwischen +1 und –3 LW.

Stellen Sie die INDIVIDUALFUNKTION E3 EINSTELLLICHT an. Drücken Sie im Anschluss die Abblendtaste, leuchtet für kurze Zeit ein Blitzlicht auf. Damit können Sie die Auswirkung des Lichtes auf das Motiv visuell überprüfen.

Für die Belegung der Funktionstaste nutzen Sie die Standardeinstellung der INDIVIDUALFUNKTION F3 FUNKTIONSTASTE. Die Belegung der AE-L/AF-L-Taste stellen Sie in der INDIVIDUALFUNKTION F4 AE-L/AE-L-TASTE ein.

HINWEIS

Früher hieß der Blitzbelichtungsmesswertspeicher FV- Messwertspeicher. Das FV steht für *Flash Value* = Blitzwert. Arbeiten Sie mit externen Blitzen wird dieser Ausdruck immer noch benutzt. Der Messwertspeicher der Nikon D90 wird nur vom internen Blitz und den neueren externen Nikon-Blitzgeräten unterstützt (SB-900, SB-800, SB-600, SB-400 und SB-R200).

mittenbetonte Messung anwenden. Die Matrixmessung ist für eine ausgewogene Gesamtheiligkeit eine gute Wahl. Sie hat eine automatische Motiverkennung, die Personen vom Hintergrund unterscheiden kann. Befindet sich das Hauptmotiv am Bildrand, wird es im Verhältnis meist zu wenig Aufhelllicht erhalten und würde dann zu dunkel belichtet. Abhilfe schafft man mit der mittenbetonten Messung und der BLITZBELICHTUNGS-MESSWERTSPEICHERUNG.

Tastenbelegung | Wie bei der Belichtung ohne Blitz, nutzen Sie die mittenbetonte Messung auf das Hauptmotiv und schwenken die Kamera. Um die Blitzleistung für das Hauptmotiv zu speichern, haben Sie zwei verschiedene Tasten zur Verfügung: Entweder Sie legen die Funktion auf die FN-Taste oder auf die AE-L/AE-L-TASTE. Die Wirkungsweise der Tasten ist gleich. Welche der beiden Möglichkeiten Sie nutzen, hängt von Ihrem Fotografierverhalten und den bereits eingestellten Tastenbelegungen ab. Haben Sie schon die Messfeldsteuerung auf die FN-Taste gelegt, belegen Sie die AE-L/AE-L-TASTE für die Speicherung der Blitzwerte. Nutzen Sie hingegen die AE-L/AE-L-Taste beispielsweise schon als AF-ON-Taste, dann belegen Sie die FN-Taste mit der Messwertspeicherung.

Wenn Sie die AE-L/AF-L-TASTE nutzen möchten, stellen Sie die Belegung Messwertspeicherung unbedingt in der INDIVIDUALFUNKTION F4 ein. Die INDIVIDUALFUNKTION A6 BLITZBELICHTUNGS-MESSWERTSPEICHER (MB-D80) bezieht sich auf die Tastenbelegung im Hochformatgriff der Nikon D90. Wenn Sie einen MB-D80 besitzen, können Sie die Belegung und Handhabung auf Seite 208 nachlesen. Die Auswirkungen der belegten Funktion sind identisch. Der MB-D80 bietet somit eine zusätzliche Taste, die Sie frei belegen können.

Die Messwertspeicherung wenden Sie dann an, wenn Sie die Kamera schwenken möchten, um eine andere Bildkomposition zu erreichen. Dazu stellen Sie die Kamera am besten auf den Autofokusmodus AF-S ein. Sollte sich Ihr Motiv schnell und unkontrolliert bewegen, stellen Sie auf AF-C oder AF-A um.

Messvorgang | Messen Sie Ihr Hauptmotiv an, indem Sie den Auslöser halb durchdrücken. Drücken Sie danach einmal kurz die Fn- beziehungsweise die AE-L/AF-L-Taste. Die Taste muss nicht gedrückt gehalten werden. Im Sucher und am Monitor wird das L-Blitz-Symbol angezeigt. Der Blitzwert ist nun temporär gespeichert. Die Kamera hält den Wert solange, wie die Belichtungsmessung aktiv ist. Sie könnten mit gespeicherter Blitzmessung sogar die Blendenwerte oder den Zoombereich verändern. Die richtige Blitzbelichtung bleibt gespeichert. Nach der Abschaltung des Belichtungsmessers (Individualfunktion C2) muss der Wert neu gespeichert werden. Das gilt auch, wenn Sie die Kamera zwischendurch ausgeschaltet haben.

Sobald Sie den Auslöser ganz durchdrücken, wird das Motiv mit der zuvor gemessenen Blitzleistung aufgehellt. Möchten Sie zwischen mehreren Aufnahmen verschiedene Messungen speichern, müssen Sie nach dem Anvisieren die Messwertspeicherungsstaste erneut drücken. Wenn Sie die Messwertspeicherung nicht mehr nutzen möchten, drücken Sie die Taste erneut, und das Symbol verschwindet aus dem Sucherbild. Die Messwertspeicherung funktioniert sogar in den Motiv- und den Automatikprogrammen. Doch handelt es sich dabei eher um eine allgemeine Speicherung des Wertes, der sowieso von der Kamera durch die automatische Motiverkennung bestimmt wird.

Zusätzliche Blitzsteuerungen

Die unterschiedlichen Blitzsteuerungen lassen sich an der äußeren Kamera über die Blitztaste und das hintere Einstellrad einstellen. Nicht jede der fünf weiteren Blitzsteuerarten ist für alle Betriebsarten auswählbar. Sie können unter folgenden Steuerungen wählen: Blitz aus, Automatik, Rote-Augen-Korrektur, Slow und Rear. Die Auswahlmöglichkeiten, die bei der jeweiligen Betriebsart zur Verfügung stehen, entnehmen Sie der folgenden Tabelle:

> **TIPP**
> Befindet sich Ihr Hauptmotiv vor einem dunklen Hintergrund, sollten Sie den Blitzbelichtungsmesswertspeicher einsetzen. Sonst kann es passieren, dass Ihr Hauptmotiv zu hell belichtet wird. Einige Menschen lassen sich von Messblitzen vor der Aufnahme irritieren und schließen Ihre Augen während der Aufnahme. Bei der Verwendung der Blitzbelichtungsmesswertspeicherung ist der kurze Messblitz einige Zeit vor der eigentlichen Aufnahme erfolgt, und somit bleiben die Augen offen.

> **HINWEIS**
> Das Sport-, Landschaft- und das Blitz-Aus-Programm fehlen in der Tabelle auf Seite 230. Der Blitz lässt sich in ihnen nie zuschalten. Im Display erscheint das durchgestrichene Blitzzeichen. Bei den anderen Motivprogrammen und der Vollautomatik lässt sich der Blitz nicht manuell zuschalten. Erst wenn die Belichtung es erfordert, klappt der Blitz automatisch heraus.

7 [Blitzfotografie mit der Nikon D90]

» *Die Betriebsarten und mögliche Blitzsteuerungen*

Betriebsart	Verfügbare Blitzsteuerung
AUTO, PORTRÄT, NAHAUFNAHME	AUTO AUTO mit ROTE-AUGEN-KORREKTUR BLITZ AUS
NACHTPORTRÄT	AUTO mit SLOW AUTO mit SLOW und ROTE-AUGEN-KORREKTUR BLITZ AUS
P, A	Aufhellblitz SLOW mit REAR SLOW SLOW mit ROTE-AUGEN-KORREKTUR ROTE-AUGEN-KORREKTUR
S, M	Aufhellblitz REAR ROTE-AUGEN-KORREKTUR

Blitz aus | Diese Einstellung lässt sich nur bei den Vollautomatik- beziehungsweise den Motivprogrammen einstellen. In diesen Betriebsarten klappt normalerweise das Blitzgerät automatisch auf, wenn die Lichtbedingungen es erfordern. Bei der Steuerung BLITZ AUS ⚡ bleibt der Blitz in der Kamera versenkt. Allerdings ist diese Einstellung nicht sinnvoll, da man bei der Wahl eines Automatikprogramms schließlich nicht eingreifen möchte.

Automatik | Die Einstellung AUTO ist die Standardeinstellung bei den Motiv- und Vollautomatiken. Bei dieser eingestellten Blitzautomatik entscheidet die Kamera, wann der Blitz hinzugeschaltet wird. Sollte zu wenig Licht vorhanden sein, klappt der Blitz automatisch heraus, sobald Sie den Auslöser halb durchgedrückt haben. Es bedeutet aber auch, dass selbst wenn Sie vergessen, den Blitz wieder einzuklappen und die Lichtmenge ausreicht, nicht geblitzt wird, denn die Aufnahme kann ja dann durch die klassische Zeit-Blenden-Kombination ausgewogen belichtet werden. Die längste Blitzbelichtungszeit ist eine 1/60 Sekunde. Bei dieser Belichtungszeit ist sicher-

> **TIPP**
>
> Kühle Farben vermeiden Sie auch, indem Sie den Weißabgleich für Blitzaufnahmen auf TAGESLICHT stellen. Alternativ können Sie in der FEINANPASSUNG BLITZ aus dem Menü AUFNAHME die Werte A1 und G1 einstellen; der Farbeindruck wird dann wärmer.

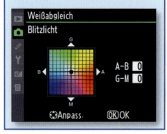

gestellt, dass keine Verwacklungen entstehen. Eine andere beispielsweise längere Zeit kann nicht voreingestellt werden, denn die dazu benötigte Individualfunktion E BELICHTUNGS-REIHE & BLITZ kann in diesen Programmautomatiken nicht modifiziert werden.

1/60 sek

1/30 sek

BLITZ AUS

SLOW (Langzeitbelichtung 1 sek)

1/30 sek
(direktes Blitzen mit einem externen Blitzgerät)

1/30 sek
(indirektes Blitzen mit einem externen Blitzgerät)

7 [Blitzfotografie mit der Nikon D90]

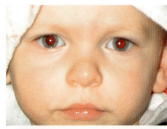

Oben wurde ohne ROTE-AUGEN-KORREKTUR geblitzt. Das zweite Bild ist direkt mit dem Rote-Augen-Korrektur-Blitz aufgenommen worden.

Rote-Augen-Korrektur | Beim direkten Blitzen kommt es bei Personenaufnahmen oft auch zu roten Augen. Die Einstellung ROTE-AUGEN-KORREKTUR 👁 sorgt dann für Abhilfe. Der Rote-Augen-Effekt entsteht durch die Reflexion des direkten Blitzlichtes auf der Netzhaut. Dieser Effekt tritt auf, wenn der Blitz nahe der optischen Achse liegt und die Pupillen der Person aufgrund von schlechten Lichtverhältnissen weit geöffnet sind. Um die Pupillen zu schließen, und damit den Effekt zu minimieren, sendet die Kamera mit dem Hilfslicht einen hellen Lichtstrahl aus. Die Personen werden also vor der Aufnahme regelrecht geblendet. Ob das zu schöneren Gesichtszügen führt, mag dahingestellt sein. Die ROTE-AUGEN-KORREKTUR steht Ihnen in allen blitzunterstützenden Betriebsprogrammen zur Verfügung.

Langzeitsynchronisation (Slow) | Da der interne Blitz nur direkt Blitzen kann, ist trotz der i-TTL-Messmethode das Blitzlicht sehr hart und kühl. Blitzen Sie zum Beispiel Personen, entstehen oft unschöne Farbtöne und Schlagschatten. Eine Abhilfe kann das indirekte Blitzen bringen, das allerdings nur mit einem externen Blitzgerät funktioniert. Eine andere Möglichkeit kalte Farben zu minimieren, ist die Langzeitsynchronisation beziehungsweise die Blitzsteuerung SLOW (engl.: langsam). Bei ihr wird automatisch eine längere Belichtungszeit eingestellt, um trotz der Blitzbelichtung mehr Licht aus dem Hintergrund einzufangen. Der Bildeindruck wird dadurch oft wärmer. Es wird dazu eine »langsamere« und damit längere Verschlusszeit vorgewählt. Bei dieser Einstellung sollten Sie besser mit einem Stativ arbeiten oder die Kamera sicher abstellen. Die Belichtungszeiten können mitunter so lang werden, dass Sie diese nicht mehr aus der Hand fotografieren können ohne zu verwackeln. Welche Zeit eingestellt wird, bestimmt meist die Ka-

> **HINWEIS: INTERNER BLITZ**
>
> Beim Arbeiten mit dem internen Blitz sollten Sie Einiges beachten:
>
> › Der Abstand zum Motiv sollte mindestens 60 cm betragen.
> › Die automatische Blitzleistungssteuerung arbeitet nur mit prozessgesteuerten Objektiven.
> › Sie sollten nur Objektive ab 18-mm-Brennweite einsetzen, sonst kommt es zu Abschattungen im Randbereich der Abbildung durch das Objektiv.
> › Wenn Sie die Kamera nach oben schwenken und belichten, können ebenfalls Objektivabschattungen entstehen.
> › Serienbildaufnahmen sind mit Blitz nicht möglich.

mera. Bei NACHTPORTRÄT ist SLOW immer eingeschaltet, bei VOLLAUTOMATIK, PORTRÄT und NAHAUFNAHME hingegen ist sie gar nicht möglich.

Es ist Ihnen bestimmt schon aufgefallen, dass gerade bei Innenraumaufnahmen der Blitz zu eher kühleren Bildern führt. Mit der Langzeitsynchronisation wird die Lichtstimmung mit eingefangen, und das Bild wirkt in der Regel wärmer. In den Betriebsarten P oder A sowie bei NACHTPORTRÄT wird bei SLOW die Belichtungszeit automatisch ermittelt. Bei NACHTPORTRÄT beträgt die längste Zeit 1 Sekunde. Bei P und A wirkt die längste Blitzbelichtungszeit, die Sie in der INDIVIDUALFUNKTION E1 LÄNGSTE VERSCHLUSSZEIT (BLITZ) einstellen.

Bei S und M benötigen Sie diese Begrenzung nicht, denn Sie variieren die Belichtungszeit selber. Dabei haben Sie in beiden Modi die komplette Zeitenreihe von 1/200 Sekunde bis 30 Sekunden beziehungsweise bis BULB (Langzeitbelichtung) bei M zur Verfügung. Gerade für Porträtaufnahmen bei Dämmerung oder in der Nacht eignet sich die Langzeitsynchronisation sehr gut.

Bei der Langzeitsynchronisation wird auf den ersten Verschlussvorhang geblitzt. Die Belichtung läuft durch die längere Belichtungszeit weiter und endet erst, wenn der zweite Verschlussvorhang nachgekommen ist.

Kurzzeitsynchronisation (Rear) | Bei der Einstellung REAR läuft der Blitzbelichtungsvorgang umgekehrt ab. Mit dem Öffnen des ersten Verschlussvorhangs startet die Belichtung. Die längere Belichtungszeit belichtet das Motiv, und erst kurz bevor der zweite Verschlussvorhang die Belichtung beendet, wird der Blitz gezündet. Anders ausgedrückt: Erst am Ende der Be-

Das Bild wurde mit SLOW aufgenommen. Die längere Belichtungszeit sorgt dafür, dass der Hintergrund wieder zum Vorschein kommt und das Gesicht einen angenehmen Farbton hat.

FP-Kurzzeitsynchronisation
Die FP-Kurzzeitsynchronisation ermöglicht Blitzen bei sehr kurzen Belichtungszeiten. Leider wird die Funktion nur bei externen Blitzgeräten unterstützt, jedoch nicht vom internen Blitz.

⚠

Das erste Bild wurde mit Slow aufgenommen (Blitz auf den ersten Verschlussvorhang). Das Motiv wird am Anfang »eingefroren«. Durch die Bewegung von links nach rechts und durch die lange Belichtungszeit verwischt das Auto. Die Streifen verwischen aber vor dem Auto. Das zweite Bild zeigt eine Aufnahme mit Rear (Blitz auf den zweiten Verschlussvorhang). Während die Belichtung »läuft«, verwischt das Auto. Erst kurz vor Ende zündet der Blitz und »stoppt« das Auto. Jetzt verlaufen die Streifen hinter dem Auto und entsprechen dem Bewegungsablauf.

Beide Bilder: 85 mm | f5,6 | 1/30 sek | ISO 400

lichtungszeit wird das Motiv durch den Blitz »eingefroren«. Rear eignet sich demnach gut bei bewegten Motiven, die sich von einer Seite zur anderen durch das Bild bewegen.

Bewegen sich Motive während langer Belichtungszeiten entstehen Bewegungsunschärfen beziehungsweise Verwischungen. Mit einem Blitz auf den ersten Verschlussvorhang friert man erst die Bewegung ein. Bewegt es sich aber weiter, entsteht die Verwischung vor dem Motiv. Um die Bildwirkung der Bewegung zu suggerieren, sollte die Bewegungsunschärfe hinter dem Motiv liegen. Das gelingt mit dem Blitzen auf den zweiten Verschlussvorhang (Rear). Dabei verwischt das Motiv zunächst und wird am Ende der Belichtungszeit scharf abgebildet.

SCHRITT FÜR SCHRITT: BLITZ AUF DEN ZWEITEN VERSCHLUSSVORHANG

Ein passendes Motiv für Rear kann ein fahrendes Auto bei Nacht oder ein rollender Ball sein. Beachten Sie aber, dass durch die langen Belichtungszeiten auch ein Stativ erforderlich ist. Je kürzer die Belichtungszeit ist, desto weniger Bewegungsunschärfe wird im Bild vom Motiv ausgehen. Das wiederum hängt natürlich auch von der Bewegungsgeschwindigkeit Ihres Motivs ab.

Schritt 1 | Stellen Sie die Kamera auf die Betriebsart S.

Schritt 2 | Drücken Sie die Blitztaste, und drehen Sie das hintere Einstellrad bis Rear eingestellt ist.

Schritt 3 | Tippen Sie den Auslöser an, und stellen Sie durch Drehen am hinteren Einstellrad 2 Sekunden Belichtungszeit ein. Nun lösen Sie aus.

Wundern Sie sich nicht, wenn zwei Blitze sichtbar sind. Der erste Blitz ist lediglich der Messblitz. Ausschließlich der zweite Blitz dient der Belichtung. Bei eingeschalteter Messwertspeicherung der Blitzbelichtung wird nur der zweite Blitz sichtbar.

Blitzbelichtungsreihe | Zu Beginn kann die Wahl der richtigen Blitzeinstellung etwas schwierig sein, obwohl die Blitzautomatik durch die 3D-Messung gute Ergebnisse liefert. Möchten Sie verschiedene Varianten zum Auswählen haben, führen Sie

[Blitzfotografie mit der Nikon D90] 7

am besten eine Blitzbelichtungsreihe durch. Sie können in der Individualfunktion e4 Belichtungsreihen aus zwei Methoden wählen: Belichtung & Blitz oder Nur Blitz.

Bei Belichtung & Blitz wird sowohl die Zeit-Blenden-Kombination geändert als auch die Blitzleistung erhöht oder verringert. Soll allerdings nur die Blitzleistung für das Hauptmotiv verändert werden, stellen Sie Nur Blitz ein.

Sie können wählen, ob drei (3F) oder zwei Bilder (+2F/–2F) pro Belichtungsserie aufgenommen werden sollen. Bei der Einstellung +2F wird ein normales und ein überbelichtetes Bild erzeugt, bei –2F ein normales und ein unterbelichtetes. Die Schrittgröße in Drittel oder halben Schritten für die Belichtungswerte hängt wiederum von der Voreinstellung unter der Individualfunktion b1 Belichtungswerte ab.

Für große Helligkeitsunterschiede stellen Sie möglichst große Werte ein, beispielsweise 3F und 2 LW. Ist der gemessene Belichtungswert 1/125 Sekunde, wird die Unterbelichtung bei 1/500 Sekunde und die Überbelichtung bei 1/30 Sekunde belichtet. Die Bildergebnisse werden damit sowohl sehr hell als auch sehr dunkel, was gut geeignet ist für HDR-Bilder. Das kann bei der Blitzbelichtung allerdings zu starken Überbelichtungen führen. Für die Einstellung Nur Blitz sollten Sie maximal auf 1 LW einstellen. Diese Einstellung nutzen Sie für Aufnahmen, bei denen das Hauptmotiv im Verhältnis zum Hintergrund ausgewogen belichtet sein soll.

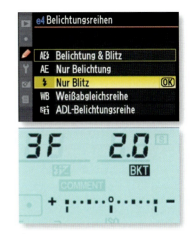

Stellen Sie die Individualfunktion e4 auf nur Blitz. Durch Drücken der BKT-Taste und ein Drehen des hinteren Einstellrades stellen Sie die Bilderanzahl ein. Mit Hilfe des vorderen Einstellrades verändern Sie die Belichtungsweite in Lichtwerten, hier 2 LW.

Blitzbelichtungsreihe mit –1 LW, ohne Korrektur und +1 LW

Alle Bilder: 80 mm | f22 | 1/100 sek | ISO 500

Normalerweise werden bei Belichtungsreihen immer erst das normalbelichtete Bild und im Anschluss die anderen Aufnahmen durchgeführt. Mit der Einstellung unter E6 verändern Sie diese Reihenfolge. Dann wird erst die Unter-, danach die Normal- und zuletzt die Überbelichtung aufgenommen.

Das integrierte Blitzgerät lässt sich neben der TTL-Messung auch manuell steuern. Dazu setzen Sie die INDIVIDUALFUNKTION E2 INTEGRIERTES BLITZGERÄT auf MANUELL.

Die Reihenfolge der Aufnahmen innerhalb einer Belichtungsreihe können Sie in der INDIVIDUALFUNKTION E6 BKT-REIHENFOLGE ändern. BKT steht für den englischen Begriff *Bracketing* (Belichtungsreihe).

Für die Aktivierung der Belichtungsschritte und die Anzahl der Belichtungen müssen Sie die BKT-Taste 🔘 gedrückt halten und die beiden Einstellräder drehen. Das vordere Rad ist für die Lichtwerte, und mit dem hinteren Rad verstellen Sie die Anzahl der Aufnahmen. Sobald die Anzahl größer als Null ist, wird das BKT-Symbol eingeblendet.

Wichtig: Um die Belichtungsreihe zu beenden, müssen Sie das hintere Einstellrad auf 0F stellen. Das Ausschalten der Kamera hilft hierbei nicht. Stellen Sie die Kamera für Belichtungsreihen auf ein Stativ oder eine feste Position. Zusätzlich kann man das BKT gut mit dem Selbstauslöser (INDIVIDUALFUNKTION C3) kombinieren und Verwacklungen zu minimieren. Die einzelnen Resultate der Belichtungsergebnisse fallen je nach Messmethode (Matrix-, mittenbetonte Integral- oder Spotmessung) unterschiedlich aus. Sollten Ihnen die vorprogrammierten Ergebnisse nicht zusagen können Sie sich von den Automatiken lösen und die Blitzsteuerung manuell bedienen.

Manuelle Blitzsteuerung | Der interne Blitz lässt sich in seiner Leistung manuell reduzieren. Dazu stellen Sie ihn bei der INDIVIDUALFUNKTION E2 INTEGRIERTES BLITZGERÄT von TTL auf MANUELL um.

Bei der Einstellung MANUELL blinkt das Blitzsymbol im Sucher und im Display. Sie können von VOLLER LEISTUNG bis zu 1/128-Leistung wählen. Bei der manuellen Blitzeinstellung wird kein Vor- beziehungsweise Messblitz ausgesendet und demnach auch keine i-TTL-Steuerung durchgeführt. Der Blitz blitzt nur mit der eingegeben Leistung unabhängig vom Motiv.

Das manuelle Blitzen ist eher ein Relikt aus alten Zeiten. Wenn Sie feste Aufbauten fotografieren, kommt er zum Einsatz, zum Beispiel wenn Sie Reprovorlagen abfotografieren. Der interne Blitz kann aufgrund seiner Konstruktion nur direkt blitzen. Wenn Sie einen Gegenstand abfotografieren, sollten Sie daher versuchen, das Licht zu streuen, indem Sie zum Beispiel durch eine Milchglasscheibe blitzen.

Im Studio eingesetzt, können Sie über die manuelle Blitzeinstellung Blitzanlagen ansteuern, das ist jedoch abhängig von der Anlage. Mit dem normalen i-TTL-Messblitz würde die Anlage eventuell zu früh auslösen und die Ergebnisse würden zu dunkel. Des Weiteren nutzen einige Naturfotografen das manuelle Blitzen, um die Tiere nicht durch einen Messblitz aufschrecken zu lassen.

Soll das Blitzgerät der Nikon D90 Stroboskopblitze abgeben, stellen Sie dies in der INDIVIDUALFUNKTION E2 ein.

Stroboskopblitzen | Wie auch bei der Funktion REAR nutzen Sie das Stroboskopblitzen für sich schnell bewegende Motive. Beim Stroboskopblitzen werden viele einzelne kleine Blitze während der Belichtungsdauer abgegeben. Er wirkt dabei wie eine Art Mehrfachbelichtung: Jeder Blitz fängt eine Bewegungsphase des Motives scharf ein, und die unterschiedlichen Phasen simulieren einen Bewegungsablauf.

Ein Blitz kann nur eine bestimmte Leistung abgeben. Bei der i-TTL-Messung gibt der Blitz einmal seine volle Leistung, also seine ganze Energie ab. Beim Stroboskopblitzen blitzen mehrere Blitzlichter in bestimmten Zeitabständen für eine Aufnahme. Die einzelnen Blitze können nie die volle Leistung erreichen, da sich der Blitzgenerator während der Belichtung nicht voll aufladen kann. Sie sind daher jeder für sich auch weniger hell. Um nun zum Beispiel Bewegungsabläufe abzubilden, sollte daher der Raum abgedunkelt sein oder eine sehr kleine Blendenöffnung eingestellt sein, ansonsten käme es zu Überbelichtungen. Unter der INDIVIDUALFUNKTION E2 STROBOSKOPBLITZEN stellt man die Leistung, die Anzahl der Blitze und ihre Frequenz ein.

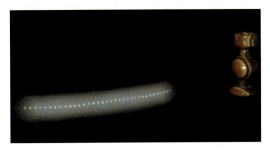

Zwei Varianten: Das erste Beispiel zeigt zwei »Zustände« der Kugel. Es wurde mit einer der maximalen Leistung von 1/4 und 10 Hertz (Hz) aufgenommen. Dabei sind nur zwei Phasenanzahlen möglich. Die Kugeln sind heller als im zweiten Bild. Dort sind 35 Blitze gezündet worden bei 50 Hertz und einer Leistung von 1/128. Die stehende Figur im Bild verdeutlicht, dass viele Blitze eine Blitzsumme ergeben. Sie ist »richtig« belichtet.

Beim internen Blitz können Sie die Leistung zwischen 1/128 und 1/4 wählen. Da bei 1/4 mehr Energie verbraucht wird, hat das zur Folge, dass Sie abhängig von der vorgewählten Leistung auch nur eine beschränkte maximale Anzahl von Blitzen innerhalb eines Belichtungsvorgangs zur Verfügung haben.

» *Je niedriger die Leistung, desto mehr Blitze können maximal pro Bild abgegeben werden.*

Leistung	Maximale Anzahl	Zusätzliche Auswahlen
1/4	2	–
1/8	5	2, 3, 4
1/16	10	2 – 9
1/32	15	2 – 10
1/64	25	2 – 10, 15, 20
1/128	35	2 – 10, 15, 20, 30

Das bedeutet wiederum, dass man mit einer 1/4-Leistung nur zwei Blitze innerhalb der Belichtung auslösen kann. Bei einer 1/128-Leistung können Sie maximal bis zu 35 Einzelblitze erzeugen. Diese Anzahl ist unabhängig von der Frequenz. Die Frequenz bestimmt die gleichmäßigen Zeitabstände pro Blitz. Die Einheit der Frequenz wird in Hertz (Hz) und mit einer Auswirkung pro Sekunde angegeben. Das heißt:
› 1 Hz bedeutet 1 Blitz pro Sekunde
› 10 Hz bedeutet 10 Blitze pro Sekunde
› 50 Hz bedeutet 50 Blitze pro Sekunde

Je höher die Frequenz, desto schneller folgen die Blitze aufeinander. Bewegt sich Ihr Objekt sehr schnell, müssen Sie demnach eine höhere Frequenz einstellen, um einzelne Bewegungsphasen festzuhalten. Umgekehrt: Bei langsamen Bewegungen reicht auch eine niedrigere Frequenz aus.

Bleibt nun noch die Belichtungszeit. Je länger die Zeit, desto mehr Blitze können Sie bei gleicher Frequenz in einer Belichtung auslösen lassen. Beachten Sie immer die maximale Anzahl pro Bild. Bedenken Sie auch, dass es sinnvoll ist, bei langen Belichtungszeiten mit einem Stativ zu arbeiten. Sonst erkennen Sie auf der Aufnahme statt Bewegungsabläufen vielmehr Verwacklungen. Alle vier Einstellungen (LEISTUNG, ANZAHL, FREQUENZ und BELICHTUNGSZEIT) sind somit eng miteinander verknüpft.

PRAXISBEISPIELE: STROBOSKOPBLITZEN

Die folgenden Bildbeispiele sollen Ihnen die Zusammenhänge der einzelnen Einstellungen beim Stroboskopblitzen verdeutlichen. Wenn Sie diese verinnerlichen, können Sie sie auf alle Ihnen bekannten Bewegungsabläufe anwenden.

Hier wurde eine weiße, glänzende Kugel, die von links nach rechts vor dunklem Hintergrund im gemäßigten Tempo rollt, aufgenommen.

62mm | f32 | 1 sek | ISO 400

Beispiel 1 | Hier wurde eine Belichtungszeit von 1 Sekunde gewählt. Die Leistung (Intensität) des Blitzes muss nicht so hoch sein, weil sich das Weiß der Kugel gut vor dem Hintergrund abzeichnet.

Leistung: 1/16 (maximale Anzahl 10 Blitze)
Anzahl: 10
Frequenz: 10 H
Ergebnis: Der Ball wird im Abstand von je einer 1/10 Sekunde zehnmal im Bild abgebildet.

62 mm | f32 | 1 sek | ISO 400

Beispiel 2 | Stellen Sie nun die FREQUENZ auf 5 Hz herunter.

Ergebnis: Der Ball wird nun in einem Abstand von 1/20 Sekunde fünfmal in der Abbildung eingefangen. Der Abstand zwischen den einzelnen Bällen ist somit größer. Die maximale Anzahl von zehn Blitzphasen wird nicht ausgeschöpft.

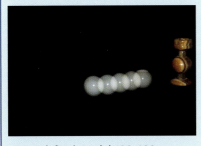

62 mm | f32 | 1 sek | ISO 400

Beispiel 3 | Ist eine einzelne Phase einer Kugel zu schwach belichtet, muss die Leistung erhöht werden.

Leistung: 1/8 (maximale Anzahl 5 Blitze)
Anzahl: 5
Frequenz: 10 Hz
Ergebnis: Fünf Bälle sind im Bild in einem Abstand von 1/10 Sekunde. Der Abstand ist kurz, der maximale »Laufweg« durch das Bild wird nicht ausgenutzt.

7.2 Blitzen mit einem externen Blitz

Alle Funktionen, die mit dem internen Blitz möglich sind, lassen sich auch mit einem externen Blitz realisieren und verfeinern. Wenn Sie oft in verschiedenen Lichtsituationen fotografieren, ist ein gutes externes Blitzgerät sicherlich zu empfehlen.

Vorteil eines externen Blitzgerätes ist die Möglichkeit, damit sowohl indirekt als auch entfesselt blitzen zu können (Master-/Slavesteuerung). Und selbst bei hellem Tageslicht kann man mit Hilfe der FP-Kurzzeitsynchronisation der Nikon D90 einen externen Blitz sehr gut als Aufhellblitz nutzen, um Schatten besser auszuleuchten. Der Hauptgrund aber ist, dass Sie wesentlich mehr Blitzleistung zur Verfügung haben. Da ist der Spielraum des internen Blitzes doch stark begrenzt. Zum Beispiel lässt sich die Reflektorstellung (Lichtausrichtung) des internen Blitzes nicht ändern. Das Licht strahlt immer direkt auf das Motiv und verursacht harte Schlagschatten. Anders verhält sich das, wenn Sie mit einem externen Blitzgerät indirekt blitzen.

> **HINWEIS**
>
> Ab Seite 248 dieses Kapitels erfahren Sie mehr über die geeigneten Blitzgeräte und das Blitzzubehör, das in Verbindung mit der Nikon D90 eingesetzt werden kann. Nicht alle Blitzgeräte unterstützen immer alle Funktionen. Gerade wenn Sie noch keinen externen Blitz besitzen, kann Ihnen dieser Abschnitt bei einer vielleicht anstehenden Kaufentscheidung weiterhelfen.

Indirektes Blitzen

Beim indirekten Blitzen verstellen Sie den Reflektor des Blitzes in eine andere Position. Meist blitzt man dabei zum Beispiel an die Decke. Das Licht wird erst nach der Reflexion von der Decke aus, wenn diese nicht zu hoch ist, auf das Motiv fallen. Da dieser Lichtweg länger ist als beim direkten Blitzen, ist die Leistung/Helligkeit, die beim Motiv ankommt geringer. Das Licht wirkt dann allerdings weicher und wärmer.

Diesen Effekt erreichen Sie auch, wenn Sie durch eine Streuscheibe oder mit einem Diffusor (Bouncer) fotografieren. Beide zerstreuen das Licht in verschiedene Richtungen, was aber auch zu einem Helligkeitsabfall führt. Wenn Sie also viel indirekt blitzen möchten, zum Beispiel bei Innenaufnahmen auf Veranstaltungen, sollte Ihr Blitzgerät eine möglichst hohe Leitzahl aufweisen.

Der SB-900 mit aufgesetztem Diffusor. Der Diffusor streut das Licht und macht es dadurch weicher.

» Zwei Aufnahmen mit unterschiedlichen Reflektorstellungen: Die Schaufensterpuppe wurde extra sehr nah an den Hintergrund gestellt, um den Schattenwurf zu verdeutlichen. Das linke Bild wurde mit dem SB-900 direkt angeblitzt (0 Grad). Beim rechten Beispiel wurde der Reflektor im 90-Grad-Winkel in Richtung Decke eingestellt. Hierbei musste zusätzlich eine Belichtungskorrektur eingestellt werden, denn das Licht reichte so nicht mehr aus. Der Schattenwurf ist dabei sehr weich.

72 mm | f11 | 1/30 sek | ISO 200

Mit indirektem Blitzen erzeugen Sie weniger Schlagschatten um die Nase und den Hals. Das ist bei Porträtaufnahmen in der Regel erwünscht. Sie sollten jedoch die Farbe der Fläche beachten, an der das Blitzlicht reflektiert wird. Ist sie beispielsweise braun, wie es bei Holzverkleidungen der Fall ist, kann auch der Hautton eine sonderbare bräunliche Farbe annehmen.

Das indirekte Blitzen vermindert bei Porträts den ungewünschten Rote-Augen-Effekt. Dieser tritt nur auf, wenn sich das Blitzlicht nahe der optischen Achse befindet und somit das Licht direkt von der Netzhaut reflektiert wird. Durch die Neigung des Reflektors zur Decke vergrößert sich der Abstand zur Achse und die Lichtstrahlen treffen in einem anderen Winkel auf die Netzhaut, so dass die Reflexionen nicht auftauchen.

Blitzen im Hochformat

Beim Blitzen im Hochformat richten Sie den Blitz nicht nach oben sondern nach links oder rechts. Wenn Sie einen drehbaren Reflektorkopf haben, können Sie ihn auch aus dieser Position wieder nach oben ausrichten. Kleinere Blitze haben diese Drehmöglichkeit leider nicht immer. Manche Blitze besitzen eine ausziehbare Reflektorklappe. Sie dient einer zusätzlichen Reflexion, nutzt Ihnen im Hochformat jedoch nicht viel. Bauen Sie sich dann selber eine Reflektorklappe: Kleben Sie eine weiße Pappe seitlich an den Blitz. Damit erzielen Sie denselben Effekt auch für das Hochformat.

« Unterschiedliche Reflektorstellungen

7 [Blitzfotografie mit der Nikon D90]

Manche Fotografen ziehen die integrierte Streuscheibe ein kleines Stück heraus, damit mehr Blitzlicht das Motiv erreicht und die »Fremdfarbe« damit minimiert wird. Im Hochformat sehen Sie diesen Effekt mit der Streuscheibe noch deutlicher. Das indirekte Blitzen wird in der Regel bei Porträtaufnahmen mit geringen Lichtvorkommen genutzt. Jedoch ist es möglich, auch bei hellem Tageslicht zu blitzen. Dabei dient das Blitzlicht dazu, dunkle Partien aufzuhellen.

FP-Kurzzeitsynchronisation

Möchte man trotz hellem Umgebungslicht und damit sehr kurzen Belichtungszeiten blitzen, stellt man die Kamera in den Individualfunktionen e5 FP-Kurzzeitsynchronisation auf EIN. Dies ermöglicht Verschlusszeiten, die kürzer als 1/200 Sekunde sind, was jedoch nur in Kombination mit einem externen Blitzgerät funktioniert.

Bei kürzeren Verschlusszeiten als die Blitzsynchronzeit von 1/200 Sekunde läuft der zweite Vorhang schon los, während der erste noch auf dem Weg ist. Damit ist schon ein Teil des Bildfeldes wieder verdeckt. Nur ein sehr schmaler Belichtungsschlitz ist frei (siehe auch Seite 72). Wird nun beim ersten Vorhang der Blitz ausgelöst, dann ist ein Teil des Sensors verdeckt, und nur der schmale Streifen wird vom Blitzlicht belichtet. Der Rest wäre schwarz oder zu dunkel.

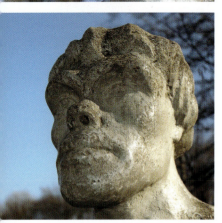

«

Ist das Umgebungslicht sehr hell, kann man mit Hilfe der Kurzzeitsynchronisation trotzdem bei kleinen Blendenzahlen und mit geringer Schärfentiefe blitzen. Das obere Bild ist ohne Blitz aufgenommen. Das Gesicht der Statue ist zu dunkel. Beim mittleren Bild wurde nur der Blitz zugeschaltet. Das Bild ist zu hell. Mit der Einstellung FP-Kurzzeitsynchronisation im unteren Bild hellt man die Gesichtspartie auf, ohne auf die Blende von 4,5 verzichten zu müssen.

Oben: 40 mm | f4,5 | 1/1000 sek | ISO 200 | ohne Blitz

Mitte: 40 mm | f4,5 | 1/60 sek | ISO 200 | mit Blitz

Unten: 40 mm | f4,5 | 1/1000 sek | ISO 200 | mit FP-Kurzzeitsynchronisation

Das kann Ihnen bei der Nikon D90 so nicht passieren, denn Sie können keine Zeitwerte unter 1/200 Sekunde eingeben, selbst nicht im manuellen Belichtungsmodus. Nur bei der FP-KURZZEITSYNCHRONISATION werden kürzere Zeiten möglich.

Die Blitzleistung bei der FP-Kurzzeitsynchronisation ist geringer als bei der normalen Blitzbelichtung. Es werden bereits Blitze gesendet, bevor der Verschluss sich öffnet. Danach folgen in sehr kurzen Zeitabständen mehrere hintereinander laufende Einzelblitze. Vom Prinzip her ist diese Blitzmethode eher als ein Leuchten zu beschreiben. Dass es selbst bei einer 1/4000 Sekunde funktioniert, ist eine technische Meisterleistung.

Steht die INDIVIDUALFUNKTION E5 FP-KURZZEITSYNCHR. auf EIN, ermöglicht sie mit externen Blitzgeräten kürzere Blitzsynchronzeiten als 1/200 Sekunde.

PRAXISBEISPIEL: FP-KURZZEITSYNCHRONISATION

Sie wollen ein Außenporträt bei strahlendem Sonnenschein, viel Licht und hohen Kontrasten aufnehmen. Der Belichtungsmesser gibt bei der Programmautomatik P Werte vor, zum Beispiel 1/2000 Sekunde und Blende 22. Der Hintergrund, vor dem das Motiv steht, wird bei dieser Einstellung scharf abgebildet. Das Gesicht ist meist im Schatten und wirkt dabei oft sehr kühl. Soll das Gesicht mit dem Blitz aufgehellt werden, stellt sich die Zeit auf eine 1/60 Sekunde ein. Das ist in der Programmautomatik die kürzeste einstellbare Zeit (E1 LÄNGSTE VERSCHLUSSZEIT). Die Blende kann kaum weiter geschlossen werden. Das Bild wird zu hell.

Wenn Sie für die Porträtaufnahme auf A (Blendenvorwahl) wechseln, damit der Hintergrund möglichst unscharf wird, erscheint im Display die Anzeige HIGH (Überbelichtung). Da die Kamera an der Grenze der steuerbaren Einstellung ist und der Blitz noch mehr Licht dazugibt, würde auch hier das Bild zu hell werden.

Die Lösung lautet: FP-Kurzzeitsynchronisation! Damit werden Belichtungszeiten von bis zu 1/4000 Sekunden möglich. Bei eingeschalter FP-Kurzzeitsynchronisation bekommen Sie Lichtreflexe in den Augen und ein leicht aufgehelltes, wärmer wirkendes Gesicht. Die Blende kann auch wieder ein wenig geöffnet werden, und Sie erreichen somit einen unschärferen Hintergrund. Das Ziel ist ein Bild, das kaum geblitzt aussieht und damit natürlich.

Ist die Verschlusszeit kürzer als die Blitzsynchronzeit, ist nur ein schmaler Streifen richtig belichtet. Der Rest wird vom zweiten Verschlussvorhang schon abgedeckt.

Das Synchronkabel SC29 (Bild: Nikon)

Entfesseltes Blitzen

Ein entfesseltes Blitzen kann sowohl mit als auch ohne Kabel erfolgen. Entfesselt bedeutet, dass der Blitz sich nicht mehr auf dem Zubehör- beziehungsweise Blitzschuh befindet. Für das entfesselte Blitzen mit Kabel benötigen Sie ein sogenanntes Synchronkabel (SC 28, SC 29 oder bei Metz das V 58-50), dessen eines Ende Sie auf den Blitz stecken und dessen anderes Ende Sie auf dem Zubehörschuh festdrehen.

Die klassische Beleuchtungsvariante für entfesseltes Blitzen besteht aus drei Blitzen. Der stärkste Blitz wird als Hauptlicht verwendet, der zweite ist ein Ring- oder Diffusorblitz, der das Motiv schattenfrei aufhellt. Der Hintergrund wird durch einen dritten Blitz beleuchtet. Ein Vorteil der Synchronkabel ist, dass die äußeren Lichtbedingungen bei der Übertragung der Messsignale keine Rolle spielen. Die Länge liegt bei den herkömmlichen Kabeln bei 1,6 Meter. Die Gesamtlänge aller Kabel sollte 10 Meter nicht überschreiten. Das entfesselte Blitzen mit Kabel ist eine gute Methode, die aber heutzutage durch die kabellose Methode immer mehr abgelöst wird. Selbst mit der Nikon D90 kann man problemlos kabellos einen anderen Blitz ansteuern. Dieses kabellose Blitzen heißt bei Nikon *Creative Lighting System* (CLS).

7.3 Nikon Creative Lighting System (CLS)

Die Nikon D90 bietet mit ihrer integrierten Mastersteuerung die Möglichkeit, kabellos (*wireless*) andere CLS-fähige Blitzgeräte auszulösen (*Advanced Wireless Lighting*). Dazu muss in der INDIVIDUALFUNKTION E2 INTEGRIERTES BLITZGERÄT die Mastersteuerung aktiviert werden.

Mit einem Zweitblitz können Sie Schlagschatten oder ungleichmäßige Ausleuchtungen reduzieren oder auch bewusst kreieren. Oft genügt für die Ausleuchtung des Hintergrundes ein günstiges, leistungsärmeres Zweitblitzgerät, zum Beispiel der SB-600. Je größer der Raum ist, den Sie ausleuchten möchten, desto mehr Blitzgeräte benötigen Sie.

In der INDIVIDUALFUNKTION E2 schalten Sie den internen Blitz auf die Mastersteuerung um.

[Blitzfotografie mit der Nikon D90] 7

Interner Blitz und SB-900 von rechts oben (weiter weg, hinter der Kamera)

Interner Blitz und SB-900 von schräg rechts unten

Interner Blitz und SB-900 mittig hoch und von leicht links

SB-900 oben über der Kamera gehalten

SB-900 von schräg rechts (weiter weg und ohne den internen Blitz)

SB-900 hoch und rechts oben (vor der Kamera)

HINWEIS: POSITIONIERUNG BLITZGERÄTE

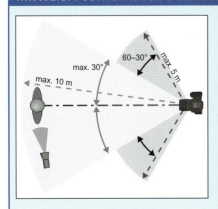

Damit die Kommunikation zwischen Master- und Slave-Blitzgeräten erfolgen kann, müssen sie in einem Winkel von 60 Grad rechts und links der Blitzrichtung des Masters angeordnet werden. Innerhalb von 30 Grad rechts und links beträgt die Reichweite bis zu 10 Meter. Außerhalb dieses Bereichs nimmt die Reichweite stark ab. Bei zu hellen Lichtbedingungen können die Signale nicht empfangen beziehungsweise versendet werden. Versuchen Sie dann, die Lichtsensoren der Blitzgeräte gegen starkes Fremdlicht abzuschirmen.

Das Belichtungsprinzip | Der interne Blitz sendet zunächst einen Vorblitz aus. Damit werden die anderen Blitzgeräte ausgelöst. Diese anderen so genannten Slaveblitze müssen allerdings so positioniert sein, dass Sie den Blitzstrahl mit ihrem Lichtsensor erfassen können. Die Slaveblitze geben ihrerseits Vorblitze ab, die vom Messsensor der Kamera ausgewertet werden. Alle Lichtquellen werden addiert. Der 3D-Multisensoraufhellblitz steuert die Lichtintensität jedes einzelnen Blitzgerätes. Erst nach der Analyse beispielsweise der i-TTL-Messung wird die eigentliche Belichtung gestartet. Der Verschluss öffnet sich, und alle Blitze geben die jeweilige Blitzleistung ab.

Einstellungen | Der Vorteil an diesem Mulitblitzverfahren ist, dass das Bild trotz der unterschiedlichen Lichtquellen ausgewogen belichtet wird. Zeigt das Bild auf dem Kameramonitor dennoch eine unerwünschte Blitzwirkung, so lassen sich die Slaveblitze individuell vom Masterblitz aus korrigieren. Die Korrekturen verändern Sie auch in der MASTER-STEUERUNG (E2). Mit der Mastersteuerung können jeweils zwei Gruppen und das interne Blitzgerät völlig unabhängig voneinander auf verschiedene Belichtungssteuerungen und Korrekturen eingestellt werden. Dabei stehen Ihnen folgende Funktionen zur Verfügung:

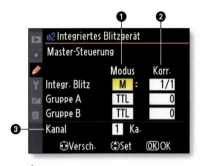

Der interne Blitz ist in der Lage, andere Blitzgeräte über die Gruppen separat anzusteuern. In der INDIVIDUALFUNKTION E2 INTEGRIERTES BLITZGERÄT lassen sich der MODUS ❶, die Blitzkorrektur ❷ und der KANAL ❸ zuweisen.

Einstellung / Modus	Wirkung
TTL	i-TTL Steuerung, ausbalancierter Hinter-/Vordergrund
M	manueller Modus, Belichtung ohne TTL, Leistung kann von 1/128 bis VOLLE LEISTUNG variiert werden
--	Blitzgerät sendet ein Steuersignal aus, aber keinen Belichtungsblitz
AA	nur bei der Gruppe 1 + 2 (und nur bei den Geräten SB-800, SB-900), ohne TTL, aber Blendenwerte und ISO-Empfindlichkeit werden mit berücksichtigt, alte Belichtungsart
KORR.	jede Gruppe hat eine eigene Blitzkorrektur von −3 bis +3LW
KANAL	jeder der vier Kanäle hat eine eigene Sendefrequenz, nur die Blitze mit derselben Kanalvorwahl wie die Kamera lösen aus

Somit ermöglicht der interne Blitz der Nikon D90 drahtlos und einfach die individuelle Steuerung beliebig vieler Slaveblitze von einem zentralen Standort aus. Ein kabelloses Blitzen ist auch im Freien schnell und leicht einzusetzen. Die Handhabung ist wirklich einfach, und Ihre Bilder bekommen so einen besonderen Charakter. Vergessen Sie aber nicht, wieder auf die normale i-TTL-Messung umzustellen, wenn Sie nicht mehr mit mehreren Blitzgeräten arbeiten möchten.

Ohne Blitz

Interner Blitz

> ### INFRAROT-VORBLITZE
>
>
>
> Die Steuereinheit SU-800 überträgt die Messdaten über Infrarotsignale (IR), nicht über Vorblitze. Alternativ können Sie für den internen Blitz das Kläppchen SG-3IR aus dem R1-(C1)-Makroset nutzen oder es als Zubehörteil nachbestellen. Er wird auf den Blitzschuh der Kamera gesetzt und wandelt den Blitz durch seine IR-durchlässige Kunststoffscheibe in ein Infrarotsignal um. IR-Signale verhindern störende Reflexionen im Bild. Ohne Infrarotfilter wird der Kamerablitz besonders auf spiegelnden Oberflächen wie Glas oder Metall als heller Fleck abgebildet.

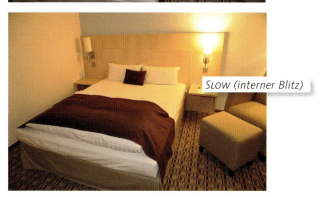

Slow (interner Blitz)

Slow (interner Blitz sowie SB-900 unten links gegen die Ecke vom Bett)

Slow (interner Blitz, SB-900 mit Farbfolie auf den Sessel)

7.4 Zubehör: Externe Blitzgeräte

Bevor Sie ein Blitzgerät anschaffen, ist es ratsam, sich über den gewünschten Einsatz des Blitzes im Klaren zu sein. Die folgenden Informationen sollen Ihnen helfen, sich eine Übersicht über einige interessante Blitzgeräte zu verschaffen.

> **TIPP**
>
> Die für die Blitzgeräte benötigen Batterien sind AA-Mignon-Zellen. Es können Alkali-Mangan- (1,5V), Lithium- (1,5V), OxyrideTM- (1,5V) und Ni-MH-Batterien (Nickel-Metallhydrid) (1,2V) eingesetzt werden. Sie sollten stets einen frischen Satz Batterien im Fotogepäck dabei haben.

Übersicht Blitzgeräte | Meist ist es empfehlenswert, dass man einen Blitz derselben Firma kauft, von der man auch die Kamera erworben hat. Auf diese Weise stellt man sicher, dass der Blitz vollständig mit der Kamera, den Objektiven, Kabeln etc. kompatibel ist. Auch für den Service und den Support ist es hilfreich, sich nur an eine Stelle zu wenden zu müssen.

Ich möchte jedoch zwei Blitze der Firma Metz nicht unerwähnt lassen. Bei meinen Tests konnten mit ihnen alle Funktionen der Nikon D90 genutzt werden. Die gesamte Palette der auf dem Markt befindenden Blitzgeräte ist natürlich noch wesentlich größer. Nikon hat in der aktuellen Produktpalette für jeden Anwender ein Blitzgerät im Angebot. Sie sollten bei der Nikon D90 nur mit den neuen Blitzen arbeiten. Ältere Blitzgeräte, die vor dem SB-800 (2006) eingeführt wurden, sind mit der Blitzmesstechnik der heutigen Kameras nicht vollständig kompatibel. Sie unterstützen beispielsweise keine i-TTL-Messung. Zum jetzigen Zeitpunkt können Sie unter folgenden Nikon-Geräten wählen: SB-400, SB-600, SB-800, SB-900 und Makroblitz bestehend aus der SU-800-Steuereinheit und dem Slaveblitz SB-R200 (als Kid R1 und R1 C1).

Sollten Sie Gefallen am Blitzen gefunden haben, etwas mehr Licht brauchen, als der interne Blitz liefert, aber sich zunächst nicht zu viele Gedanken über das Blitzen machen möchten, dann könnte der SB-400 für Sie als Einsteiger in die engere Wahl kommen.

SB-400 | Der kleine SB-400 zeichnet sich durch seine kompakte Bauweise aus. Die Steuerung erfolgt ausschließlich über die Kamera. Das einzige, das Sie verstellen können, ist der Winkel des Reflektors. Er kann auf einen 90-Grad-Winkel ein-

SB-400

gestellt werden und ist somit auch für indirektes Blitzen geeignet (siehe Seite 240). Für Einsteiger in die Blitzfotografie ist er ein preisgünstiges und leicht zu handhabendes Gerät. Für Partyaufnahmen und die Porträtfotografie ist er durchaus geeignet, denn Sie können mit ihm kaum etwas falsch machen: Ansetzen, einschalten, Reflektor in Position bringen und loslegen. Mit der Leitzahl (LZ) 21 schaffen Sie es sogar bei ISO 200 und Blende 1,4 Motive in bis zu 20 Meter Entfernung auszuhellen. Das sind 8 Meter mehr als mit dem internen Blitz.

Wenn Sie den SB-400 an Ihre Nikon D90 befestigen, wechselt die INDIVIDUALFUNKTION E2 INTEGRIERTES BLITZGERÄT ZU EXTERNES BLITZGERÄT. Es stehen lediglich die Funktionen TTL und MANUELL zur Verfügung. Mit dem SB-400 können Sie weder STROBOSKOPBLITZEN noch ihn als MASTERBLITZ benutzen. Alle anderen Blitzmodi können wie beim internen Blitz einstellt werden.

Standfuß für den SB-600

SB-600 | Der SB-600 ist ein guter Allrounder für den engagierten und kreativen Fotografen. Die Bedienung ist dank eines am Blitz angebrachten Displays und der Funktionstasten gut einzustellen. Die eingebaute Weitwinkelstreuscheibe ermöglicht ein diffuses Licht und damit eine gute Ausleuchtung bei nahen Motiven. Der mit im Lieferumfang enthaltene Standfuß (AS-19) ermöglicht den Blitz auch abseits der Kamera zu positionieren. Er kann somit gut im Slave-Blitzmodus (Remote) als zweites Blitzgerät (Slave) über die Mastersteuerung der Nikon D90 oder andere Masterblitze eingesetzt werden. Der SB-600 bietet eine Vielzahl praxisgerechter Funktionen, die Sie vom internen Blitz kennen. Er hat die LZ 30 und kann bei ISO 100 und Blende 1,4 etwa 19 Meter ausleuchten. Außerdem unterstützt er die FP-Kurzzeitsynchronisation (siehe Seite 242).

SB-600

SB-800 | Der SB-800 ist ein etwas älterer Blitz der vom SB-900 abgelöst wurde. Man kann ihn gut als Schnäppchen in den Fotoläden erwerben. Und das lohnt sich, denn er ist das erste Nikon-Profimodell, das mit der i-TTL-BL-Blitzmessung auf den Markt gekommen ist (i-TTL-BL: Aufhellblitz mit aus-

SB-800

gewogener Hinter-/Vordergrund-Balance). Auch er bietet wie der SB-600 einfachste Bedienung durch das große Display und die vielen Funktionstasten. Zusätzlich zum Standfuß (AS-19) ist ein Farbfilterfoliensatz, einen Bouncer (Diffusor, umgangssprachlich »Joghurtbecher«) und ein Batterieteil im Lieferumfang enthalten. Das Batterieteil ermöglicht das Einsetzen einer fünften Batterie die zu einer schnelleren Aufladezeit verhilft. Er hat eine LZ 38 und kann damit bei ISO 100 und Blende 1,4 bis zu 20 Meter ausleuchten. Im kreativen Blitzsystem kann er als Mastersteuerungsgerät und auch als Slaveblitz eingesetzt werden. Er eignet sich für alle Fotografen, die möglichst viel Licht und eine schnelle Blitzfolge benötigen und die mit mehreren Blitzgeräten arbeiten möchten.

SB-900 | Der SB-900 ist das aktuelle Profigerät der Nikon-Blitze und unterstützt das i-TTL-BL genauso wie ältere Messmethoden. Die LZ ist mit 34 etwas geringer, kann aber dafür schon ab einer Brennweite von 17 mm ausleuchten (SB-800: ab 24 mm). Bei einem Betrieb mit vier Mignon-Batterien ist das Blitzgerät schneller wieder einsatzbereit als der SB-800. Ein integriertes Wärmesensorsystem schaltet den Blitz aus, bevor er durch eventuelle Überhitzung zu Schaden kommt. Der SB-900 erkennt automatisch Farbfilter für Kunstlicht oder Leuchtstofflampen und verhindert ungewollte Farbstiche durch den entsprechenden automatischen Weißabgleich.

SB-900 von hinten

> **PERSÖNLICHER TIPP**
>
> Ich arbeite immer noch gerne mit der Kombination aus SB-800 und dem SB-600 als Slaveblitz. Als Einzelblitzgerät ist für mich der SB-900 aufgrund seiner schnellen Aufladezeit und der sehr leichten Handhabung die beste Wahl. Den SB-900 setze ich gerne bei der Reportagefotografie oder auf großen Feiern ein. Meine Erfahrung beim SB-900 ist allerdings, dass der Blitz schon etwa zwei bis drei Belichtungen bevor die Batterieanzeige auf LEER steht, nicht mehr seine vollständige Leistung hat. Aber das weiß ich nun ja, und einen frischen Satz Batterien sollte jeder Fotograf in der Fototasche haben.

△
Links wurde der externe Blitz seitlich positioniert und nur zum Aufhellen genutzt. Der interne Blitz wurde lediglich zum Auslösen, nicht aber zum Aufhellen genutzt. Beim rechten Bild wurde der externe Blitz mit der Orangefolie so aufgestellt, dass ein Verlauf auf der Decke entstand. Durch die Folie bekommt das Bild einen wärmen Farbeindruck.

Die Firmware des Blitzgeräts lässt sich über die Nikon D90 aktualisieren (derzeit Firmware-Update 5.02). Ebenso wie bei dem SB-800 sind im Lieferumfang des SB-900 ein Standfuß (AS-21), ein Filtersatz und ein Diffusor enthalten. Er ist das hochwertigste Blitzgerät der Produktlinie. Die übersichtliche Anordnung der Funktionstasten ist im Vergleich zum SB-800 deutlich einfacher. Es ist das Gerät, mit dem Profis arbeiten, vor allem wenn sie keine Blitzanlage mitnehmen möchten. Er steuert als Master andere Blitzgeräte an und ist damit ideal für das Multiblitzen. Der SB-900 ist für die Blitzfunktionen der Nikon D90 sehr gut geeignet, er erkennt das DX-Format und leuchtet automatisch nur den kleineren Bildkreis aus. Die Investition des SB-900 lohnt sich, wenn Sie in vielen verschiedenen Situationen blitzen möchten.

HINWEIS

Wenn Sie mit einem SB-600, SB-800 oder dem SU-800 arbeiten, können Sie im Modus AF-S je nach Brennweite des Objektivs nicht alle elf AF-Felder anwählen.

«
Der SB-900 und der SB-800 haben einen Vorsatz, der es ermöglicht, Farbfilterfolien vor den Blitz zu setzen. Damit erzeugt man schöne Farbverläufe beziehungsweise Farbeffekte im Bild.

Metz mecablitz 58 AF-1 digital

Metz mecablitz 58 AF-1 digital | Das Gute an diesem Blitzgerät ist, dass es die i-TTL-BL-Messung der Nikon D90 unterstützt. Das konnten die älteren Blitzgeräte der Firma Metz noch nicht. Somit sind die Ergebnisse ähnlich dem der anderen Blitze. Seine Leitzahl ist mit 42 bei 35 mm weit höher als alle hier erwähnten Blitzgeräte. Das High-Performance-Gerät wurde als erster Blitz der Welt mit einer USB-Schnittstelle ausgestattet. Damit kann neue Firmware direkt vom Rechner auf das Blitzgerät geladen werden. Es kann als Master- und als Slavegerät arbeiten. Nicht umsonst also ist es mit dem EISA-Award (Fotopreis) ausgezeichnet worden. Die Aufladezeit ist im Vergleich zum SB-900 aber deutlich langsamer (im Studio in derselben Aufnahmesituation getestet). Sein Display ist zwar etwas kleiner als beim SB-900, aber die Funktionen sind aufgrund der übersichtlichen Anordnung der Tasten schnell auszuwählen.

Metz mecablitz 28 CS-2 digital

Metz mecablitz 28 CS-2 digital | Das kleine und durchdachte Blitzgerät ist ein reiner Slaveblitz der Firma Metz. Er hat bei ISO 100 (35-mm-Reflektor) die LZ 22 und ist damit etwas schwächer als der SB-600 und etwa so stark wie der SB-400. Er ist ein kleiner Zusatzblitz, der vor allem Spaß beim Blitzen machen soll. Daher ist er sehr gut für Einsteiger geeignet. Eine Mastersteuerung wird nicht unterstützt, aber das möchte ja auch nicht jeder ausüben. Reicht der interne Blitz nicht mehr aus, kann man diesen Blitz einfach zuschalten. Mit Plus-/Minus-Tasten kann man sofort die Bildergebnisse in der Helligkeit steuern. Strom erhält das Blitzgerät von AAA-Batterien, was ich als leichten Nachteil empfinde. Diese hat man einfach seltener im Haus als AA-Batterien. Mit Hilfe einer Schiene wird der Blitz neben der Kamera angebracht. Er ist preislich günstig und aufgrund seiner kompakten Bauweise sehr praktisch.

Makroblitz-System SB-R200 und SU-800 | Der kabellose Makroblitz besteht eigentlich aus einem ganzen Satz an Einzelteilen. In einem Kit befinden sich die Slave-Einzelblitze SB-R-200. Diese können zwar auf Standfüße gesetzt werden, sind aber eigentlich dazu gedacht, am Objektiv befestigt zu werden. Beim Makro-Kit R1 und beim R1C1 sind fünf Vorsatzringe mit unterschiedlichen Durchmessern und ein Adapterring für das Objektiv enthalten. Daran setzt man die im Kit enthaltenen zwei SB-R200. Diese haben jeweils eine LZ 11 und sind ausschließlich für den entfesselten Gebrauch gedacht. Sie können die Blitze nicht auf dem Blitzschuh befestigen. Jedoch kann der interne Blitz diese Blitze, die auch einzeln erhältlich sind, kabellos ansteuern. Es können abhängig vom Objektiv bis zu acht SB-R200 an den Adapter befestigt werden.

Statt eines internen Blitzes oder eines externen Mastergeräts wie dem SB-800 oder dem SB-900 kann man als Steuereinheit für die SB-R200 den SU-800 auf die Kamera befestigen. Diese Blitzfernsteuerungseinheit regelt das Multiblitzen und sendet dabei statt Vorblitzen Infrarotstrahlen aus. Sie ist im Kit R1C1 enthalten und lässt sich nicht nur für den Makrobereich einsetzen, sondern dient auch als normale Steuereinheit. Immer wenn von der Kamera kein eigenes Blitzlicht ausgesendet werden soll, ist das SU-800 zu empfehlen.

SB-R200 mit SU-800 und acht montierte SB-R200-Blitzgeräte (Bilder: Nikon)

Weiteres Blitzzubehör | Das richtige Zubehör richtet sich wiederum nach dem jeweiligen Einsatzzweck. Hier sei nur ein Auszug aus dem Nikon- beziehungsweise Metz-Sortiment erwähnt.

Gerät	LZ	Reflektorneigung	Master/Slave	Anwendung
SB-400	21	um 90 Grad nach oben	–	Porträt, Innenraum
SB-600	30	um 90 Grad nach oben, Drehung um 180 Grad nach links und um 90 Grad nach rechts	nein/ja	Porträt, Innenraum, zweites Blitzgerät (Slave)
SB-800	38	um 7 Grad nach unten und um 90 Grad nach oben, Drehung um 180 Grad nach links und um 90 Grad nach rechts	ja/ja	Porträt, Innenraum, Reportage, Tabletop
SB-900	34	7 Grad nach unten, 90 Grad nach oben, 180 Grad nach links/rechts	ja/ja	Porträt, Innenraum, Reportage, Tabletop
SU-800	–	–	ja/nein	Mastersteuereinheit, Makro, Tabletop
SB-R200	12	um 60 Grad nach unten (auf die Lichtachse des Objektivs zu) und um 45 Grad nach oben (von der Lichtachse weg)	nein/ja	Makro, Tabletop, Porträt
Mecablitz 58 AF-1	42	bis 90 Grad, nicht horizontal	ja/ja	Porträt, Innenraum, Reportage, Tabletop
Mecablitz 28 CS-2	22	keine Besonderheit, Blitzschiene	nein/ja	Porträt, Innenraum

Eigenschaften externer Blitzgeräte

Benötigen Sie mehr Power für den Blitz, dient Ihnen das Hochleistungs-Batterieteil Nikon SD-8A als externe Spannungsquelle. Es verkürzt die Blitzladezeit und erhöht die Anzahl der Blitze pro Batteriesatz. Das SD-8A kann mit dem SB-800 und SB-900 betrieben werden und wird mit sechs zusätzlichen Mignon-Zellen bestückt.

Möchten Sie mit einem oder mehreren externen Blitzen arbeiten die eventuell nicht drahtlos angesprochen werden können, nutzen Sie die TTL-Blitz-Synchronkabel SC-28 oder SC-29 (mit AF-Hilfslicht). Diese Kabel sind je 1,6 Meter lang und können Blitzgerät und Kamera miteinander verbinden. Das Blitzgerät befindet sich nicht mehr direkt auf dem Kamerablitzschuh. Der Vorteil gegenüber dem drahtlosen Blitzen ist die direkte Übertragung des eingestellten Zoombrennweitenbereichs. Das ist mit dem Nikon CLS (siehe Seite 244) nicht möglich.

Der Power-Bügel SK-6A verbindet beide Möglichkeiten: Man kann ihn mit zusätzlichen Batterien bestücken und ihn zum entfesselten Blitzen benutzen. Der Vorteil eines Power-Bügels ist, dass der Blitz immer auf der optischen Achse mit dem Objektiv liegt. Das bedeutet, der Blitz wird von oben auf das Motiv blitzen und nicht wie üblich von der Seite, selbst wenn Sie im Hochformat arbeiten.

Der Zubehörschuh-Adapter AS-15 besitzt einen Synchronkontakt, der es mit Hilfe eines Synchronkabels ermöglicht, Blitzanlagen zu steuern. Bei Metz heißt der Power-Pack P76, die Verbindungskabel (Synchronkabel) V 58-50 und der Blitzschuhadapter SCA 3402.

> **TIPP**
>
> Mehr Anregungen zu bestimmten Aufnahmesituationen mit und ohne Blitz erhalten Sie im folgenden Kapitel 8, »Fotopraxis mit der Nikon D90«.

> **BLITZGERÄTE VON FREMDHERSTELLERN**
>
> Nikon testet keine Blitzgeräte von Fremdherstellern. Die Firma gibt lediglich die ISO Norm 10330 vor, die die Geräte erfüllen müssen, um kompatibel zu sein. Ob Ihr Blitzgerät diese Norm erfüllt, erfragen Sie bitte bei dem Hersteller des jeweiligen Blitzgerätes. Sollte ein Gerät, das nicht dieser Norm entspricht, einen Schaden an der Kamera verursachen, führt das in der Regel zu Garantieverlust.

Hier erhalten Sie Tipps und Anregungen mit Bildbeispielen für Ihre fotografische Praxis, um kleine Stolpersteine aus dem Weg zu räumen. Dabei werden Sie intensiver mit Themen wie Reportage-, Porträt-, Landschafts- und Sportfotografie vertraut gemacht – so werden Ihre Bilder mit Hilfe der richtigen Technik und einer Einführung in das »Kreative Sehen« noch ausdrucksstärker!

Kapitel 8
Fotopraxis mit der Nikon D90
Die Kamera im fotografischen Alltag

Inhalt

› Planung und Vorbereitung   258

› People- und Porträtfotografie   262

› Reportage- und Reisefotografie   276

› Natur- und Landschaftsfotografie   282

› Makrofotografie   290

› Architekturfotografie   297

› Sportfotografie   304

Die unterschiedlichen technischen Einstellmöglichkeiten der Nikon D90 sind in den vorangegangen Kapiteln bereits detailliert erörtert worden. Doch obwohl Ihnen viele Funktionen schon bekannt sein dürften, schleicht sich beim Fotografieren vielleicht manchmal noch das Gefühl ein, dass die Bilder etwas besser aussehen könnten, ohne dass Sie genau wissen, woran das liegt. Um mögliche Fehlerquellen von Vornherein auszuschalten, zeige ich Ihnen zunächst allgemeine Vorgehensweisen. Danach gebe ich Ihnen Tipps zu verschiedenen fotografischen Praxisthemen, auch Genres genannt.

In diesem Kapitel können natürlich nicht alle fotografischen Genres mit ihren jeweiligen Untergenres behandelt werden. Daher ist der Schwerpunkt auf die Themen gesetzt worden, die allgemein sehr verbreitet und beliebt sind und die Sie mit Ihrer Nikon D90 gut umsetzen können. Folgende in der Fotografie fest verankerte Genres stelle ich Ihnen näher vor: People/Porträt, Reportage, Natur/Landschaft, Makro, Architektur und Sport.

Doch bevor Sie auf den Auslöser drücken, bedarf es einiger genereller Überlegungen und Vorarbeiten.

8.1 Planung und Vorbereitung

Fotografieren ist Ausdruck, Kreativität und Leidenschaft, bedeutet aber zuweilen auch Arbeit und Mühe. Daher helfen Ihnen eine gute Vorbereitung und Kenntnisse der technischen Grundlagen bei der Umsetzung Ihrer Bildideen und dabei, Emotionen mit Ihren Aufnahmen zu vermitteln.

Es gibt leider nicht *die* eine Methode, die universell anwendbar ist und die immer zu guten Fotos führt. Sicher klappt es manchmal, gute Bilder zu bekommen, indem man die Kamera spontan umhängt und einfach »drauflosknipst«. Das ist bei mir aber eher die Ausnahme. Ich streite nicht ab, dass diese Methode schon passable Treffer liefern kann, doch auf Dauer möchten Sie sicher etwas mehr Planungssicherheit für Ihre Aufnahmen erreichen.

»
Eine ältere Dame wartet an einem Steg auf Mallorca auf ihr Schiff. Ob Sie die Dame besser von vorne oder von hinten ablichten sollten, verrät Ihnen kein Motivprogramm. Daher sollten Sie sich von dem Gedanken lösen, dass die Motivwahlprogramme automatisch gute Bilder machen. Die Bilder sind belichtungstechnisch ausgewogen, aber kreativ müssen Sie selbst sein.

130 mm | f16 | 1/125 sek | ISO 320

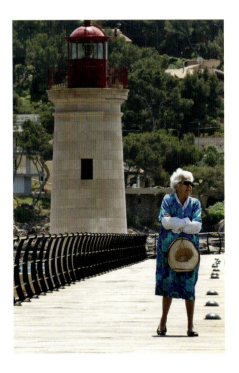 

Eine halbwegs »sichere« Möglichkeit, Motive zu erfassen, ist der Einsatz der Motivprogramme (siehe Kapitel 3, »Die richtige Belichtung«, Seite 84), doch auch diese sind nicht immer ein Garant für gute Bilder. Gerade schwierige Aufnahmesituationen lassen sich damit oft nicht meistern. Wie aber schafft man es, sozusagen seine Trefferquote zu erhöhen und gezielter gute, ja sogar außergewöhnliche Bilder zu erzielen?

Thema finden

Nehmen Sie sich zunächst einmal etwas Zeit, um herauszufinden, welches Thema Sie gerade am meisten interessiert. Das klingt vielleicht zunächst ein wenig übertrieben, aber begeben Sie sich dazu am besten an einen Ort, an dem Sie in Ruhe Ihren Gedanken freien Lauf lassen und an dem Sie sich Notizen machen können. Bei dem einen ist das vielleicht eine volle Kneipe, bei dem anderen eher die freie Natur. Bei diesen Überlegungen entstehen oft schon die ersten Bilder im Kopf.

> **TIPP**
>
> Suchen Sie sich *ein* Thema aus, mit dem Sie sich intensiver beschäftigen möchten und lassen Sie zunächst die Bilder im Kopf entstehen.

⌃ Auch wenn Sie schon eine Vorstellung des Bildes im Kopf haben, hilft manchmal auch ein wenig Glück. Die Haltung des Kormorans ist nicht planbar, aber mit einer guten Beobachtungsgabe vorhersehbar.

130 mm | f5,6 | 1/800 sek | ISO 320

Materialien für unterwegs:
› Kamera mit leerer Speicherkarte
› ein bis zwei Ersatzspeicherkarten
› geladener Ersatzakku
› Gegenlichtblende
› Tuch, um das Objektiv zu reinigen

Und das ist es, was einen wirklich guten Fotografen ausmacht:

Er hat das fertige Bild bereits im Kopf gestaltet, bevor er auf den Auslöser drückt. Die Kamera nimmt es lediglich auf und speichert das Bild ab. Nun gilt es, dieses Thema weiter zu spezifizieren. Zum Beispiel hat das Genre People/Porträt diverse Unterthemen: Porträt, Gruppenaufnahmen, Akt, Menschen in ihrer Umgebung/Reportage, Körperformen, Gefühle und so weiter. Diese Beispielliste kann noch beliebig verlängert werden. Suchen Sie sich *Ihr* Thema aus, mit dem Sie sich intensiver auseinandersetzen möchten.

HILFE BEI DER THEMENSUCHE

Wenn Sie zu den Menschen gehören, die sich schwer auf ein Thema festlegen können, lassen Sie sich doch einfach von den Beiträgen eines Fotowettbewerbs inspirieren. Diese Wettbewerbe sind in der Regel nach Themen oder Genres ausgeschrieben. Wettbewerbe der folgenden Internetseiten und Magazine sind sehr beliebt:

› www.photographie.de
› www.geo.de/GEO/fotografie/fotowettbewerbe
› www.fotowettbewerbe.de
› www.fotocommunity.de
› www.geo.de/GEO/fotografie/fotowettbewerbe/
› NaturFoto, Docma, PHOTONEWS
› Nikon Photo Contest International (nur einmal im Jahr, meist im September)

» *Sonnenuntergang in Zeeland: Das Bild entstand im Sommer gegen 20 Uhr. Der Sonnenuntergang dauerte insgesamt nur etwa 20 Minuten. Die Wolken veränderten sich ständig und auch meine Aufnahmeposition habe ich variiert. Wenn nur ein kleiner Zeitrahmen zur Verfügung steht, ist die Planung sehr wichtig. Wiederholungen gelingen erst wieder am nächsten Abend, wenn dann das Wetter mitspielt.*

105 mm | f32 | 1/20 sek | ISO 100 (Lo1)

Zeitplanung

Vor allem bei den Genres Porträt und Natur sind der richtige Moment und eine gute Zeitplanung sehr wichtige Komponenten. Manchen Zeiten ist man einfach fest unterworfen: In der Naturfotografie sind dies zum Beispiel die Blüte-, Jahres- oder Paarungszeit, im Bereich People sind es bestimmte Termine wie Veranstaltungen oder Reisen. Aber auch Tageszeiten fallen darunter: Die Blaue Stunde oder der Sonnenuntergang finden je nach Jahreszeit und geografischer Lage immer zu anderen Tageszeiten statt.

Bei der Planung des richtigen Zeitpunkts rechnen Sie am besten immer noch ein wenig mehr Zeit mit ein: Die Praxis zeigt, dass oft unvorhergesehene Dinge passieren. Vor allem bei einer neuen Kamera bedarf es anfangs etwas mehr Zeit, um die Handhabung der neuen Ausrüstung kennenzulernen.

Ausrüstung

Planung bedeutet auch, dass Sie die richtige Ausrüstung beim Fotografieren parat haben. Gerade wenn Sie Neueinsteiger sind, rate ich Ihnen, eine Materialliste zu erstellen. Diese hilft Ihnen, an das für die Aufnahme wichtige Zubehör zu denken.

Auf der linken Seite unten finden Sie die Ausrüstung, die Sie immer dabei haben sollten. Es soll Ihnen nicht so ergehen wie

> **TIPP: FOTOTASCHEN**
>
> Fototaschen können Sie in einer Vielzahl von Größen und Arten erwerben: Rucksäcke, Umhängetaschen, Koffer. Wenn Sie sich eine Tasche anschaffen möchten, dann probieren Sie zunächst am besten den Tragekomfort der Taschen in einen Fotofachgeschäft aus.

mir in der Vergangenheit, als beispielsweise mein Ersatzakku gemütlich im warmen Büro lag, während mein Akku in der Kamera bei Minusgraden gerade schneller aufgab als erwartet. Am Ende jedes der folgenden Abschnitte ist außerdem aufgeführt, was an Einstellung und Equipment, zum Beispiel Objektivwahl, für Aufnahmen des jeweiligen Genres zusätzlich benötigt wird. Eine genauere Beschreibung von Objektiven können Sie außerdem in Kapitel 6, »Zubehör zur Nikon D90«, ab Seite 175 nachlesen. Sind die Taschen gepackt, kann es losgehen!

8.2 People- und Porträtfotografie

Der Bereich People ist ein so weites Feld, dass damit ganze Fotobücher gefüllt werden können. Ich beschränke mich hier auf zwei beliebte Bereiche: Einzelaufnahmen beziehungsweise Porträts sowie Gruppenaufnahmen. Das sind die beiden Aufnahmesituationen, mit denen Sie sicherlich auch als erstes in Kontakt kommen.

Einzelaufnahmen

Beim Porträtieren von Menschen sind nicht nur Kenntnisse von Kameratechnik, Belichtung und Beleuchtung gefragt, sondern auch Einfühlungsvermögen und eine gute Beobachtungsgabe. Von der Aufnahmetechnik her kann man drei Kategorien unterscheiden: klassisches, modernes und künstlerisches Porträt.

«

Klassisches Porträt: Diese Aufnahme entstand zur Mittagszeit in einem Freizeitpark, in dem es von Leuten nur so wimmelte. Eine Aufnahme im Schatten bewirkt weicheres Licht und damit auch eine gleichmäßigere Ausleuchtung.

70 mm | f6,3 | 1/160 sek | ISO 200 | mittenbetonte Integralmessung | Belichtungssteuerung P* (Shift)

Klassisches Porträt | Beim klassischen Porträt wird die Person neutral ausgeleuchtet, das bedeutet, dass keine störenden Schatten im Gesicht auftreten. Der Torso wird von vorne oder leicht schräg entweder im Hoch- oder Querformat abgelichtet. Der Kopf wird dabei nicht angeschnitten. Oft wirken solche Porträts auf den Betrachter allerdings etwas fad, weil er diese Art der Gestaltung bereits zu oft gesehen hat.

Klassische Aufnahmen lassen sich am besten unter gleichen Lichtbedingungen erstellen. Der Hintergrund sollte möglichst unauffällig monoton sein. Leicht lächelnde Gesichtszüge bewirken bei dem Betrachter sofort ein Gefühl von Nähe und Vertrauen. Hat man nicht die Idealvoraussetzungen wie im Studio ist ein wenig Improvisation ratsam, diese zeichnet einen guten Fotografen aus. Für Außenaufnahmen bedeutet das, dass Sie sich vor Ort nach einer geeigneten Stelle umsehen müssen. Steht die Sonne im Zenit, ist das Licht sehr hart. Nutzen Sie dann lieber den Schatten, um möglichst diffuses Licht zu erreichen. Wenn Sie die Aufnahme vorab planen, dann nehmen Sie aus dem Baustoffhandel Styroporplatten und/oder ein weißes Laken mit. Mit deren Hilfe können Sie Licht abhalten und gleichzeitig zerstreuen (siehe Seite 274).

Bei der Aufnahme auf der linken Seite stellte sich der Hintergrund als Problem heraus: Frontal konnte ich nicht fotografieren, ohne andere Personen noch mit auf dem Bild zu haben. Porträtaufnahmen sollten möglichst einen ruhigen und monotonen Hintergrund haben, damit nicht zu sehr vom Porträtierten abgelenkt wird. Da eine solche Einheitsfläche meist nur im Studio zu finden ist, heißt die Lösung hier: Perspektive verändern. Durch die erhöhte Aufnahmeposition, habe ich den Hintergrund vereinfacht und durch die geringe Blendenzahl zusätzlich unscharf abgebildet.

Klassisches Porträt: Dieses Bild zeigt den Kopf mit angeschnittenem Torso. Bei einem klassischen Porträt dürfen auch die Arme noch mit im Bild sein. Der Kopf sollte gerade sein, die Schultern auf einer Linie und der Blick in das Objektiv gerichtet. Das Bild ist im Studio mit weicher Lichtsetzung entstanden. Mir standen Aufheller und Softboxen zur Verfügung, die ich rings um das Model positioniert habe. Mit diesem Aufbau erreiche ich ein diffuses gestreutes Licht, das harte Schatten unter der Nase oder an den Wangen minimiert.

85 mm | f11 | 1/250 sek | ISO 100 | mittenbetonte Integralmessung | Belichtungssteuerung Manuell

«
Modernes Porträt: Bei dieser Aufnahme ist die Bildaussage erst am Computer geschaffen worden. Während der Anschnitt bereits bei der Aufnahme entstand, habe ich alle Farben am Rechner zunächst entsättigt und nur das Orange des Turbans nachträglich wieder verstärkt. Allerdings habe ich nur so viel verändert, dass es immer noch natürlich aussieht.

70 mm | f4,5 | 1/80 sek | ISO 200 | Matrixmessung

Modernes Porträt | Ein modernes Porträt hält sich unbedingt *nicht* an die klassischen Vorgaben. Es unterscheidet sich sowohl durch den Anschnitt als auch teilweise durch das gewählte Format (siehe Abbildung unten). Was gerade als »modern« gilt, variiert natürlich mit der Zeit. Momentan beliebt ist, Personen nicht unbedingt neutral auszuleuchten, so dass harte Schatten im Gesicht entstehen. Auch in der Perspektive sind Varianten wie beispielsweise der Blick von unten oder von oben möglich. Diese Stilrichtung der modernen Porträtfotografie hat sich vor allem im Businessbereich etabliert.

»
Modernes Porträt: Das hier gezeigte Bild ist eine Kreation aus Aufnahme und Bildverarbeitung. Während der Aufnahmeserie wies ich das Model an, arrogant zu schauen. Automatisch hob sie den Kopf und senkte den Blick. Das verschmitzte Lächeln allerdings entwickelte sich erst etwas später, als sie Gefallen an dem Blick und der Position gefunden hatte. Bei der Bildverarbeitung verstärkte ich die Aussage, indem ich den Kopf in einen quadratischen Bildausschnitt setzte.

70 mm | f5,6 | 1/160 sek | L 1,0 | Matrixmessung | Belichtungssteuerung Manuell

Probieren Sie verschiedene Aufnahmesituationen mit Ihren Bekannten und Freunden aus. Durch die unterschiedlichen Perspektiven und Lichtstimmungen variieren Sie auch die Darstellung der jeweiligen Persönlichkeit. Durch das bewusste Abweichen von gängigen Gestaltungs- und Verhaltensmustern lernen Sie die Wirkung, die das entstandene Bild beim Betrachter auslöst, bewusst einzusetzen.

Sie werden sehen, kreative Variation macht auf Dauer viel mehr Freude, und Ihre Bilder werden diesen Spaß widerspiegeln. Vergessen Sie dabei nicht, mit Ihren Modellen zu reden, das baut eine Beziehung auf. Dadurch werden Ihre Bilder persönlicher. Schließen Sie vor der Aufnahme ruhig kurz mal die Augen: Gestalten Sie Ihr Bild in Gedanken, bevor Sie den Auslöser betätigen.

Haben Sie bei Freunden ausreichend geübt, lässt sich das Gelernte in fremden Situationen schneller und intuitiver einsetzen. Bei Aufnahmen von fremden Personen hat man in der Regel weniger Zeit. Verlieren Sie auch nie Ihr Ziel aus den Augen: Fragen Sie sich immer, was Sie mit diesem Bild ausdrücken oder zeigen wollen! Generell stehen für die Bildaussage oft die Lichtstimmung, der Charakter oder die Vermittlung von Emotionen im Vordergrund.

Künstlerisches Porträt | Ein künstlerisches Porträt hat keinerlei Anspruch auf eine natürliche Wiedergabe – darin unterscheidet es sich vom klassischen und modernen Porträt. Es kann nur durch einen gezielten Einsatz von Hilfsmitteln während oder nach der Aufnahme entstehen. Diese Aufnahmen werden beispielsweise durch eine Milchglasscheibe oder Weichzeichnungsfilter fotografiert, können aber auch nachträglich am Rechner durch Retusche, den Einsatz von Filtern und Verfremdungen bearbeitet werden.

Künstlerisches Porträt: Aufgenommen ist das Bild vor einer von Tageslicht durchschienenen Glasfassade. Im unbearbeiteten Zustand war das Bild jedoch recht langweilig. Daher habe ich es mit Nikon Capture NX2 und den Color-Efex-Pro-3.0-Filtern angepasst. Erst habe ich den Paper Toner Filter No. 2 angewendet und dann eine generelle Helligkeits- und Kontrasterhöhung eingestellt. Anschließend wählte ich den Filter Classical Soft Focus, um das Bild gezielt weichzuzeichnen.

85 mm | f9 | 1/160 sek | ISO L 1,0 | Matrixmessung

> **TIPP**
>
> Die Color-Efex-Pro-3.0-Filter lassen sich als Plug-in in Capture NX2 implementieren. Sie sind kostenpflichtig, zahlen sich aber aus, wenn Sie Ihre Bilder künstlerisch bearbeiten möchten. Die Filterkollektionen können Sie unter www.niksoftware.com kostenlos als Demoversion für 15 Tage testen. Der Vorteil, den die Filter bei Capture NX2 mit sich bringen ist, dass man sie direkt auf das RAW-Bild anwenden kann.

Solche Bilder werden oft in der Beauty- und Werbefotografie eingesetzt. Die zusätzliche Nachbearbeitung am Rechner gehört mittlerweile immer mit dazu. Kaum ein Werbeunternehmen lässt ein Modell, so wie es im Alltag aussieht, ablichten. Die Bildwirkung wird auf das Ziel, ein Produkt zu verkaufen, abgestimmt. Für Ihre Bilder bedeutet das, dass Sie eine zusätzliche Möglichkeit haben, diese anders aussehen zu lassen und sich damit von der Masse abzuheben. Mir ist durchaus bewusst, dass dieses Thema oft zu Diskussionen führt: Wo beginnt die Bildmanipulation, und was ist noch als »natürlich« anzusehen? Ich möchte hier lediglich darauf hinweisen, dass Sie diese Effekte mit einfachen Mittel erzielen können, wenn sie Ihrem Geschmack entsprechen.

Objektivwahl | Der optimale und klassische Brennweitenbereich für Porträtaufnahmen liegt zwischen 85 und 135 mm bei einer Kamera mit einem Vollformatsensor. Ich persönlich bevorzuge Festbrennweiten, also Objektive wie das AF Nikkor 85 mm 1,4 beziehungsweise 1,8 D oder das AF Nikkor 50 mm 1,8 D – auch wenn ich damit nicht exakt den idealen Brennweitenbereich abdecke. Umgerechnet auf das Format der Nikon D90 sind dies nämlich 127,5 mm und 75 mm.

Für Kinderaufnahmen benutze ich gerne auch ein 105-mm- oder 60-mm-Makroobjektiv, aber diese dann wirklich ganz gezielt. Während sich die Detailgenauigkeit wunderbar bei Kinderhaut eignet, ist bei anderen Porträtaufnahmen in der Regel eher eine leichte Weichzeichnung erwünscht.

Sie können bei einer anderen Art der Porträtaufnahme die Person auch im Zusammenhang mit ihrer Umgebung

«
Durch die offene Blende (kleine Blendenzahl) wird der Hintergrund schön weichgezeichnet, die Schärfe liegt auf den Augen – die Schulter liegt schon wieder etwas im Unschärfebereich. Durch diese gezielte Schärfesteuerung wird der Blick des Betrachters ganz auf die porträtierte Person und nicht auf andere Bildelemente gelenkt.

62 mm | f5,6 | 1/30 sek | mittenbetonte Integralmessung

«
Wenn man genau hinsieht, erkennt man die Reflexion des Reflektorschirms in den Augen des Babys. Das ist so gewünscht, damit die Augen lebendig wirken. Bei Studioblitzanlagen muss ich, anders als beim Nikon Creative Lighting System (CLS), eine manuelle Belichtungssteuerung nutzen. Am Rechner wurde dem Bild eine Sepiatonung hinzugefügt.

60 mm | f10 | 1/125 sek | ISO L 1,0 | Manuelle Belichtungsmessung

aufnehmen. Ein Weitwinkelobjektiv sorgt dabei für eine zusätzliche interessante Bildwirkung. In der Abbildung rechts unten ist dies zum Beispiel mit dem Weitwinkelobjektiv 10–20 mm 4–5,6 EX DG HSM von Sigma umgesetzt worden.

Blende und Lichtstärke | Bei der Porträtierung einer einzelnen Person verwendet man – im Gegensatz zu Gruppenaufnahmen – gerne eine recht offene Blende. Damit erreicht man, dass sich das Motiv besser vom Hintergrund abhebt. Die schemenhaften Strukturen, die dabei im Hintergrund entstehen, werden Bokeh (siehe Seite 268) genannt.

˅
Ein Blitz war als Steuergerät (Master) auf der Kamera, eine weitere Gruppe bestehend aus zwei Blitzen (auch Slave-Blitze genannt) wurde vom Master ferngesteuert. Der eine Slave-Blitz hellte das Kleid auf, der andere den rechten Arm des Models. Der Master war für die Aufhellung des Gesichts verantwortlich. Die Kunst ist es, das Umgebungslicht mit einzufangen und das Model nicht zu überblitzen.

10 mm | f11 | 1/125 sek | ISO L 1,0 | Matrixmessung

⌃
Bei diesem Porträt habe ich den Blitz im 45-Grad-Winkel nach oben gestellt und somit indirekt geblitzt. Da das Kind zu nah am Hintergrund sitzt und ich eine Arbeitsblende von 5 eingestellt hatte, konnte der Hintergrund nicht ganz unscharf werden. Daher habe ich mit Hilfe der Software Capture NX2 mit dem Gaußschen Weichzeichner und dem Pinsel nachgeholfen.

55 mm | f5 | 1/30 sek | ISO 200 | Matrixmessung | Blitz: SB 800

Doch Vorsicht: Je kleiner die Blendenzahl, desto geringer ist auch der Bereich der Tiefenschärfe. Ein genaues Fokussieren ist somit unbedingt notwendig, denn sonst landet der Schärfepunkt ganz schnell beispielsweise auf dem Ohr, während die Augen und die Nase unscharf sind. Fokussieren Sie bei Porträts generell immer auf die Augen – sie sind der Punkt, der den Blick des Betrachters anzieht.

Bei Objektiven mit einer hohen Lichtstärke (kleine Blendenzahl) hat man generell einen größeren Spielraum, um eine ausreichende Hintergrundunschärfe zu erstellen. Sollten Sie jedoch mit Ihrem Objektiv keine ausreichend geringe Tiefenschärfe erzielen, können Sie die Unschärfe nachträglich mit Hilfe eines Bildbearbeitungsprogramms noch verstärken (siehe Abbildung).

BOKEH

Das Freistellen vom Hintergrund wird in der Fotografie als *Bokeh* bezeichnet. Es bezeichnet nicht die Unschärfe an sich, sondern die Art, in der sich die Unschärfe auswirkt. Je nach Art des verwendeten Objektivs (Spiegel- oder Linsenoptik) sieht das Bokeh anders aus. Der unscharfe Hintergrund löst sich dabei in mehr oder weniger runde Formen auf. Bei Spiegeloptiken können ringförmige Strukturen im Bild entstehen – ein Zeichen für ein schlechtes Bokehverhalten des Objektivs.

Lichtsituationen | Bei Außenaufnahmen müssen Sie vor allem auf den Sonnenstand und die damit verbundene Farbtemperatur achten. Wolken oder Schatten können zu enormen Farbtemperaturverschiebungen führen. Das kann der automatische Weißabgleich der Nikon D90 jedoch gut ausgleichen. Versuchen Sie es zu vermeiden, bei Mittagslicht zu fotografieren: Es wirkt sehr hart, und die Lichtfarbe ist kühl. Es eignet sich daher nicht so gut für Porträtaufnahmen. Wenn keine zusätzlichen

Lichtquellen zum Einsatz kommen, Sie also nur vorhandenes Licht nutzen, spricht man von der *Available-Light-Fotografie*. Ein optimales Licht für diese Art der Fotografie ist die Abendsonne: Das weiche, warme Licht schmeichelt vor allem den Hauttönen.

Bei Innenaufnahmen müssen Sie genauso darauf achten, welche Lichtquellen bildrelevant und für den Weißabgleich des Sensors dominant sind. Versuchen Sie zunächst Mischlicht – das heißt künstliche und natürliche Lichtquellen zusammen – zu vermeiden. Richtig eingesetzt wirken Mischlichtsituationen interessant, falsch eingestellt kommt es allerdings zu unangenehmen Farbstichen. Künstliche Lichtquellen sind zum Beispiel Leuchtstofflampen oder Glühbirnen. Beide erzeugen eher warmes Licht, Tageslicht hingegen wirkt dagegen eher kühl. Vorsicht auch bei getäfelten Wänden: Das in der Regel braune Holz reflektiert das Licht oft unbemerkt und führt dann zu Farbverschiebungen. In solchen Situationen empfehle ich entweder, den Weißabgleich zu messen (Einstellung: PRE) oder im RAW-Format zu fotografieren, um den Weißabgleich im Nachhinein verändern zu können. Nähere Erklärungen zum Weißabgleich finden Sie ab Seite 146.

Nachtporträt
Eine besondere Lichtmischung ist das Nachtporträt. Dabei wird das Hauptmotiv im Vordergrund angeblitzt und so »eingefroren«. Das vorhandene natürliche Hintergrundlicht wird durch die längere Belichtungszeit mit eingefangen. Genaueres erfahren Sie in Kapitel 7, »Blitzfotografie mit der Nikon D90«, auf Seite 233.

Empfohlene Einstellungen (Einzelaufnahmen):
SINGLE-AUTOFOKUS (AF-S)
Betriebsart A mit Blende 1,4 (und höher)
Belichtung: MITTENBETONTE INTEGRALMESSUNG
Weißabgleich auf AUTOMATISCH und Verschiebung auf A1/G1 (siehe Seite 20) beziehungsweise SONNENLICHT bei der Verwendung des Blitzes
wenn Dateiformat RAW, dann auf STANDARD und Farbraum ADOBE RGB
wenn Dateiformat JPG, dann auf PORTRÄT und Farbraum sRGB
ISO: abhängig von der Lichtsituation, sollte jedoch nicht über ISO 800 liegen, weil sich das Rauschen dann schon im Hautton störend auswirken kann

Shiften

Wenn die Kamera auf der Betriebsart P steht, wird automatisch eine Zeit-Blenden-Kombination eingestellt. Möchten Sie andere Werte für Zeit oder Blende haben, müssen Sie mit den Einstellrädern *shiften* (vorderes: Blende; hinteres: Zeit). Die Betriebsart springt dann auf P* (siehe auch Seite 87).

Aufnahmetipps | Schauen Sie sich die Person vor dem Fotografieren genau an und finden Sie heraus, welches ihre »Schokoladenseite« ist. Jeder Mensch hat in der Regel eine fotogenere Seite. Wenn Sie sich nicht sicher sind, machen Sie zwei Probeschüsse, vergleichen diese und machen dann mit der »besseren« Seite weiter.

Positionieren Sie die Person leicht seitlich, da eine Frontalaufnahme oft unvorteilhaft wirkt. Die Nase erscheint dann oft zu groß, das Gesicht zu flach. Wichtig für eine gelungene Aufnahme ist, dass der Blick der Person direkt den Fotografen beziehungsweise das Objektiv trifft. Die Augen müssen geöffnet sein. Versuchen Sie auch den Charakter der Person im Bild einzufangen.

Manchmal hilft es, zu Beginn der Fotoserie die Kamera auf AF-C (CONTINUOUS) zu stellen, damit die Person mehrere Blicke und Mimiken hintereinander ausprobieren kann und damit Sie diese schnell festhalten können (Serienbelichtung einstellen). Kinder zu fotografieren, gestaltet sich häufig schwieriger, da diese nicht lange still sitzen. Geben Sie ihnen etwas in die Hand, mit dem sie abgelenkt sind, zum Beispiel ein Spielzeug oder ein Tuch. Sie müssen das Kind dann nur noch beobachten und im richtigen Moment auslösen. Dabei empfehle ich zu Beginn den automatischen Autofokus (AF-A) einzustellen (siehe »Autofokus« Seite 121).

Gruppenaufnahmen

Um bei einer Gruppenaufnahme alle Personen gleichzeitig von ihrer besten Seite ablichten zu können, braucht es gute Vorbereitung und nicht selten kommunikatives Geschick. Bei Gruppenporträts muss es oft sehr schnell gehen. Daher ist es umso wichtiger, genug Vorbereitungszeit einzuplanen, damit Sie bei der Aufnahme einfach nur noch abdrücken müssen.

Wenn Sie die Möglichkeit haben, schauen Sie sich den Ort (auch die *Location* genannt) vorher an, am besten zur gleichen Tageszeit, zu der Sie fotografieren möchten. Versuchen Sie bei der Wahl der Location, die Ausrichtung der Gruppe und deren

CROPFAKTOR

Ihre Nikon D90 hat einen Cropfaktor von 1,5. Das heißt, Sie müssen die Brennweite Ihres Objektivs mit dem Faktor 1,5 multiplizieren, um die Brennweite beim Kleinbildformat (KB) zu erhalten. Beispiel: 35 mm x 1,5 = 52,5 mm (beim Kleinbildformat entspricht dies in etwa der Normalbrennweite).

Standort so zu bestimmen, dass die Sonne bei der Aufnahme nicht von vorne kommt. Dann würden die Personen ihre Augen zukneifen, was sehr unvorteilhaft aussieht. Besser ist es, wenn das Licht von der Seite einfällt.

Wahl der Ausrüstung | Die Wahl der Ausrüstung bei Gruppenaufnahmen hängt stark davon ab, wie groß die Anzahl der Personen ist, wie viel Platz Sie für die Aufnahme haben und welche Lichtverhältnisse herrschen. Aufgrund dieser Variablen müssen Sie bei Gruppenaufnahmen mit unterschiedlichen Objektiven arbeiten, wenn Sie qualitativ hochwertige Bilder erzeugen möchten.

Der Einsatz eines Weitwinkelobjektivs zum Beispiel hat den Vorteil, dass Sie viele Personen gleichzeitig aufnehmen können. Ein kleiner Wermutstropfen dabei ist die starke Verzeichnung in den Randbereichen. Der große Vorteil des Weitwinkels kommt vor allem dann zum Tragen, wenn Sie nur wenig Platz zur Verfügung haben, der Abstand zur Gruppe also gering ist. Ist hingegen ausreichend Platz zur Verfügung, eignet sich auch ein Normalobjektiv. Damit können Sie mit dem nötigen Abstand alle Personen auf das Bild bekommen, ohne dass die Verzeichnung den Bildeindruck dominiert. Um anfängliche Unsicherheiten zu beseitigen, empfehle ich zunächst ein Zoomobjektiv einzusetzen. Damit können Sie Erfahrung sammeln, welche Brennweite in welcher Gruppensituation sinnvoll ist. Welches Objektiv bei den verschiedenen Varianten zum Einsatz kommen kann, zeigt Ihnen die folgende Tabelle:

⌃
Der Vorteil des Querformats ist, dass man näher an die Gruppenmitglieder herankommt, der Nachteil ist dabei jedoch, dass mitunter Körperteile angeschnitten werden. Das Hochformat hat den Vorteil, dass die Sportelemente mit in das Bild integriert werden konnten. Bei Aufnahmen größerer Gruppen von zehn oder mehr Personen ergibt sich in der Regel nur noch das Querformat als sinnvolle Ausrichtung der Kamera, da ansonsten die abgebildeten Personen auf dem Bild nicht mehr ausreichend erkennbar groß wiedergegeben werden.

Links: 24 mm | f5,6 | 1/125 sek | ISO 200 | Matrixmessung
Rechts: 18 mm | f6,3 | 1/160 sek | ISO 200 | Matrixmessung

Vibrationsreduzierung

Durch die Verwacklungsreduzierung (VR bei Nikon, OS bei Sigma oder VC bei Tamron), die bei Nikon immer im Objektiv eingebaut ist, wird es möglich, bis zu viermal (je nach Objektiv auch nur dreimal) länger aus der Hand zu fotografieren und dabei noch schärfere Bilder zu erzeugen als bei Objektiven ohne Bildstabilisator (siehe Seite 93). Bei einer Brennweite von 200 mm könnten Sie statt 1/200 sek noch bis zu einer 1/13 sek Belichtungszeit ausprobieren.

Personenanzahl	Location	Mögliche Brennweiten
groß	viel Raum und draußen	Normalbrennweite
groß	wenig Raum und draußen	Weitwinkelobjektiv
klein	viel Raum und draußen	Normal- bis Teleobjektiv (max. 85 mm)
klein	wenig Raum und draußen	Weitwinkel bis Normalbrennweite
groß	viel Raum und innen	Normalbrennweite
groß	wenig Raum und innen	Weitwinkel bis Normalbrennweite
klein	viel Raum und innen	Normalbrennweite
klein	wenig Raum und innen	Weitwinkel bis Normalbrennweite

Objektive | Ich habe eine kleine Auswahl an Objektiven zusammengestellt, die für Aufnahmen von Groß- und Kleingruppen gut geeignet sind. Für Aufnahmen von kleineren Gruppen (drei bis acht Personen) sind Brennweiten von 20 bis maximal 85 mm (entsprechend dem Kleinbildformat) sinnvoll. Als ein sehr schönes Weitwinkelzoom unter den Nikon-Objektiven ist das AF-S DX Zoom-Nikkor 17–55 mm 1:2,8 G IF-ED zu empfehlen. Es zeichnet sich durch eine sehr gute Abbildungsleistung aus, hat jedoch durch die Einordnung als Profiobjektiv seinen Preis. Das FX-Objektiv AF-S Zoom-Nikkor 14–24 1:2,8 G ED eignet sich vor allem für größere Gruppen, weist aber auch typische Verzeichnungen auf.

Günstigere Alternative für diese Aufnahmesituationen sind beispielsweise das AF-S DX VR Zoom-Nikkor 18–200 1:3,5–5,6 G IF-ED als auch das Kit-Objektiv AF-S DX Nikkor 16–85 3,5-5,6 ED VR. Außerdem hält die Produktpalette von Tamron und Sigma auch gute Alternativen bereit. Mehr Informationen zu Objektiven finden Sie in Kapitel 6, »Zubehör zur NIkon D90«, ab Seite 175.

> **TIPP**
>
> Das AF-S DX VR Zoom-Nikkor 18–200 1:3,5–5,6 G IF-ED ist bei kleiner Blendenzahl (Offenblende) meiner Meinung nach etwas zu weich, daher empfehle ich mindestens mit Blende 5,6 zu arbeiten, also einmal abblenden.

» *Zuerst habe ich die Gruppe mit einem 10,5-mm-Fisheye aufgenommen, dann mit einem Objektiv mit 18 mm Brennweite. Bei diesen auf die Nikon D90 umgerechneten 27 mm sind die Verzeichnungen in den Randbereichen weniger ausgeprägt. Da ich in dem Zimmer nicht viel Platz hatte, musste ich relativ nah an die Gruppe herangehen. Entschieden habe ich mich dann für eine 28-mm-Brennweite. Von der Seite aufgenommen wirkt die Gruppe ein wenig entspannter.*

Oben: 10,5 mm, Mitte: 18 mm, unten: 28 mm | f11 | 1/30 sek | ISO 800 | Mittenbetone Integralmessung

Blende und Lichtstärke | Generell gilt für Gruppenaufnahmen: Keine offene Blende! Der Tiefenschärfebereich ist dann zu klein, um alle Gruppenmitglieder ausreichend scharf abzubilden. Sie sollten mindestens eine Blende 8 eingestellt haben. Beachten Sie dabei auch, welche Belichtungszeit Ihnen die Kamera anzeigt. Sie bekommen keine verwackelten Bilder, wenn Sie sich an die Faustformel halten: Die Belichtungszeit muss kürzer als der Kehrwert der Brennweite sein. Ist die Zeit länger, beispielsweise länger als 1/50 sek bei 50-mm-Brennweite, besteht die Gefahr, zu verwackeln. Sie sollten dann den ISO-Wert um 2 LW höher stellen, zum Beispiel von ISO 100 auf ISO 400.

Um Sicherheit zu bekommen, welche Zeit-Blenden-Kombination Ihnen in der Aufnahmesituation zur Verfügung steht, stellen Sie die Kamera zunächst auf P (Programmautomatik), drücken kurz auf den Auslöser und variieren Sie die Blende mit dem vorderen Einstellrad auf 8 oder 16 (wenn es die Lichtverhältnisse zulassen, siehe »Shiften«, Seite 87). Sobald Sie Ihr Motiv mit einem Antippen des Auslösers erneut angemessen haben, ermittelt der Belichtungsmesser die dazu passende Zeit. Versuchen Sie aber nicht beliebig die ISO-Werte zu erhöhen. Die Nikon D90 hat zwar ein recht geringes Rauschen, sollte aber dennoch nicht über ISO 800 eingestellt werden. Ab diesem Wert fällt das – wenn auch leichte – Rauschen in den Gesichtern auf.

8 [Fotopraxis mit der Nikon D90]

> **TIPP**
>
> Nach der Pflicht die Kür: Variieren Sie die Perspektive. Versuchen Sie einmal, die Gruppe aus einer erhöhten Position abzulichten oder von einem sehr niedrigen Kamerastandpunkt – gehen Sie dazu in die Hocke. Wenn Sie ein Weitwinkelobjektiv verwenden, ergeben sich durch die Verzeichnung schöne Effekte, wenn die Personen beispielsweise ihre Arme in Richtung Kamera ausstrecken.

Wenn Sie für Ihre Aufnahme mehr Licht benötigen, sollten Sie externe Lichtquellen wie Blitzgeräte ausprobieren. Genaueres dazu erfahren Sie im Kapitel »Blitzen mit einem externen Blitz« ab Seite 240. Bei Aufnahmen im starken Sonnenlicht können Sie durch das sogenannte Aufhellblitzen beispielsweise harte Schlagschatten im Gesicht vermeiden. Das funktioniert nur bedingt mit dem internen Blitz der Nikon D90. Er kann leider keine FP-Kurzzeitsynchronisation, die es ermöglicht, bei hellem Tageslicht und damit auch kürzeren Belichtungszeiten als 1/200 sek zu blitzen (siehe Seite 242). Das funktioniert nur mit bestimmten externen Blitzen wie beispielsweise dem SB-900.

> **PRAXISTIPP: REFLEKTOREN**
>
> *Faltreflektoren mit Gold- und Silberfolie*
>
> Styroporplatten, weiße Laken oder Reflektoren helfen, das Licht in die richtige Richtung zu lenken. Seitlich und unterhalb der Person positioniert, erreichen Sie so eine weichere Ausleuchtung. Außerdem kann man mit ihnen ungewollte Lichteinstrahlung abhalten. Entweder Sie bitten jemanden, die Reflektoren zu halten oder Sie befestigen sie. Dazu eignen sich beispielsweise Stative mit Klemmen. Einige Reflektoren, beispielsweise von der Firma California Sunbounce, lassen sich sogar vom Fotografen selber halten.
>
> Reflektorfolien werden sowohl in der Studiofotografie als auch bei Aufnahmen im Außenbereich eingesetzt. Mit ihnen kann Sonnen- oder Studiolicht gesoftet werden. Durch die Wahl von Gold-, Silber- oder Weißfolie kann man die Wärme des Lichts steuern. Die schwarze Oberfläche wird bewusst zum Abdunkeln benutzt, um Konturen oder Formgebung besser zu modulieren. Weiß-transparente Softfolie dient zur Reduzierung des Lichteinfalls bei zu hohen Kontrasten und wird zwischen der Lichtquelle und dem Motiv platziert.

Zusätzliche Materialien für People- und Porträtaufnahmen
- Einzelaufnahmen: eine Festbrennweite und ein Zoom mit leichter Telewirkung
- Gruppenaufnahmen: ein Weitwinkel- und ein Zoomobjektiv mit Normalbrennweite
- optional: Blitze, Stativ mit Stativkopf, Reflektor oder Styroporplatten

Aufnahmetipps | Es hilft immer, wenn Sie einen Bezug zu den Menschen aufbauen, indem Sie mit ihnen kommunizieren. Das entspannt die Gruppe und führt zu angenehmeren Gesichtszügen. Ein kleiner Scherz am Rande kann dabei auch hilfreich sein. Überprüfen Sie, ob keiner der zu fotografierenden Personen fehlt, eine nachträgliche Montage ist ziemlich zeitintensiv.

Wirken einzelne Personen zu steif, geben Sie ihnen etwas in die Hand, was zur Veranstaltung passt. Achten Sie darauf, dass keine Person abgeschnittene Gliedmaßen hat. Positionieren Sie die Gruppe nicht in Richtung Sonne, dann kneifen die Personen die Augen zusammen. Besser sind hier Gegenlicht oder schräges Seitenlicht – vergessen Sie daher Ihre Gegenlichtblende nicht! Ein Stativ sollten Sie sicherheitshalber mit im Gepäck haben, damit Sie auch von einer etwas erhöhten Position aufnehmen können, falls die Gruppe viel Platz einnimmt oder wenn einzelne Personen sehr groß sind. Es ist immer vorteilhafter Personen nicht von unten, sondern auf deren Augenhöhe abzulichten.

⌃
Um die Gruppe ein wenig aufzulockern, habe ich ein paar Witze erzählt und ihnen Gegenstände in die Hand gegeben. Dadurch entspannte sich der Gesichtsausdruck bei einigen Personen, da sie sich auf das Halten und nicht auf das »Gut-Aussehen« konzentriert haben. Möchten Sie neben der großen Gruppe auch einzelne Personen fotografieren, sollten diese Aufnahmen immer nach der Gesamtgruppenaufnahme durchgeführt werden. Die einzelnen Beteiligten haben dann Zeit, zu pausieren.

Bild oben: 22 mm | f11 | 1/30 sek | ISO 800 | mittenbetonte Integralmessung

Bild unten: 48 mm | f11 | 1/30 sek | ISO 800 | mittenbetonte Integralmessung

Empfohlene Einstellungen (Gruppenaufnahmen):
SINGLE-Autofokus (AF-S)
Betriebsart A mit Blende 8 (und höher)
Belichtung auf MITTENBETONTE INTEGRALMESSUNG
Weißabgleich auf AUTOMATISCH und A1 (siehe Seite 20) oder DIREKTES SONNENLICHT beim Blitzen
wenn Dateiformat RAW, dann auf STANDARD und ADOBE RGB
wenn Dateiformat JPG, dann auf PORTRÄT und sRGB
ISO: abhängig von der Lichtsituation, nicht über 800

8 [Fotopraxis mit der Nikon D90]

8.3 Reportage- und Reisefotografie

Eine andere Möglichkeit, Menschen zu porträtieren, ist diese in ihrer Umgebung und ihrem Alltag zu fotografieren: wie bei einer Reportage. Dieser Begriff bezieht sich natürlich nicht ausschließlich auf Personen, sondern bezeichnet generell eine bildbezogene Berichterstattung aus allen möglichen Bereichen der Gesellschaft. Man unterscheidet zwischen dokumentarischer und kreativer Reportage. Spezielle Genres sind beispielsweise der Fotojournalismus (politisch oder historisch), die Reisedokumentation oder die Streetfotografie. Alle verbindet ihr Erzählcharakter: Bilder erzählen in einer logischen Abfolge einzelne Geschichten, aber nur im Gesamten können Sie das Thema vollständig abbilden.

Der Begriff Reportage lässt vermuten, dass man wenig vorbereiten kann. Das hängt davon ab, welche Art von Reportage man durchführen möchte, doch generell stimmt die Aussage so nicht. Die Nikon D90 bietet gute Voraussetzungen zum Einsatz als Reportagekamera. Ihr geringes Gewicht und die akzeptable Bildfolge bieten genügend Spielraum für die unterschiedlichen Dokumentationsformen. Tipps und Anregungen behandele ich in diesem Kapitel anhand der Reisedokumentation. Sie lassen sich aber auch auf die anderen Genres übertragen. Gerade bei Dokumentationen sollten Sie die fundamentale Kernfrage: »Was soll mit dieser Bildserie ausgedrückt werden?«, schon in der Vorbereitungsphase beantworten können.

> **TIPP**
> Schaffen Sie Nähe zu den Menschen, aber arrangieren Sie nicht. Beobachten Sie Abläufe und Handlungen. Fragen Sie aber vorher nach deren Einverständnis, fotografiert zu werden.

⌄

Auch oder gerade Reportagebilder zeichnen sich durch ihre bewusste Bildgestaltung aus. Erst das gezielte Zusammenspiel oder das bewusste Weglassen der Umgebung vor Ort gibt einem Bild Ausdruckskraft. Hier ist es gerade das Spiel zwischen der recht öden und wüsten Umgebung mit monochromen Farben und den intensiven Farben der Kleidung der Clou. Durch diese Gegensätzlichkeit werden die Bildaussage und damit der Eindruck auf den Betrachter noch verstärkt.

195 mm | f10 | 1/400 sek | ISO 200 | bearbeitet mit Capture NX

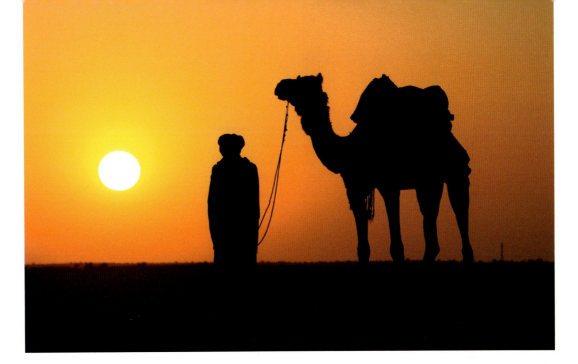

Hier sind Farbe und Kontrast das Gestaltungsmittel. Die bewusste Reduktion auf die fast schon scherenschnittartige Silhouette und die intensive Färbung des Himmels heben das Motiv hervor und betonen die Abendstimmung.

170 mm | f8 | 1/400 sek | ISO 200 | Matrixmessung

Objektive im Gepäck | Die Wahl der Ausrüstung hängt vor allem davon ab, wie viel an Gewicht Sie mitnehmen möchten oder dürfen. Das ist in der Regel so wenig wie möglich. Damit fällt die Wahl eher auf leichte und wenige Objektive. Zwei Objektivarten eigenen sich gut zur Reportage: ein Telezoomobjektiv und eine Festbrennweite im Normalbereich.

Der kleine Bildsensor der Nikon D90 begünstigt die Wahl eines leichteren Objektivs, denn ein DX-Objektiv ist leichter als ein FX-Objektiv (für den Kleinbildsensor) gleicher Brennweite. Der durch den Cropfaktor entstehende Teleauszug gegenüber einem Vollformat hat den Vorteil, dass man ferne Objekte bei gleicher Objektivbrennweite näher heranholen kann. Doch Vorsicht: Dieses Beobachten aus der Ferne wird der Betrachter der Bilder im Nachhinein auch als Distanz wahrnehmen. Je dichter Sie also an die Motive herangehen, umso direkter ist man mit im Geschehen. Die Bilder wirken sofort persönlicher. Um das umzusetzen, nutze ich gerne kurze Festbrennweiten, beispielsweise eine 50-mm-Optik. Objektiv-Empfehlungen zu dieser Brennweite finden Sie auf Seite 190.

Der Nachteil an der Nähe: Die Menschen könnten sich in ihren Handlungen gestört fühlen. Dann greift man eher zu einem Teleobjektiv.

> **HINWEIS**
>
> Eine gute Reportage zeichnet sich auch durch eine gute Präsentation aus. Die Bilder müssen in einer dem Betrachter nachvollziehbaren Reihenfolge zu sehen sein. Das gilt sowohl für die Präsentation der Bilder als Diashow als auch in einem Album oder Fotobuch.

«
Hier wurde sehr schön die Gunst des Augenblicks genutzt: Ein sehr privater Moment, der vor allem durch die Gestik und Mimik besticht. Umso wichtiger ist es, sich hier nachträglich die Erlaubnis des Fotografierten zu sichern, möchte man das Bild außerhalb des privaten Umfelds verwenden. Persönlichkeitsrecht geht vor Verwertungsrecht!

270 mm | f6,3 | 1/250 sek | ISO 200

Gute und leichte *Allrounder* sind beispielsweise das AF-S DX 18–200 mm 3,5–5,6 IF ED VR oder das AF-S 70–300 mm 3,5–5,6. Für Nikon-Zoomobjektive mit einer höheren Lichtstärke müssen Sie auch einen deutlich höheren Preis zahlen und diese sind in der Regel auch schwerer (siehe Seite 200). Alternativ ist das kompakte Megazoom von Tamron AF 18–270 mm F 3,5–6,3 Di II VC LD Aspherical [IF] Macro interessant. Bei Sigma ist mir das neue Teleobjektiv 300–800 mm F5,6 EX DG APO HSM IF Objektiv aufgefallen, das allerdings etwas größer ist, weil es für das Vollformat gerechnet ist.

PRAXISTIPP: BLENDE

Probieren Sie den Effekt verschiedener Blendenzahlen ruhig zunächst in Ihrer gewohnten Umgebung aus: Stellen Sie einen Gegenstand auf den Tisch, und legen Sie den Fokus genau auf das Objekt. Der Hintergrund sollte möglichst unruhig sein. Ein Bild belichten Sie bei der kleinsten Blendenzahl und eines mit einer sehr hohen Zahl.

Blende und Lichtstärke | Was möchten Sie mit Ihrem Bild vermitteln, was muss dafür in den Vordergrund gestellt werden? Und was möchten Sie lieber dem Betrachter nur andeuten? Ein Gestaltungsmittel, mit dem Sie diese Effekte erzielen, ist die Blende beziehungsweise die Tiefenschärfe. Mit Hilfe kleinerer Blendenzahlen (zum Beispiel 1,8) können Sie den Hintergrund verwischen lassen, damit sich die Person als Hauptaugenmerk von der Umwelt abhebt. Möchten Sie hingegen die Umgebung mit in die Bildaussage einfließen lassen, bedarf es größerer Blendenzahlen, damit alle Bildelemente vom Vorder- bis zum Hintergrund scharf abgebildet werden. Dabei wird die Positionierung von Bildelementen zunehmend wichtiger, da diese ja durch die große Tiefenschärfe alle besser erkennbar sind.

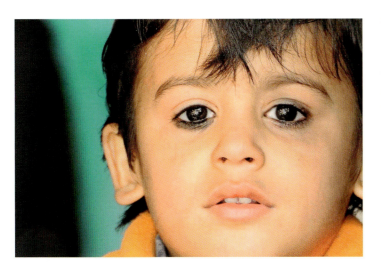

«
Gerade lange Telebrennweiten mit Offenblende (kleiner Blendenzahl) erlauben sehr schön freigestellte Motive abzubilden. In diesem Beispiel erzeugt der Anschnitt die notwendige Spannung im Bild.

300 mm | f5,6 (Offenblende) | 1/60 sek | ISO 560

Die vorhandene Lichtmenge kann je nach Situation bei der Reportage unterschiedlich sein. Je mehr Licht und je mehr Lichtstärke des Objektivs Ihnen zur Verfügung stehen, desto mehr Belichtungsspielraum bleibt Ihnen. In dieser Richtung unterscheiden sich auch Festbrennweiten und Teleobjektive. Meist haben Festbrennweiten kleinere Anfangsöffnungen und die damit verbundenen höheren Lichtstärken (siehe Seite 189). Natürlich können Sie auch Blitzgeräte in der Reisereportage einsetzen. Meist wird jedoch auf das Blitzen verzichtet, damit man als Fotograf unbeobachtet bleibt. Genauere Informationen zu diesem Thema entnehmen Sie bitte Kapitel 7, »Blitzfotografie mit der Nikon D90«, ab Seite 219.

⌄
Festbrennweiten erzeugen natürliche, gleichmäßige und weitestgehend verzeichnungsfreie Bilder und sind daher besonders für Stillleben wie dieses hier geeignet. Insbesondere die Abendzeit kurz vor Sonnenuntergang eignet sich hier sehr gut für ein weiches, gleichmäßiges und zugleich farbgebendes Licht.

24 mm | f10 | 1/400 sek | ISO 200 | Weißabgleich Automatisch

WICHTIGER HINWEIS: BILDRECHTE

Bei der Streetfotografie ist der rechtliche Rahmen ein Akt auf dem Drahtseil. Beachten Sie folgende Hinweise:

› Prinzipiell haben abgelichtete Personen das Recht am eigenen Bild, wenn Sie eindeutig zu erkennen sind und nicht nur »Beiwerk« sind. Sie müssen für eine Veröffentlichung des Bildes das Einverständnis der Abgebildeten einholen und gegebenenfalls ein Honorar zahlen.

› Was eindeutig erkennbar und was Beiwerk ist, soll durch die Paragrafen 22, 23 und 33 des Kunsturhebergesetzes (KUH) geregelt werden. Die Paragrafen regeln die Voraussetzungen und die Ausnahmen. Im Streitfall wird die Auslegung vor Gericht geklärt.

Wenn Sie sich genauer mit dem Thema Recht auseinandersetzen möchten, weil Sie über die Veröffentlichung Ihrer Fotos nachdenken, sollten Sie sich über einschlägige Literatur näher informieren.

Bei einer Aufnahme aus dem fahrenden Auto heraus verwischt das Gras im Vordergrund, die Wolken und die Bäume im Hintergrund sind hingegen scharf abgebildet.

18 mm | f22 | 1/25 sek | ISO 100 | Blendenautomatik

Bewegung und Zeit | Eine Form der Reportage ist die Streetfotografie. Bei dieser fotografischen Richtung wird oft das stilistische Mittel Bewegungsunschärfe eingesetzt. Die Bildbeispiele auf dieser Doppelseite verdeutlichen die verschiedenen Effekte, die dadurch entstehen. Wenn Sie eine lange Belichtungszeit wählen, verwischen die Bewegungen der Personen, statische Elemente aber bleiben scharf. Sehen Sie sich dazu die

Abbildungen oben an: Personen, die einen geringeren Abstand zur Kamera haben, erscheinen stärker verwischt als weiter entfernte. Weiter entfernte Personen bewegen sich – relativ zur Aufnahmeebene (also zum Sensor der Kamera) – langsamer als die Personen im Vordergrund. Dies kann als bewusstes Gestaltungsmittel auch unter anderem bei Landschaftsaufnahmen aus einem fahrenden Zug oder Auto heraus genutzt werden: Der Vordergrund verschwimmt in der Bewegungsunschärfe, und die dahinterliegende Landschaft wird scharf abgebildet (siehe Abbildung links).

Diese drei Streetfotos sind mit denselben Kameraeinstellungen gemacht worden. Das linke Bild zeigt kaum Bewegungsunschärfe, das Bild ist ohne Dynamik. Mehr Spannung wird erzeugt, wenn die Personen verwischen. Im zweiten Bild geht die Person links aus dem Bild heraus, was auf den Betrachter immer negativ wirkt. Interessanter und angenehmerer ist es, wenn Personen in das Bild gehen (rechts).

Alle Aufnahmen: 16 mm | f22 | 1/15 sek | ISO 200 | Blendenautomatik

Empfohlene Einstellungen (Reportagefotografie):
SINGLE-Autofokus, aber auch CONTINUOUS (AF-C) bei schnell bewegten Motiven
Betriebsart A (Tiefenschärfe als stilistisches Mittel)
Betriebsart S (Bewegungsunschärfe als stilistisches Mittel)
Belichtung auf MITTENBETONTE INTEGRALMESSUNG
WB auf AUTOMATISCH und Korrektur auf A1/G1 (siehe Seite 20) oder DIREKTES SONNENLICHT bei Blitz
wenn Dateiformat RAW, dann auf STANDARD und ADOBE RGB
wenn Dateiformat JPG, dann auf BRILLANT und sRGB
ISO: abhängig von der Lichtsituation, auch höhere Werte als 1 600 möglich

STREETFOTOGRAFIE

Eine besondere Art der Reportage, und derzeit Trend, ist die Streetfotografie. Damit ist eine Dokumentation oder Momentaufnahme von Lebenssituationen innerhalb öffentlicher Bereiche gemeint.

»

Eine ungewohnte Perspektive lässt Bekanntes in völlig neuem Licht erscheinen. Durch den niedrigen Aufnahmestandpunkt (Kamera stand auf dem Boden) wird der Boden mit in die Linienführung einbezogen. Der vermeintliche »Verfolger« im Bildhintergrund am Tunnelausgang lässt der Phantasie des Betrachters zusätzlichen Spielraum.

24 mm | f7,1 | 1/200 sek | ISO 3200

Aufnahmetipps | Seien Sie immer »schussbereit«: Es ist wichtig, alle Einstellungen im Vorfeld zu kontrollieren, damit Ihnen keine interessante Situation entgeht. Ziehen Sie neutrale Kleidung an, damit sie gänzlich unauffällig bleiben und so zum stillen Beobachter werden können.

Analysieren Sie die Lichtsituationen: Von welcher Seite kommt das Licht, stehen Sie im Schatten oder werfen Sie vielleicht einen Schatten, der sogar ins Bild ragt? Vergessen Sie nicht, die Gegenlichtblende an das Objektiv zu setzen. Diese verhindert ungewollte Lichtreflexe. Ändern Sie beim Fotografieren auch öfter mal den Blickwinkel. Stellen Sie sich auf eine erhöhte Position, zum Beispiel auf Mauern, oder gehen Sie in die Hocke, stellen Sie die Kamera auf den Boden. Die Variationen der Perspektive verändern auch den Bildeindruck Ihrer Motive und wirken so dynamischer (siehe Abbildung des Tunnels oben).

Zusätzliche Materialien für Reportage
› zwei Objektive: ein Telezoom und eine Festbrennweite
› in fernen Ländern: »Bestechungsmaterialien« (kleine Geschenke wie Bonbons, Kulis oder auch Geld)

8.4 Natur- und Landschaftsfotografie

Nicht erst seit der impressionistischen Malerei übt die umgebende Landschaft eine Faszination auf den Menschen aus. Die natürliche Umgebung möchte man heute mit Hilfe der digitalen Fotografie festhalten und gestalten. Ein bloßes Abbild der Natur ist aber in der Regel wenig spektakulär. Um ein interessante Landschaftsaufnahme zu erhalten, spielen sowohl Bildkomposition als auch das vorhandene Licht eine entscheidende Rolle.

Bildgestaltung | Wie kein anderes Genre wird die Landschaftsfotografie geprägt vom Zusammenspiel von Linien, Formen und Farben. Wichtig ist dabei immer, dass Sie die Bildelemente so gestalten, dass das Auge des Betrachters im Bild gefangen gehalten wird.

Die wichtigste Linie in der Natur ist der Horizont. Vermeiden Sie aber, den Horizont in die Bildmitte zu setzen. Damit zerschneidet man das Bild einfach in zwei Hälften und das nimmt dem Bild die Dynamik.

Besser ist es, den Horizont in ein Verhältnis von 1:3 im Bild zu positionieren (siehe »Bildgestaltung«, Seite 284). Interessant wird ein Bild, wenn es den Eindruck von Tiefe vermittelt. Das erreichen Sie, indem Sie mit zwei oder drei Bildebenen arbeiten, dem Vorder-, Mittel- und Hintergrund (siehe Abbildung unten).

Einen natürlichen Tiefeneindruck erlangen Sie außerdem, wenn Sie den Fokus gezielt auf ein Motiv im Vordergrund setzen. Den Hintergrund lassen Sie so bewusst in die Unschärfe laufen (siehe Abbildung Seite 284 oben).

Aber nicht nur die Linien- und Ebenenführung spielen bei der Bildgestaltung eine wichtige Rolle, sondern auch der bewusste Einsatz von Farben beziehungsweise Farbkontrasten. Das Spiel mit Farben und deren Sättigung schreckt die meisten Landschaftsfotografen ab, denn dieser Teil wird heutzutage

⌃

Auch bei der Landschaftsfotografie sollte man bewusst mit verschiedenen Bildebenen arbeiten. Dies gibt dem Bild einen Rahmen und verstärkt zusätzlich den Eindruck räumlicher Tiefe.

18 mm | f13 | 1/640 sek | ISO 320

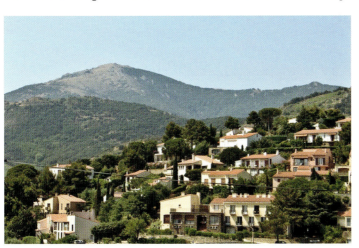

«

Eine klassisches Motiv für eine Landschaftsaufnahme: Häuser und Berge im Dunst. Der Tiefeneindruck entsteht durch das Zusammenwirken von Vorder-, Mittel- und Hintergrund.

42 mm | f9,5 | 1/350 sek | ISO 320

⌃ Hier wird die Landschaft nur als Kontext für den Bildvordergrund genutzt. Durch den großen Abstand zum Vordergrund verschwimmt die Landschaft im Hintergrund trotz mittlerer Blende in der Unschärfe.

56 mm | f 7,1 | 1/640 sek | ISO 200

vornehmlich in der Bildbearbeitung modifiziert. Starke Kontraste findet man jedoch auch in der Natur häufig. Einer der stärksten Farbkontraste, den Sie festhalten können, ist der zwischen den Komplementärfarben. Der Komplementärkontrast besteht aus den Farbenpaaren Gelb/Blau, Magenta/Grün und Cyan/Rot. Diese großen Kontraste erzeugen im Bild eine enorme Spannung (siehe Abbildung Seite 283 oben).

Ein weiteres grafisches Gestaltungsmittel in der Landschaftsfotografie ist das Einsetzen von Hoch- oder Querformat. Typisch für Landschaftsaufnahmen ist eigentlich das Querformat, da es dem menschlichen Sehverhalten beziehungsweise dem Sehwinkel entspricht. Es erzeugt einen Eindruck von Weite. Eine Aufnahme im Hochformat wird dann eingesetzt, wenn der Ausdruck »Nähe und Tiefe« als Kompositionsmittel gewünscht wird. Dabei sollte auch hier der Horizont nicht in der Bildmitte liegen, sondern eher im Goldenen Schnitt.

BILDGESTALTUNG

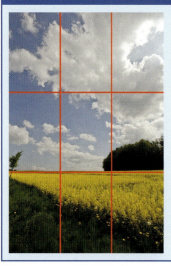

Achten Sie bei der Gestaltung Ihres Bildes auf die Position der einzelnen Elemente des Motivs und richten Sie es dementsprechend an folgenden gedachten »Hilfslinien« aus:

› Goldener Schnitt

› Verbindungslinien

› Größe der Motive und deren Zusammenwirken beziehungsweise das Verhältnis zum gesamten Bild

Der Goldene Schnitt ist eine Teilung des Bildes in verschiedene Segmente nach einem harmonischen Verhältnis. In Architektur und Kunst gilt die Aufteilung mit Hilfe dieser Proportionen als ästhetisch besonders gelungen. Vereinfacht können Sie sich auch an die »Drittelregel« halten, die das Bild links veranschaulicht.

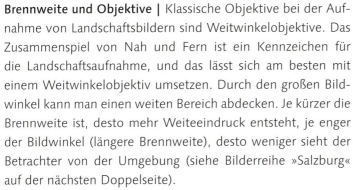

Brennweite und Objektive | Klassische Objektive bei der Aufnahme von Landschaftsbildern sind Weitwinkelobjektive. Das Zusammenspiel von Nah und Fern ist ein Kennzeichen für die Landschaftsaufnahme, und das lässt sich am besten mit einem Weitwinkelobjektiv umsetzen. Durch den großen Bildwinkel kann man einen weiten Bereich abdecken. Je kürzer die Brennweite ist, desto mehr Weiteeindruck entsteht, je enger der Bildwinkel (längere Brennweite), desto weniger sieht der Betrachter von der Umgebung (siehe Bilderreihe »Salzburg« auf der nächsten Doppelseite).

Wer schon mit Film oder digitalem Vollformat fotografiert hat, weiß was ich hier meine: Für Landschaftsaufnahmen nimmt einem der Cropfaktor (siehe Seite xx) leider Einiges an Gestaltungsspielraum. Gerade in der Weitwinkelfotografie ist die Nikon D90 mit dem kleineren Sensor ein Kompromiss. Optiken, mit denen ich gerne arbeite, sind das AF Nikkor 16 mm 1:2,8 D oder das AF-S DX Zoom-Nikkor 12–24 1:4 G IF-ED. Erst durch die Kombination und das Zusammenwirken aus Verzeichnung vom Weitwinkel und Wolkenformation sowie Gegenlicht und intensiven Farben kann man schöne, ansprechende Landschaftsaufnahmen entstehen lassen. Diese gestalterischen Elemente lassen sich nicht an der Kamera automatisch einstellen.

Dasselbe Motiv im Hoch- oder Querformat erzeugt eine unterschiedliche Bildwirkung. Das Querformat betont insbesondere die Weite, in die der Blick schweifen kann. Bei diesem Motiv wirkt das Hochformat eher langweilig, da der Himmel recht monoton ist.

Links: 16 mm | f8 | 1/500 sek | ISO 200 | mittenbetonte Integralmessung

Rechts: 16 mm | f8 | 1/400 sek | ISO 200 | Spotmessung Hintergrund

⌄

Landschaft mit kurzer, mittlerer und längerer Brennweite im Vergleich: Extreme Weitwinkel erlauben hier zwar eine extrem breitflächige Übersicht, jedoch sind die Einzelelemente in dieser Szene zu klein. Die mittlere Brennweite verändert die Zusammensetzung: Der Turm wird zum bildwirksamen Element, auch die Salzburg, der Himmel sowie der Fluss sind in einem ausgewogeneren Bildanteil abgebildet. Das dritte Bild zeigt zwar die Burg im Detail, jedoch geht der Kontext verloren.
Bild links: 12 mm, Mitte: 24 mm, rechts: 55 mm | f4 | 1/500 sek | ISO 320 | Belichtungskorrektur –1 LW

Nutzen Sie die Betriebsart S SINGLE SHOT, um die Landschaft aufzunehmen und zu gestalten, und steuern Sie die Tiefenschärfe über die Blende. Mit der Vorwahl des Einzelautofokus-Messfelds (siehe Seite 127) legen Sie exakt Belichtung, Entfernung und damit die Schärfe des Hauptmotivs fest. Verzichten Sie auf das Motivwahlprogramm LANDSCHAFT der Nikon D90. Dieses steuert die Belichtung, den Kontrast und die Schärfe über die AUTOMATISCHEN MESSFELDGRUPPEN und lässt wenig Spielraum zur Kreativität.

Blende und Tiefenschärfe | Ein weiteres Merkmal des Motivwahlprogramms ist, dass die Schärfe automatisch auf »unendlich« gesetzt wird. Das ist aber nicht immer von Vorteil. Durch den bewussten Einsatz der Blende, und damit dem gezielten Einsatz von Schärfe und Unschärfe, erzeugt man den Eindruck von Tiefe. Wenn das Motiv von vorne bis hinten scharf ist, wirkt es oft auch platt.

Je kleiner die Blendenzahl, desto größer sind die Detailschärfe und der Bereich der Tiefenschärfe. Dadurch verlängert sich die Belichtungszeit, und damit besteht auch automatisch die Gefahr zu verwackeln. Objektive mit Verwacklungsreduzierung haben sich bei den Weitwinkeln leider noch nicht durch-

gesetzt, demzufolge empfehle ich für die Landschaftsfotografie, ein Stativ mit im Gepäck zu haben. Haben Sie gerade keins zur Hand, können Sie die Kamera auch auf einer Bank oder auf Steinen abstellen. Wenn Sie in dieser Position nicht mehr gut an den Auslöser herankommen, können Sie per Fernbedienung (siehe Seite 204) oder Selbstauslöser das Motiv ablichten.

Licht und Lichtstimmung | Hat man Objektiv, Bildaufbau und Blende gewählt, ist es die Kür der Landschaftsaufname, die Lichtstimmung ansprechend einzufangen. Generell sollte das Licht von hinten oder seitlich kommen. Vermeiden Sie die Aufnahme in der Matrixmessung, denn diese führt zu unvorhersehbaren Ergebnissen. Sie können zwar auf das gesamte Bild gesehen passen, reißen aber oft in den Lichtern aus. Wählen Sie stattdessen die mittenbetonte Integralmessung.

Spiegelungen im Wasser sind ein sehr elegantes Gestaltungsmittel. Das Motiv sollte dann möglichst symmetrisch aufgebaut sein, damit der Spiegeleffekt gut zur Geltung kommen kann. Der Horizont sollte dabei waagerecht verlaufen. Für intensivere Farben und noch klareres Wasser verwendet man einen Polfilter (siehe Seite 212), mit dessen Hilfe man die Reflexion exakt ausrichten kann.

> **HYPERFOKALE DISTANZ**
>
> Wo genau muss ich den Schärfepunkt setzen, damit mein Hauptmotiv noch ausreichend scharf ist? Die Antwort darauf ermitteln fortgeschrittene Landschaftsfotografen mit Hilfe der *hyperfokalen Distanz* (HFD). Nicht immer sind weit entfernte Objekte ausreichend scharf abgebildet. Man kann nun exakt die Strecke berechnen, in der das oder die Objekte noch scharf abgebildet werden. Diese Strecke nennt man hyperfokale Distanz. Sie hängt von den folgenden Faktoren ab: Brennweite, Blende und dem Unschärfekreis. Die Tiefenschärfe reicht dann von der halben hyperfokalen Distanz bis unendlich.
>
> **Tipp:** Im Internet gibt es Rechner, mit denen Sie die HFD berechnen lassen können. Die mathematische Formel ist etwas kompliziert, und so geht es schneller!

Lichtstimmung	Wirkung
Blaue Stunde	Sie bezeichnet die Zeit kurz vor dem Sonnenauf- und kurz nach dem Sonnenuntergang. Der Blauton ist dann dominant in den Bildern.
Goldenes Licht	Früh am Morgen oder am späten Nachmittag, dann, wenn die Sonne stark schräg (seitlich) steht und lange Lichtstrahlen (warmes Licht) auf die Natur treffen. Die dadurch entstehenden langen Schatten erzeugen eine hohe Plastizität und Abwechslung in der Gestaltung. **Vorsicht:** Dunst am Morgen kann den Effekt abmildern.
Mittagslicht	Es ist modern, seine Bilder bei hartem Sonnenlicht aufzunehmen. Die Sonne steht dabei im Zenit. Dadurch sind kaum Schatten im Bild, dementsprechend entsteht kaum ein Tiefeneindruck. Dafür ist wenig Dunst in der Atmosphäre, was zu klareren Bildern führt.
Gegenlicht	Das Sonnenlicht kommt von vorne und ist mit Motiv. Bei Gegenlichtaufnahmen müssen Sie darauf achten, dass kein Streulicht ins Objektiv fällt. Schatten Sie gegebenenfalls mit der Hand ab, oder lassen Sie die Sonne von zusätzlichen Motiven, wie Blättern, teilweise verdecken.

Diese Panoramaaufnahme wurde in Photoshop erzeugt. Sie besteht aus vier Einzelbildern, die ohne Stativ aufgenommen wurden. Über TIEFEN/LICHTER wurden die dunklen Partien des Bildes aufgehellt.

Panorama und HDR | Oft sind die Kontraste in der Landschaftsfotografie sehr hoch. Um dem entgegenzuwirken, findet eine neue Form der Aufnahme in der Digitalfotografie immer mehr Liebhaber, die HDR-Fotografie (*High Dynamic Range*). Bei dieser werden mindestens drei unterschiedlich belichtete Bilder am Rechner so zu einem Bild zusammengerechnet, dass sowohl die Tiefen (Schatten) als auch die Lichter im Detail wiedergegeben werden können.

Die Landschaftsfotografie eignet sich auch hervorragend für die Technik der Panoramafotografie, die sich mit den Möglichkeiten der digitalen Fotografie zunehmender Beliebtheit erfreut. Ich bin bisher mit diesem Genre noch nicht richtig warm geworden, kann aber seine Faszination verstehen. Bei der Panoramafotografie wird das fertige Bild erst durch das Zusammensetzen vieler Bilder am Rechner mit Hilfe spezieller Software erzeugt.

Größere Schwierigkeiten treten beim Zusammensetzen auf, wenn die Bilder unterschiedlich belichtet wurden oder der Stativkopf ungleichmäßig geschwenkt wurde. Für die gleichmäßige Belichtung fotografieren Sie mit der Nikon D90 daher besser in der manuellen Betriebsart M, und schwenken Sie den Kopf des Stativs so weit, dass etwa ein Drittel der Bilder jeweils überlappen. Fortgeschrittene haben sich ihre eigene Skala auf das Stativ gebastelt oder benutzen einen speziellen Panoramakopf (siehe Seite 203).

Zusätzliche Materialien für Landschaftsaufnahmen
› zwei Objektive (ein Weitwinkel und ein Zoom mit Telebrennweite)
› eventuell einen zweiten Body
› Stativ
› Schutz gegen Witterung (Kamera und Fotograf!)

⇑
Gegenlicht: Hier wird der hohe Kontrast als gestalterisches Mittel eingesetzt. Ich habe hier einen leicht erhöhten Standpunkt gewählt. Die Kamera befand sich etwa 2,5 m über dem Strandniveau und erlaubte somit eine bessere Tiefenwirkung entlang der Strandlinie bei der Aufnahme.

55 mm | f22 | 1/125 sek | ISO 200 | Belichtungskorrektur –1 LW

Aufnahmetipps | Auch eine Landschaftsaufnahme will gut geplant sein. Nehmen Sie sich die Zeit, und beobachten Sie genau den Sonnenstand und die Lichtsituationen. Ändern Sie auch mal die Aufnahmepositionen und damit die Perspektive. Wählen Sie den gewünschten Bildausschnitt schon bei der Aufnahme, das erspart Ihnen nachher den Beschnitt am Rechner und die damit verbundene Reduktion der Auflösung. Sie können sich dazu an der Nikon D90 die Gitterfunktion einstellen, mit deren Hilfe Sie das Bild exakt ausrichten können. Das Gitter wird dann im Sucher beziehungsweise im Live-View-Modus eingeblendet. Im Sucher stellen Sie es bei den Individualfunktionen unter d2 ein. Für die Live-View drücken Sie die info-Taste.

Empfohlene Einstellungen (Naturfotografie):
AF-S-Modus
Betriebsart A (Tiefenschärfe als stilistisches Mittel)
Betriebsart S (wenn Personen oder Vögel mit Bewegungsunschärfe ins Bild sollen)
Belichtung auf Mittenbetonte Integralmessung
WB auf Automatisch und A1/G1 (siehe Seite 20) oder Sonnenlicht
Dateiformat RAW, auf Standard und Adobe RGB
ISO: abhängig von der Lichtsituation, auch höhere Werte als 1600 möglich
Aktives D-Lighting: Moderat oder Normal

8.5 Makrofotografie

Die Nah- und Makrofotografie ist die Aufnahme von Motiven im Maßstab von 1:10 bis 10:1. Dieser Maßstab bezieht sich auf die Abbildungsgröße auf dem Sensor. Das bedeutet: Ist ein Motiv 1 cm lang, wird es bei einem Maßstab 1:1 auch 1 cm lang abgebildet. Die Motivwahl für Makroaufnahmen ist sehr unterschiedlich: Von Naturmotiven wie Insekten und Blüten über technische Detailaufnahmen bis hin zur Produktfotografie ist alles möglich. Auch im Genre Beauty und Porträt greift man bei Detailaufnahmen von Augen, Stoffen etc. schon mal zu einem Makroobjektiv.

Wahl des Objektivs | Um die für Makroaufnahmen erforderliche Detailgenauigkeit zu erreichen, empfehle ich, sich direkt mit einem Makroobjektiv anzufreunden. Denn im Gegensatz zu Standardobjektiven erlauben Makroobjektive, sehr nah an das Motiv heranzugehen und so Abbildungen im Maßstab 1:1 oder größer zu erzielen. Außerdem zeichnen sie sich durch hochwertige Linsensysteme aus, die sehr feine Strukturen abbilden können.

Ich bevorzuge eine 105-mm-Brennweite, da ich so einen größeren Abstand zum Objekt halten kann als mit einer 60-mm-Optik. Das macht das Fotografieren von lebenden Insekten leichter. Dazu nutze ich oft das AF-S VR Micro-Nikkor 105 mm 1:2,8 G. Das hat zusätzlich einen Bildstabilisator eingebaut, damit ich, wenn ich aus der Hand fotografiere, meine Bilder weniger verwackele. Gerade für den Einsatz im Nahbereich mit einem großen Abbildungsmaßstab von beispielsweise 1:1 ist es eine sehr hilfreiche Funktion.

Tamron bietet eine große Auswahl an Telezooms an, die auch für den Makrobereich korrigiert sind, aber nicht bis zum Maßstab 1:1. Diesen erreicht man dort nur mit Festbrennweiten, zum Beispiel mit dem SP AF 90 mm 2,8 Di MACRO 1:1. Bei Sigma liefert zum Beispiel das EX 105 mm F2,8 DG Makro durchaus gute Ergebnisse (siehe auch Seite 195).

Je nach Motiv und möglicher Aufnahmeentfernung ist die Wahl des richtigen Makroobjektivs wichtig. Das hier verwendete 105-mm-Objektiv erlaubt bereits bei mittleren Blenden ein sehr schönes Freistellen von Motiven.

105 mm | f7,1 | 1/20 sek | ISO 200

» Extrem kurzer Aufnahmeabstand und sehr geringer Tiefenschärfebereich bei Makroaufnahmen erfordern manchmal viel Geduld. Gerade wenn Objekte in freier Natur aufgenommen werden wie dieser Löwenzahn, kann der geringste Luftzug den Bildaufbau und den gesetzten Schärfepunkt nichtig machen. Dann heißt es Durchatmen und noch einmal von vorn!

60 mm | f5,6 | 1/500 sek | ISO 200 | Belichtungskorrektur +1 1/3 LW

Beispiele
Bei einer Brennweite von 85 mm, einer Motiventfernung von 200 cm und der Blende 1:1,2 ergibt das 4 cm akzeptable Tiefenschärfe. Oder:
Bei einem 105-mm-Makroobjektiv mit offener Blende 2,8 und einer Objektentfernung von 31 cm ist die Schärfeebene nur 0,1 cm groß.

Tiefenschärfe | Die Tiefenschärfe spielt in der Makrofotografie die entscheidende Rolle. Die richtige Einstellung zu erreichen, ist damit auch das schwierigste Unterfangen für gute Makroaufnahmen. Die Ausdehnung der Schärfeebene wird von drei Faktoren bestimmt, die voneinander abhängig sind. Dazu zählen: Objektentfernung, Blende und Brennweite. Als Richtlinie der Abhängigkeit kann man sich merken: Je größer die Blende ist (kleine Blendenzahl) und je größer die Brennweite des

> **PRAXISTIPP: ABBILDUNGSMASSSTAB VERGRÖSSERN**
>
> Normalobjektive bilden in etwa Maßstäbe von 1:7 beziehungsweise 1:10 ab. Da fängt der Bereich der Nahaufnahmen gerade erst an. Mit Zwischenringen, Balgengeräten oder Nahlinsen kann man auch mit einem Normalobjektiv große Abbildungsmaßstäbe erreichen, aber nicht ohne Einbußen in der Qualität der Aufnahme und/oder der Handhabung der Kamera.

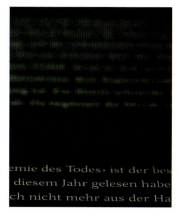

»
Gerade bei Makroaufnahmen sind bei voll geöffneter Blende (kleine Blendenzahl) extrem schmale Schärfebereiche möglich (links). Durch ein volles Abblenden (große Blendenzahl) vergrößert sich der Bereich der Tiefenschärfe beträchtlich (rechts).

85 mm | links: f5; rechts: f 38 | links: 1/250 sek; rechts: 1/4 sek | ISO 200 | Belichtungskorrektur –1 LW

Objektives ist, desto geringer ist die Tiefenschärfe. Auch gilt: Je näher das Objekt ist, desto geringer wird die Tiefenschärfe.

Gewöhnlich versucht man, die Schärfeebene auf den wichtigsten Teil des Motivs zu legen. Dabei kann es dann passieren, dass bei einem großen Abbildungsmaßstab (geringe Objektentfernung) und großer Blende, wie bei dem Katzenbild unten, das Auge dann zwar scharf ist, aber der Rest des Motivs sich im Hintergrund und Vordergrund auflöst.

«
Hier wurde ganz bewusst die Offenblende eingesetzt, um den Blick auf das Katzenauge zu konzentrieren. Je nachdem in welchem Winkel die Kamera gehalten wird, kann der Verlauf der Schärfeebene bewusst eingesetzt werden, um vorgelagerte Bereiche wie die Wangenhaare mit in den Schärfebereich zu integrieren.

105 mm | f3,2 | 1/30 sek | ISO 560

Um nun den ganzen Katzenkopf scharf abzubilden, sind drei Möglichkeiten offen:

› **Kürzere Brennweite nehmen**
Das führt zu einem größeren Tiefenschärfebereich. Nachteil: bei Festbrennweiten muss man dazu das Objektiv wechseln.

› **Größerer Abstand zum Motiv**
Der Schärfebereich dehnt sich aus, damit werden mehr Teile der Katze scharf abgebildet. Nachteil: durch die Vergrößerung der Objektentfernung ist das Motiv auf dem Bild nur noch sehr klein abgebildet und weist daher weniger Details auf. Die Objektentfernung sollte daher nicht zu groß gewählt werden.

› **Stark abblenden (große Blendenzahl einstellen)**
Damit vergrößert sich der Schärfebereich. Nachteil: Durch das Verkleinern der Blendenöffnung ist nur noch wenig Licht vorhanden. Das führt zu längeren Belichtungszeiten (Verwacklungsgefahr). Bei bewegten Objekten führt es zusätzlich zu Bewegungsunschärfen.

Der vergrößerte Abstand führt nicht nur zu Detailverlust, sondern automatisch auch zu einem etwas größeren Tiefenschärfebereich.

105 mm/2,8 | f8 | 1/250 sek | ISO 400

Scharfstellen | Je kleiner der Schärfebereich, desto schwieriger wird das automatische oder manuelle Scharfstellen. Zwar kann man am Anfang die Kamera auf Autofokus stellen, nur werden Sie schnell merken, dass dem AF die Schärfe oft verlorengeht. Der Autofokus sucht und sucht, und kein Bild kommt zustande. Gerade wenn die Kamera auf AF-S steht und damit auf Schärfepriorität stellt, kann das Fokussieren zur Qual werden.

[Fotopraxis mit der Nikon D90] 8

«
Gerade im Nahbereich sind die Verstellwege für den Scharfstellpunkt der Objektive weiter als bei mittleren Entfernungen. Daher kann bei bewegten Motiven der Autofokus zum Geduldsspiel werden. Abhilfe schaffen Objektive mit Silent-Wave-Motor, die diese Verstellwege in Sekundenbruchteilen überwinden. Oder Sie stellen manuell scharf.

105 mm | f8 | 1/250 sek | ISO 400

Eine herkömmliche Methode ist es daher, dass man einen Punkt mit einem hohen Motivkontrast anvisiert, an dem sich das AF-Modul ohne Probleme scharf einstellen lässt. Zum Speichern des AF-Wertes wird der Auslöser halb gedrückt, dann wird auf das eigentliche Motiv geschwenkt. Die optimale Schärfe erreicht man nun, indem man den Abstand zum Objekt minimal verändert. Im Nahbereich reichen oft kleinste Bewegungen des Körpers aus, um den gewünschten Schärfepunkt zu erreichen. Das ist nachher reine Übungssache. Oder man stellt von Anfang an die Nikon D90 von Autofokus auf den manuellen Fokus M.

Ein Stativ ist für die Makrofotografie ein durchaus sinnvolles Hilfsmittel. Um weitere Probleme bei der Scharfstellung zu minimieren, sollte dann auch die Spiegelvorauslösung

»
Gerade bei bewegten Motiven wie Insekten ist der Einsatz eines Makroblitzsystems eine wirkliche Erleichterung und erhöht die Ausbeute an guten Bildern beträchtlich. Auch hier empfiehlt sich die Verwendung des manuellen Fokus, um gegebenenfalls bei voreingestellter Schärfe die Position der Kamera minimal anzupassen.

105 mm | f5,6 | 1/250 sek | ISO 400

295

Diese Aufnahme ist mit einem Makroblitzgerät in einem Innenraum entstanden. Dies erlaubt das Arbeiten vom Stativ und mit Ruhe bei der gezielten Scharfstellung, da keine äußeren Einflüsse wie Wind und Wetter die Position des Blütenkelchs verändern können.

105 mm | f7,1 | 1/60 sek | ISO 640 | Blitz

Zusätzliche Materialien für Makroaufnahmen
› Makroobjektiv
› Stativ und/oder Auflagekissen für die Kamera
› Blitze, wenn vorhanden
› Schutz für die Kamera gegen Feuchtigkeit und/oder Staub

aktiviert werden (INDIVIDUALFUNKTION D10, siehe Seite 205). Ich persönlich schieße 90 % meiner Makrofotos allerdings aus der Hand, weil mir der Einsatz eines Stativs oft zu umständlich ist. Wenn es die Situation erlaubt, ist mir ein Bohnensack oder Ähnliches als Stabilisierungsfläche lieber.

Licht | Das zweite Problem nach der Schärfe im Nahbereich ist das Licht. Davon hat man bei der Makrofotografie tendenziell immer zu wenig. In Zeiten der manuellen ISO-Einstellung hat sich diese Problematik zwar etwas entschärft, nur wird gerade hier auch durch die großen Abbildungsmaßstäbe das Rauschen noch deutlicher. Mit dem Einsatz von Reflektoren und auch von Blitzsystemen kann man dieses Problem jedoch lösen (siehe Seite 252).

Im Bereich der Makrofotografie gilt es vor allem, Geduld zu haben und viele Belichtungssituationen zu variieren. Demzufolge ist es zu Beginn auch normal, einen höheren Ausschuss an weniger gelungenen Bildern zu produzieren.

Empfohlene Einstellungen (Makrofotografie):
Belichtung auf MITTENBETONTE INTEGRALMESSUNG oder SPOTMESSUNG, zum Üben MATRIXMESSUNG
manueller Fokus
WB auf AUTOMATISCH und A1/G1 (siehe Seite 20) oder SONNENLICHT bei Blitz
Dateiformat RAW auf STANDARD und Farbraum ADOBE RGB
ISO: abhängig von der Lichtsituation, nicht über 800

8.6 Architekturfotografie

Generell unterscheidet man bei Architekturaufnahmen zwei Darstellungsarten: die dokumentarische und die künstlerische. Bei den dokumentarischen Aufnahmen wird das Motiv sachlich präsentiert. Meist geschieht das in einer Serie: mit Außenansicht, Bezug zur Umgebung und Detail- sowie Innenaufnahmen (siehe Bilderserie rechts).

Perspektive und Licht | Bei Architekturaufnahmen geht es vor allem darum, die geometrischen Formen der Gebäude mit ihren waagerechten und horizontalen Linien, die bei unterschiedlichen Lichteinwirkungen und Perspektiven individuell auf den Betrachter wirken, einzufangen. Die Reduktion auf Schwarzweiß ist ein beliebtes Stilmittel, weil Strukturen und Formen dadurch noch deutlicher hervortreten. Außerdem ist eine schattenfreie, fast neutrale Ausleuchtung des Motivs wünschenswert und diese erreicht man genau dann, wenn alle anderen Fotografen pausieren. Die Fotografenregel »Mittags um 12 Uhr nicht zu fotografieren« schließt sich damit aus: Es ist für diese Art von Aufnahmen die beste Zeit.

»

Bei dieser Serie ist ein Gebäude unter unterschiedlichen Aufgabenstellungen abgebildet. Die Gesamtansicht hat eher einen dokumentarischen Charakter (Mitte). Ein guter Anschnitt gelingt, wenn bei der Teilansicht das Objekt wiedererkannt wird. Anschnitte ziehen den Betrachter eher in seinen Bann, da er sich dem Objekt näher fühlt (oben). Durch zusätzliche Gegenstände im Bild gerät das Gebäude in den Hintergrund. Die Beziehung zwischen Gegenstand und Gebäude wird zu einer Komposition, die eigene Interpretationen zulässt (unten).

Bild oben: 40 mm | f5,6 | 1/1000 sek | ISO 200

Bild Mitte: 40 mm | f11 | 1/200 sek | ISO 200

Bild unten: 18 mm | f5,6 | 1/1000 sek | ISO 200

«
Ich habe eine weite Aufnahmeposition gewählt, um möglichst wenig Verzeichnung zu erhalten. Als zusätzliches gestalterisches Mittel habe ich die Aufnahme mit Reflexionen am Fenster aufgenommen. Die Personen im Bild verdeutlichen die Größendimension des Gebäudes. Alle diese Elemente fand ich notwendig, da das Gebäude an sich eher unscheinbar ist.

34 mm | f25 | 1/30 sek | ISO 200

Bei der künstlerischen Interpretation von Gebäudeabbildungen werden hingegen die Eigenschaften (groß, fein, dominant, imposant, filigran etc.) kreativ mit dem Motiv verknüpft. Als wichtigste Gestaltungsmittel zählen dabei die Perspektive und die Lichtstimmung. Das zentrale gestalterische Element bei der Perspektive ist das Verhältnis von Linien zueinander. Diese lenken den Blick des Betrachters in das Bild hinein. Dort, wo Linien zusammenlaufen, ist die Aufmerksamkeit des Betrachters am größten. Probieren Sie selbst die unterschiedlichen Wirkungen durch Perspektivveränderungen aus, indem Sie ein Gebäude auch mal schräg fotografieren oder im Anriss. Achten Sie darauf, dass der Horizont dabei parallel zur Bildebene bleibt.

Wahl des Objektivs | Die Nikon D90 eignet sich durchaus zur Architekturfotografie. Dies ist aber stark von der Wahl der vorhanden Objektive abhängig. Klassischer Einsatz für die Architekturfotografie sind Weitwinkelobjektive. Diese haben kurze Brennweiten im Bereich 14–35 mm. Nikon bietet einige Objektive mit ausgezeichneter Abbildungsleistung. Das AF-S Zoom-Nikkor 14–24 mm 1:2,8 G ED hat mich besonders angesprochen. Mehr zu Objektiven erfahren Sie in Kapitel 6, »Zubehör zur Nikon D90«, Seite 182.

Die Praxis zeigt zwar, dass physikalisch gemessene Unterschiede der Bildqualität oft gar nicht mit bloßem Auge gesehen werden, trotzdem ziehe ich qualitativ gute Optiken den *Allroundern* vor. Daher arbeite ich gerne mit dem AF-S DX Zoom-Nikkor 17–55 mm 1:2,8 G IF-ED. Mit der Optik ist auch das Bild vom Karlsruher Schloss entstanden (siehe unten rechts). Leichte tonnenförmige Verzeichnungen sind an den

> **ACHTUNG**
>
> In öffentlichen Gebäuden, auf Werksgeländen oder auf Militärgebieten ist das Fotografieren untersagt. Urheberrechtlich geschützte Gebäude oder Kunstobjekte dürfen abgelichtet werden, sofern man diese von öffentlichen Verkehrswegen aus sehen kann (Panoramafreiheit). Beim Fotografieren auf Privatgelände sollten Sie vorher um Erlaubnis fragen.

» Die Fisheye-Aufnahme des Karlsruher Schlosses könnte man wieder mit Capture NX2 oder DXO entzerren, sie ist aber normalerweise ein bewusst eingesetztes gestalterisches Mittel. Bei der Nikon D90 kann man diesen Fisheye-Effekt sogar nachträglich hinzufügen (Menü BILDBEARBEITUNG • FISHEYE).

10,5 mm | f10 | 1/350 sek | ISO 200

Rändern in den Säulen zu erkennen. In der Architekturfotografie sollte man darauf achten, diese zu minimalisieren. Oft hilft es, wenn Sie das Gebäude mehr ins Zentrum des Bildausschnittes platzieren. Sie können die Verzeichnung auch nachträglich am Computer herausrechnen. Die Software DXO ist spezialisiert auf automatische Objektiv-Korrekturen.

Mit einem extremen Weitwinkel kommt man um die Verzeichnung nicht herum, sie dient dort sogar als gestalterisches Mittel. Er ermöglicht außerdem, wie Sie am Bild oben sehen, die Gesamtaufnahme eines Gebäudes.

Mit dem Brennweitenbereich von 35–50 mm, der in die Normal-Brennweite übergeht, kann man Detailaufnahmen von Gebäuden machen, die dem menschlichen Sehverhalten entsprechen.

» Die Aufnahme vom Karlsruher Schloss ist mit einer Brennweite von 18 mm entstanden. Das entspricht beim Kleinbildformat einer Brennweite von 27 mm. Diese Länge eignet sich gut für eine räumliche Darstellung. Die beiden Torsäulen sind bewusst im Vordergrund platziert. Durch das Hauptgebäude im Hintergrund wirkt das Bild plastisch.

18 mm | f11 | 1/500 sek | ISO 200

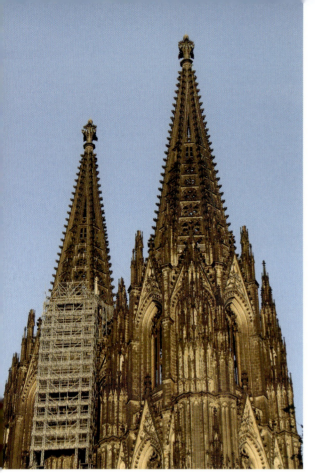

»
Wer relativ verzeichnungsfrei abbilden und stürzende Linien vermeiden möchte, kann nur die Entfernung zum Motiv und die Verwendung längerer Brennweiten nutzen. Bei vielen hohen Gebäuden wie beispielsweise dem Kölner Dom ist dies aufgrund der engen Umbauung nicht immer möglich.

44 mm | f5,6 | 1/500 sek | ISO 500

Am Bildbeispiel der Türme vom Kölner Dom ist zu erkennen, dass die Aufnahme kaum Verzeichnung aufweist. Es ist mit einer Brennweite von 44 mm aufgenommen, die dem Eindruck des menschlichen Sehverhaltens ungefähr entspricht. Das wurde noch durch den Ausschnitt und die erhöhte Aufnahmeposition verstärkt. Entstanden ist das Bild mit dem 18–200-mm-Objektiv, das zwar kein klassisches Architekturobjektiv ist, aber das, wenn man mindestens einmal abblendet, durchaus zu einer befriedigenden Abbildungsleistung kommt.

Setzt man bei der Architekturfotografie den Telebereich ab 100 mm ein, verdichtet sich die Raumwirkung, und das Motiv wird dadurch mehr vom Hintergrund freigestellt. Aufgrund des leichten Gewichts der Nikon D90 empfehle ich hier jedoch den Griff zum Stativ. Gerade wenn man mehr Tiefenschärfe erhalten möchte und dazu die Blende schließt, kann man die längeren Verschlusszeiten nicht mehr aus der Hand fotografieren. Haben Sie kein Stativ, kann man die ISO-Empfindlichkeit erhöhen.

Insgesamt wirken beide Perspektiven neutral, also eher dokumentativ. Mehr Spannung und Dynamik erreicht man durch den bewussten Einsatz von Verzeichnungen oder stürzenden Linien.

Das Bild von der Kathedrale ist mit einer 17-mm-Brennweite von einem tiefen Aufnahmestandpunkt aufgenommen. Daher sieht es so aus, als laufen die beiden Turmspitzen aufeinander in einem Fluchtpunkt zu. Das nennt man auch

---

TIPP: PANORAMA

Um Türme, lange Gebäude oder Fassaden auf einem Bild ohne Verzeichnung zu erhalten, fotografiert man mehrere Einzelaufnahmen zu einem Panorama. Diese Aufnahmen lassen sich am Computer mit Hilfe von Spezialsoftware wie Panorama Maker oder in Photoshop zusammenrechnen.

stürzende Linien. Diese entstehen, wenn die Aufnahmeposition zu niedrig ist und man versucht, das ganze Motiv vollformatisch abzubilden. Das Zusammenspiel der Linien hat unterschiedliche Wirkungen auf den Betrachter: Waagerechte Linien vermitteln den Eindruck von Ruhe und Klarheit, steigende Diagonalen wirken dagegen dynamisch und dominant.

Möchte man stürzende Linien vermeiden, entfernt man sich vom Motiv und versucht, eine erhöhte Aufnahmeposition zu erreichen, indem man beispielsweise von einem gegenüberliegenden höheren Gebäude fotografiert. Nicht immer ist dies jedoch möglich. Für derartige Zwecke wurden spezielle, sogenannte *Tilt-/Shift-Objektive* entwickelt, die in der Lage sind, stürzende Linien zu kompensieren. Diese sind als Spezialobjektive aber auch sehr teuer.

TILT & SHIFT

Möchte man stürzende Linien vermeiden, verwendet man in der Architekturfotografie ein Tilt-/Shift-Objektiv (siehe Seite 196). Diese Optiken werden in unterschiedliche Richtungen geschwenkt, um die Verzeichnung auszugleichen oder den Schärfebereich zu verschieben. Das ist aber nur in einem begrenzten Bereich möglich. Hochhäuser lassen sich damit nicht ganz entzerren. Aufgrund der aufwendigen Bauweise sind die Objektive sehr teuer und lohnen sich daher nur für reine Architekturfotografen.

«
Aufnahmen mit einem Standardweitwinkelobjektiv erzeugen stürzende Linien.

36 mm | f32 | 1/25 sek | ISO 320

> **ACHTUNG**
>
> Achten Sie bei Gegenlicht darauf, dass kein direktes Licht in das Objektiv fällt. Das führt unweigerlich zu Blendenflecken und Fehlbelichtungen. Abhilfe schafft eine Gegenlichtblende und zusätzliches Abschirmen mit der Hand oder einer Pappe.

Licht und Gegenlicht | Wie in der Abbildung mit dem Hochhaus auf der vorhergehenden Seite zu erkennen ist, habe ich die Aufnahme im Gegenlicht gemacht und die Sonne als Lichtpunkt ins Bild gesetzt. Aber auch das Rückenlicht kann ein schönes gestalterisches Mittel sein. Gerade bei Glasflächen kann man dann gut mit Spiegelungen arbeiten. Seitenlicht hingegen erzeugt eine dreidimensionale Wirkung und betont die Strukturen eines Gebäudes.

Ein Sprichwort besagt: Wo Licht ist, ist auch Schatten! Der Kontrastumfang, sprich der Bereich von den dunklen Bildstellen (Schatten) bis zu den hellen Bildelementen (Lichter), eines Sensors ist begrenzt. Begrenzter als unser Auge, das einen Kontrastumfang von 1:10 000 verarbeiten kann. Je nach Lichtsituation kann es dazu kommen, dass entweder die Lichter ausreißen oder die Schatten zu dunkel sind. Belichten sollte man eher auf einen hellen Bildteil, da man mit der Software generell aus den dunklen Bereichen mehr Informationen wieder herausholen kann als aus den hellen. Dazu sollte man die Kamera stets auf RAW einstellen und auf AKTIVES D-LIGHTING. Eine andere Art der Kontraststeigerung wird mit HDR-Aufnahmen verfolgt (siehe Seite 289).

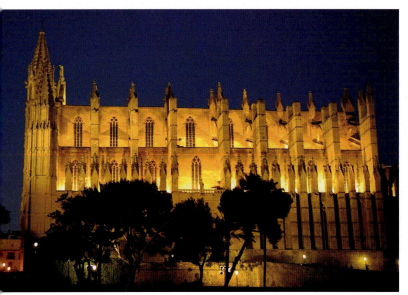

⌃
Spektakuläre Architekturaufnahmen bei Nacht gelingen am ehesten in der Blauen Stunde, wenn das verbliebene Tageslicht in der Dämmerung dem Himmel eine tiefblaue Färbung verleiht.

38 mm | f2,8 | 1/25 sek | ISO 640

Lichtstärke und Beleuchtung | Für Architekturaufnahmen benötigt man in der Regel nicht unbedingt lichtstarke Objektive. Meist werden die dreidimensionalen Motive mit einer großen Tiefenschärfe, also mit einer großen Blendenzahl abgelichtet. Was aber, wenn die Lichtmenge nicht ausreicht, oder das Tageslicht nicht den Wünschen entspricht, es kaum Strukturen hervorhebt? Ein Ausweg aus solchen Situationen bietet die

Nacht- beziehungsweise Dämmerungsaufnahme. Die künstliche Beleuchtung bewirkt eine interessantere Interpretation des Motivs und lässt mitunter sogar Einblicke in das Innere des Gebäudes zu.

Bei reinen Innenaufnahmen steht eine Kombination von Beleuchtung und Formen im Vordergrund. Bei der Innenaufnahme der Abbildung rechts wird gezielt mit dem Einsatz eines Weitwinkels der Blick des Betrachters ins Bild hereingeführt. Die Kombination des Mischlichtes teilt das ganze Bild auch noch farblich. Achten Sie bei Innenaufnahmen immer auf die Einstellung des Weißabgleichs. Bei Mischlicht hilft die Automatik der Nikon D90 als Anhaltspunkt meistens gut weiter.

Doch Vorsicht: Laternen, Neonlichter oder Scheinwerfer weisen jeweils ein anderes Farbspektrum auf. Das kann zu farbstichigen Bildern führen. Der Weißabgleich sollte daher auf die jeweils dominante Lichtquelle abgestimmt werden. Ich fotografiere jedoch in den meisten Fällen entweder mit dem Weißabgleich DIREKTES SONNENLICHT oder mit AUTOMATISCH (KORREKTUR AUF A1/G1, siehe Seite 20). Da ich im RAW-Format arbeite, bleibt mir immer noch in der nachträglichen Bildbearbeitung die Möglichkeit, den Weißabgleich am Rechner zu messen, anders einzustellen und Mischlicht zu verringern. Schalten Sie den internen Blitz Ihrer Kamera bei Innenaufnahmen nicht hinzu. Dieser reicht nicht aus, um große Räumen komplett auszuleuchten und zerstört somit nur die vorhandene Lichtstimmung.

⌃
Auch hier hat die Wahl einer extremeren Brennweite die gegebene Form und somit die Formen der Innenarchitektur betont.

17 mm | f5,6 | 1/20 sek | ISO 200

Zusätzliche Materialien für Architekturaufnahmen
› Weitwinkel- und Zoomobjektiv (längere Brennweiten)
› Stativ
› Schutz für Kamera gegen Regen und/oder Staub

8 [Fotopraxis mit der Nikon D90]

Empfohlene Einstellungen (Architekturfotografie):
AF-S
Betriebsart A (Tiefenschärfe als stilistisches Mittel)
Betriebsart S (bei Personen, die mit Bewegungsunschärfe ins Bild sollen)
Belichtung auf Mittenbetonte Integralmessung
WB auf Automatisch und A1/G1 (siehe Seite 20) oder Direktes Sonnenlicht
Dateiformat RAW, auf Standard und Adobe RGB
ISO: abhängig von der Lichtsituation, auch höhere Werte als 1600 möglich
Aktives D-Lighting: Moderat oder Normal

≫ Moment eingefroren: Hier sind bewusst mehrere Elemente miteinander verschmolzen: Die irritierende Fisheye-Perspektive mit dem hart gerichteten und entfesselt eingesetzten Blitzlicht, um den Schatten auf die Wand zu projizieren. Da der Blitz zum Einfrieren des Augenblicks herangezogen wurde, ist die Verschlusszeit von 1/250 sek ausreichend. Ohne den Einsatz des Blitzgeräts wäre der Skater bei dieser Belichtungszeit nicht ausreichend scharf abgebildet worden.

10,5 mm | f5,6 | 1/250 sek | ISO 200

8.7 Sportfotografie

Das wichtigste Kriterium für gute Sportfotos sind der Bildinhalt beziehungsweise die Bildaussage. Die Motive bei Sportaufnahmen sind geprägt von Bewegungen. Aufnahmetechnisch lassen sich diese in zwei Kategorien unterteilen: die, die einen Moment einfrieren und die, die durch Bewegungsunschärfe verwischen.

Um eine Bewegung einzufrieren, sollten die Verschlusszeiten für menschliche Bewegungen bei 1/500 Sekunden und kürzer liegen. Schnelle Sportarten, wie zum Beispiel Reitsport, Autorennen, Sprünge mit dem Snowboard oder Ähnliches, benötigen oft noch deutlich kürzere Zeiten. Der exakte Wert ist jedoch stark abhängig von der eingesetzten Brennweite, der Blende und der Lichtsituation. Oft werden Sie experimentieren müssen.

Lichtstärke und Lichtverhältnisse | Die notwendigen kurzen Zeiten lassen sich bei Sonnenschein und lichtstarken Objektiven gut erreichen. Bei Bewölkung oder künstlicher Beleuchtung allerdings wird es schon schwieriger, den Moment einzufrieren. Dazu muss man in der Regel auf höhere ISO-Zahlen zurückgreifen, um eine ausgewogene Belichtung zu erhalten.

Um ein erstes Gefühl für die Zeit-Blenden-Kombinationen zu erhalten, können Sie zunächst den Modus SPORT ausprobieren, langfristig erhält man jedoch technisch bessere Bilder in den Betriebsarten S oder sogar M. Die notwendige Voraussetzung dafür ist allerdings, dass man die Sportart beziehungsweise die Bewegungsabläufe kennt und sich vorab über das zu fotografierende Ereignis gut informiert.

Bewegungsunschärfe | Um einem Bild Dynamik zu verleihen, wird das sich bewegende Motiv über einen längeren Zeitraum im Bild festgehalten, das führt zu den Wischbewegungen beziehungsweise der Bewegungsunschärfe. Mit ein wenig Erfahrung lässt sich die Belichtungszeit gut experimentell ermitteln. Je länger die Verschlusszeit ist, desto extremer der Effekt. Dabei ist immer zu beachten, dass Teile des Motivs trotz der Bewegungsunschärfe ausreichend scharf im Bild vorhanden sein sollten. Eine andere Form der Dynamik erreichen Sie durch das Mitziehen der Kamera während der Belichtung. Schwenken Sie die Kamera dazu bei gedrücktem Auslöser in Richtung der Bewegung mit. Ziel dabei ist es, das Hauptmotiv scharf abzubilden und den Hintergrund dabei unscharf werden zu lassen, um das Motiv freizustellen. Im Bild auf Seite 306 oben ist das zusätzlich von Vorteil, weil man auf diesen Hintergrund gut verzichten kann.

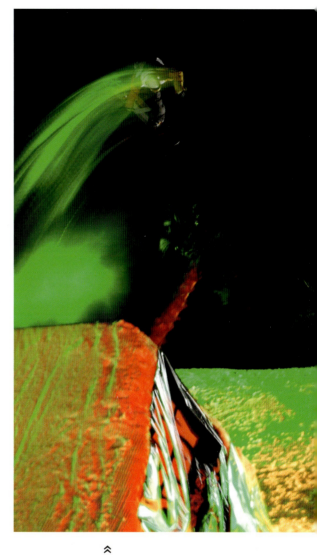

Die Langzeitsynchronisation mit Blitz auf den zweiten Verschlussvorhang sorgt für Bewegungsunschärfe und einen scharf abgebildeten Snowboarder am Ende der Wischbewegung (siehe Seite 232).

18 mm | f7,1 | 1/320 sek | ISO 1600

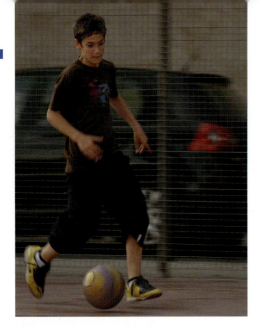

⌃
Mitziehen: Sportfotografie bei Available Light ist mitunter wesentlich schwieriger als bei kontrolliertem Licht. Gerade das Mitziehen erfordert viel Übung und erzeugt trotzdem viel Ausschuss. Als Lohn erhält man lebendige und dynamische Aufnahmen.

300 mm | f5,6 | 1/80 sek | ISO 200

Blende und Brennweite | Zur Freistellung ist neben einer großen, offenen Blende auch eine lange Brennweite hilfreich. Je länger die Brennweite und je offener die Blende, desto besser kann vom Vorder- und Hintergrund freigestellt werden. Je näher allerdings das Bildmotiv ist, desto schwieriger wird es, dieses mit einer Bewegungsunschärfe zu belichten. Das Motiv bewegt sich im Bildausschnitt schneller. Bei solchen Situationen eignet sich das Mitziehen eher. Für das Mitziehen ist zudem eine hohe Lichtstärke nicht unbedingt erforderlich.

Wahl des Objektivs | Ganz allgemein lässt sich festhalten, dass sowohl ein lichtstarkes Weitwinkel- als auch ein entsprechendes Telezoom-Objektiv in fast jede Sportfotografen-Tasche gehören. Dabei sind Objektive mit Brennweiten von 16–35 mm und 70–200 mm bei Blende 2,8 gute Begleiter für die meisten Sportarten. Bei Feldsportarten wie Fußball wird

»
Extreme Verzeichnung: Gerade bei schnell bewegten Sportarten kann bereits über die Perspektive viel zur Spannung im Bild beigetragen werden. Die typische Verformung des extremen Weitwinkels verleiht der Szene mehr Dynamik.

10,5 mm | f8 | 1/640 sek | ISO 200 | Blitz

eher eine Brennweite von 200 mm und höher eingesetzt, da man in der Regel weiter vom Ort des Geschehens positioniert ist. Dort reicht oft eine Blende 4 aus, um noch ausreichend freizustellen. Ein schönes Objektiv für diese Situation ist das AF-S VR Zoom-Nikkor 200–400 mm 1:4G IF-ED (siehe Seite 201), das sich allerdings preislich auf hohem Niveau bewegt.

Eine größeren Zoombereich hat das Sigma 150–500 mm F/5–6,3 DG OS APO HSM oder das Tamron AF 200–500 mm F/5–6,3 Di LD (IF). Aufgrund der oft schlechten Lichtsituationen in Hallen, empfehle ich bei solchen Aufnahmesituationen jedoch besser auf ein lichtstarkes Objektiv zurückzugreifen, auch wenn die Nikon D90 ein gutes Rauschverhalten in den hohen ISO-Bereichen hat. Ich finde, dann ist das AF-S VR Zoom-Nikkor 70–200 mm 1:2,8 IF-ED nicht zu toppen, weder in der Geschwindigkeit noch in der Lichtstärke. Wenn Sie jedoch eher selten Sportaufnahmen machen, kommen Sie mit einem Allround-Telezoom schon ausreichend weit (siehe auch Seite 185).

> **HINWEIS**
> Bei Bahnradrennen oder Leichtathletik wird häufig ein Blitz auf den zweiten Verschlussvorhang eingesetzt, der ein Einfrieren der Bewegung trotz Mitziehens bewirkt.

Licht und Schatten: Der Aufbau wurde vorher besprochen, und bis das richtige Bild »im Kasten« war, waren zahlreiche Versuche notwendig, um den richtigen Moment zu erwischen.

18 mm | f9 | 1/320 sek | ISO 200

Autofokus | Sind Objektiv, Verschlusszeit und Blende gewählt, müssen noch die Parameter für den Autofokus zur Aufnahmesituation passend eingestellt werden. Nutzen Sie bei der Nikon D90 den kontinuierlichen Autofokus (AF-C) und die Bilderserien. Bei einer Bildserie von 4,5 Bildern pro Sekunde und mit dem mitführenden Autofokus stellen Sie sicher, dass er das Hauptmotiv verfolgt. Bei dieser Einstellung ist das Mitziehen jedoch sehr schwierig.

Extreme Kontraste und kurze Belichtungszeiten zeichnen zumeist die Sportfotografie im Schnee aus.

24 mm | f11 | 1/1000 sek | ISO 200

Im Modus AF-C bekommen Sie allerdings nicht automatisch scharfe Bilder. Die Kamera löst nämlich immer aus, auch wenn das Objekt noch nicht erfasst und scharf gestellt ist. Daher sollten Sie zu Beginn die Messfeldsteuerung auf der Standardeinstellung AUTOMATISCHE MESSFELDGRUPPIERUNG belassen. Das hat gegenüber der DYNAMISCHEN Einstellung den Vorteil, dass in mehr Autofokusmessfeldern nach dem Motiv im Sucher gesucht wird (automatische Motiverkennung). Um diesen Bereich noch zu vergrößern, stellen Sie die AF-MESSFELDGRÖSSE auf GROSS (nur für das mittlere AF-Feld).

Haben Sie einige Übung bei der Wahl von Ausschnitt, Motivbewegung, Autofokus und Blendenwahl, dann können Sie sich am Mitziehen versuchen und den Autofokus auf DYNAMISCH umstellen. Die Ausbeute an verwertbaren Bildern wird sich erhöhen.

> **HINWEIS**
>
> Nutzen Sie die Betriebsart S und nicht den Modus SPORT. Dieser erzeugt immer eingefrorene Bewegungen mit Standard-Parametern ohne großen kreativen Spielraum.

Empfohlene Einstellungen (Sportfotografie):
Belichtung auf MITTENBETONTE INTEGRALMESSUNG
AF-C DYNAMISCH oder AUTOMATISCHE MESSFELDGRUPPIERUNG, 3D-TRACKING
WB auf AUTOMATISCH und A1/G1 (siehe Seite 20) oder DIREKTES SONNENLICHT bei Blitz
wenn Dateiformat RAW, dann STANDARD und ADOBE RGB
wenn Dateiformat JPG, dann BRILLANT und sRGB
ISO: abhängig von der Lichtsituation, wenn möglich nicht über 2000

Aufnahmetipps | Mehr Ausdruck bekommen Bilder, wenn weitere Objekte das Bild umranden. Bei dem Bild mit dem springenden Snowboarder (links) ist es die Sonne, die den Blick des Betrachters auf den Snowboarder als Hauptmotiv lenkt. In dem Bild mit dem Skater (Seite 306) übernehmen die verzerrten Mauerteile diese Funktion. Diesen interessanten Effekt erzeugt man mit einem Extrem-Weitwinkel. Das AF DX Fisheye-Nikkor 10,5 mm 1:2.8 G ED ist dafür ausgezeichnet – man muss allerdings auch sehr nah ans Geschehen heran.

Der richtige Moment | Für solche bewegten Bilder bedarf es natürlich etwas Vorarbeit: Zunächst musste bei den Bildern beobachtet werden, wie hoch die Skater beziehungsweise Snowborder springen und in welchem Bogen. Den richtigen Moment einzufangen ist das A und O! Probeaufnahmen bleiben da nicht aus. Eine ausreichend große Speicherkarte von mindestens 4 GB ist heutzutage durchaus erschwinglich und bei Sportaufnahmen fast ein Muss. Durch die hohe Bildfolge ist mit viel Ausschuss zu rechnen. Aussortiert wird erst daheim, denn bei den meisten Sportarten – Schach ausgenommen – läuft man sonst Gefahr, gute Momente und Motive zu verpassen.

Auch hier zeigt sich, wie wichtig es ist, sich mit der Aufnahmeumgebung und den Lichtbedingungen vertraut zu machen. Das Bild lebt von der Beziehung zwischen dem Snowboarder und dem gleichzeitigen Einfrieren seines Schattens. Solche Aufnahmen können nur zu bestimmten Tageszeiten ausgeführt werden, der Sonnenverlauf und die Lage der gewünschten Location müssen richtig interpretiert und zum richtigen Zeitpunkt aufgesucht werden.

10,5 mm | f14 | 1/1000 sek | ISO 200

» *Emotionen einzufangen ist besonders schwer, da sie nicht planbar sind. In diesem Fall hat die Mannschaft des jungen Hockeyspielers ein Gegentor erhalten. Jeder Spieler reagiert anders. Ist man länger mit einer Mannschaft unterwegs, lernt man die Spieler besser kennen und weiß, wen man besonders im Visier haben sollte.*

85 mm | f8 | 1/60 sek | ISO 640

Zusätzliche Materialien für Sportaufnahmen
› zwei Objektive: ein Weitwinkel und ein Zoom mit Telebrennweite
› eventuell einen zweiten Kamera-Body
› Hocker
› Blitze, wenn vorhanden

> **HINWEIS**
>
> Je mehr der Betrachter das Gefühl hat, mitten im Geschehen zu sein, desto intensiver wirkt das Bild. Aber bitte nicht um jeden Preis: Das Spielgeschehen darf nicht gestört und andere Fotografen nicht behindert werden. Nehmen Sie Rücksicht auf Ihre Umgebung.

Wenn die Bedingungen sich oft ändern, macht es auch Sinn, einen zweiten Kamera-Body mitzunehmen: an dem einen Body ein Teleobjektiv, an dem anderen die Festbrennweite. Damit stellt man sicher, dass man keine Situation durch einen notwendigen Objektivwechsel verpasst.

Emotionen und Features | Nicht nur die Momentaufnahmen der Bewegung zählen zu den guten Sportbildern, sondern auch das Einfangen von Gefühlen und Mimik der Sportler. Diese geben manchen Bildern erst die notwendige Aussage.

Für eine gelungene Bildserie dürfen auch Detailaufnahmen beziehungsweise *Features* nicht fehlen. Der Bereich Feature enthält sowohl Merkmale der Reportage als auch der Dokumentation. Feature-Bilder werden in der Regel zur Illustration eingesetzt, um ein beschriebenes Thema näher zu veranschaulichen. Bei dieser Art von Sportfotos wird sich auf das Wesentliche beschränkt beziehungsweise durch den Ausschnitt eine neue relevante Bildinformation vermittelt.

Durch die Wahl unterschiedlicher Perspektiven bekommen die Bilder eine zusätzliche Individualität. Bei manchen Sportarten wie Fußball, Hockey oder Reiten kann ein Hocker hilfreich sein, damit Sie nicht auf dem Boden sitzen oder ständig gebeugt stehen müssen. Damit erlangt man zum einen eine neue Perspektive, zum anderen bewahrt es einen aber auch vor einem Kreuzschaden.

«
Ein typisches Feature-Bild: Erst durch den Bezug zum zugehörigen Thema entwickelt das Bild seine Bedeutung.

70 mm | f5,6 | 1/160 sek | ISO 200

❯❯

Bildagenturen haben sich auf den Bereich Feature spezialisiert. Ein gutes Feature-Bild lässt oftmals mehrfache Interpretationen zu, so dass es sich zu verschiedenen Themen verkaufen lässt.

10,5 mm | f5,6 | 1/250 sek | ISO 200

Nach der Aufnahme eines Fotos ist heutzutage noch lange nicht Schluss. Die digitale Technik ermöglicht jedem Fotografen, die eigenen Bilder am Rechner weiter zu bearbeiten, ohne dabei in die Dunkelkammer verschwinden zu müssen. Ein exemplarischer Arbeitsablauf vom Import über die Verwaltung bis hin zur Bearbeitung Ihrer Bilder erleichtert Ihnen den Einstieg in die nachträgliche Bildoptimierung.

Kapitel 9
Einführung in die Bildbearbeitung
Mit Nikon Transfer, Nikon View NX und Nikon Capture NX2

Inhalt

> Allgemeiner Arbeitsablauf   314

> Übertragung auf den Rechner   315

> Nikon View NX im Einsatz   326

> Bildbearbeitung mit Nikon Capture NX2   332

9 [Einführung in die digitale Bildbearbeitung]

Früher brachte man seinen Film zum Fotoladen seines Vertrauens und wartete ein bis zwei Tage, bis das Labor die fertig entwickelten Bilder zur Verfügung stellte. Mit der Digitalisierung der Daten kann nun jeder Fotograf seine Bilder selber »entwickeln«. Zu diesem Zweck sind diverse Programme auf dem Markt vertreten. Mit dem Kauf der Nikon D90 haben Sie auch Software der Firma Nikon erhalten. Daher setze ich in diesem Kapitel den Schwerpunkt auf die Einführung in den Arbeitsablauf (auch *Workflow* genannt) mit der Nikon-eigenen Software.

» *Eine Übersicht über ältere und neuere Programme von Nikon*

TIPP

Der Markt hält eine Vielzahl an Programmen zur digitalen Bildbearbeitung und -verwaltung bereit, daher fällt die Entscheidung nicht immer leicht. Nutzen Sie die Möglichkeit, vor dem Kauf kostenlose Demoversionen zu testen, die die meisten Hersteller zur Verfügung stellen.

9.1 Allgemeiner Arbeitsablauf

Es gibt nicht den *einen*, optimalen Weg, um seine Bilder abzulegen und zu bearbeiten. Jeder Fotograf muss seinen eigenen Arbeitsablauf entwickeln, denn die Anforderungen und

Wünsche sind individuell sehr unterschiedlich. Es gibt allerdings eine Art allgemeinen Arbeitsprozess, der vielen Einsteigern als gute Basis dient:
1. Einpflegen der Bilder auf den Rechner (zum Beispiel mit Nikon Transfer)
2. Sichten, bewerten und sortieren (zum Beispiel mit Nikon View NX)
3. Schnelle Optimierung/Grundentwicklung (Schnellanpassungen mit Picture Control Utility im RAW-Format)
4. Individuelle Einzelbildbearbeitung (mit Capture NX2: RAW-Entwicklung und JPEG-Workflow)

Bei der individuellen Bildbearbeitung wird in folgenden Bearbeitungsschritten vorgegangen:
5. Gesamtes Bild optimieren (zum Beispiel Weißabgleich, Helligkeit/Kontrast beziehungsweise Belichtungskorrektur oder D-Lighting)
6. Beschneiden (Ausschnitt festlegen)
7. Kleine Bildbereiche verbessern (Hautton, Himmel, Augenfarbe)
8. Bildgröße einstellen
9. Unscharf maskieren/Schärfen
10. Speichern der Bilder
11. Archivieren

9.2 Übertragung auf den Rechner

Bevor die Bilder bearbeitet werden können, müssen die digitalen Bilddaten von der Speicherkarte in den Rechner gelangen. Viele nutzen dazu die Variante, die Kamera mit Hilfe des USB-Kabels an den Rechner anzuschließen, um an die Daten zu gelangen.

Besser ist es allerdings, mit einem Kartenlesegerät zu arbeiten. Es ist schneller, und die Akkuleistung wird nicht in Mitleidenschaft gezogen. Ist der Kamera-Akku zu schwach, kann die Übertragung der Daten unvorhergesehen beendet werden,

NIKON TRANSFER

Unter *www.nikon.de* wählen Sie SERVICE & SUPPORT, klicken dann auf den Link SOFTWARE DOWNLOAD und wählen die neueste Version von Nikon Transfer herunter.

Das Nikon-Transfer-Symbol ist im Dock bei Mac, bei Windows befindet sich meist eine Verknüpfung auf dem Desktop.

Unterstützte Dateiformate
Nikon Transfer kann folgende Dateiformate von einer Speicherkarte übertragen: JPEG, TIFF, NEF, MOV, AVI, NDF (Staubreferenzbild), WAV, Pictmotion-Daten (nur Windows). Von CD oder DVD kann Nikon Transfer keine Daten importieren.

was im schlimmsten Fall zum Verlust der gerade in der Übertragung befindlichen Daten führen kann. Umso ärgerlicher, wenn es sich um unwiederbringliche Aufnahmen handelt.

Wenn Sie die Nikon D90 direkt an den Rechner anschließen, wird das Übertragungsprotokoll PTP (*Picture Transfer Protocol*) verwendet. Anders als ihre Vorgänger unterstützt die Nikon D90 nicht mehr das überholte Massenspeicherprotokoll. Der von Nikon Transfer unterstützte PTP-Übertragungsmodus ist nur unter Windows XP und Vista möglich. Dort wird die Kamera als Gerät erkannt, und alle Bilddaten werden in einer Liste angezeigt, unabhängig davon, in welchem Ordner Sie sich befinden. Macintosh-Nutzer müssen ein Mac-OS-X-Betriebssystem installiert haben.

Bilder importieren | Haben Sie Ihr Kartenlesegerät angeschlossen, sind drei Transfer-Möglichkeiten zu unterschieden: Die erste und einfachste Möglichkeit ist, den Ordner mit den Bilddateien mit Hilfe der Maus per Drag & Drop (nehmen und fallenlassen) in einen neuen Ordner auf der Festplatte zu ziehen. Es ist allerdings nicht die beste Methode. Arbeiten Sie zum Beispiel mit RAW und JPEG gleichzeitig, kann diese Methode dazu führen, dass je nach Rechnerkonfiguration, nur die JPEG-Datei herübergezogen wird.

Speicherkarte auslesen | Bei der zweiten Methode übernimmt ein Transferprogramm das Auslesen der Speicherkarte. Die Bilddaten werden in einen zuvor bestimmten Zielordner übertragen. Beim Transfer können die Bilder direkt umbenannt, das Copyright in die IPTC-Daten (siehe Seite 320) eingetragen und Stichwörter vergeben werden. Das kleine Programm Nikon Transfer stellt Nikon beim Kauf der D90 auf der beiliegenden CD zur Verfügung. Die aktuellste Version steht Ihnen außerdem immer zum kostenlosen Download auf den Internetseiten von Nikon zur Verfügung. Beide Methoden haben eins gemeinsam: Die Bilddaten werden in einen physikalischen Ordner in die Ordnerstruktur Ihres Computers importiert.

[Einführung in die digitale Bildbearbeitung] 9

Import in Datenbank | Darin besteht der Hauptunterschied zu der dritten Transfermethode: der Import in eine Datenbank. Diese wird bei Programmen wie Adobe Lightroom 2, Apple Aperture 2 oder iPhoto angewendet. Alle Datenbankprogramme besitzen eine Bibliothek (*Library*), mit der die Originale oder virtuelle Kopien verknüpft werden.

Nikon Transfer

Nikon Transfer ist leicht zu bedienen und hat ein paar interessante Funktionen, die das Arbeiten mit Bilddaten erleichtert. Wenn Sie das Programm installiert haben, starten Sie Nikon Transfer entweder über den Programmordner, aus der Startleiste (Windows)/dem Dock (Mac) oder über eine der Symbolschaltflächen direkt aus Nikon View NX und aus Capture NX2. Klicken Sie als Erstes auf den Reiter VOREINSTELLUNGEN ❶, um generelle Einstellungen zu überprüfen beziehungsweise zu ändern.

«
Schaltflächen in Capture NX2 und Nikon View NX zum schnellen Öffnen von Nikon Transfer

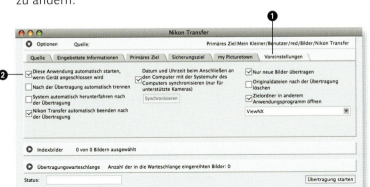

«
Nikon-Transfer-Fenster: Zunächst sollte man die Voreinstellungen überprüfen.

Wenn Sie die erste Checkbox DIESE ANWENDUNG AUTOMATISCH STARTEN, WENN GERÄT ANGESCHLOSSEN WIRD ❷ aktiviert lassen, wird sich jedes Mal, wenn Sie ein Kartenlesegerät oder eine Kamera mit Bilddaten mit dem Rechner verbinden, automatisch Nikon Transfer öffnen. Ich habe dieses Kästchen allerdings immer deaktiviert. Damit vermeide ich, dass sich diverse Bildbearbeitungsprogramme alle auf einmal öffnen. Ich starte das Transferprogramm, das ich benutzen möchte, immer manuell.

> **TIPP**
>
> Das Löschen der Bilddaten sollte direkt an der Kamera, nicht über den Rechner erfolgen. Außen an der Kamera gibt es eine Tastenkombination für die Schnellformatierung, doch sollten Sie regelmäßig die Karte über das Menü formatieren (siehe Seite 51). Der Flash-Speicher kann sich so besser zurücksetzen.

9 [Einführung in die digitale Bildbearbeitung]

»
Wichtige Voreinstellungen in Nikon Transfer

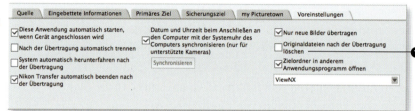

Soll sich Nikon Transfer automatisch öffnen, sobald Sie eine Speicherkarte an den Rechner anschließen, müssen Sie das Kästchen aktivieren. Möchten Sie Nikon Transfer lieber manuell starten, sollte das Kästchen keinen Haken haben.

Zielordner bestimmen | Das zweite wichtige Kästchen ORIGINALDATEN NACH DER ÜBERTRAGUNG LÖSCHEN ❶ lassen Sie besser direkt deaktiviert. Auch wenn die Technik theoretisch natürlich funktioniert, sollten Sie erst dann die Bilddaten auf der Speicherkarte löschen, wenn Sie überprüft haben, dass alle Daten komplett im Zielordner gelandet sind. Den Zielordner bestimmen Sie mit einem Klick auf den Reiter PRIMÄRES ZIEL ❷.

»
Mit PRIMÄRES ZIEL bestimmt man den Zielort, an dem man seine Bilder ablegen möchte.

318

[Einführung in die digitale Bildbearbeitung]   9

«
In diesem Dialog lassen sich die Bilddaten automatisch umbenennen.

Der Primäre Zielordner ist standardmäßig der Ordner Nikon Transfer. Dieser wird bei der Installation von Nikon Transfer automatisch unter dem Bilder-Ordner auf Ihrer Festplatte angelegt. Mit einem Klick auf die Liste und dann auf Durchsuchen, legen Sie sich jedoch besser einen eigenen Ordner an. Bei der Wahl einer geeigneten Ordnerstruktur gibt es zahlreiche Ansätze. Einen neuen Ordner lege ich zunächst auf den Schreibtisch (unter Windows Desktop) und sortiere ihn dann nach der Übertragung in meine bereits bestehende Struktur ein. Mir fällt es zudem leichter, nur an einem Ort zu suchen, daher sind meine Bilddaten alle in einem Gesamtordner in mehreren Unterordnern zu finden.

≫
Über Durchsuchen… können Sie den neuen Ordner auswählen.

≫
Den neuen Ordner legen Sie im Verzeichnis Ihrer Wahl fest.

Unterordner erstellen | Bei mehreren Importen kann man automatisch Unterordner erstellen. Mit der Aktivierung des Kästchens ❸ bei Primärer Zielordner kann man die Bilddaten in Unterordnern verwalten und sie dabei direkt umbenennen.

❸

«
Jeder neue Import kann in einen Unterordner importiert werden.

Eine weitere intelligente Einstellung unter Nikon Transfer ist die Möglichkeit, mit einem Importvorgang an zwei Stellen gleichzeitig die Daten zu importieren. Wenn Sie Ihre Originale auch auf einer externen Festplatte sichern möchten, erledigen Sie das über Sicherungsziel in einem Arbeitsgang. Stellen Sie das zweite Übertragungsziel mit einem Klick auf den Reiter Sicherungsziel ein.

> **TIPP**
>
> Kennzeichnen Sie den neuen Zielordner so, dass er eindeutig wiederzufinden ist. Bezeichnungen mit Datum sowie Veranstaltung oder Ortsname helfen dabei.

«
Über das Sicherungsziel kann man mit einem Importvorgang an zwei Stellen die Bilddaten sichern.

319

9 [Einführung in die digitale Bildbearbeitung]

Nikon Transfer unterstützt den Import nur von Kameras und Wechseldatenträgern.

IPTC und XMP

Das IPTC-Format wurde vom *International Press Telecommunication Council* für die Presse und die Nachrichtenbranche zum Anhängen von Bildinformationen entwickelt. XMP (*Extensible Metadata Platform*) ist das von Adobe Systems vorgeschlagene XML-Datenformat für Bilder. In XML können unterschiedliche Informationen, einschließlich IPTC- und XMP-Dateien, eingebettet werden.

»

Bilder, die sich noch auf der Speicherkarte befinden, kann man als Miniaturbilder ansehen. Nur die Miniaturbilder mit einer Markierung werden importiert. Man kann die Bilder anhand verschiedener Kriterien vorsortieren. Nach der Vorsortierung kann man mit ÜBERTRAGUNG STARTEN ❶ *den Importvorgang beginnen.*

Die QUELLE, von der die Bilddaten stammen, bestimmt Nikon Transfer normalerweise automatisch. Sie können aber wahlweise nach Kameras oder Wechselträgern suchen lassen. Leider ist es nicht möglich, Bilddaten von CD/DVD oder von einem USB-Stick zu laden.

Viel interessanter gestalten sich die EINGEBETTETEN INFORMATIONEN, bei denen Copyrightinformation und allgemeine XMP-/IPTC-Daten direkt beim Import den Bilddaten zugewiesen werden. Das kann zum Beispiel bei der Drag-and-Drop-Methode erst im Nachhinein vorgenommen werden. Das XMP-/IPTC-Format ist ein spezielles Standardformat, das der Bilddatei Informationen anhängt. Es kann von allen Programmen, die diesen Standard unterstützen, ausgelesen werden. IPTC-Informationen beschreiben Daten, zum Beispiel Autor, Aufnahmedatum, Copyright, Datenformat, Titel, Schlüsselwort etc. der bereits aufgenommenen Bilder.

Bilder sichten | Sind alle Voreinstellungen vorgenommen, kann man im Feld INDEXBILDER die Bilddaten sichten und nach Kategorien gruppieren. Die in den INDEXBILDERN enthaltenen Miniaturbilder haben automatisch einen Haken unterhalb des Dateinamens und werden, sofern keine Änderung durchgeführt wurde, auf den Rechner übertragen.

Mit Klick auf den Haken (Haken verschwindet) unter den Miniaturbildern nimmt man die Bilddaten nicht mit in die Übertragung. Dies sollten Sie dann tun, wenn die Bilder stark fehlbelichtet oder stark unscharf sind. Alle Bilddaten, die auf

Anhieb als nicht verwertbar zu erkennen sind, sollten Sie am besten sofort nach der Aufnahme löschen. Denn landen sie einmal auf dem Rechner, werden sie in der Regel auch so schnell nicht mehr gelöscht. Die markierten Bilddaten werden in der ÜBERTRAGUNSWARTESCHLANGE ❷ aufgelistet und mit einem Klick auf ÜBERTRAGUNG STARTEN ❶ in den Rechner übertragen. Der aktuelle Importzustand lässt sich aus der Warteschlange ablesen und der STATUS-Balken ❸ zeigt den gerade laufenden Importvorgang an.

≫ In der ÜBERTRAGUNGSWARTESCHLANGE kann man genau ablesen, welche Bilddaten noch übertragen werden müssen.

≪ Mit NUR NEUE BILDER ÜBERTRAGEN ❹ wird sichergestellt, dass die Bilddaten nur einmal übertragen werden.

Übertragung | Ist ein Bild bereits übertragen, erhält das Indexbild die Bezeichnung OK ❻.In der Grundeinstellung schließt sich Nikon Transfer nach Beendigung der Übertragung automatisch, und die Bilder werden in Nikon View NX angezeigt, sofern es installiert ist. Um zu verhindern, dass Bilder doppelt auf den Rechner transferiert werden, sollte in den Voreinstellungen das Häkchen NUR NEUE BILDER ÜBERTRAGEN angeklickt sein.

Nach dem Transferaufruf erhalten Sie den Hinweis, dass aufgrund der Voreinstellung nur neue Bilder übertragen wurden. In den Voreinstellungen kann man zusätzlich festlegen, in welchem Betrachtungsprogramm man die Bilder nach dem Transfer ansehen möchte. Möchte man zum Beispiel nach dem Import in Nikon View NX arbeiten, muss das Kästchen ZIELORDNER IN ANDEREM ANWENDUNGSPROGRAMM ÖFFNEN: VIEW NX ❺, aktiviert sein.

≪ Bereits übertragene Bilder

Sichten und sortieren mit Nikon View NX

Nikon View NX ist eine Bildverwaltungssoftware, die auch auf der mit der Nikon D90 mitgelieferten CD liegt. Die Version der Software auf der CD ist je nach Kaufdatum der Kamera nicht

9 [Einführung in die digitale Bildbearbeitung]

> **TIPP**
> Wenn Sie den Mauszeiger über einem Symbol verweilen lassen ohne zu klicken, erscheint automatisch der Tipptext, der die Schaltfläche benennt.

immer die aktuellste. Da regelmäßig neue Kameramodelle erscheinen und damit neue Kompatibilitäten implementiert werden müssen, wird auch die Software durch neue Versionen aktualisiert. Im Zweifel schauen Sie auf den Supportseiten von *www.nikon.de* nach oder starten Sie das Nikon Message Center in View NX (HILFE • NACH UPDATES SUCHEN). Es ist sinnvoll, immer die aktuellsten Softwareversionen zu installieren, denn manchmal wird dabei auch der eine oder andere Fehler korrigiert.

Haben Sie Nikon View NX bereits installiert, wird es nach Beendigung des Bildertransfers automatisch mit der Übersicht des zuvor eingestellten Zielordners geöffnet. Alternativ öffnen Sie View NX über den PROGRAMME-Ordner oder über die Verknüpfungen auf dem Schreibtisch beziehungsweise Desktop, sofern Sie welche angelegt haben.

Oberfläche von Nikon View NX | Ganz oben befindet sich die Menüleiste. In der Menüleiste sind alle Funktionen hinterlegt. Durch ein Klicken auf eine Funktion oder einen Befehl, zum Beispiel BEARBEITEN, öffnet sich eine Liste, die wiederum weitere Funktionen enthält.

Kurzbefehle (Shortcuts)
Die Bezeichnungen hinter den Funktionen im Menü, zum Beispiel ⇧ und Strg / ⌘ + A sind die Kurzbefehle, auch Shortcuts genannt. Diese Kurzbefehle ermöglichen es Ihnen, mit Hilfe der Tastatur schnell zu der gewünschten Veränderung zu kommen.

» *Menüleiste und Menüstruktur von Nikon View NX: Die Symbole hinter den Funktionen sind die Tastenkürzel. Mit Hilfe dieser Kürzel (Shortcuts) kann man schneller auf Funktionen zugreifen*

Eine andere Möglichkeit, um Funktionen schnell aufzurufen, ist das Anklicken der Symbole, die unterhalb der Menüleiste angeordnet sind.

[Einführung in die digitale Bildbearbeitung] 9

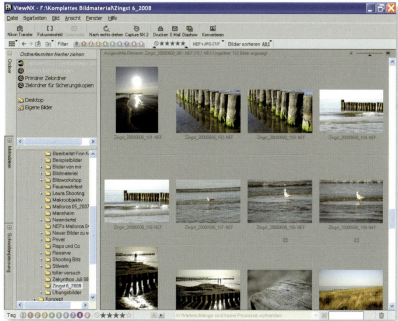

⌃
Die Oberfläche von Nikon View NX unter Mac OS X (oben). Bei der Mac-Oberfläche ist eine Filmstreifenansicht, bei der Windows-Oberfläche (unten) der Indexbild-Browser eingestellt.

9 [Einführung in die digitale Bildbearbeitung]

⌃
Die Symbol- und Sortierleisten unter Windows und Mac OS X sehen identisch aus.

Unterhalb der Symbolleiste befindet sich der Bildanzeigebereich. Sie können zwischen vier verschiedenen Anzeigeoptionen wählen, indem Sie auf das erste Symbol ❶ in der hellgrauen Zeile klicken.

⌃
Die Anzeigeoptionen ❶ beinhalten vier verschiedene Variationen.

Die wohl beliebteste Ansicht ist der Viewer, eine Art Filmstreifen. In der Abbildung auf Seite 323 unten ist dies zu sehen. In der Übersicht von Windows ist der Indexbild-Browser – bei beiden Systemen die Standardeinstellung – aufgerufen. Die Mac-Oberfläche ist in der Viewer-Ansicht dargestellt. Arbeiten Sie mit zwei Monitoren, empfehle ich die Einstellung Index-bilder und Vollbild. Dabei bekommt man zwei Ansichten parallel angezeigt, auf dem einen Monitor die Miniaturbilder, das Vollbild auf dem zweiten Monitor.

»
Die Ordner-Palette von Nikon View NX (Mac-Oberfläche) ist in zwei Bereiche untergliedert. Im oberen Teil befinden sich die Favoriten, im unteren Teil wird die Ordnerstruktur des Rechners abgebildet.

Auf der linken Seite des Fensters befinden sich drei weitere Unterteilungen: Ordner, Metadaten und Schnellanpassung. Mit einem Klick auf das jeweilige Pluszeichen werden die einzelnen Paletten geöffnet, geschlossen mit einem Klick auf das Minuszeichen.

324

Name der Palette	Funktion der Palette
ORDNER	Der obere Teil ORDNERFAVORITEN HIERHER ZIEHEN ❷ dient zum Anlegen von Verknüpfungen mit Ordnern. Der untere Teil ❸ bildet die Ordnerstruktur des Rechners ab.
METADATEN	Im oberen Teil ❹ ist die Anzeige der Bilddaten, die in der Kamera erzeugt worden sind, wie Belichtungszeit, Blende, Fotograf. Im unteren Teil ❺ sind die XMP-/IPTC-Daten auszulesen beziehungsweise eintragbar.
SCHNELLANPASSUNG	Kleinere Möglichkeiten zur Bildbearbeitung, unterscheidet zwischen JPEG/TIFF und RAW. Von hier aus kann man Picture Control Utility starten, eine erweiterte Möglichkeit, um Bilddaten zu verändern (siehe Seite 163).

EXIF-Daten

Metadaten werden auch EXIF-Daten genannt. Diese können nicht im Nachhinein verändert werden. Tragen Sie in der Nikon D90 unter Bildkommentar, der in den Metadaten abgelegt wird, Ihr Copyright ein, ist der Bildnachweis erst einmal sichergestellt (siehe Seite 16).

Schnellanpassung | Die Registerkarte SCHNELLANPASSUNG enthält Grundanpassungen, mit denen Sie schnell und einfach Bilddaten verändern können. Zu den Grundanpassungen gehören die BELICHTUNGSKORR. (Belichtungskorrektur), der WEISSABGLEICH und die BILDOPTIMIERUNG. Diese Elemente sind allerdings nur veränderbar, wenn eine unbearbeitete RAW-Datei (*.NEF) vorliegt. Die Elemente SCHARFZEICHNUNG, KONTRAST, LICHTER, SCHATTEN, das D-LIGHTING HS und die FARBVERSTÄRKUNG können auch auf JPEG- oder TIFF-Dateien angewendet werden.

Um zum Beispiel den WEISSABGLEICH zu ändern, wählen Sie aus der Liste den Eintrag MESSWERT, und stellen Sie den gewünschten Weißabgleich ein.

Sobald ein Wert geändert wurde, wird die Schaltfläche ANWENDEN aktiv. Mit einem Klick auf ANWENDEN bestätigen Sie die Einstellung direkt für die RAW-Datei, jedoch ohne das Original dabei zu verwerfen. Sie kommen jederzeit ohne Qualitätsverlust wieder zu Ihrem Original zurück, indem Sie den Regler wieder zurückstellen.

In der Ansicht der METADATEN-Palette von Nikon View NX unter Windows können nicht nur die EXIF-Daten abgelesen, sondern auch die XMP-/IPTC-Daten eingetragen werden.

⌃
Die unterschiedlichen Weißabgleichseinstellungen kann man direkt in der SCHNELLANPASSUNG verändern.

»
Die SCHNELLANPASSUNG-Palette dient zur schnellen und grundlegenden Bildveränderung. Mit einem Klick auf ANWENDEN werden die Änderungen übernommen.

⌃
Hinweismeldung, die den Anwender warnt, dass Bilddaten geändert worden sind.

Vergessen Sie eventuell die Speicherung zu bestätigen, öffnet sich ein Erinnerungsfenster. Wenn Sie die Abfrage verneinen, wird die Änderung auch nicht auf das Bild übernommen.

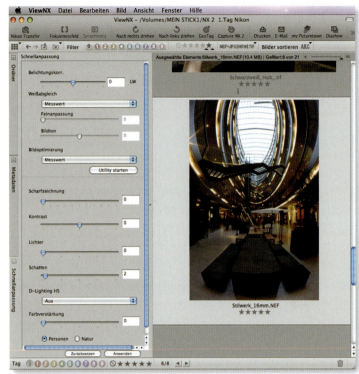

9.3 Nikon View NX im Einsatz

Nikon View NX besitzt eine gut strukturierte und einfach zu bedienende Oberfläche. Das hilft dabei, die verschiedenen Funktionen, die für Fotografen wichtig sind, schnell auszuführen. Dazu gehören: Sichten und bewerten, DIASHOW/Präsentieren, DRUCKEN, E-MAIL versenden, konvertieren, Schnittstelle zu anderen Bildbearbeitungsprogrammen sowie MY PICTURETOWN und GEOTAG.

Sichten und bewerten | Mit einem Doppelklick auf ein Miniaturbild gelangen Sie in die Vollbilddarstellung. Diese ermög-

[Einführung in die digitale Bildbearbeitung] 9

licht es Ihnen, die Bilddaten in verschiedenen Größen anzuzeigen und direkt zu bewerten. Um den Vollbildmodus wieder zu verlassen, drücken Sie die Esc-Taste, oder klicken Sie auf das Kreuz rechts oben in der Ecke.

Mit Doppelklick auf ein Miniaturbild gelangt man in die Vollbildansicht

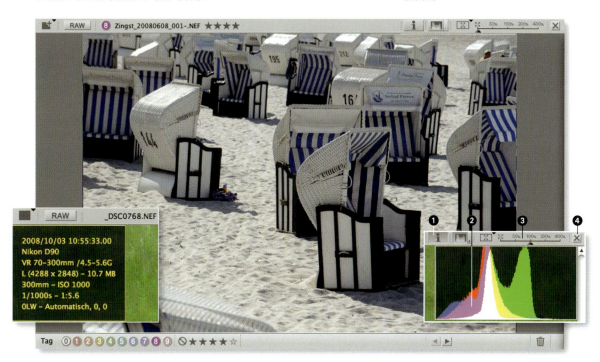

Wenn die Info-Schaltfläche aktiviert ist, werden hier die Bildinformationen eingeblendet. Mit einem Klick auf die Schaltfläche RAW werden die gesamten 12- beziehungsweise 14-Bit-Farbinformationen »gerendert«, also in die Bildanzeige hineingerechnet. Ansonsten wird ein 8-Bit-JPEG-Vorschaubild angezeigt.

Teilausschnitt aus der rechten oberen Ecke des Vollbildes: Dort sind das »X« ❹ zum Verlassen des Vollbildmodus, verschiedene Zoomansichten ❸, das Histogramm ❷ und die Info-Schaltfläche ❶.

Die Tags können Sie direkt mit der Maus auswählen und damit dem Bild zuweisen. Alternativ können Sie auch die Zahlen 1–9 auf der Tastatur eingeben. Dabei vergibt ein Druck auf 1 eine rote Eins ❺ und Strg/⌘ + 1 einen Stern ❻ etc.

Die Reihe FILTER dient zum Sortieren der Bilddaten. Klicken Sie zum Beispiel auf den letzen Stern in der Reihe, werden Ihnen nur die Bilder angezeigt, die fünf Sterne haben. Wundern Sie sich also nicht, wenn einmal nicht alle Bilder in der Bilderleiste angezeigt werden, sondern überprüfen Sie zuerst, ob Sie

9 [Einführung in die digitale Bildbearbeitung]

eine Sortierung nach Wertigkeit (Sternen) oder Tags (farbigen Zahlen) vorgenommen haben. Wenn ja, deaktivieren Sie diese gegebenenfalls wieder, um die Auswahl ungefiltert anzeigen zu lassen.

↑
Nach den zuvor markierten Tags können Sie nun auch sortieren. Klicken Sie dazu auf den oder die Sterne beziehungsweise auf die farbigen Zahlen. Sie können aber auch nach Dateiformat oder nach Aufnahmedatum sortieren. Die Ansicht zeigt die Auswahl nach fünf Sternen ❶.

Diashow | Präsentieren können Sie ausgesuchte oder alle Bilder eines Ordners auch als Diashow. Die Diashow in Nikon View NX hat nicht viele Funktionen und Einstellmöglichkeiten. Als eine Art Präsentationsmodus eignet sie sich zwar gut, wer aber darüber hinaus gerne und viel mit Diashows arbeiten möchte, sollte zu anderen Programmen greifen. Markieren Sie die Bilder, die in der Diashow gezeigt werden sollen. Danach klicken Sie auf die Schaltfläche Diashow in der Menüleiste oben rechts und stellen im erscheinenden Dialog die Werte ein. Mit einem Klick auf OK starten Sie die Show.

↑
Die Diashow in Nikon View NX ist schnell einzustellen.

Drucken | Möchten Sie Ihre bereits vorsortierten Bilder drucken, wählen Sie alle Bilder beispielsweise über den Shortcut Strg/⌘ + A aus. Anschließend klicken Sie auf das Symbol Drucken in der Menüleiste von Nikon View NX.

Sie können Bilder ganzseitig ausdrucken oder Kontaktbögen erstellen. Bei den Kontaktbögen (»Indexprint«) stehen unterschiedliche Layouts zur Auswahl bereit. Für eine bessere Zuordnung empfiehlt es sich, die Bildinformationen mit zu drucken. Dafür müssen Sie zunächst die Checkbox Bildinformationen drucken ❸ aktivieren. Die einzelnen gewünschten Bildinformationen aktivieren Sie, indem Sie die Schaltfläche Einstellungen… ❹ anklicken und diese dann im Dialog auswählen.

[Einführung in die digitale Bildbearbeitung] 9

Werden die Bilddaten gedreht, passen sie sich in das Bildraster ein. Der Vorteil des Druckdialogs ist, dass Sie auch NEF-Dateien drucken können, ohne sie vorher in ein anderes Dateiformat konvertieren zu müssen. Wenn Sie Bildgröße, Kopienanzahl, Druckertyp, Druckqualität und Papierformat… eingestellt haben, starten Sie den Druckvorgang mit Klick auf die Schaltfläche Drucken.

E-Mail versenden | Möchten Sie die Bilder direkt mit einer E-Mail versenden, gelangen Sie nach einem Klick auf das E-Mail-Symbol in der Menüleiste in den entsprechenden Dialog. Je nach Wunsch kann man zwischen mehreren festen Bildgrößen auswählen. Das ist sehr praktisch und erleichtert das schnelle Arbeiten, denn Sie müssen kein Zusatzprogramm öffnen, um die Bilder kleinzurechnen. Sobald Sie auf Senden klicken, wird die Umrechnung automatisch gestartet. Bei vielen Bildern kann es eine Zeit lang dauern, bis die Daten umgerechnet sind.

Das jeweilige Mailprogramm öffnet sich im Anschluss, falls es noch nicht offen war, und die neue E-Mail wird erzeugt. Die umgerechneten Bilddaten sind dann entweder einzeln oder als Indexprint angehangen. Möchten Sie die kleinen Bilder behalten, müssen Sie diese Bilder manuell in Ihren Bilderordner ziehen, denn Nikon View NX speichert diese Anhänge nicht automatisch als Kopie in einen separaten Ordner. Das können Sie sowohl vor als auch nach dem Versenden durchführen.

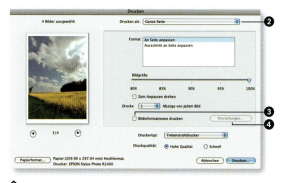

Bei der Auswahl Drucken als: »Ganze Seite« ❷ können Sie sowohl das gesamte Bild als auch nur einen Ausschnitt daraus an eine Seite anpassen.

Um einen Kontaktbogen zu drucken, wechseln Sie unter Drucken als auf »Indexprint« ❺. Unterschiedliche Formate stehen Ihnen dann zur Auswahl.

Es muss mindestens ein Bild markiert sein, um in den Dialog E-Mail zu gelangen. Das Mailprogramm wird nach einem Klick auf Senden geöffnet.

9 [Einführung in die digitale Bildbearbeitung]

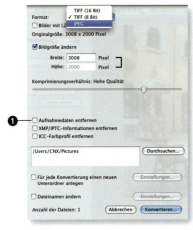

Bei der Umrechnung können Sie die AUFNAHMEDATEN ENTFERNEN ❶. Dann enthält die Kopie keine Angaben mehr über die Zeit-Blenden-Kombination, die ISO-Zahl etc.

Konvertieren | Wenn Sie eine Kopie erstellen möchten, können Sie das Duplikat über Konvertieren generieren. Dabei werden unbearbeitete RAW-, JPEG- und TIFF-Bilder in das gewünschte Dateiformat umgerechnet und in den gewünschten Ordner gespeichert.

Der Clou an der Konvertierung ist, dass Sie dabei sowohl die Metadaten als auch die XMP-Daten separat entfernen können. Nehmen Sie zum Beispiel an einem Fotowettbewerb teil und möchten nicht, dass die Betrachter Ihre Aufnahmeparameter erfahren, aktivieren Sie das Kästchen AUFNAHMEDATEN ENTFERNEN. Die Aufnahmedaten, wie beispielsweise Belichtungssteuerung, Belichtungsmessung oder Blitzeinstellung, geben viel über die Art der Aufnahme und mitunter über die Fähigkeit des Fotografen preis.

Zusätzlich kann man hier die Datei umbenennen und die Bildgröße verändern. Achtung: Bei der Konvertierung werden keine Fehler der chromatischen Aberration herausgerechnet. Bilddaten, die einen starken Abbildungsfehler aufweisen, sollten daher nicht ausschließlich über den Konvertierungsdialog umgerechnet werden.

Chromatische Aberration nach der Konvertierung: Es entstehen Farbsäume in Magenta und Grün. Mit Nikon Capture NX2 kann dieser Abbildungsfehler herausgerechnet werden.

330

[Einführung in die digitale Bildbearbeitung] 9

GeoTag und my Picturetown | GeoTag und my Picturetown sind neue Funktionen in Nikon View NX. Sie benötigen für beide eine Internetverbindung. Mit GeoTag können Sie sich bei Google Maps in der Karte den Aufnahmeort Ihrer Bilder anzeigen lassen, wenn dieser in den EXIF-Daten steht oder sogar GPS-Daten hinzufügen.

Über die Funktion GeoTag kann man nachträglich GPS-Daten zu einem Bild speichern. Diese Information wird in die EXIF-Daten hineingeschrieben. Sind GPS-Daten schon bei der Aufnahme aufgezeichnet worden, ist dies durch eine kleine Weltkugel ❷ symbolisiert.

My Picturetown ist ein Online-Alben-Service, bei dem Sie Bilddaten bis zu 2 GB kostenlos aufbewahren und verwalten können. Dazu müssen Sie sich zunächst über die Seite *http://mypicturetown.com* registrieren. Erst nach einer Registrierung können Sie Passwort und E-Mail-Adresse zum Anmelden eintragen. Danach können Sie Alben im Internet erstellen und verwalten.

Dialog zum Anmelden bei my Picturetown

331

9 [Einführung in die digitale Bildbearbeitung]

Schnittstelle zu anderen Programmen | Nikon View NX ist umfangreich an Funktionen. Diese alle Schritt für Schritt zu erörtern, ist an dieser Stelle leider nicht möglich, daher verweise ich bei Unklarheiten auf die Hilfe oder den Nikon Support. Wenn Sie schon mit ähnlichen Programmen (beispielsweise Adobe Bridge) gearbeitet haben, werden Ihnen die einzelnen Schritte wahrscheinlich schnell und intuitiv von der Hand gehen.

⌃
Über das Kontextmenü öffnen Sie andere Programme direkt aus Nikon View NX aus. Über REGISTRIEREN… können Sie weitere Programme hinzufügen.

Wenn Sie nun bei einem Bild eine intensivere Bearbeitung durchführen möchten, sei es mit Nikon Capture NX2 oder einem anderen Programm, können Sie sowohl aus dem Indexbild- als auch aus dem Vollbildmodus heraus zu anderen Programmen wechseln. Im sogenannten Kontextmenü, das Sie über einen Klick auf die rechte Maustaste erreichen, wählen Sie mit dem Pfad ÖFFNEN MIT das gewünschte Programm aus.

Wenn Sie das Bildbearbeitungsprogramm über die Menüleiste öffnen möchten, dann klicken Sie auf den Pfad DATEI • ÖFFNEN MIT. Jedem dort hinzugefügten Programm wird zusätzlich ein Shortcut ❶ zugewiesen (F1, F2 etc.). Über diesen Kurzbefehl wird ein schnelles Öffnen ermöglicht. Genauso schnell geht es über das entsprechende Symbol aus der Symbolleiste ❷.

⌃
Über den Menüpfad DATEI • ÖFFNEN MIT werden auch die den Programmen zugewiesenen Tastenkürzel F1 und F2 angezeigt. Mit deren Hilfe öffnen Sie ein markiertes Bild in dem jeweiligen Programm.

An dieser Stelle ist der Workflow mit Nikon View NX abgeschlossen. Entweder Sie übergeben die Bilder an ein E-Mailprogramm, an den Drucker, konvertieren Sie sofort oder bearbeiten diese weiter in einem Bildbearbeitungsprogramm wie Nikon Capture NX2.

⌃
Um das Bild in Nikon Capture NX2 zu öffnen, klicken Sie auf das Symbol in der Symbolleiste.

9.4 Bildbearbeitung mit Nikon Capture NX2

Nikon Capture NX2 ist ein Bildbearbeitungsprogramm, das aus einer Kooperation von Nikon und Nik Software entstanden ist. Das Programm ist entwickelt worden, um Nikon-Foto-

[Einführung in die digitale Bildbearbeitung] 9

grafen einen eigenen RAW-Konverter bereitzustellen. Es bietet allerdings mehr Funktionen als reine Helligkeits- und Farbanpassungen. Dazu gehören zum Beispiel ein Retusche-Pinsel, Weichzeichner und Filtereffekte, um nur ein paar Beispiele zu nennen. Anhand von drei Bearbeitungsbeispielen zeige ich Ihnen im Folgenden Schritt für Schritt die wichtigsten Funktionen und Werkzeuge von Nikon Capture NX2. Wenn Sie Capture NX2 noch nicht besitzen, können Sie über *http://nikoneurope-de.custhelp.com/app/answers/list/c/649#tabtop* eine kostenlose 60-Tage-Testversion beziehen.

Die folgende Übersicht über die Anordnung der Leisten und Paletten wird Ihnen den Einstieg sicherlich erleichtern. Wenn Sie Capture NX oder auch Capture 4.x kennen, werden Sie feststellen, dass sich die Oberfläche in der neuen Version etwas geändert hat.

Übersicht | Starten Sie das Programm aus ihrem PROGRAMME-Ordner oder aus Nikon View NX wie auf der vorherigen Seite beschrieben. Beim ersten Start erscheint der WILLKOMMEN-Dialog. Er ermöglicht Ihnen, Bilddaten oder Ordner, die schon einmal bearbeitet worden sind, direkt von hier aus zu öffnen. Folgende Dateiformate kann Capture NX2 verarbeiten: NEF (das Nikon-eigene RAW-Format), TIFF und JPEG.

Möchten Sie diese Möglichkeit nicht nutzen, müssen Sie erst das Fenster schließen bevor Sie weiterarbeiten können. Klicken Sie dazu auf das rote Kreuz (Windows) beziehungsweise auf den roten Kreis (Mac). Möchten Sie dieses Fenster nicht mehr angezeigt bekommen, aktivieren Sie das untere Kästchen NICHT MEHR ANZEIGEN ❸. Über den Menüpfad HILFE • BEGRÜSSUNGSBILDSCHIRM ANZEIGEN können Sie das WILLKOMMEN-Fenster wieder beim Start anzeigen lassen.

> **ACHTUNG**
> Alle Änderung, die in Nikon Capture NX2 an einem RAW-Bild durchgeführt werden, können in keinem anderen Bildbearbeitungsprogramm ausgelesen werden.

Über das WILLKOMMEN-Fenster können Sie die zuletzt genutzten Bilder oder Ordner direkt öffnen, ohne über den Browser gehen zu müssen. Alternativ können Sie die Bilddaten in das rechte Quadrat ziehen ❹, um diese zu öffnen.

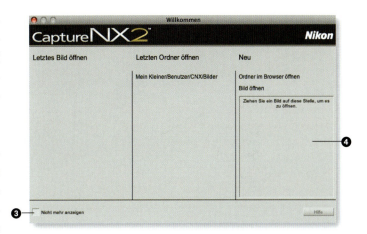

> **TIPP**
> Über den Link *http://nikon-europe-de.custhelp.com/app/answers/detail/a_id/23000/kw/tipps%20capture/c/241/r_id/127683* finden Sie anschauliche Tipps und Tricks zu Nikon Capture NX.

9 [Einführung in die digitale Bildbearbeitung]

Die Werkzeug- beziehungsweise Symbolleiste von Capture NX2

Nach dem Schließen des WILLKOMMEN-Fensters kann man mit der Bearbeitung in Capture NX2 beginnen. In der Darstellung ist bereits ein Bild geöffnet.

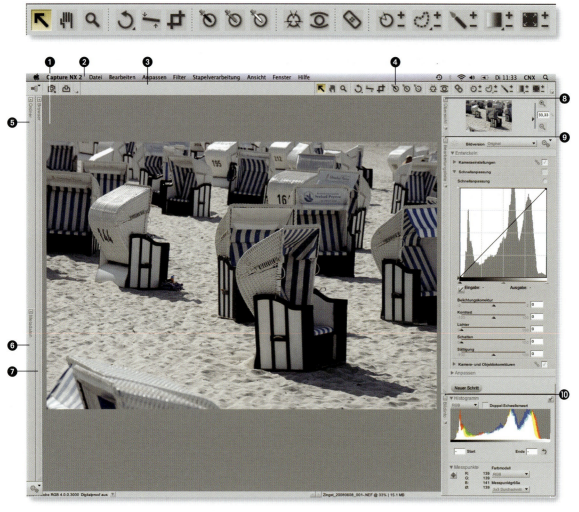

Übersicht über die Benutzeroberfläche von Nikon Capture NX2:
❶ *Editor/Bildfenster*, ❷ *Menüleiste*, ❸ *Aktivitätsleiste*,
❹ *Symbolleiste*, ❺ *Palette* ORDNER, ❻ *Palette* METADATEN,
❼ *Palette* BROWSER, ❽ ÜBERSICHT, ❾ BEARBEITUNGSLISTE,
❿ BILDINFO

[Einführung in die digitale Bildbearbeitung] 9

Es gibt nun nicht nur den *einen* Weg, um Bilder zu bearbeiten. Es hängt immer davon ab, welche Informationen und Eigenschaften die Ausgangsdatei aufweist. Wenn Sie sich anfangs nicht sicher sind, welche Änderung Sie zuerst durchführen müssen oder sollten, richten Sie sich nach der Reihenfolge in der Bearbeitungsliste. Orientieren Sie sich somit immer von oben nach unten. Das bedeutet:

1. KAMERAEINSTELLUNGEN bearbeiten (wenn nötig),
2. SCHNELLANPASSUNG einstellen,
3. ANPASSUNGS-Schritte hinzufügen.

Im Folgenden beschreibe ich Ihnen drei verschiedene Bearbeitungsabläufe beziehungsweise Workflows. Dabei handelt es sich um klassische Anpassungen (Helligkeit und Kontrast anpassen sowie Beschneiden) und ein paar kreative Bildveränderungen (Schwarzweißkonvertierung). Durch die schrittweisen Erklärungen wird es Ihnen leichtfallen, das Programm näher kennenzulernen, auch wenn Sie es an Ihren Originalen einsetzen. Um die folgenden Schritte besser nachvollziehen zu können, können Sie das Programm Capture NX2 öffnen und die Schritte an einem Ihrer Bilder nacharbeiten.

> **HINWEIS**
> Bei Windows befindet sich das Bild nach dem Öffnen der Datei immer auf einem grauen Hintergrund. Beim Mac kann man auf den Schreibtischhintergrund sehen. Für die Bildbearbeitung ist das nicht optimal, da die Farben im Hintergrund die Farbbeurteilung stören. Mac-User sollten deshalb im Vollbildmodus arbeiten (über den Menüpfad ANSICHT • VOLLBILD oder durch Drücken der F-Taste).

Workflow 1: Kontrast und Farbton optimieren

Die erste Aufgabe wird sein, ein flaues Bild in ein kontrastreiches umzuwandeln und es anschließend als ein JPEG-Bild abzuspeichern. Die folgenden Funktionen von Nikon Capture NX2 kommen dabei zum Einsatz: Aufhellen, Abdunkeln, Kontrast erhöhen, Beschneiden, Farbkontrollpunkte (FKP), Retusche und Unscharf maskieren.

Bild öffnen | Um ein Bild zu öffnen, klicken Sie auf das Pluszeichen ⓫ über ORDNER, um sich das Ordnerverzeichnis anzeigen zu lassen. Der BROWSER wird dann automatisch mit geöffnet, so dass die Bilder als Miniaturen zu erkennen sind. Mit Klick auf das Minuszeichen schließt sich die Palette. Die Größe der Miniaturen verändern Sie über den Schieberegler ⓬.

Um eine Palette bei Capture NX2 zu öffnen, klicken Sie auf das Pluszeichen ⓫.

BROWSER-Palette

335

[Einführung in die digitale Bildbearbeitung]

»

Das geöffnete Bild ist im Vollbildmodus dargestellt. In der Standardeinstellung ist die Palette SCHNELLANPASSUNG automatisch geöffnet. Das Histogramm ❶ *zeigt die Helligkeitsverteilung des Bildes an. Die Säulen des Histogramms laufen nicht bis ganz nach rechts beziehungsweise links. Das bedeutet, dem Bild fehlen die Lichter und Schatten. Es ist zu kontrastarm.*

Ansicht einrichten | Mit einem Doppelklick auf das gewünschte Bild schließt sich der Browser, und das wird Bild geladen. Das Bild wird im sogenannten Bildfenster immer erst in der Normalansicht (mit Bildleiste) geöffnet. Drücken Sie [F], oder wählen Sie den Menüpfad ANSICHT • VOLLBILD, damit das Bild im Vollbildmodus angezeigt wird. Falls Sie das Bild verschieben möchten, klicken Sie auf das Handsymbol in der Werkzeugleiste, oder halten Sie die Leerschritttaste der Tastatur gedrückt. Der Mauszeiger verwandelt sich dann temporär in das Hand-Werkzeug zum Verschieben.

Kontrast erhöhen | Das Bild ist zu kontrastarm und etwas langweilig vom Bildaufbau her. Es fehlen die Lichter und die Schatten, was Sie am Histogramm daran erkennen, dass nicht der volle Tonwertumfang von Schwarz ❸ bis Weiß ❹ angezeigt ist. Am schnellsten regulieren Sie dies in der Palette SCHNELLANPASSUNG ❷. Diese Palette beinhaltet die Tonwerte und die Gradationskurve. Um das Bild aufzuhellen, also Lichter hinzuzufügen, ziehen Sie das kleine weiße Dreieck ❻ so weit nach links, bis es die erste Säule der Tonwerte erreicht. Um den Kontrast zu erhöhen, müssen auch die Tiefen oder Schwärzen dem Bild hinzugefügt werden. Daher ziehen Sie das schwarze Dreieck ❺ nach rechts bis zum Anfang der Säulen.

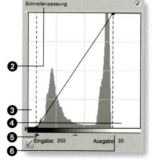

«

Die Dreiecke werden an die Säulenenden verschoben. Dabei erhöht sich der Kontrast, die Gradationskurve wird steiler.

Schatten aufhellen | Die Gerade (Gradationskurve) im Histogramm ist nun steiler, daher ist auch der Kontrast, also das Verhältnis der Lichter zu den Tiefen, angehoben. Darunter leidet jedoch die Detailzeichnung in den Schatten und die Farbsättigung. Das korrigieren Sie mit dem SCHATTEN-Regler. Um mehr Zeichnung zu erhalten, schieben Sie den Regler nach rechts (im Beispiel auf »6«). Damit werden die Schatten heller, und man erkennt wieder mehr Zeichnung in den Schatten. Das Ergebnis ist eine ausgewogenere Belichtung.

⌃
Mehr Zeichnung in den SCHATTEN durch eine Erhöhung des Wertes auf »6«.

Bild beschneiden | Der Bildaufbau ist hier noch nicht so schön. Man kann das Bild mit einem Ausschnitt interessanter und ansprechender gestalten. Das Werkzeug dazu heißt Beschnittwerkzeug ❼. Wählen Sie es aus der Symbolleiste aus. Zum Beschneiden des Bildes halten Sie die linke Maustaste gedrückt, und ziehen Sie ein Rechteck auf. Ich habe den Auswahlrahmen so aufzogen, dass sich das Auto in der unteren rechten Ecke befindet. Den Kran links habe ich nicht angeschnitten. Mit der ⏎-Taste oder durch Doppelklicken innerhalb des Rahmens bestätigen Sie den Ausschnitt. In der ANPASSEN-Liste ❽ steht dann als Schritt 1 BESCHNEIDEN. Möchten Sie den Ausschnitt verändern, können Sie das nur, indem Sie den Schritt über BEARBEITEN • RÜCKGÄNGIG MACHEN zurücknehmen oder den Schritt BESCHNEIDEN aus der ANPASSEN-Liste löschen.

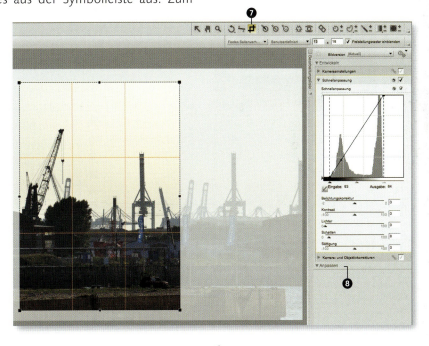

⌃
Die Auswahl ist noch aktiv und kann verändert werden. Dazu ziehen Sie an den Punkten.

9 [Einführung in die digitale Bildbearbeitung]

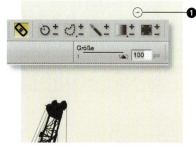

Bildelemente entfernen | Störende kleine Elemente kann man einfach entfernen. Dazu nimmt man am besten den neuen Auto-Retusche-Pinsel und stempelt sie weg. Die Größe des Pinsels stelle ich vorher so ein, dass der Kreis etwas größer ist, als das Objekt, in dem Fall der Vogel ❶. Dann reicht es, auf die zu entfernende Stelle zu klicken.

Der Auto-Retusche-Pinsel ermöglicht das Entfernen von kleinen störenden Bildelementen. In diesem Fall ist das ein Vogel. Auch Staub und Kratzer lassen sich so sehr gut und einfach entfernen.

Farbkontrollpunkte setzen | Die Farben des Bildes vertragen noch eine höhere Intensität. Dazu eignen sich die Farbkontrollpunkte (siehe Erläuterung im untenstehenden Kasten). Klicken Sie mit der Maus auf das Symbol der Farbkontrollpunkte in der Symbolleiste und setzen Sie diese in die Bildteile, die Sie farblich verändern möchten.

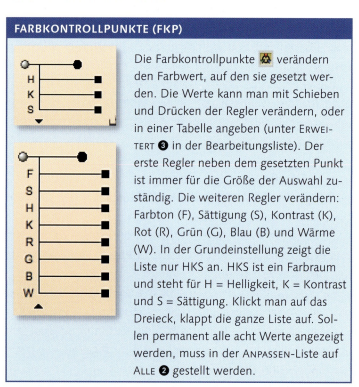

FARBKONTROLLPUNKTE (FKP)

Die Farbkontrollpunkte verändern den Farbwert, auf den sie gesetzt werden. Die Werte kann man mit Schieben und Drücken der Regler verändern, oder in einer Tabelle angeben (unter ERWEITERT ❸ in der Bearbeitungsliste). Der erste Regler neben dem gesetzten Punkt ist immer für die Größe der Auswahl zuständig. Die weiteren Regler verändern: Farbton (F), Sättigung (S), Kontrast (K), Rot (R), Grün (G), Blau (B) und Wärme (W). In der Grundeinstellung zeigt die Liste nur HKS an. HKS ist ein Farbraum und steht für H = Helligkeit, K = Kontrast und S = Sättigung. Klickt man auf das Dreieck, klappt die ganze Liste auf. Sollen permanent alle acht Werte angezeigt werden, muss in der ANPASSEN-Liste auf ALLE ❷ gestellt werden.

Die Wirkungsweise lässt sich unter AUSWAHL ANZEIGEN erkennen. Wenn Sie mit der rechten Maustaste auf den Ankerpunkt des Farbkontrollpunkts klicken, öffnet sich der Dialog. Oder Sie klicken in der ANPASSEN-Liste auf AUSWAHL ANZEIGEN.

Insgesamt habe ich fünf Kontrollpunkte in das Bild gesetzt. Einen platziere ich in den Himmel, um die Abendstimmung zu verstärken. Einen auf den Kran, um ihm mehr Kontrast zu

[Einführung in die digitale Bildbearbeitung]   9

verleihen, einen weiteren in das Fabrikgebäude (mehr rot und Kontrast), und den letzten auf das Auto (mehr rot und heller). Die rote Farbe des Autos überstrahlte dann allerdings auf die Mauer. Um das zu verhindern, habe ich zum Schutz der Ursprungsfarbe einen neuen Farbkontrollpunkt auf die Mauer gesetzt, dem ich keine weitere Änderung zuweise – auf diese Weise kann diese Farbe nicht automatisch angepasst werden.

In der Bearbeitungsliste werden alle Farbkontrollpunkte untereinander angezeigt. Jeden einzelnen Punkt kann man ein- und ausblenden, indem man den Haken ❻ aktiviert beziehungsweise deaktiviert. Mit Hilfe eines Mausklicks mit der rechten Maustaste genau auf den Punkt kann man sich auch die Auswahl anzeigen lassen. Alles, was dann im Bild weiß dargestellt ist, wird verändert, alles was schwarz ist, bleibt unverändert. Grautöne werden anteilsmäßig angepasst.

Wenn Sie einen Farbkontrollpunkt in das Bild setzen, klappt automatisch die Reglerleiste ❹ auf. Mehrere Kontrollpunkte werden in der ANPASSEN-Liste ❺ als ein Schritt angezeigt. Jeder einzelne Punkt lässt sich ausblenden oder löschen.

Unscharf maskieren | Der letzte Schritt eines Arbeitsprozesses ist immer das Schärfen. Ich wähle zunächst den Klassiker: UNSCHARF MASKIEREN. Dazu klicke ich auf die Schaltfläche NEUER SCHRITT, wähle unter ANPASSUNG AUSWÄHLEN SCHARFZEICHNUNG/WEICHZEICHNUNG aus und entscheide mich dann für UNSCHARF MASKIEREN.

Bei der Funktion UNSCHARF MASKIEREN beginne ich immer mit den Werten STÄRKE »30«, RADIUS »5« und SCHWELLENWERT »5«. Ein schlechter belichtetes Bild braucht in der Regel mehr Schärfe als eins mit ausgewogener Belichtung. Mit Verstellen der STÄRKE- und RADIUS-Regler nach rechts, wird der Schärfeeindruck erhöht. Mit Erhöhen des SCHWELLENWERTES schützen Sie gleichflächige Bereiche und verringern damit die Schärfewirkung in unstrukturierten Bereichen wie beispielsweise dem Himmel.

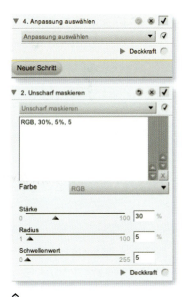

UNSCHARF MASKIEREN aus der ANPASSEN-Liste.

Vergleichsansicht | Über den Menüpfad Ansicht • Bilder vergleichen • Mit Original vergleichen werden das Original und das bearbeitete Bild nebeneinander angezeigt. In der Vergleichsansicht können keine Veränderungen durchgeführt werden. Mit einem Klick auf eins der roten Quadrate/Kreise in der Bildleiste oder den Pfad im Menü schließen Sie die Vergleichsansicht wieder und gelangen automatisch zurück in die Normal-Ansicht.

» *In der Vergleichsansicht wird das Originalbild mit dem aktuellen Bild angezeigt. Ein Einzoomen ist zwar möglich, aber keine Bildveränderungen.*

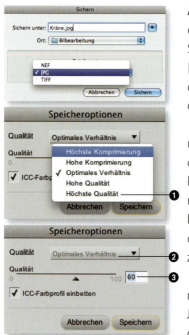

ˇ *Speichern eines RAW-Bilds im JPEG-Format*

Als JPEG speichern | Um alle vorangegangenen Veränderungen dem RAW-Bild zuzuweisen, müssen Sie es speichern. Wählen Sie dazu den Pfad Datei • Speichern oder den Shortcut Strg/⌘ + S. Um das Bild als JPEG zu speichern, wählen Sie aus der Menüleiste Datei • Speichern unter. Mit dem Befehl Speichern Unter wird immer ein Duplikat angelegt.

Stellen Sie Name, Speicherort und Dateiformat ein (JPEG), und bestätigen Sie die Einstellungen mit Sichern oder Speichern. Danach stellen Sie in den Speicheroptionen die Qualität auf Höchste Qualität ❶. Bei den stärkeren Komprimierungen gehen zu viele Informationen verloren. Benötigen Sie kleinere Dateigrößen für den Versand per E-Mail oder Ähnliches, empfehle ich auf Optimales Verhältnis ❷ oder »60« ❸ zu stellen.

Im Editorfenster ist das JPEG-Bild zu sehen. Verändern Sie nun weitere Eigenschaften, geschieht dies am komprimierten JPEG-Bild. Schließen Sie die Datei unter Datei • Schliessen oder mit dem Shortcut Strg/⌘ + W.

Workflow 2: Weißabgleich, D-Lighting und Hochpassfilter

In dieser Schritt-für-Schritt-Anleitung wird ein zu dunkles RAW-Bild in ein helleres, schärferes Bild verbessert. Es erhält einen Rahmen und wird dann als TIFF-Bild abgespeichert. Folgende Funktionen werden dabei verwendet: Weißabgleich, D-Lighting, Beschneiden, Farbkontrollpunkte (FKP), Hochpassfilter und das Auswahlwerkzeug (Rechteck).

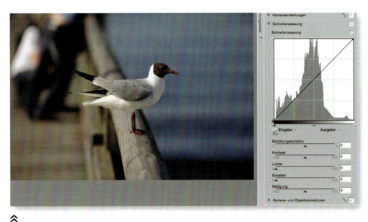

⌃
Das Histogramm zeigt die Helligkeitsverteilung des Bildes an. Hier zeigt es eine durchgehende Verteilung der Werte. Das ist gleichbedeutend mit einer ausgewogenen Belichtung.

Weißabgleich anpassen | Das Bild ist eigentlich gut belichtet. Das Histogramm reicht von ganz links bis ganz rechts, es sind sowohl die Lichter als auch die Schatten vorhanden. Trotzdem wirkt das Bild meinem Empfinden nach zu dunkel und zu kühl. Diesen Farbeindruck korrigiert man am besten über den Weißabgleich. Das geht allerdings nur, wenn ein NEF-Bild vorliegt. Die Funktion WEISSABGLEICH befindet sich in der Palette KAMERAEINSTELLUNGEN ❹. Um den Weißabgleich zu verändern, klicken Sie auf das Dreieck vor KAMERAEINSTELLUNGEN.

Der Punkt WEISSABGLEICH ist der erste in der Liste. Welcher Wert in der Kamera eingestellt war, lässt sich unter KAMERA-WEISSABGLEICH ablesen. Bei diesem Bild war er auf AUTOMATISCH und ohne weitere Korrekturen eingestellt. Um den Weißabgleich zu korrigieren, wählen Sie aus dem Dropdown-

⌃
Die KAMERAEINSTELLUNGEN werden automatisch mit allen Werten, die in der Kamera eingestellt waren, angezeigt. Die Palette wird nur bei NEF-Daten angezeigt.

9 [Einführung in die digitale Bildbearbeitung]

Den Weißabgleich kann automatisch und manuell verändert werden

Menü unter NEUER WEISSABGLEICH mit Klick auf MESSWERT erst TAGESLICHT ❶ und dann BEWÖLKT ❷ aus. Ist der Farbeindruck noch nicht warm genug, können Sie mit der FEINANPASSUNG ❸ den Wert noch verändern. Ziehen Sie den Regler nach rechts, wird es wärmer, ziehen Sie ihn nach links, wird er kühler.

> **WEISSABGLEICH**
>
> Die sogenannte Farbtemperatur des Lichts, die in Grad Kelvin gemessen wird, ist höher, je kälter uns eine Farbe oder ein Licht erscheint (zum Beispiel ein klarer Winterhimmel), und geringer, je wärmer eine Lichtsituation wirkt (zum Beispiel Kerzenlicht oder Sonnenuntergangsstimmung). Gestalterisch kann es sinnvoll sein, von dem neutralen Farbeindruck eines Bildes abzuweichen, um eine bestimmte Lichtstimmung zu betonen. Mehr zum Weißabgleich erfahren Sie in Kapitel 5, »Farb- und Bildoptimierungen«, ab Seite 146.

Das Bild zeigt die Möwe nach der Veränderung durch das D-Lighting.

D-Lighting | Zum Aufhellen gibt es vielerlei Möglichkeiten. Eine sehr einfache und effektive Methode ist das D-Lighting. Dabei werden die Schatten nur so weit aufgehellt und die Lichter nur so weit gesteuert, dass in beiden noch Details erkennbar sind. Dieser Vorgang nennt sich auch Tonwertspreizung. Gerade in den Schattenbereichen ist noch viel Bildinhalt verborgen, den man sonst nicht immer sieht. D-Lighting hilft also, die vorhandenen Tonwerte, also den Dynamikumfang, besser nutz- und sichtbar zu machen. Dazu klicken Sie auf die Schaltfläche NEUER SCHRITT und wählen ANPASSUNG AUSWÄHLEN • HELLIGKEIT • D-LIGHTING... Danach stellen Sie von SCHNELL (HS) auf HOHE QUALITÄT (HQ) um.

Der Tiefenkorrektur-Regler steht zunächst auf »50«. Wem das zu hell ist, verschiebt den Regler in Richtung »30«. Um Spitzlichter zu korrigieren, verwenden Sie den Lichterkorrektur-Regler. Der Farbverstärkung-Regler dient dazu, die Farbsättigung im Bild zu erhöhen oder abzumildern. Denn sobald Lichter oder Schatten verändert werden, wird die Farbintensität reduziert.

Das Aufhellen der Tiefen hat zur Folge, dass die Personen im Hintergrund leider auch deutlicher hervortreten. Das korrigiere ich durch Beschneiden des Bildes und lenke damit die Sicht auf das Hauptmotiv, die Möwe. Wählen Sie das Beschnittwerkzeug aus. Ich habe die Ecken des Auswahlrahmens mit der Methode »Freies Zuschneiden« (Werkzeugoptionsleiste) aufgezogen und dabei die ⇧-Taste gedrückt gehalten. Dann erhalte ich automatisch ein Quadrat. Mit der ↵-Taste oder einem Doppelklick innerhalb des Rahmens bestätigt man den Ausschnitt. In der Anpassen-Liste steht dann als Schritt 2 Beschneiden.

Farbsättigung erhöhen | Das Bild der Möwe verträgt noch in Teilen etwas mehr Farbintensität. Dazu nutze ich Farbkontrollpunkte (siehe Seite 338). Klicken Sie mit der Maus auf das Symbol der Farbkontrollpunkte und setzen Sie diese in die Bildteile, die Sie farblich verändern möchten. In diesem Beispiel setze ich einen auf das Wasser (mehr Sättigung und mehr Kontrast) und einen auf den Schnabel (mehr Sättigung und weniger Helligkeit).

⇑
Das D-Lighting bewirkt mehr Detailzeichnung in den Schatten und in den Lichtern.

⇑
Um ein Quadrat auszuschneiden, halten Sie die ⇧-Taste beim Aufziehen gedrückt.

«
Wenn Sie einen Farbkontrollpunkt in das Bild setzen, klappt automatisch die Reglerleiste auf.

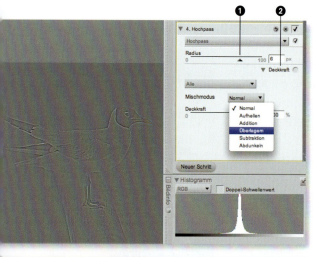

Hochpassfilter | Der letzte Schritt eines Arbeitsprozesses ist immer das Schärfen. Hier setze ich den Hochpassfilter ein. Der HOCHPASSFILTER setzt eine andere Art von Schärfealgorithmus ein als UNSCHARF MASKIEREN. Dieser Filter hat den Vorteil, dass nur Konturen scharfgezeichnet werden, die Bereiche ohne Strukturen bleiben also vom Schärfen unberücksichtigt. Bei diesem Bildbeispiel mit der Möwe ist das sogar geeigneter, denn dann laufe ich nicht Gefahr, den in der Unschärfe befindlichen Hintergrund zu schärfen. Dazu klicke ich auf die Schaltfläche NEUER SCHRITT und wähle dann ANPASSUNG AUSWÄHLEN • SCHARFZEICHNUNG/WEICHZEICHNUNG • HOCHPASS.

Das Bild verändert sich zunächst zu einem Graubild. Ziehen Sie den RADIUS ❶ gerade so weit nach rechts, dass die ersten Strukturen erscheinen. Über den RADIUS bestimmen Sie den Grad der Schärfe. Anders als die anderen Funktionen muss der Hochpassfilter noch mit den anderen Schritten »verrechnet« werden. Sonst erhalten Sie nur ein graues Bild. Klicken Sie dazu auf das Dreieck vor DECKKRAFT ❷, und ändern Sie den MISCHMODUS 3 auf »Überlagern«.

⌃
Erst wenn man den MISCHMODUS auf »Überlagern« stellt, wird das geschärfte Farbbild wieder sichtbar.

Als TIFF speichern | Um alle vorgenommenen Veränderungen dem RAW-Bild zuzuweisen, müssen Sie das Bild über DATEI • SPEICHERN oder Strg/⌘ + S abspeichern. Um eine Kopie als TIFF zu speichern, wählen Sie den Menüpfad DATEI • SPEICHERN UNTER.

»
Speichern des Bildes als eine Kopie im TIFF Format.

Stellen Sie Name, Speicherort und Dateiformat ein (TIFF), und bestätigen Sie mit SICHERN beziehungsweise SPEICHERN. Nur wenn Sie ein RAW-Bild oder ein 16-Bit-TIFF als Ausgangsdatei haben, lässt sich die Datei auch mit 16 Bit abspeichern. Stellen Sie dann in den SPEICHEROPTIONEN die Qualität auf 16 BIT, und aktivieren Sie auf jeden Fall das Häkchen vor ICC-FARBPROFIL EINBETTEN. Für ein sicheres Farbmanagement sollte ein Profil der Datei anhängen, damit die Farben bei der weiteren Verarbeitung eindeutig zugeordnet werden können. Vor allem für den Druck von Abzügen ist dies unbedingt notwendig.

Für einen Rahmen nutzen Sie das Minus-Auswahlrechteck-Werkzeug.

Rahmen erzeugen | Man kann in Capture NX2 auch Rahmen erzeugen. Da dieser Vorgang nicht zu einem klassischen Arbeitsablauf gehört, zeige ich ihn im Anschluss an das Speichern. Einen Rand zu erzeugen, ist ganz einfach. Klicken Sie zunächst auf NEUER SCHRITT – damit stellen Sie sicher, dass Sie den Rahmen nicht aus Versehen in einem der vorherigen Schritte einstellen. Klicken Sie dann mit der linken Maustaste auf das Lassosymbol ❸, bis sich ein Dropdown-Menü öffnet, aus dem Sie das AUSWAHLRECHTECK wählen. Klicken Sie dann auf das Minus ❹ neben dem Werkzeug.

Ziehen Sie mit gedrückter linker Maustaste ein Rechteck im Bild auf. Wählen Sie den Anfangspunkt in etwa in der Breite, die Ihr Rahmen haben soll. Solange Sie die Auswahl noch nicht bestätigt haben, lässt sich an den Eckpunkten die Randbreite mit der Maus noch verändern.

Klicken Sie nun auf ANPASSUNG AUSWÄHLEN und KOLORIEREN. Wenn Sie in den Voreinstellungen nichts verändert haben, stellt sich nach der Auswahl automatisch die Farbe Orange ein. Die Farbe ändern Sie am besten mit einem Klick auf das orangefarbene Kästchen ❺. Daraufhin öffnet sich der Dialog zur FARBAUSWAHL.

Falls Sie die Farbfelder nicht sehen, klicken Sie auf das Dreieck vor FARBFELDER. Bei diesem Bild passt Schwarz als Rahmenfarbe, daher klicke ich auf das schwarze Farbkästchen.

Der Dialog FARBAUSWAHL zeigt den gesamten Farbkreis im Ring und die Helligkeitsverteilungen eines Farbtons im Dreieck an.

Die Farbe kann mit einem Klick auf das Farbfeld ❺ verändert werden

Die Rahmenfarbe ändert sich umgehend. Natürlich können Sie jederzeit eine andere Farbe auswählen, solange Sie sich in der NEF-Datei befinden. Möchten Sie weitere Veränderungen durchführen, müssen Sie den Dialog erst mit OK bestätigen.

Original und bearbeitetes Bild in der Vergleichsansicht

Workflow 3: Schwarzweißkonvertierung

Im Folgenden erläutere ich eine exemplarische Schwarzweißkonvertierung mit Nikon Capture NX2. Die schnellste Methode ist zwar direkt bei der Aufnahme die Bildoptimierung in der Kamera auf MONOCHROM zu stellen. Das Ergebnis dieser Grauumwandlung ist allerdings sehr flau. Daher sollte man Schwarzweißumwandlungen stets am Rechner durchführen.

⌃
Über das AUFNAHME-Menü lässt sich direkt bei der Aufnahme ein monochromes Bild einstellen.

Verschiedene Schwarzweißmöglichkeiten | Capture NX2 bietet mehrere Methoden, um ein Schwarzweißbild zu erzeugen. Sie könnten unter SÄTTIGUNG/WÄRME die SÄTTIGUNG auf »–100« stellen. Unter BILDEFFEKTE könnten Sie als METHODE den Eintrag SCHWARZ-WEISS auswählen. Die eleganteste Umsetzung meiner Meinung nach ist über die Funktion SCHWARZ-WEISS-KONVERTIERUNG.

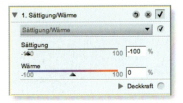

⌃
Verschiedene Möglichkeiten, ein Schwarzweißbild zu erstellen

⌄
Unbearbeitetes Ausgangsbild

Konvertierung | Dazu klicke ich auf NEUER SCHRITT • ANPASSUNG AUSWÄHLEN • SCHWARZ-WEISS-KONVERTIERUNG. Das Bild wird sofort in Schwarzweiß dargestellt. Verschieben Sie das Dreieck bei FARBFILTER nach links oder rechts, und beobachten Sie die Veränderungen. Verstärken Sie den Effekt mit dem Regler FARBFILTERSTÄRKE. Mit HELLIGKEIT und KONTRAST steuern Sie die Farbabmischung. Wie hoch Sie diese Regler jeweils steuern ist abhängig vom Bildmotiv. Vorsicht beim Einsatz des KONTRAST-Reglers: Stellen Sie den Wert nicht zu hoch ein, dann gehen schnell Tonwerte verloren. Damit wäre das Bild bereits fertig, und Sie können es an dieser Stelle speichern.

»
Das Ergebnis der Schwarzweiß-umwandlung: Deutlich in der BILDINFO ❶ zu erkennen ist, dass nur noch ein Kanal zur Verfügung steht.

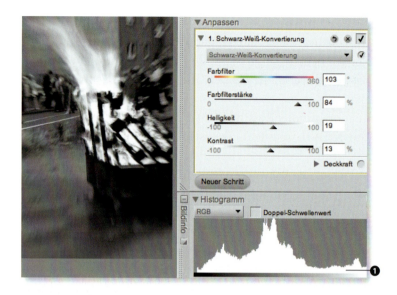

Selektive Auswahl | Nun möchte ich Ihnen noch einen Bearbeitungsschritt zeigen, in dem Teile des Schwarzweißbildes wieder farbig werden. Dazu arbeitet man mit dem AUSWAHL-PINSEL, hier mit dem MINUSPINSEL. Klicken Sie dazu mit der Maus auf das Minuszeichen ❷. Dann öffnet sich automatisch die Werkzeugoptionenleiste. In dieser Leiste können Sie GRÖSSE, PINSELHÄRTE (weiche oder harte Kanten), DECKKRAFT und die DRUCKSTEUERUNG für den Pinsel modifizieren. Stellen Sie die GRÖSSE nach Bedarf ein, die PINSELHÄRTE auf »0%« (weiche Pinselspitze), die DECKKRAFT zunächst auf »100%«.

»
Malen Sie nun die Stellen frei, die Sie wieder farbig haben möchten. Haben Sie sich vermalt, klicken Sie auf das Pluszeichen, und malen Sie den Schwarzweißeffekt wieder in das Bild.

»
Die Auswahl können Sie sich unterschiedlich anzeigen lassen, entweder als MASKE oder direkt im Bild als überlagerten Modus in der Standardfarbe Grün.

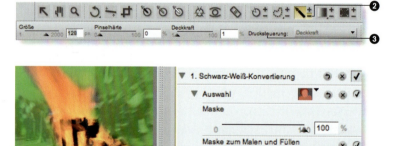

348

[Einführung in die digitale Bildbearbeitung] 9

Ist Ihr Ergebnis zufriedenstellend, wechseln Sie wieder in die Ansicht AUSWAHL AUSBLENDEN ❺ zurück. Das Bild wird nun ohne Maskenüberlagerung angezeigt. Die einen Teile sind Schwarzweiß, die anderen besitzen die Originalfarbe.

Kontrollieren Sie Ihre Auswahl mit Hilfe der AUSWAHL-Anzeige im Untermenü ❹ mit einem Klick auf ÜBERLAGERT ANZEIGEN ❻. Das Bild wird mit einer halbtransparenten Maske angezeigt.

DRUCKPUNKTSTEUERUNG EINSTELLEN

Die Einstellung DRUCKSTEUERUNG ❸ kann nur in Verbindung mit einem Stifttablett genutzt werden. Je nach Voreinstellung DECKKRAFT, GRÖSSE oder DECKKRAFT MIT GRÖSSE wird über den ausgeübten Druck des Stiftes auf das Tablett die Pinseleigenschaft individuell gesteuert.

Wenn Sie mit dem Gedanken spielen öfter Freistellungen mit dem AUSWAHLPINSEL durchzuführen, rate ich Ihnen, sich ein Stifttablett zuzulegen. Das Arbeiten mit einem Stift ist viel präziser und schont auch die sonst bei der Mausbenutzung stets angewinkelten Handgelenke. Kompatibel sind beispielsweise Geräte der Firma Wacom.

Geräte der Firma Wacom: Schrifttablett der Einsteigerklasse (Bamboo Fun) und der professionellen Intous4-Reihe (Bilder: Wacom)

Workflow 4: Filter anwenden

Eine andere Variante, Bilddaten zu verändern, bieten die von Nik Software entwickelten Plug-in-Filter Color Efex Pro 3.0. Diese lassen sich zusätzlich in Nikon Capture NX2 implementieren. Eine kostenlose 15-Tage-Demoversion können Sie sich auf der Webseite von Nik Software (*www.niksoftware.com/colorefexpro/de/entry.php*) oder auch von Nikon unter Service & Support • Software Download herunterladen (30 Tage gültig).

Das Angenehme an den Filtern ist, dass man unabhängig vom Dateiformat die Filter anwenden kann, also auch im RAW-Format. Ein kurzes Beispiel soll Ihnen zeigen, wie Sie mit einfachen Schritten den Hautton ohne Vorkenntnisse mit dem Filter Dynamic Skin Softener weich zeichnen können.

Öffnen Sie dazu ein Porträtfoto, und wählen Sie die Schaltfläche Neuer Schritt. Folgen Sie dem Menüpfad Anpassungen auswählen • Color efex pro 3.0: Traditional • Dynamic Skin Softener. Klicken Sie mit der Maus auf die Pipette ❶ und dann in den Hautton im Bild, den Sie weichzeichnen möchten. Das Rechteck neben der Pipette verändert dementsprechend die Farbe, und sofort wirkt die Haut im Bild weicher und das auf eine sehr natürliche Weise. Den Effekt können Sie verstärken, wenn Sie den ersten Regler Grösse des Bereiches ❷ nach rechts verschieben. Individuelle Einstellungen regeln Sie mit den drei darunterliegenden Steuerungsmöglichkeiten.

Es macht viel Freude, Bildinformationen noch im Nachhinein verändern zu können. Trotzdem sollten Sie nach der Devise arbeiten: Optimales Bild nach der Aufnahme! Man kann zwar im Nachhinein noch viel verändern, doch gelingt dies mitunter nur mit viel Zeitaufwand. Daher versuche ich möglichst viele Einstellungen vor und während der Aufnahme zu berücksichtigen, um nachher weniger bearbeiten zu müssen. Die guten Bilder entstehen im Kopf und werden in der Nachbearbeitung eigentlich nur noch finalisiert. Die Grundlage ist und bleibt daher die gut belichtete Aufnahme. Und diese können Sie sehr gut mit Ihrer neuen Nikon D90 erreichen!

Weg zum Dynamic Skin Softener

[Einführung in die digitale Bildbearbeitung]   9

⌃
Das Originalbild

⌃
Das Resultat der Weichzeichnung über den Filter. Hier habe ich ihn etwas verstärkt angewendet, um den Effekt zu verdeutlichen. Um einen natürlicheren Eindruck zu erzielen, können Sie nun noch die Deckkraft minimieren.

[Index]

3D-Color-Matrixmessung II 100
3D-Tracking-Messfeldsteuerung 133

A

Abbildungsleistung 69
Abbildungsmaßstab 292
Abbildungsverhältnis 195
Abblendtaste 34, 77
Abkürzungen
    Fremdhersteller-Objektive 179
    Nikon-Objektive 178
Adobe-RGB 144
AE speichern 104
AE-L/AF-L-Taste 35, 105, 129
AF 178
AF speichern 122, 129
AF-A 121
AF-C 122
AF-Hilfslicht 34
AF-Messfeld
    auswählen 129
    vergrößern 133
AF-S 122, 178
AF-Taste 32
Akku 208
Akku einlegen 12
Akkudiagnose 55
Akkufach 34
Aktives D-Lighting 23, 154
AMG 125
An-/Aus-Schalter 12
Anzeige im Hochformat 48
APO 179
APS-C-Format 179
Architekturfotografie 297
    empfohlene Einstellungen 304
    Gegenlicht 302
    Innenaufnahmen 303
    Licht 297
    Objektiv 298
    Perspektive 297
    stürzende Linien 301
    Verzeichnung 299
Auflösung 54
Aufnahme (Menü) 13, 37

erste Einstellungen 18
Aufnahmesituation
    Architekturfotografie 297
    Makrofotografie 290
    Natur- und Landschaftsfotografie 282
    Porträtfotografie 262
    Reportage- und Reisefotografie 276
    Sportfotografie 304
Auslöser 32
Auslösepriorität 122
Ausstellzeit
    Monitor (Live-View) 59
Autofokus 116
    3D-Tracking 133
    AF-A 121
    AF-C 122
    AF-S 122
    auf AE-L/AF-L 130
    automatische Messfeldgruppierung 125
    Bewegte Motive 132
    Dynamische Messfeldsteuerung 131
    Einzelfeldmessung 127
    Entfernungsmessung 117
    Fehlerquellen 122
    Hilfslicht 119
    Kontrastmessung 117
    Kreuzsensor 125
    Linearsensoren 125
    Live-View 134
    Messfeld 116, 125
    Messfeldsteuerung 125
    Messmodul 117
    Messwert speichern 129
    Phasenkontrastmessung 117
    Tonsignal 120
    Voreinstellungen 119
Autofokus-Hilfslicht 25, 119
Autofokusmodul 118
Autofokusschalter 33, 119
Autofokussensor 119
Automatik 83
Automatik (ohne Blitz) 83
Automatikprogramme 82

Automatische Messfeldgruppierung 125
Available-Light-Fotografie 269
avi-Datei 61

B

Bajonett 33
Batteriegriff 208
Bayer-Matrix 69
Beautyfotografie 266
Belichtung 67
    Automatikprogramme 82
    Belichtungsmessung 97
    Belichtungsreihe 107
    Blende 76
    Blendenautomatik S 91
    D-Movie-Funktion 62
    Grundlagen 68
    Halbautomatikprogramme 85
    HDR-Fotografie 107
    ISO-Empfindlichkeit 77
    manuell (M) 95
    Matrixmessung 100
    Mehrfachbelichtungen 110
    Mittenbetonte Integralmessung 101
    Programmautomatik P 85
    Sensor 70
    speichern 104
    Spotmessung 102
    Verschlussvorhang 71
    Zeitautomatik A 88
Belichtungskorrektur
    manuell 94
Belichtungsmessmethode
einstellen 103
Belichtungsmessung 97
    fein abstimmen 106
    Matrixmessung 100
    Mittenbetonte Integralmessung 101
    Spotmessung 102
Belichtungsreihen 107
Belichtungsskala 96
Belichtungszeit 92
Belichtungszeit (lang) 280

[Index]

Benutzerdefiniertes Menü 13, 40
Beschneiden (Kamera) 168
Betriebsart 72
   Automatik 83
   Automatik ohne Blitz 83
   Blendenautomatik S 91
   Landschaft 84
   manuell (M) 95
   motivabhängige Automatiken 84
   Nachtporträt 84
   Nahaufnahme 84
   Porträt 84
   Programmautomatik P 85
   Sport 84
   Zeitautomatik A 88
Betriebsart (Autofokus)
   AF-A 121
   AF-C 122
   AF-S 122
Betriebsrad 32
Bewegung einfrieren 304
Bewegungsunschärfe 93, 116, 280, 305
Bildbearbeitung 313
   Arbeitsablauf 314
   beschneiden 337
   Bildimport 315
   D-Lighting 342
   Drucken 328
   Farbsättigung 338
   Gradationskurve 336
   Hochpassfilter 344
   Kontrast erhöhen 336
   konvertieren (Dateiformat) 330
   Nikon Capture NX2 332
   Nikon Transfer 317
   Nikon View NX 321, 326
   Rahmen erzeugen 345
   Retusche 338
   Schatten aufhellen 337
   Schwarzweißkonvertierung 347
   Unscharf maskieren 339
   weichzeichnen (Filter) 350
   Weißabgleich 341
Bildbearbeitung (Kamera) 141, 166
   automatische Korrektur 172
   Bild begradigen 172

Bild beschneiden 168
Bildgröße verringern 170
Bildmontage 171
D-Lighting 154
Farbabgleich 170
Fisheye 173
Monochrom 169
NEF-(RAW-)Verarbeitung 171
Rote-Augen-Korrektur 168
schnelle Anpassung 172
Verzeichnungskorrektur 173
Bildbearbeitung-Menü 40
Bilder
   als Diashow präsentieren 328
   als JPEG speichern 340
   als TIFF speichern 344
   bewerten 326
   Drucken 328
   importieren 315
   in E-Mail versenden 329
   konvertieren 326, 330
   löschen 49
   schützen 51
   speichern (als JPG, TIFF) 330
   vergleichen 167
Bilderordner erstellen 52
Bildfolge 74
Bildgestaltung 283
Bildgröße 22, 53
Bildimport 315
Bildkommentar 16
Bildkontrolle 47
Bildmontage (Kamera) 171
Bildoptimierung 141, 156
   anpassen 158
   auf Standardeinstellung zurücksetzen 160
   Brillant 161
   Filtereffekte 163
   Landschaft 156
   Monochrom 162
   neutral 161
   Porträt 164
   Schärfe 139
   selber erstellen 163
   Standard 159
   Tonung 163
Bildqualität 53

erste Einstellungen 21
JPEG 21
RAW 22
Bildrechte 280
Bildsensorreinigung 18
Bildstabilisator 93
Bildwiedergabe 48
   Anzeigeoptionen 48
   Diashow 54
   Format 48
   Histogramm 98
   Pictmotion 54
   zoomen 49
Bildzähler 54
BKT-Taste 33, 108
Blende 76
Blendenautomatik S 91
Blendenflecke 118
Blendenpriorität 88
Blendenreihe 76
Blenden-Zeit-Kombination 86
Blitzbelichtung 222
Blitzbelichtungskorrektur 226
Blitzbelichtungsreihe 234
Blitzbelichtungszeit 225, 227
Blitzen 219, 237
   auf den zweiten Verschluss 234
   Belichtungsmessmethode 226
   Blitzsteuerungen 229, 230
   Creative Lighting System 244
   Diffusor 240
   entfesselt 244
   externer Blitz 226, 240
   indirekt 240
   interner Blitz 220
   i-TTL Blitzsteuerung 223
   manuelle Steuerung 236
   Mastersteuerung 246
   Messvorgang 229
   Stroboskopblitzen 237
Blitzgeräte 248
   mecablitz 28 CS-2 digital 252
   mecablitz 58 AF-1 digital 252
   SB-400 248
   SB-600 249
   SB-800 249
   SB-900 250
   SB-R200 252

SU-800 252
Blitzleistung 221
Blitzsteuerungen 229
   Automatik 230
   Blitz aus 230
   Kurzzeitsynchronisation 233, 242
   Langzeitsynchronisation 232
   Rote-Augen-Korrektur 232
Blitztaste 33
Bohnensack 204
Bokeh 197, 268
Bouncer (Blitz) 240
Brennweitenverlängerung 179
Brillant (Bildoptimierung) 161
Bulb 96

C

CCD-Elemente 118
CIE-Normfarbsystem 142
CIPA-Standard 208
CLS 219, 244
CMOS-Sensor 70
Color Efex Pro 3.0
(Bildbearbeitung) 350
CPU 178
CPU (Objektiv) 75
Creative Lighting System 244
Cropfaktor 179, 270

D

Dateiinformationen 27
Dateinummerierung 26
Datum 14
Datumsformat 15
DC 179
Defokussierkontrolle 197
Di II 179
Diashow 54
Diffusor (Blitz) 240
Dioptrienausgleich 29
Dioptrien-Korrekturlinsen 207
Dioptrienrad 35
Display 32, 45
Displaybeleuchtung 42
D-Lighting (Bildbearbeitung) 342

D-Lighting (Kamera) 167
D-Movie-Funktion 60
   Aufnahme starten 61
   Belichtung 62
   Objektive 63
   Videoqualität 61
   Weißabgleich 62
   Wiedergabe 64
Dreibeinstativ 202
Drei-Wege-Neiger 203
Drucken 56
Drucken (Nikon View NX) 328
Druckgröße 54
DX-Format 179
DX-Objektiv 180, 189
   Festbrennweite 188
   Fisheye 181
   Teleobjektiv 185
   Weitwinkel-Zoom 182
   Zoomobjektiv 185
   Zoomobjektiv
   (Normalbereich) 182
Dynamikumfang 77
Dynamische Messfeld-
steuerung 131

E

ED 178
Ein-/Aus-Schalter 32
Einbeinstativ 202
Einstelllupe 207
Einstellrad 32, 47, 91
Einzelaufnahme 72, 262
Einzelautofokus 122
Einzelfeldmessung 127
Entfesseltes Blitzen 244
Erste Einstellungen 12
   Aufnahme-Menü 18
   Individualfunktionen-Menü 25
   System-Menü 13
   Wiedergabe-Menü 27
EX 179
EXIF-Daten 325
EXPEED-II-Prozessor 70
Externe Anschlüsse 33
Externer Blitz 240

F

Farbabgleich (Kamera) 170
Farbkontrollpunkte
(Bildbearbeitung) 338
Farbmanagement 143
Farboptimierung 141
   Aktives D-Lighting 154
   Weißabgleich 146
   Farbraum 144
Farbraum 23
Farbstich korrigieren (Kamera) 170
Farbtemperatur 147
Farbwahrnehmung 142
Fernauslöser 96, 204
Festbrennweite 189
Filmaufnahme starten 61
Filter 175, 210
   Graufilter 214
   Polarisationsfilter 212
   Skylightfilter 211
   UV-Filter 211
   Verlaufsfilter 214
   Vignettierung 210
Filtereffekte (Bild-
optimierung) 163, 169
Firmware-Version 36
Fisheye (Kamera) 173
Fisheye 181
Fn-Taste 27, 34
Fokusart 120
Fokussieren 113
   manuell 137
Förderliche Blende 89
Formatieren 51
Fotopraxis 257
   Architekturfotografie 297
   Ausrüstung 261
   Makrofotografie 290
   Natur- und Landschafts-
   fotografie 282
   People und Porträt 262
   Reportage- und Reise-
   fotografie 276
   Sportfotografie 304
   Thema finden 259
   Vorbereitung 258
Fototasche 262

[Index]

Fotowettbewerb 260
Freistellen 88
Funktionstaste 27
FX-Format 179
FX-Objektiv 188

G

Gegenlichtblende 118
Genre
   siehe Aufnahmesituation
GeoTag (Nikon View NX) 331
Geo-Tagging 215
Gestaltungsmittel 284
Getriebeneiger 203
Gitter (Bildoptimierung) 159
Gitterlinien 26
Gitterlinien (Sucher) 43
G-Nikkor 178
Goldener Schnitt 284
GPS-Adapter 215
GPS-Anschluss 33
GPS-Funktion 57
Gradationskurve (Bild-
  bearbeitung) 336
Graufilter 214
Graukarte 152
Grauverlaufsfilter 214
Grundeinstellungen 12
   Aufnahme-Menü 18
   Individualfunktionen-Menü 25
   System-Menü 13
   Wiedergabe-Menü 27
Gruppenaufnahme
   Aufnahmetipps 275
   Blende 273
   empfohlene Einstellungen 275
   Lichtstärke 273
Gruppenaufnahmen 270

H

Halbautomatikprogramme 85
HDMI-Kabel 65
HDR-Fotografie 107
High Dynamic Range (HDR) 289
High-Key-Aufnahme 99

Hilfetaste 14
Histogramm 98
Hochpassfilter (Bild-
  bearbeitung) 344
HSM 179
Hyperfokale Distanz 287

I

ICC-Profil 143
IF 178
Indexprint 328
Indirektes Blitzen 240
Individualfunktionen 38
Individualfunktionen (Menü) 13
   erste Einstellungen 25
Infos bei Wiedergabe 27
Info-Taste 35
Infrarotauslöser 206
Infrarot-Vorblitze 247
Interner Blitz 220
IPTC 320
ISO-Empfindlichkeit 77
   Automatik 81
   Rauschreduzierung 81
   Rauschverhalten Nikon D90 79
ISO-Taste 35, 79
i-TTL Blitzsteuerung 223

J

JPEG

K

Kabelfernauslöser 204
Kalibrierung 144
Kamera einrichten 12
Kamerafunktionen 31
Kartenlesegerät 315
Kelvin 147
Kit-Objektiv (Nikon D90) 186
Kleinbildformat 179
Kleinbildobjektiv 188
Kompaktbild (Kamera) 170
Komplementärfarben 284
Kontaktbogen 328

Kontinuierliches Scharfstellen 122
Kontrast erhöhen (Bild-
  bearbeitung) 336
Kontrastmessung 117
Kontrastumfang 77
Korrekturlinsen 207
Kreuzsensor 125
Kugelkopf 203
Kurzbefehl (Bildbearbeitung) 322
Kurzzeitsynchronisation 233

L

Lab-Profil 143
Landschaft (Betriebsart) 84
Landschaft (Bildoptimierung) 164
Landschaftsfotografie 282
   Aufnahmetipps 290
   Bildgestaltung 283
   Blende 286
   empfohlene Einstellungen 290
   HDR 289
   Lichtstimmung 287
   Objektiv 285
   Panorama 289
Langzeitbelichtung 96
Langzeitsynchronisation 232
Leitzahl 221
Letzte Einstellungen (Menü) 40
Leuchtstofflampe 151
Licht 69
Lichterwarnung 28, 100
Lichtwert (LW) 76
Linearsensoren 125
Live-View 134
   AF-Betriebsarten 135
   AF-Messfeldgröße 136
   aktivieren 58
   Aufnahme auslösen 135
   Autofokus 134
   Belichtung 59
   Bildansicht 58
   Grundfunktionen 134
   Monitorhelligkeit 136
   Porträt-AF 137
Low-Key-Aufnahme 99

LP 179
Lv-Taste 13, 35

M

Makroblitze 252
Makrofotografie 290
   Abbildungsmaßstab 291
   Bohnensack 296
   empfohlene Einstellungen 296
   Licht 296
   Objektiv 291
   Scharfstellen 294
   Tiefenschärfe 292
Makroobjektiv 195
manuell 236
Manuelle Belichtungskorrektur 94
Manuelles Scharfstellen 137
Masterblitz 246
Materialliste 261
   Architekturfotografie 303
   Makroaufnahmen 296
   Natur- und Landschaftsaufnahmen 289
   People- und Porträtaufnahmen 274
   Reportage- und Reisefotografie 282
   Sportfotografie 310
Matrixmessung 100
mecablitz 28 CS-2 digital 252
mecablitz 58 AF-1 digital 252
Mehrfachbelichtungen 110
Menü 13
   Aufnahme 13, 37
   Benutzerdefiniertes Menü 13, 41
   Bildbearbeitung 13, 40
   Individualfunktionen 13, 38
   Letzte Einstellungen 40
   System 13, 39
   verlassen 13
   Wiedergabe 13, 37
Menü (Taste) 12
Menüs 36
Menü-Taste 35
Messfeldgröße 133
Messfeldgrösse (Belichtung) 102

Messfeldsteuerung 125
   3D-Tracking 133
   AF-Felder vergrößern 133
   Automatische Messfeldgruppierung 125
   dynamisch 131
   Einzelfeldmessung 127
Micro-Nikkor 195
Mindestabstand (Objektiv) 123
Minuskorrektur 94
Minuslupe-Taste 35
Mittenbetonte Integralmessung 101
Mitziehen 305
Monitor 35, 45
Monitorhelligkeit 41
Monitorkalibrierung 143
Monochrom (Bildoptimierung) 162
Monochrom (Kamera) 162
Motion-JPEG-Format 61
Motivrad 32
Multifunktionshandgriff 208
Multifunktionswähler 13, 35
My Picturetown (Nikon View NX) 331

N

Nachtporträt 269
Nachtporträt (Betriebsart) 84
Nahaufnahme (Betriebsart) 84
Naturfotografie 282
   Bildgestaltung 283
   Blende 286
   empfohlene Einstellungen 290
   Lichtstimmung 287
   Objektiv 285
NEF 22
NEF-(RAW-)Verarbeitung (Kamera) 171
Neutral (Bildoptimierung) 161
Neutraldichtefilter 214
Nikon Capture NX2 313, 332
   Ansicht einrichten 336
   Bild beschneiden 337
   Bild öffnen 335
   D-Lighting 342

   Farbkontrollpunkte 338
   Hochpassfilter 344
   Kontrast erhöhen 336
   Oberfläche 333
   Plug-in-Filter 350
   Retusche 338
   Schatten aufhellen 337
   Schwarzweißkonvertierung 346
   Testversion 333
   Unscharf maskieren 339
   Vergleichsansicht 339
   Weißabgleich 341
   Farbauswahl 345
   Rahmen erzeugen 345
Nikon D90 32
   Akkudiagnose 55
   Bauteile 32
   Bildkontrolle 47
   Bildwiedergabe 48
   Display 45
   D-Movie-Funktion 60
   Druckauftrag 56
   Einstellräder 47
   Externe Anschlüsse 33
   GPS-Funktion 57
   Live-View-Modus 58
   Menüs 36
   Monitor 45
   Schnellzugriff (Funktionen) 46
   Sensorreinigung 55
   Sucher 42
   Tasten 32
Nikon Transfer 313
   Bilder sichten 320
   Sicherungsziel 319
   Übertragung starten 321
   unterstützte Dateiformate 316
   Voreinstellungen 317
   Zielordner 318
Nikon View NX 321
   Anzeigeoptionen 324
   Bilder bewerten 326
   Diashow 328
   Drucken 328
   E-Mail versenden 329
   GeoTag 331
   Histogramm 327
   konvertieren 330

Menüleiste 322
my Picturetown 331
Oberfläche 322
Paletten 324
    Schnellanpassung 325
    Schnittstelle (andere Programme) 332
    Symbolleiste 324
    Vollbildmodus 327
Nummernspeicher 26

O

Objektiv 175
    Abbildungsleistung 69
    Bokeh 197
    chromatische Aberration 70
    CPU 75
    DX-Objektiv 179
    Festbrennweite 189, 192
    Fisheye 181
    Kit-Objektiv (Nikon D90) 186
    Kürzel 178
    Lichtstärke 77
    Makroobjektiv 195
    Teleobjektiv 185
    Telezoomobjektiv 199
    Weitwinkel-Zoom 182
    Zoomobjektiv 185, 198
    Zoomobjektiv (Normalbereich) 182, 199
Objektivarten 177
Objektivgewinde 33
Objektivwahl
    Architekturfotografie 298
    Gruppenaufnahme 271
    Natur- und Landschaftsfotografie 285
    Porträtaufnahmen 266
    Reportage- und Reisefotografie 277
    Sportfotografie 300
Objektivwechsel 29
OK-Taste 13, 35
Okularabdeckung 207
On-/Off-Schalter 12
OS 179

P

Panorama 289
Panoramakopf 203
Papierkorb-Taste 35
Pfeiltasten 13
Phasenkontrastmessung 117
Pictmotion 54
Picture Control 156
Picture Control Utility 163
Play-Taste 35
Pluskorrektur 94
Pluslupe-Taste 35
Polarisationsfilter 212
Porträt (Bildoptimierung) 164
Porträt weichzeichnen (Bildbearbeitung) 350
Porträtfotografie 262
    Aufnahmetipps 270
    Blende 267
    empfohlene Einstellungen 269, 275
    Gruppenaufnahmen 270
    klassisch 263
    Lichtstärke 267
    modern 264
    Objektiv 266, 271
Programmautomatik 85
Prozessoreinheit 75, 178
Pufferspeicher 74

Q

Qual-Taste 35

R

Randabdunklung 180
Rauschen 79
Rauschreduzierung 24, 81
RAW-Entwicklung (Kamera) 171
RAW-Format 22
Rear (Blitz) 233
Reflektor 274
Reflektorstellungen (Blitz) 241
Registerkarten 13
Reisefotografie 276
    Aufnahmetipps 282
Blende 278
    empfohlene Einstellungen 281
    Objektiv 277
Retusche (Bildbearbeitung) 338
RF 179
Rote-Augen-Korrektur (Blitz) 232
Rote-Augen-Korrektur (Kamera) 168

S

SB-400 248
SB-600 249
SB-800 249
SB-900 250
SB-R200 252
Schärfeindikator 44, 120
Schärfepriorität 121
Schärfe 114
    Bildbearbeitung 139
    speichern 129
Schärfenachführung 118, 132
Schärfentiefe 87, 116
Schärfewirkung (Bildbearbeitung) 138
Scharfstellen 113
    manuell 137
Schlitzverschluss 71
Schnelleinstieg 11
Schnellzugriff (Funktionen) 46
Schwarzweißkonvertierung (Bildbearbeitung) 347
SD-Karte 51
Selbstauslöser 73, 205
Sensor 70
Sensorreinigung 18, 55
    beim Einschalten 18
    manuell 56
Serienaufnahme 72
Shiften 87
Shortcut (Bildbearbeitung) 322
Sigma 179
Signalton 26
Skylightfilter 211
Slaveblitz 246
Slow (Blitz) 232
Sonnenblende 118

SP 179
Speicherkarte 51
Sperrschalter 35
Spiegelvorauslösung 95
Spitzlichterwarnung 100
Sport (Betriebsart) 84
Sportfotografie 304
   Autofokus 307
   Blende 306
   empfohlene Einstellungen 308
   Features 310
   Objektiv 306
Spotmessung 102
Sprache einstellen 16
sRGB 144
Standard (Bildoptimierung) 159
Standardeinstellung (Bildoptimierung) 160
Stativ 175, 201
   für unterwegs 202
   Kugelkopf 203
   Panoramakopf 203
Stativgewinde 34
Staubreferenzbild 56
Stifttablett (Bildbearbeitung) 349
Streetfotografie 281
Streulichtblende 118
Stroboskopblitzen 237
Stromversorgung 208
SU-800 252
Sucher 35, 42
Supertelezoomobjektiv 199
System (Menü) 13, 39
   erste Einstellungen 13

T

Tamron 179
Taste
   AE-L/AF-L-Taste 35, 105, 129
   Autofokusmodus 32
   Belichtungskorrektur 32
   Belichtungsmethode 32
   Belichtungsreihe (BKT) 33
   BKT 108
   Blitzsteuerung 33
   Fn-Taste 27, 34
   INFO-Taste 35
   ISO-Taste 35, 79
   Lv-Taste 13, 35
   Menü 12
   Messwertspeicherung 35
   Minuslupe-Taste 35
   OK 13
   Papierkorb-Taste 35
   Play-Taste 35
   Pluslupe-Taste 35
   Qual-Taste 35
   Serienbelichtung 32
Tastenkürzel (Bildbearbeitung) 322
Tele-Festbrennweite 193
Telekonverter 194
Telezoomobjektiv 199
Themensuche 260
Thermorauschen 80
Tiefenschärfe 116, 292
Tilt & Shift-Objektiv 196, 301
Tokina 182
Tonung (Bildoptimierung) 163
Tonwertumfang (Bildbearbeitung) 336
TTL-Messung 75
TTL-Phasenerkennung 118

U

Übersichtsdaten 27
Uhrzeit 14
Unscharf maskieren (Bildbearbeitung) 339
Unschärfe (Fehler) 122
UV-Filter 211

V

VC 179
Vergleichsansicht (Bildoptimierung) 159
Verlaufsfilter 214
Verschlusspriorität 91
Verschlusszeit 71
Verwischungseffekt 116
Verzeichnung 299
Verzeichnungskorrektur (Kamera) 173
Vibrationsreduzierung (VR) 93, 272
Videoanschluss 33
Videofunktion 60
   siehe D-Movie-Funktion
Videoqualität 61
Vier-Wege-Neiger 12
Vignettierung 180
Vollautomatisches Scharfstellen 121
Vollformat 179
VR 178

W

Warnsymbole (Sucher) 43
WB-Taste 35
Weichzeichnen (Bildbearbeitung) 350
Weißabgleich 146
   Bildbearbeitung 341
   D-Movie-Funktion 62
   einstellen 147
   erste Einstellungen 19
   Feinanpassung 150
   Leuchtstofflampe 151
   manuell 151
   bei RAW 146
   in der Live-View 150
Weitwinkelzoomobjektiv 198
Weltzeit 14
Werkseinstellung 38
Wiedergabe (Menü) 13, 37
   erste Einstellungen 27
Wiedergabe
   Format 28
   Informationen 27
Wiedergabeordner 51
Wiedergabe-Taste 35
Winkelsucher 206

X
XMP 320
XR 179

Z
Zeitautomatik A 88
Zeitzone 15
Zoomobjektiv 198
Zubehör 175
    Bohnensack 204
    Fernauslöser 204
    Filter 210
    GPS-Adapter 215
    Stativ 201
    Winkelsucher 206
Zwei-Wege-Neiger 203

Photoshop CS4

Maike Jarsetz ist ausgebildete Fotografin, Grafikdesignerin, Beraterin und Trainerin. Sie ist Adobe Certified Expert für Photoshop, InDesign und Illustrator.

Maike Jarsetz

Das Photoshop-Buch für digitale Fotografie
Aktuell zu Photoshop CS4

- Der Bestseller zur Fotobearbeitung
- Fotos bearbeiten Schritt für Schritt
- Alle Beispielbilder zum Nacharbeiten auf DVD

Lernen Sie in diesem Buch, wie einfach Sie mit Photoshop Ihre Bilder bearbeiten und optimieren können! In 117 Workshops zeigt Ihnen die Fotografin und Adobe-Trainerin Maike Jarsetz die Wege zum perfekten Foto. Ausgehend von den gängigen Bearbeitungs- und Retuscheproblemen erfahren Sie so, welche Werkzeuge und Funktionen Sie zum Ziel führen.

Das Buch gehört zum Besten, dass je über Photoshop-Techniken geschrieben wurde – geradlinig und informativ.
Foto Praxis zur Vorauflage

520 S., 2009, komplett in Farbe, mit DVD, 39,90 €, 978-3-8362-1244-1
www.galileodesign.de/1873

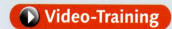

Maike Jarsetz
Das Photoshop-Training für digitale Fotografie: People & Porträt

DVD, Win und Mac, 81 Lektionen, 8:30 Stunden Spielzeit, 2009, 39,90 €
ISBN 978-3-8362-1270-0
www.galileodesign.de/1903

Maike Jarsetz
Das Photoshop-Training für digitale Fotografie: Naturfotografie

DVD, Win und Mac, 75 Lektionen, 7:30 Stunden Spielzeit, 2009, 29,90 €
ISBN 978-3-8362-1271-7
www.galileodesign.de/1904

Maike Jarsetz
Adobe Photoshop CS4 für digitale Fotografie

DVD, Win und Mac, 105 Lektionen, 12 Stunden Spielzeit, 2009, 39,90 €
ISBN 978-3-8362-1269-4
www.galileodesign.de/1872

Pavel Kaplun
Adobe Photoshop CS4 für Fortgeschrittene

Die Profi-Tipps zur Bildbearbeitung mit Photoshop CS4

Anhand von Beispielbildern aus seiner eigenen Werkstatt zeigt Ihnen Photoshop-Profi Pavel Kaplun die Techniken der Profis. Mit Workshops zu Auswahlen, Digital Workflow, Druckvorstufe, Automatisierung, Vektorlayouts, Pfaden und Collagen.

Voller praxisnaher Tipps und Tricks!
chip Foto+Video

DVD, Windows und Mac, 108 Lektionen, 11:30 Stunden Spielzeit, 2009, 39,90 €
ISBN 978-3-8362-1267-0
www.galileodesign.de/1870

Pavel Kaplun
Das Photoshop-Training für digitale Fotografie: Retusche & Compositing

Realistische Bildmontagen und surreale Composings mit viel Herz und Humor – dafür ist der Fotograf und Photoshop-Künstler Pavel Kaplun bekannt. In diesem Training zeigt er Ihnen an anhand eigener spektakulärer Arbeiten die Techniken, mit denen auch Sie Bildcollagen auf höchstem Niveau erschaffen können.

DVD, Win, Mac, Linux, 84 Lektionen, 8:30 Stunden Spielzeit, 2009, 39,90 €
ISBN 978-3-8362-1418-6, Juni 2009
www.galileodesign.de/2133

Alexander Heinrichs
Das Photoshop-Training für digitale Fotografie: Kreative Fotomontagen

Der bekannte Photoshop-Experte, ›Digiartist‹ und fotocommunity-Moderator Alexander Heinrichs verblüfft mit täuschend echten Fotomontagen, surrealen Bilderwelten und fotografischen Spezialeffekten. In diesem Training schauen Sie hinter die Kulissen. Er zeigt Ihnen, mit welchen Techniken aus Ihren Fotos meisterhafte Collagen werden.

DVD, Windows und Mac, 60 Lektionen, 7 Stunden Spielzeit, 2009, 39,90 €
ISBN 978-3-8362-1274-8
www.galileodesign.de/1908

Kostenlose Video-Trailer unter » www.GalileoDesign.de/trailer

Photoshop CS4

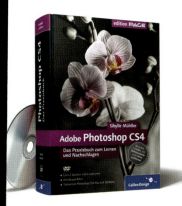

Wer sich ernsthaft mit Photoshop beschäftigt, sollte diesem Buch unbedingt die benötigten sechs Zentimeter im Bücherschrank einräumen.
Sammellinse

Sibylle Mühlke
Adobe Photoshop CS4
Das Praxisbuch zum Lernen und Nachschlagen

- Der Topseller in aktualisierter Neuauflage
- Mit Referenzkarte und DVD mit Video-Lektionen
- Großer Infoteil mit Tastenkürzeln, Insidertipps

Dieses Handbuch hat sich zum Ziel gesetzt, alles nötige Wissen rund um Photoshop CS4 für Sie aufzubereiten und leicht zugänglich zu präsentieren. Komplett in Farbe, mit DVD, Referenzkarte, Infoteil, Glossar und Zusatzinfos im Web – hier finden Sie immer, was Sie brauchen!

1120 S., 2009, mit DVD und Referenzkarte, 49,90 €
ISBN 978-3-8362-1238-0
www.galileodesign.de/1869

Sibylle Mühlke arbeitet als Photoshop-Tutorin, schreibt für zahlreiche Fachmagazine und entwickelt Online-Trainings. Sie coacht Photoshop-Nutzer aller Niveaus – und kennt daher alle typischen Anwenderprobleme und Stolpersteine.

Die Themen im Überblick
- » Neu in Photoshop CS4
- » Dateien verwalten, Adobe Bridge CS4
- » Ebenen, Auswahlen, Freistellen
- » Farbe und Schwarzweißbilder
- » Helligkeit und Kontrast
- » Retusche und Reparatur
- » Camera Raw, Werkzeuge für Fotografen
- » Filter, Pfade und Text
- » Ausgabe und Farbmanagement

Kostenlose Leseproben zu jedem Buch finden Sie auf unserer Website » www.GalileoDesign.de

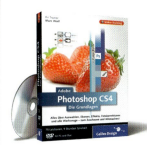

Marc Wolf
Adobe Photoshop CS4. Die Grundlagen

Alles über Auswahlen, Ebenen, Effekte, Fotokorrekturen und alle Werkzeuge

Holen Sie sich mit Marc Wolf einen erfahrenen Trainer nach Hause und lassen Sie sich erklären, wie Photoshop funktioniert. Sie lernen Ebenen, Masken, Farben, Effekte und Fotokorrekturen sicher einzusetzen. Schauen Sie einfach Ihrem Trainer zu und probieren Sie die Übungen mit den beigelegten Bildern selbst aus!

DVD, Windows und Mac, 75 Lektionen,
9 Stunden Spielzeit, 2009, 29,90 €
ISBN 978-3-8362-1268-7
www.galileodesign.de/1871

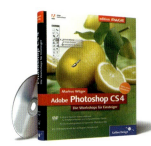

Markus Wäger
Adobe Photoshop CS4 Die Workshops für Einsteiger

- Photoshop im praktischen Einsatz – Schritt für Schritt
- So bekommen Sie ein Gespür für die Software
- Mit Video-Lektionen zu technischem Hintergrundwissen

Wer als Einsteiger lernen möchte, Adobe Photoshop richtig und sicher zu beherrschen, trifft mit diesem Einsteigerwerk von Markus Wäger die richtige Wahl.
PrePress

440 S., 2009, komplett in Farbe, mit DVD und Referenzkarte, 39,90 €, ISBN 978-3-8362-1236-6
www.galileodesign.de/1866

Thomas Bredenfeld
Adobe Photoshop CS4 – fortgeschrittene Techniken

- Effiziente Lösungen für den professionellen Arbeitsalltag
- Mit den Themen Automatisierung, Scripting, Web, 3D und Video
- Mit allen Extended-Funktionen

Das Buch hilft, vom fortgeschrittenen Anwender zum Photoshop-Profi zu werden!
Publisher

843 S., 2009, mit DVD, 59,90 €
ISBN 978-3-8362-1237-3
www.galileodesign.de/1867

Digitale Fotografie & Lightroom

▶ Video-Training

Maike Jarsetz
Adobe Photoshop Lightroom 2
Das Training für den digitalen Foto-Workflow

▸ Alles über Bibliotheken, Metadaten, Entwicklung
▸ Mit vielen Beispielen aus der realen Fotopraxis
▸ Umgang mit Bibliotheken, Metadaten, Entwicklung

Eine gewinnbringende Anschaffung!
Advanced Photoshop

István Velsz
Adobe Photoshop Lightroom 2
Das Praxisbuch für den digitalen Foto-Workflow

In diesem Training zeigt Ihnen die bekannte Photoshop- und Foto-Experting Maike Jarsetz, wie Sie Photoshop Lightroom sicher in den Griff bekommen. Über elf Stunden mit über 80 Praxis-Workshops halten unzählige Tipps und Techniken bereit, mit denen Sie Ihre Bilder auf den Punkt entwickeln können. Besonders interessant: In dem Special »Werkzeuge per Klick« können Sie Funktion für Funktion erkunden.

DVD, Windows und Mac, 82 Lektionen, 11 Stunden Spielzeit, 2008, 39,90 €
ISBN 978-3-8362-1290-8
www.galileodesign.de/1931

Lernen Sie Adobe Photoshop Lightroom 2 kennen. István Velsz veranschaulicht alle Funktionen und Werkzeuge anhand von Beispielbildern. Sie erfahren, wie Sie Ihre Bildbestände sinnvoll archivieren und verwalten, RAW-Bilder umwandeln und bearbeiten, Ihre Bilder ansprechend präsentieren, veröffentlichen und drucken.

Eine wertvolle Richtlinie für einen optimalen Workflow
digitalproduction.com

445 S., 2009, mit DVD, 39,90 €
ISBN 978-3-8362-1306-6
www.galileodesign.de/1945

fotocommunity (Hrsg.)
Das fotocommunity-Buch
Die Tricks der Foto-Experten

▸ Fotografisches Know-how für bessere Fotos
▸ Das Beste aus Porträt, Natur, Akt, Digiart u.v.m.
▸ Mit fotocommunity-Gutschein, Poster und DVD
▸ Beispielbilder auf DVD

Im ersten fotocommunity-Buch haben sich elf der besten Fotografen und Fotografinnen aus der Community versammelt und geben Einblicke in ihre Arbeitsweise. Schauen Sie den erfahrenen Fotografen u. a. bei folgenden Themen über die Schulter: Porträtfotografie, Naturfotografie und Aktfotografie sowie Schwarzweiß-Techniken und Fotomontagen.

Mehr als positiv! Hier stammt alles aus der Praxis und von ›echten‹ Usern der Community!
style.at

339 S., 2008, mit DVD, 39,90 €, ISBN 978-3-89842-861-3
www.galileodesign.de/1359

Die Themen im Überblick

- » Motive und Bilder sehen
- » Porträtfotografie
- » Fotos in der Natur
- » Makrofotografie
- » Available Light
- » Streetfotografie
- » Aktfotografie
- » Faszination Schwarzweiß
- » Fotomontagen: Digiart
- » Fotografisch dokumentieren
- » Sportfotografie

Digitale Fotografie

Das erste komplette Lehrbuch zur Porträtfotografie mit digitaler Technik!
Designer Spiegel

- Bildgestaltung, Aufnahme- und Studiotechnik
- Alles über die vielen Facetten der Porträtfotografie
- Profi-Rezepte für die Fotoveredelung
- Inklusive: 1 Stunde Video-Training

Ob für den Schnappschuss, das hochwertige Porträt, Charakterstudien oder Aktfotografie: In diesem Buch zeigen Ihnen die erfahrenen People-Fotografen Cora Banek und Georg Banek, wie Sie mit Ihrer Digitalkamera und etwas Bildbearbeitung alles richtig machen. Das erste Lehrbuch zur Porträtfotografie mit digitaler Technik.

345 S., 2. Auflage 2008, mit DVD, 39,90 €
ISBN 978-3-8362-1126-0
www.galileodesign.de/1650

Cora Banek, Georg Banek
Digitale Fotopraxis: Menschen und Porträt
Inklusive Nachbearbeitung mit Photoshop – 2. Auflage

Cora Banek, Georg Banek
Das Fotoshooting-Buch Menschen & Porträt

28 Fotoshootings live erleben! Profitieren Sie von der reichhaltigen Erfahrung der Autoren und lernen Sie spielend, eigene Shootings zu planen und durchzuführen. Exkurse zu grundlegenden Themen helfen Ihnen, Ihre eigenen Bildideen umzusetzen. Pure Inspiration für Ihre Fotopraxis!

349 S., 2009, komplett in Farbe, mit DVD, 39,90 €
ISBN 978-3-8362-1392-9
www.galileodesign.de/2097

Themenspecial Fotografie: www.GalileoDesign.de/fotografie

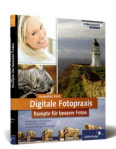

Martin Zurmühle
Digitale Fotopraxis: Aktfotografie

- Inklusive Nachbearbeitung in Photoshop
- Mit 1 Stunde Video-Training

Mit diesem Buch werden Sie zum versierten Aktfotografen! Martin Zurmühle zeigt Ihnen, wie Sie eigene Aktfotografieprojekte umsetzen – von der Bildidee über die Auswahl des richtigen Models und die Lichtgestaltung bis hin zur Bildnachbearbeitung. Sie lernen alle Gestaltungsmöglichkeiten und Posen kennen und erfahren, was Sie alles für ein kleines Heimstudio benötigen.

Ein echtes Standardwerk für die Praxis der (digitalen) Aktfotografie!
akt.de

376 S., 2008, mit DVD, 49,90 €
ISBN 978-3-8362-1120-8
www.galileodesign.de/1636

Jacqueline Esen
Digitale Fotopraxis
Rezepte für bessere Fotos

Dieses Buch bietet praktische, problemorientierte Anleitungen, um die digitale Fotografie in den Griff zu bekommen. Die Fotografin Jacqueline Esen gibt Ihnen wertvolle Tipps, wie Sie bessere Bilder machen und eigene Fotoprojekte realisieren können. Lernen Sie, schwierige Aufnahmesituationen sicher zu bewältigen, und schärfen Sie Ihren Blick für das Motiv. Viele Vergleichsbilder zeigen Ihnen, wie Sie mit Licht, Blende und Brennweite kreativ werden können.

ca. 300 S., 29,90 €
ISBN 978-3-8362-1213-7, August 2009
www.galileodesign.de/1823

Digitale Fotografie

Björn K. Langlotz

Digitale Fotopraxis: Makrofotografie

Inklusive Nachbearbeitung in Photoshop

- Inkl. Video-Training zu Photoshop auf DVD
- Aufnahme und Beleuchtung verständlich erklärt
- Praxisworkshops zu Techniken und Motiven
- Mit großem Ausrüstungsratgeber

Der erfahrene Makrofotograf und Fototrainer Björn Langlotz zeigt Ihnen alle Techniken des Fotografierens im Makrobereich: Belichtung, Lichtführung, Schärfeverlauf etc. – konsequent an attraktiven Bildbeispielen. Auch bei der Wahl der richtigen Ausrüstung berät Sie dieses Buch. Der Bildnachbearbeitung, die zur erfolgreichen digitalen Makrofotografie dazugehört, ist ebenfalls ein eigenes Kapitel gewidmet.

Ein überaus gelungenes Werk
media-mania.de

317 S., 2009, mit DVD, 39,90 €, ISBN 978-3-8362-1185-7
www.galileodesign.de/1778

Christian Schnalzger

Digitale Fotopraxis: Landschaft und Natur

Inklusive Nachbearbeitung mit Photoshop – 2. Auflage

Schauen Sie dem Naturfotografen Christian Schnalzger über die Schulter. Lernen Sie, wie Sie Landschaften, Pflanzen und Tiere kreativ in Szene setzen. Schärfen Sie Ihren fotografischen Blick und holen Sie alles aus Licht und Wetter heraus.

268 S., 2. Auflage 2008, mit DVD, 39,90 €
ISBN 978-3-8362-1125-3
www.galileodesign.de/1649

Jürgen Held

Das Praxisbuch HDR-Fotografie

Digitale High-End-Fotografie mit DRI, RAW und Panoramen

- Der perfekte Einstieg in die HDR-Technik
- Mit vielen Workshops zum Nacharbeiten
- Inklusive DVD mit allen Beispielbildern
- Für Photoshop, Lightroom und alle wichtigen HDR-Programme

Das beste Buch zur HDR-Fotografie auf dem deutschen Markt.
psd-tutorials.de

ca. 300 S., 2. Auflage, mit DVD, 44,90 €
ISBN 978-3-8362-1403-2, Juli 2009
www.galileodesign.de/2111

Markus Botzek, Karola Richter

Fotoworkshops Natur und Wildlife

Inklusive Nachbearbeitung in Photoshop

- Unterwegs mit dem Profifotografen
- Der komplette Workflow von der Idee zum perfekten Bild
- Beispielbilder und Video-Lektionen auf der beiliegenden DVD

Lassen Sie sich von dem erfahrenen Naturfotografen Markus Botzek inspirieren und begleiten Sie ihn auf seinen Streifzügen in die Natur – in den Garten, ans Meer, in die Berge oder auf Safari nach Afrika!

442 S., 2009, mit DVD, 49,90 €
ISBN 978-3-8362-1205-2
www.galileodesign.de/1814

Photoshop Elements 7

Christian Westphalen

Photoshop Elements 7 für Digitalfotografen

▸ Schritt für Schritt zum perfekten Foto
▸ Konkrete Arbeitsanleitungen, verständlich auch ohne Vorwissen
▸ Fotoforum: Hervorragender, anspruchsvoller Ratgeber!
▸ Über eine Stunde Video-Lektionen auf DVD

Lesen, lernen, genießen!
fotoDIGITAL

440 S., 2009, mit DVD, 39,90 €
ISBN 978-3-8362-1360-8
www.galileodesign.de/2039

Jürgen Wolf

Adobe Photoshop Elements 7: Das umfassende Handbuch

▸ Alle Werkzeuge und Funktionen im Detail erklärt
▸ Fotos professionell bearbeiten und verwalten

Dieses umfassende Handbuch zeigt die Software von A bis Z: Tiefen und Lichter korrigieren, Farbkorrekturen, Helligkeit und Kontrast verbessern, Schwarzweißbilder erstellen, Retusche und Reparatur, Fotomontage, Text, Filter, Bilder ausgeben, präsentieren u.v.m. Mit zahlreichen Workshops!

762 S., 2009, mit DVD, 39,90 €
ISBN 978-3-8362-1326-4
www.galileodesign.de/1974

Robert Klaßen
ist passionierter Digitalfotograf und freiberuflicher Print- und Video-Designer. Als Trainer gibt er sein Wissen an unterschiedlichen Bildungseinrichtungen im Fachbereich Mediendesign weiter. Parallel zu seinen Büchern vermittelt er praktisches Know-how und spezielle Anwendungstechniken auch als Video-Trainer.

Robert Klaßen

Photoshop Elements 7 für digitale Fotos

Digitale Fotos einfach und schnell korrigieren, retuschieren und präsentieren

▸ Zum guten Ergebnis ohne viel Theorie
▸ Fotos korrigieren Schritt für Schritt
▸ Mit über 70 Praxis-Workshops

391 S., 2008, mit DVD und Infoklappen, 24,90 €,
ISBN 978-3-8362-1319-6
www.galileodesign.de/1963

 Video-Training

Zuschauen und verstehen
Schauen Sie einem Experten über die Schulter: Unmittelbarer, intuitiver kann man nicht lernen!

Ausprobieren und können
Was Sie gesehen haben, können Sie nun gleich selbst anhand des mitgelieferten Übungsmaterials ausprobieren. Learning by doing!

Selbstbestimmt lernen, Lösungen finden
Mit einem Klick finden Sie genau das Thema, das Sie gerade interessiert – schnell und punktgenau.

Robert Klaßen
Photoshop Elements 7 für digitale Fotos

DVD, Windows und Mac, 80 Lektionen, 10 Stunden Spielzeit, 2008, 29,90 €
ISBN 978-3-8362-1296-0
www.galileodesign.de/1933

Robert Klaßen
Perfekte Urlaubsfotos mit Photoshop Elements 7

DVD, Windows und Mac, 61 Lektionen, 6 Stunden Spielzeit, 2008, 24,90 €
ISBN 978-3-8362-1297-7
www.galileodesign.de/1934

Uwe Johannsen
Perfekte Porträtfotos mit Photoshop Elements 7

DVD, Windows und Mac, 63 Lektionen, 9 Stunden Spielzeit, 2008, 29,90 €
ISBN 978-3-8362-1298-4
www.galileodesign.de/1935

 Kostenlose Video-Trailer unter » www.galileodesign.de/trailer

Der Name Galileo Press geht auf den italienischen Mathematiker und Philosophen Galileo Galilei (1564–1642) zurück. Er gilt als Gründungsfigur der neuzeitlichen Wissenschaft und wurde berühmt als Verfechter des modernen, heliozentrischen Weltbilds. Legendär ist sein Ausspruch *Eppur se muove* (Und sie bewegt sich doch). Das Emblem von Galileo Press ist der Jupiter, umkreist von den vier Galileischen Monden. Galilei entdeckte die nach ihm benannten Monde 1610.

Lektorat Alexandra Rauhut, Christine Fritzsche
Korrektorat Tanja Jentsch, Bottrop
Herstellung Steffi Ehrentraut
Einbandgestaltung Hannes Fuß, www.exclam.de
Satz Andrea Jaschinski, Berlin
Druck Himmer AG, Augsburg

Dieses Buch wurde gesetzt aus der Linotype Syntax (9,75 pt/14,25 pt) in Adobe InDesign CS3. Gedruckt wurde es auf mattgestrichenem Bilderdruckpapier (115 g/m^2).

Gerne stehen wir Ihnen mit Rat und Tat zur Seite:
christine.fritzsche@galileo-press.de
bei Fragen und Anmerkungen zum Inhalt des Buches

service@galileo-press.de
für versandkostenfreie Bestellungen und Reklamationen

julia.bruch@galileo-press.de
für Rezensions- und Schulungsexemplare

Bibliografische Information der Deutschen Nationalbibliothek
Die Deutsche Nationalbibliothek verzeichnet diese Publikation in der Deutschen Nationalbibliografie; detaillierte bibliografische Daten sind im Internet über *http://dnb.d-nb.de* abrufbar.

ISBN 978-3-8362-1230-4

© Galileo Press, Bonn 2009
1. Auflage 2009, 2. Nachdruck 2010

Das vorliegende Werk ist in all seinen Teilen urheberrechtlich geschützt. Alle Rechte vorbehalten, insbesondere das Recht der Übersetzung, des Vortrags, der Reproduktion, der Vervielfältigung auf fotomechanischem oder anderen Wegen und der Speicherung in elektronischen Medien. Ungeachtet der Sorgfalt, die auf die Erstellung von Text, Abbildungen und Programmen verwendet wurde, können weder Verlag noch Autor, Herausgeber oder Übersetzer für mögliche Fehler und deren Folgen eine juristische Verantwortung oder irgendeine Haftung übernehmen. Die in diesem Werk wiedergegebenen Gebrauchsnamen, Handelsnamen, Warenbezeichnungen usw. können auch ohne besondere Kennzeichnung Marken sein und als solche den gesetzlichen Bestimmungen unterliegen.

In unserem Webshop finden Sie unser aktuelles
Programm mit ausführlichen Informationen,
umfassenden Leseproben, kostenlosen Video-Lektionen –
und dazu die Möglichkeit der Volltextsuche in allen Büchern.

www.galileodesign.de

Know-how für Kreative.